Raymond Malenfant

Mark Cardwell
Avec la collaboration de Robert Juster

Raymond Malenfant

L'ascension

TRAIT D'UNION

ÉDITIONS TRAIT D'UNION
284, square Saint-Louis
Montréal (Québec)
H2X 1A4
Tél. : (514) 985-0136
Téléc. : (514) 985-0344
Courriel : editions@traitdunion.net

Mise en pages : Édiscript enr. et André Chapleau
Photo de la couverture : journal *Le Soleil*
Maquette de la couverture : Olivier Lasser
Photographie de l'auteur : Alain Plante

Catalogage avant publication de la Bibliothèque nationale du Canada
Cardwell, Mark, 1960-
   Raymond Malenfant : l'ascension
   Comprend des réf. bibliogr. et un index
   ISBN 2-922572-73-0
   1. Malenfant, Raymond. 2. Hommes d'affaires – Québec (Province) – Biographies.
3. Hôteliers – Québec (Province) – Biographies. I. Titre.
HC112.5M34C37 2003   338.092   C2003-940365-3

DISTRIBUTEURS EXCLUSIFS

POUR LE QUÉBEC ET LE CANADA   POUR LA FRANCE ET LA BELGIQUE
Édipresse inc.   D.E.Q.
945, avenue Beaumont   30, rue Gay-Lussac
Montréal (Québec)   75005 Paris
H3N 1W3   Tél. : 01 43 54 49 02
Tél. : (514) 273-6141   Téléc. : 01 43 54 39 15
Téléc. : (514) 273-7021

Nous remercions le Conseil des Arts du Canada ainsi que le gouvernement du Canada (Programme d'aide au développement de l'industrie de l'édition) pour leur soutien financier.

Nous bénéficions d'une subvention d'aide à l'édition de la SODEC.

Conseil des Arts
du Canada

Québec ::

Pour en savoir davantage sur nos publications,
visitez notre site www.traitdunion.net

À mon épouse Nicole.

Bonjour mes amis,
J'ai lu le livre avant qu'il soit imprimé et je peux vous dire que la moitié
de ma vie a été effacée dans ma tête après mon accident.
Mais Colette, elle, se souvient de tout.
En lisant ces lignes, j'ai vu que la mission que j'ai eue a été très difficile.
J'ai arrêté souvent de lire pour m'essuyer les yeux et arrêter mes
sanglots.
Je vous souhaite bonne lecture et beaucoup de bonheur.

R.M.

1

Les aïeux et la naissance de Raymond Malenfant

Laurent Paré, le dernier oncle survivant de Raymond Malenfant, présente les traits de la persévérance et de la foi ; les cicatrices d'une existence éprouvante.

Comme plusieurs hommes à tête blanche qui habitent toujours les petits villages du plateau, là même où ils ont sacrifié la majeure partie de leur vie sur l'autel rocailleux des Appalaches, Laurent est quasiment sourd. Ce n'est cependant pas la vieillesse qui est responsable de son handicap, mais le hurlement strident des scieries où, pendant de longues années, il a dû trimer pour augmenter les maigres revenus de la ferme familiale, à une époque où il n'était pas possible de se protéger du bruit.

Laurent Paré porte aussi des cicatrices plus apparentes : sa main gauche n'a plus que le pouce et l'auriculaire, conséquence d'un accident survenu précisément dans une scierie, au milieu des années quarante. Alors que Laurent coupait des planches pour le lit du dernier-né, le troisième de sa femme en autant d'années de mariage, un ouvrier s'est approché pour lui parler. Laurent a eu le malheur de lever la tête. Une fraction de seconde d'inattention. Une fraction de seconde d'inattention au cours d'une vie entière passée à manier avec précaution des outils tranchants, presque quotidiennement, dans le bois, à la scierie ou à la ferme.

Par la suite, il a dû se débrouiller avec les moyens du bord. « J'ai appris à me servir des outils et à traire les vaches avec mon pouce et mon petit doigt », raconte-t-il en faisant une démonstration de la pince du crabe avec les deux seuls doigts de sa main estropiée. « C'est sûr que ça m'a rendu la vie bien plus difficile, poursuit-il, mais, à cette époque-là, tu acceptais tes malheurs ; tu n'avais pas le choix. »

Si plus de quatre-vingts années ont meurtri le corps de Laurent, elles n'ont pas diminué son indépendance d'esprit ni sa mémoire. À Saint-Cyprien, son village natal, assis à la table de la cuisine de sa modeste maison où il vit seul, il peut passer des heures à régaler ses visiteurs d'histoires d'antan. La plupart d'entre elles évoquent des souvenirs heureux qui remontent à une époque bien révolue, mais pas si lointaine : celle d'avant l'arrivée de la télévision et, bien sûr, d'Internet, des téléphones cellulaires et de tous les gadgets du monde moderne. C'était l'époque où la famille et les amis étaient tout ce que l'on possédait ; l'époque où la parole d'un ami ou d'un voisin avait une valeur inestimable, pour le meilleur et pour le pire.

Les yeux rieurs de Laurent s'illuminent quand il se remémore les réunions de famille du temps des fêtes ou les mariages. Mais lorsqu'il se rappelle ces veillées qui réunissaient les habitants du rang sans autre raison que celle de s'amuser, Laurent s'anime tout entier : ces longues veillées enfumées et turbulentes où la famille hôte, pour faire de la place aux danseurs, sortait les meubles sur la galerie. Quand il évoque ces soirées, c'est comme si la fête ne s'était jamais terminée ; il sort son violon pour jouer un ou deux bons *reels*.

Cependant, Laurent devient plus sombre quand lui reviennent les souvenirs d'événements pénibles qui l'ont affecté, lui, un membre de sa famille ou un voisin : souvenirs de nouveau-nés emportés par la mort, de jeunes parents tués lors d'un accident de la ferme ou succombant à une de ces nombreuses maladies qu'on soigne si facilement aujourd'hui. Pénible également le souvenir de la dépression des années trente. Durant cette période, Laurent a été témoin de grandes épreuves, dont celles de gens dans la misère qui se battaient contre des puissances économiques et sociales les dépassant largement, des forces contre lesquelles ils ne pouvaient rien. Il a vu des gens ordinaires, mais tenaces et obstinés – butés, même ! –, faire preuve d'un courage exceptionnel dans leur refus de plier l'échine. Bien que ces manifestations de ténacité aient été innombrables, il en est une qui a particulièrement marqué Laurent et laissé en lui un souvenir indélébile. L'événement en question s'est produit sur une petite ferme du village voisin de Saint-Cyprien, par une belle journée d'automne, au tout début de cette sombre décennie.

Dans le Bas-Saint-Laurent, les couleurs de l'automne atteignent le sommet de leur éclat dans la première semaine d'octobre. Durant cette période, on pourrait croire que la magie s'est emparée du plateau des Appalaches. Les érables, les hêtres, les bouleaux et les rares chênes qui subsistent offrent le plus impressionnant spectacle chromatique qui soit.

Les montagnes et les vallées projettent différentes teintes de rouge, de mauve, d'orangé et de jaune, tout en contraste avec le vert profond des sapins et des épinettes, des pins et des cèdres.

Bien qu'à cette période de l'année les jours raccourcissent rapidement, ils peuvent être encore chauds, ensoleillés et – quel bonheur ! – sans maringouins. Une sérénité grandiose émane des forêts qui, se réfléchissant dans les eaux calmes des lacs, donnent l'impression d'incendier tout le paysage.

Les premiers jours d'octobre 1930 semblent avoir été particulièrement beaux. *L'Almanach du peuple* de l'année suivante fait état, dans son bilan, d'un temps frais et ensoleillé pour l'ensemble de la province. Le lundi 6 octobre fut la plus belle journée de la semaine. Par un soleil radieux, le mercure atteignit dix-huit degrés Celsius à Rivière-du-Loup, le centre commercial et administratif de la région.

À cinquante kilomètres plus au sud, dans la paroisse de Saint-Hubert-de-Témiscouata, où l'altitude est de près de cent mètres, la température était probablement plus fraîche d'un degré ou deux. La journée devait être splendide dans ce village où, aux dires des savants curés locaux, des vendeurs itinérants et des voyageurs, les paysages d'automne sont les plus beaux du monde entier…

Ce jour-là, Rosanna Malenfant n'avait ni le temps ni la force d'admirer la beauté du paysage. Quand elle se redressa pour souffler un peu, elle ressentit une vive douleur au bas du dos. Essuyant ses mains terreuses sur le tablier que gonflait son ventre proéminent, elle ne vit rien d'autre que ses tubercules à la surface de la terre sombre et froide. Bien que son instinct maternel l'eût avertie qu'elle accoucherait ce jour-là, Rosanna travaillait aux champs depuis l'aube, comme tous les jours depuis plus d'une semaine. C'était le temps de récolter les pommes de terre et il lui fallait aider son mari. Et même si Edmond lui avait proposé de rester à la maison, elle aurait refusé. En son absence, il n'y aurait eu que son jeune frère Laurent pour donner un coup de main à Edmond. Et le temps pressait car les gelées d'automne se faisaient menaçantes. La nature, Rosanna le comprenait d'instinct, pouvait être bonne et généreuse, mais elle pouvait aussi se montrer sans pitié et elle n'attendait personne. C'était là une réalité immuable avec laquelle les habitants du plateau devaient apprendre stoïquement à composer.

Heureusement pour eux, l'orientation est-ouest des terres permettait une durée maximum d'ensoleillement. Bien que le sol fût rocailleux et moins fertile qu'à proximité du fleuve – il fallait semer deux fois plus pour obtenir une récolte équivalente à celle de la côte –, il favorisait la

culture de la patate – les *pataks*, comme on disait. Ces tubercules constituaient la principale ressource alimentaire des habitants du plateau, où
une ferme de taille moyenne pouvait en produire plus de dix tonnes par
année, une production record au Québec.

En dépit de la fertilité relative des terres, les conditions générales étaient
extrêmement rigoureuses. Même parmi les fermiers établis depuis longtemps, seuls les plus déterminés, les plus résistants et les plus prévoyants
survivaient. En plus de devoir être très attentif aux changements de température, il fallait être prêt à affronter des dangers imprévisibles, comme un
refroidissement subit. Ce phénomène, fréquent à cause de l'altitude, pouvait
détruire une récolte du jour au lendemain et, avec elle, beaucoup de rêves et
d'espoirs. «La troisième année de mon mariage, écrivit un fermier des environs de Saint-Hubert au début du XXe siècle, j'avais fait des semailles très
importantes et cela m'avait coûté joliment cher. Le 8 août, il est survenu une
gelée qui a tout fait périr, ruinant jusqu'aux patates dans la terre.»

Comme plusieurs autres ayant vécu un désastre similaire, ce fermier
malchanceux avait dû abandonner sa ferme et partir avec sa jeune famille.
Ainsi eut lieu l'exode massif des Canadiens français partis chercher du
travail dans les usines textiles de la Nouvelle-Angleterre. Tel fut le sort,
par exemple, de la famille de Jack Kerouac, écrivain américain célèbre et
père des beatniks des années soixante, qui avait quitté Saint-Hubert pour
émigrer à Lowell, au Massachusetts.

Les Paré, l'une des premières familles arrivées sur le plateau, à
Sainte-Épiphanie d'abord, puis à Saint-Cyprien, ont su résister et s'adap-
ter à la rigueur de la région. Rosanna était bel et bien l'héritière de cette
famille ; tout en elle la liait aux Paré : ses traits, son physique robuste,
ainsi que son tempérament bon, généreux, pratique et terre à terre.

Étant la plus âgée de quinze enfants, Rosanna a dû quitter l'école
avant même d'avoir dix ans, pour aider sa mère sur la petite ferme familiale. Grande, costaude, ayant une jolie figure ronde et souriante, Rosanna
a été, dès l'enfance, une travailleuse acharnée et infatigable. C'est à son
père François, un pauvre et vaillant fermier qui remerciait Dieu plusieurs
fois par jour pour son humble existence, que Rosanna devait en bonne
partie ses traits et son tempérament agréables.

François Paré mesurait un mètre quatre-vingt-trois et pesait environ
cent kilos. Sa nature douce, joviale et généreuse faisait contrepoids à sa
puissance physique. C'est d'ailleurs cette bonne nature, qu'on retrouvait
aussi chez sa femme Léonide, qui a sans doute le plus marqué ses enfants.

Aimé et respecté par ses voisins, François avait la réputation d'être
un formidable arracheur de dents. Sa réputation s'était répandue à travers

toute la région et il aidait gratuitement les gens qui n'avaient pas les moyens d'aller chez le dentiste, à Rivière-du-Loup. L'hygiène dentaire étant, à l'époque, aussi rare que l'argent, des pauvres gens qui souffraient le martyre se présentaient quotidiennement à la maison des Paré.

Quand ces visiteurs inattendus et suppliants se présentaient chez lui, François les faisait immédiatement asseoir sur une chaise inclinée qu'il avait achetée expressément pour cet usage. Pendant que le patient s'installait, François choisissait minutieusement son instrument de travail parmi les sept pinces de sa collection. Inquiet, le patient s'agrippait alors fermement aux barreaux de métal de la chaise, puis, sans anesthésie, François arrachait la dent d'un coup sec.

Si François était aux champs quand un « mal de dent » arrivait, Léonide confiait les instruments au patient et celui-ci devait partir à la rencontre de son sauveur. François « opérait » là où il se trouvait et le patient devait s'agripper à ce qui s'offrait à lui : une souche, un tronc, une branche, une clôture. « C'était toujours épeurant », se rappelle un des petits-fils de François, qui s'est fait arracher toutes les dents au fil des années. « Mais ça faisait pas mal, dit-il. *Pépère* était tellement fort qu'une fois qu'il avait une bonne prise sur ta dent, elle était partie. »

François jouait aussi de l'harmonica. De plus, il fabriquait de petits violons en érable qu'il offrait à ses enfants ou à ceux des voisins qui montraient de l'intérêt pour la musique. « C'étaient des instruments assez *rough*, mais ils fonctionnaient très bien », se rappelle Laurent, qui a longtemps joué avec un violon fabriqué par son père.

François a nourri et habillé ses enfants, et logé ses vieux parents, grâce à la terre paternelle, une petite ferme qu'il a héritée avec les dettes et qui occasionnait des frais annuels d'opération de deux cents dollars. Pour faire face à ses engagements (des tablées quotidiennes de dix-sept personnes), François passait les hivers au chantier à bûcher pour des compagnies forestières. Pendant son absence, sa femme et ses enfants s'occupaient de la ferme et de ses vieux parents.

À défaut d'avoir laissé un héritage pécuniaire, François a tout de même légué une grande richesse à ses enfants. Laurent en a parfaitement conscience : « Mon père travaillait très, très fort. Il nous a appris l'importance d'être responsable et de respecter nos engagements. Mais pour lui la vie ne s'arrêtait pas au travail et à la survie. C'était aussi s'aimer, s'amuser, être honnête avec les gens, les traiter de façon respectueuse et polie. »

Rosanna a également assimilé la morale de son père.

« Elle était gentille, ma sœur ; ça se peut pas, être gentille comme ça », se souvient Blanche, une des sœurs cadettes de Rosanna vivant toujours à Saint-Cyprien. «Elle était fiable jusqu'au bout des ongles. Elle n'a jamais reculé devant ses responsabilités, ni dans la maison, ni dans les champs, ni dans la grange.»

Yvonne, l'une des sœurs d'Edmond Malenfant, qui vit toujours sur le plateau à Lots-Renversés, décrit sa belle-sœur en ces termes : «Quand elle a marié mon frère, à dix-sept ans, Rosanna était déjà une femme déterminée, forte comme un bœuf. Puis elle était travaillante ! Ah ! qu'elle était travaillante ! Elle est née avec la terre dans le sang, Rosanna. Elle était faite pour marier un habitant.»

La mentalité étant ce qu'elle était à l'époque, c'est sans doute le besoin de sécurité ainsi que le sens aigu du devoir et des responsabilités qui poussaient une femme comme Rosanna Paré à se donner à un homme aussi terne qu'Edmond Malenfant.

De dix ans son aîné, Edmond avait quand même beaucoup de choses en commun avec Rosanna – ce qui n'est pas surprenant si l'on considère que la population du plateau, comme la majorité des régions rurales canadiennes-françaises du Québec, était très homogène.

Comme Rosanna, Edmond était le plus vieux de quinze enfants. Il avait quitté l'école en bas âge pour travailler sur la ferme paternelle, qui avait d'abord été celle du grand-père, Thomas.

En 1873, Thomas Malenfant quittait le village de Saint-Éloi, situé un peu en retrait du fleuve dans les hautes terres, à huit kilomètres de L'Isle-Verte, pour prendre possession de quatre lots (un pour lui et les autres pour chacun de ses fils les plus vieux) le long d'une partie inachevée du chemin Taché, dans le canton Demers, au sud du nouveau comté de Témiscouata.

La terre des Malenfant – la septième famille arrivée dans le canton – était constituée de lots standards offerts par le gouvernement à quiconque s'installait sur le plateau ; un lot mesurait un kilomètre et demi de profondeur sur quatre acres (deux cent soixante-deux mètres) de largeur. La terre des Malenfant était particulièrement bien située et jouxtait la tête du lac de la Grande Fourche. Contenant une eau d'une qualité exceptionnelle, c'est le plus grand lac de la région. Il constitue la source de deux petites rivières, la Sénescoupé et la Toupiké, qui coulent vers l'est jusqu'à la rivière des Trois-Pistoles, qui, elle, descend du lac Témiscouata pour se jeter dans le fleuve Saint-Laurent. Quelques années plus tard, quand la municipalité de Saint-Hubert fut fondée, la terre des Malenfant se trouvait à l'extrémité est de la paroisse, à deux kilomètres du site sur lequel on allait construire l'église et le presbytère.

Tout comme ses fils et ses voisins, Thomas a dû arracher sa ferme de l'épaisse forêt qui recouvrait ses lots. Comme eux, au rythme de la famille grandissante, il a défriché sa terre petit à petit, péniblement. Avec les arbres abattus, qu'il considérait comme des ennemis lui barrant l'accès au sol, il a construit une maison, une grange et tout ce dont sa famille avait besoin pour vivre : tables, chaises, lits et outils de ferme.

Peu avant sa mort, Thomas a légué cet héritage modeste et plein d'austérité à Alphonse, son plus jeune fils. C'était un petit homme qui faisait un mètre soixante-cinq et qui pesait quarante-huit kilos, mais sa petite taille dissimulait une grande force physique, une résistance à toute épreuve et une volonté de fer.

Homme froid et distant, Alphonse exigeait avant toute chose le respect de la part de sa femme et de ses enfants. Autoritaire, discipliné, il faisait montre d'une intelligence vive et d'un jugement plutôt clairvoyant qui lui a permis de profiter des maigres occasions économiques qui s'offraient dans la région.

Avec l'aide d'Edmond, Alphonse défricha une quantité d'acres suffisante pour lui permettre d'augmenter sa production de foin, de navets et de céréales (blé, orge, avoine), production qu'il consacra à la vente et au troc. Il développa la production de la petite érablière familiale de manière à pouvoir vendre des produits de l'érable aux villageois (sirop, beurre, tire). Avec beaucoup de bénéfices, il exploitait également une petite scierie permettant de traiter le bois que les colons coupaient sur leurs terres et qui servait à construire maisons, meubles, bâtiments de la ferme, etc.

Avec l'argent que lui rapportait la scierie (cinq à huit dollars par trois cent cinq mètres de bois), Alphonse parvint à monter un troupeau de vingt-quatre vaches à lait, un cheptel d'une soixantaine de moutons et un poulailler équivalent ; autant de ressources et de revenus à investir. Cela lui permit d'acheter trois terres adjacentes à la sienne, notamment une terre laissée en friche par des gens fuyant la colonie pour les États-Unis, sans doute. Ces acres additionnelles s'ajoutaient à la production agricole ; le bois abattu était vendu aux scieries du village ou de Saint-Cyprien.

D'étape en étape, Alphonse devint, ce qui était rare dans la région, un homme relativement fortuné. Et plus sa prospérité augmentait, plus les occasions se présentaient à lui. Dans les années vingt, par exemple, l'électrification gagna tout le centre du Canada. Pour répondre à la forte demande en poteaux, Alphonse employait toute une équipe d'hommes, dont faisait partie Edmond, qui passait l'hiver dans les bois, à bûcher. Les arbres étaient taillés sur place et charroyés en traîneau jusqu'à Saint-Honoré, situé à quinze kilomètres au sud de Saint-Hubert, où ils étaient chargés à bord d'un train.

Le dynamisme et l'esprit d'entreprise d'Alphonse allaient plus loin encore. Il participa au développement économique du village, contribuant notamment à la fondation de la beurrerie coopérative, dont il fut aussi le président pendant plus de quarante ans. Même si l'administration de la coopérative ne rapportait aucun revenu, le principe coopératif permettait aux membres d'écouler leur production de lait.

Alphonse était également un homme d'une piété exemplaire : « Mon père ne travaillait jamais le dimanche », se rappelle Yvonne, une de ses filles. « Il ne manquait jamais la messe, même par les pires tempêtes. »

Outre son tempérament pieux, il a été impliqué toute sa vie dans le bon fonctionnement de l'église, notamment comme marguillier et même comme enfant de chœur. Il était d'ailleurs très fier d'avoir été enfant de chœur lors de la première communion qui ait eu lieu à Saint-Hubert, un événement qui s'était déroulé dans la maison de son père.

Les activités d'Alphonse, son acharnement au travail comme son sens de l'entreprise, son dévouement social et son tempérament pieux, toutes ces qualités ont fait en sorte qu'il a été élu maire de Saint-Hubert à deux reprises.

Alphonse a fait montre de générosité envers ses enfants ainsi qu'envers des parents plus éloignés qui vivaient dans la pauvreté. Durant la crise, par exemple, il leur distribuait de la nourriture. Mais il ne dédaignait pas non plus le confort moderne et il dépensa une partie importante de son avoir à se le procurer.

Il a d'abord fait agrandir la maison paternelle, puis il l'a équipée des commodités qui s'offraient alors : l'électricité, d'abord alimentée par une éolienne, la seule de toute la paroisse ; une fournaise centrale à bois ; le téléphone – le premier en dehors du village et qui l'obligea à payer pour l'installation de la ligne, y compris les poteaux. « Mon père était très avant-gardiste, se plaît à dire Yvonne. Il aimait les nouveautés. » Yvonne sait probablement mieux que quiconque ce que cela signifiait d'être les premiers à avoir le téléphone, car il lui arrivait souvent de marcher des kilomètres pour transmettre des messages urgents à un voisin.

Alphonse et sa femme, Clarilda, utilisaient un beau *buggy* l'été et portaient de beaux manteaux de fourrures l'hiver : signes de distinction et de richesse. « On était assez à l'aise chez nous, se rappelle Yvonne. On n'a pas vraiment senti le malheur des années trente. »

Si Alphonse a récolté les fruits de son labeur, tant sur le plan matériel qu'honorifique, son fils Edmond, malgré le rôle important qu'il a joué dans le succès de son père, semble avoir été privé de cette aisance.

Pendant plus de vingt ans, ce fils loyal et fidèle a travaillé avec acharnement aux côtés de son père, assumant les responsabilités quotidiennes de la ferme paternelle et supervisant le travail des hommes engagés. Cette permanence assumée par Edmond permettait à son père de vaquer à ses nombreuses occupations à l'extérieur de la ferme. C'est également cette permanence qui a permis à ses quatorze frères de s'instruire convenablement, puis d'embrasser une profession, un métier, ou de devenir commerçant. Edmond est le seul de la famille à être devenu fermier ! Il ne se plaignait pas de son sort toutefois, loin de là !

Edmond avait quelques points en commun avec son père. Physiquement, il avait hérité de sa petite taille et de son beau visage surmonté d'une abondante chevelure noire et ondulée. Sur le plan du tempérament, Alphonse était sérieux, avare de paroles et d'émotivité, comme son père. Il partageait également avec celui-ci une foi religieuse intense et profonde. Mais, plus que tout, Edmond aimait la vie sur la ferme et le dur travail que cela représentait. Laurent n'hésite pas à en témoigner : « Edmond était un excellent fermier, mais il travaillait lentement. Mon Dieu... ! il avait la patience de Job... et il travaillait bien. Son plus grand plaisir dans la vie, c'était une *job* bien faite. »

En fait, il semble que le travail ait été son unique plaisir dans la vie. Lors des fêtes, quand il allait chez les Paré, Edmond restait assis dans un coin à fumer sa pipe ou à chiquer son tabac, activités qu'il pratiquait à la journée longue, et ce, depuis son plus jeune âge. Si quelqu'un venait lui parler, la conversation prenait fin aussitôt que le sujet débordait des affaires agricoles. « Edmond n'était pas une flammèche d'allumette dans les *parties*, ça c'est sûr ! se souvient Laurent. Il ne pensait à rien d'autre qu'à son ouvrage. Même quand il venait à la maison au jour de l'an, il fallait qu'il reparte en traîneau le soir même ou de bonne heure le lendemain. Chez nous, on disait que s'il fallait qu'Edmond s'arrête de travailler pendant deux jours de suite, il en mourrait ! »

Mais les gens ennuyeux ne sont pas interdits de fierté et d'ambition ! À cet égard, Edmond n'avait rien à envier à personne, même pas à son père. D'après plusieurs témoignages, il voulait à tout prix exploiter sa propre ferme, la rendre prospère et, un jour, la léguer à ses propres enfants.

C'est sans doute pour cette raison qu'Alphonse lui acheta une ferme en 1922 pour la somme respectable de trois mille dollars. Ce n'était pas un cadeau toutefois, mais un prêt qu'Edmond s'était engagé à rembourser. De quelle manière ? En travaillant dans les bois pour son père, l'hiver... et pour de nombreuses années. Quoi qu'il en soit, Alphonse n'a légalement cédé la ferme à son fils qu'en 1936.

La ferme d'Edmond, constituée d'un seul lot, était située à un kilomètre à l'ouest de la ferme paternelle, sur le rang sud du lac. La ferme était bien équipée : une petite maison à deux étages, une grange et des bâtiments pouvant servir à abriter des animaux ou à ranger les outils.

La maison d'Edmond, comme la plupart des maisons du rang, était construite tout près du chemin de terre qui longeait le lac à une centaine de mètres. Elle se trouvait construite dans la pente qui déclinait doucement vers des eaux limpides et peu profondes.

Pour Edmond, le grand intérêt de la ferme résidait dans les dizaines d'acres déjà défrichées. Quelques-unes étaient situées au nord de la maison, dans un petit champ qui descendait vers le lac, mais la plupart étaient localisées dans un grand champ en face de la maison, de l'autre coté du chemin. C'est dans cette terre, fertile mais rocailleuse, qu'Edmond a, pour ainsi dire, ensemencé son rêve ; il ne manquait plus qu'une bonne épouse pour l'aider à le cultiver.

Personne chez les Paré et chez les Malenfant ne se rappelle clairement où et comment Rosanna et Edmond se sont rencontrés. Tout le monde en est réduit à croire que la rencontre a probablement eu lieu lors d'un mariage, une des rares occasions où les jeunes gens de villages voisins pouvaient se rencontrer.

Après s'être fréquentés brièvement, ils se sont mariés en l'église de Saint-Cyprien le 13 avril 1926, soit le jeudi saint. Après le mariage, une procession de carrioles a emprunté la route encore ensevelie sous la neige (d'après un témoin, celle-ci atteignait la tête des poteaux de téléphone, qui étaient à trois mètres du sol) pour rentrer à Saint-Hubert, où les deux familles ont soupé dans la belle grande maison des Malenfant. Après le repas, les nouveaux mariés sont allés directement chez eux, à leur ferme : leur nouvelle vie commençait.

Si Rosanna avait déjà cru que celle-ci allait être heureuse et prospère, elle a vite perdu ses illusions.

Bien qu'elle fût parfaitement capable de cuisiner, de faire le ménage, le lavage et le repassage, Rosanna n'aimait pas rester seule à la maison. Pour briser son ennui, elle préférait aider Edmond aux champs, à l'étable, ou l'aider à prendre soin du cadeau de noces de son beau-père : deux vaches à lait, quelques poules, deux cochons et deux moutons. Mais Edmond, toujours absorbé dans sa besogne, préférait travailler en silence.

Loin de sa famille et voyant rarement sa belle-famille, avec qui elle était plus ou moins à l'aise, Rosanna se sentait bien seule. Et cette situation allait empirer à cause des problèmes chroniques de santé d'Edmond.

Il semble qu'elle n'en ait rien su avant qu'ils commencent à se manifester, peu de temps après leur mariage.

« Pauvre Edmond ! » soupire Laurent avec compassion en évoquant la santé fragile de son beau-frère. « Il avait toujours froid. Sa chemise était toujours boutonnée jusqu'au cou, même en plein été. Et s'il y avait le moindre coup de vent, c'était sûr qu'il attrapait la grippe et que ça le mettait sur le dos pour une couple de jours. »

Depuis son enfance, Edmond souffrait de crampes, de fièvre et de diarrhées qui survenaient subitement et violemment. Ces attaques l'affaiblissaient dramatiquement et le minaient petit à petit. C'est la nourriture acide ou épicée qui déclenchait le plus souvent ces attaques ; une tomate était un délice cruel pour Edmond. Le stress était également un déclencheur. Et les raisons d'être stressé ne manquaient pas non plus, à l'époque, ne fût-ce qu'à cause de la gravité de la crise économique et, dans ce contexte, de l'arrivée d'un nouveau-né.

Considérant les symptômes d'Edmond, un gastro-entérologue suppose qu'il souffrait de la maladie de Crohn, un problème chronique d'inflammation et d'ulcération de tout l'appareil digestif. Plus de vingt mille Canadiens souffrent aujourd'hui de cette maladie incurable, mal connue avant les années soixante. Aujourd'hui, grâce à la chirurgie, on enlève les parties de l'intestin qui sont malades. Edmond, lui, pensait se soigner en buvant de l'eau chaude après chaque repas, espérant que cela faciliterait sa digestion et améliorerait son état. D'après le spécialiste, cette médecine n'améliorait rien du tout. « Chose certaine, ajoute-t-il, le fait qu'Edmond ait commencé à fumer très jeune a contribué à détériorer sa santé. »

La fierté d'Edmond ne l'aidait pas non plus. Dans les périodes de gros travaux, lors des semences ou des récoltes, par exemple, même s'il était malade, il refusait l'aide qu'on lui proposait. Il n'embauchait personne non plus, parce qu'il était trop pauvre .

Probablement touché par les problèmes de santé d'Edmond et la misère qui en découlait, François Paré trouva alors une solution pour soulager un peu sa fille et son gendre. Dès l'arrivée de l'automne, au moment où Edmond quittait la maison pour le chantier, il envoya son fils Laurent vivre chez sa sœur. Laurent avait onze ans. Tel que convenu entre Edmond et son père, comme à chaque automne, Edmond partait bûcher. Il revenait à la maison aux fêtes, puis il repartait jusqu'à la mi-mars.

Quand Edmond partit, cet automne de 1926, Rosanna était enceinte de son premier enfant et la situation semblait désespérée. « La journée où Edmond est parti, il n'y avait pas un seul sou noir dans toute la maison », se rappelle Laurent, qui a passé quatre années successives chez sa sœur avant qu'un autre de ses frères vienne prendre la relève. « On avait de la nourriture, oui, mais on ne pouvait rien acheter, absolument rien. Essaie d'imaginer ça. Pauvre Rosanna, elle était misérable… Elle faisait réellement pitié. »

En se remémorant sa première année de mariage, Rosanna esquissa un sourire énigmatique. Même si leur sort ne s'améliorait pas, il ne pouvait sûrement pas empirer…

Son courage, sa résignation et son sens des responsabilités étaient à toute épreuve : malade ou enceinte, elle travaillait sans se plaindre. Elle avait une maxime : « Un problème ne se règle pas en pleurant sur son sort. »

Avec son frère à la maison et, plus tard, avec ses enfants, Rosanna se sentait moins seule et moins isolée. Sa vie était ainsi devenue plus supportable.

De toutes les récoltes, Rosanna haïssait particulièrement celle des patates. Pas parce qu'elle était salissante ; la terre était pour elle et Edmond la richesse même de l'existence. La grande difficulté était plutôt de devoir se pencher pour les cueillir. Et, bien qu'elle n'eût que vingt et un ans, Rosanna souffrait déjà de raideurs au bas du dos.

En cette année 1930, à cause de sa grossesse, cueillir des patates s'avérait plus souffrant que jamais. Même après la journée de repos du dimanche, elle appréhendait ce qui allait se passer quand, dès l'aube, elle commença à travailler dans le grand champ, en face de la maison.

Edmond et Rosanna y avaient enfoui, à la main, assez de semences pour récolter près de trente poches de patates. Seulement à se remémorer ce travail, Rosanna en avait mal au dos. Quand elle n'en pouvait plus d'être pliée en deux, elle avançait à quatre pattes, plantant un *œil* tous les trente centimètres. Au total, une trentaine de rangs espacés de soixante centimètres. S'étirant à perte de vue, chaque rang mesurait environ deux cents mètres. Placés bout à bout, ces rangs représenteraient plus de huit kilomètres de long !

Chaque poche de semence procurant dix poches de patates, et chaque poche pesant environ trente-quatre kilos, c'étaient douze tonnes de patates qu'il fallait ramasser cet automne-là. La moitié de la récolte allait à la consommation familiale et Edmond espérait vendre l'autre moitié aux habitants du village.

Avec l'aide de Laurent, le couple avait déjà réussi à récolter une dizaine de rangées. Mais, pour venir à bout de la récolte, il faudrait encore deux ou trois semaines d'ouvrage.

Ce matin d'octobre 1930, en arrivant dans le champ, Rosanna commença par étendre sur le sol, près d'un des nombreux monticules de roches, une grande couverture de laine pour y installer ses trois jeunes enfants, Gérard, Léopold et Marie-Anne, la petite dernière qui n'avait pas encore un an. Mais, avant de laisser ses enfants pour se mettre à l'ouvrage, Rosanna s'agenouilla avec la cadette dans ses bras et, les yeux tournés vers le ciel, se mit à réciter sa prière :

La vie n'a pour nous que des larmes,
Pour nous pauvres pèlerins.
Chaque jour a ses larmes
Et nous apporte ses chagrins.
Providence en quoi j'espère,
Toujours mon cœur redira
À mon Jésus la prière,
Que ta volonté soit faite !

Après avoir embrassé chacun de ses enfants, Rosanna rejoignit son mari et son frère qui amenaient le cheval et la charrue.

« Encore une chance que tu sois là, mon grand, dit-elle à son frère en lui caressant la joue. Je me demande bien ce qu'on ferait sans toi. »

« On va essayer de faire encore quatre rangées aujourd'hui », annonça Edmond avant de commencer à retourner la terre avec la charrue pour amener les patates à la surface.

Rosanna et Laurent commencèrent à arracher les plants – les *cotons*, comme on disait –, qu'ils jetaient en tas de manière que les pommes de terre puissent sécher au soleil.

Quand Edmond avait fini de retourner tout un rang, il laissait la charrue pour glaner lui aussi dans la terre meuble. Gérard et Léopold, s'ils ne dormaient pas, jouaient à fouiller la terre ou aidaient leur mère en ramassant les petites patates.

Pour avoir moins mal au dos, Rosanna travaillait à quatre pattes, mais, vers la fin de la matinée, elle souffrait terriblement. Elle trouva toutefois une façon de continuer à travailler. Grâce à une pioche à long manche fabriquée par Edmond, elle pouvait continuer à travailler debout : « C'est moins efficace, disait-elle, mais ça fait moins mal », se rappelle encore Laurent.

En fin d'après-midi toutefois, Rosanna n'en pouvait plus. Elle rentra à la maison avec les enfants pour préparer le souper, laissant aux hommes la tâche de mettre la récolte quotidienne de pommes de terre – près de mille trois cents kilos – dans des sacs de toile.

Dans la soirée, après que les enfants furent au lit et eurent fait leur prière, Rosanna s'apprêtait à faire la vaisselle quand une contraction violente l'avertit que le travail commençait. Elle en avisa Edmond et alla se coucher, attendant qu'il revienne avec la sage-femme du rang, Théodule Gagné, qui l'avait aidée à mettre au monde ses trois premiers enfants.

Lorsque, peu de temps après, elle les entendit arriver, elle se sentit embarrassée parce que sa vaisselle n'était pas faite, mais soulagée d'avoir lavé son plancher au cours de la fin de semaine.

Le rythme et l'intensité des contractions finirent par accabler Rosanna. Épuisée, à bout de force, elle éclata en sanglots : « Madame Gagné, implora-t-elle, c'est trop dur, je suis fatiguée, je veux dormir ! »

La sage-femme essaya d'abord d'encourager Rosanna, mais elle sentait que quelque chose n'allait pas. « Vas-y, ma belle, tu es capable ! Pousse, pousse ! Il s'en vient, le petit, je le sens, il veut sortir ! »

Les efforts suivants affaiblirent davantage Rosanna, et Mme Gagné dut demander à Edmond d'aller chercher le médecin. Tournant sa tête en sueur sur l'oreiller, Rosanna vit Edmond blêmir à la requête de la sage-femme. Elle se demanda alors si c'était par crainte pour elle ou si c'était à l'idée d'avoir à débourser plus que les cinquante cents exigés par la sage-femme. Le médecin, lui, exigeait cinq dollars.

Une idée lui vint comme un éclair et elle s'adressa d'abord à Edmond : « Apporte-moi l'image du frère André. C'est mon ange gardien. Vous savez, madame Gagné. Il m'aide beaucoup. » Edmond lui remit la photo jaunie et Rosanna la mit à plat sur son ventre. « Frère André, implora-t-elle, aidez-moi, je vous en supplie. » Puis, dans de grands efforts, Rosanna mit au monde son quatrième bébé, le troisième garçon de la famille.

Au premier coup d'œil, le nourrisson lui sembla plus petit que ne l'avaient été les précédents, mais, comme il paraissait être en bonne santé, cela suffit à rassurer la mère épuisée. Du reste, dans sa famille comme dans celle d'Edmond, il n'y avait eu qu'un seul cas de mortalité infantile. À une époque où ces mortalités étaient chose courante et où l'on faisait baptiser immédiatement les bébés, par croyance et par précaution, n'était-ce pas là un signe de santé et de vitalité héréditaires ?…

Ce cas unique de mortalité infantile était survenu dans la famille de Rosanna, deux ans avant son mariage : un beau garçon qui, à la naissance, était rayonnant de santé. Huit jours plus tard cependant, il était décédé de la coqueluche. Ébranlée par cette mort, Rosanna s'était juré de ne jamais oublier cet enfant et de donner son prénom un jour à l'un de ses propres fils.

Dès le lendemain matin, Edmond emmena son fils à l'église pour le faire baptiser. Au nom du Père, du Fils et du Saint-Esprit, Joseph Raymond Malenfant fut lavé du péché originel.

2

L'enfance

Le choix du prénom s'avéra approprié, car Raymond, dès qu'il put marcher, déploya la vigueur de deux garçons. D'après tous les membres de sa famille, il a toujours été agité et frénétique. « On disait chez nous que si Raymond bougeait tant, c'est parce qu'il était né sur une patte », affirme Marie-Anne. « C'était une vraie petite belette. Il bougeait constamment, il était toujours en train de gigoter. Il n'était pas capable de s'asseoir tranquille. »

Comme ses frères et sœurs et comme presque tous les enfants en santé qui ont grandi sur une ferme à cette époque, Raymond a appris très tôt à canaliser ses énergies dans le travail. Des décennies plus tard, quand il était l'un des hommes d'affaires les plus en vue au Québec, Raymond aimait dire que le secret de son succès reposait sur l'éthique de travail que lui avait apprise Edmond. « Mon père ne m'a pas laissé d'argent », disait Raymond à ses amis et aux journalistes. « Mais il m'a montré comment travailler. »

Bien qu'Edmond mérite ces éloges, c'est plutôt Rosanna qui lui a transmis ses qualités de franc tenancier.

Avec ses manières et son allure de campagnarde, Rosanna n'était pas une personne compliquée. « Elle n'était pas du tout *fancy*, ma belle-sœur, dit Yvonne. Elle parlait la langue des rangs, elle utilisait des expressions anciennes ; elle disait un *lite* pour un lit, puis une *nuite*, pour une nuit. Raymond, lui, il parle comme ça, comme sa mère. »

Aimable, volubile et assurée, Rosanna parlait presque exclusivement des choses qui étaient les plus importantes dans sa vie : sa ferme et sa famille. Elle y était dévouée complètement.

Bien qu'elle ne pût rien faire contre les effets néfastes des années trente en dehors de sa ferme, Rosanna a affronté courageusement les privations sur lesquelles elle pouvait exercer un contrôle. Elle ne portait jamais de maquillage ni de bijoux et elle refusait d'acheter des choses qui n'étaient pas essentielles à la vie. Rosanna a dû faire face aux difficultés des années trente. De quatre heures du matin à neuf heures du soir, elle travaillait durement. Du lever au coucher. En plus de faire la *popote* et de participer aux récoltes, elle accomplissait également la plupart des tâches ménagères. Et, à une époque où l'on achetait uniquement l'essentiel, l'ingéniosité de Rosanna était une bénédiction pour sa famille.

Comme la plupart des femmes qui vivaient en milieu rural, Rosanna faisait des draps en utilisant une machine à tisser et en recyclant de vieux vêtements, en plus de confectionner des rideaux et des tapis. Avec la laine de leurs moutons, elle fabriquait aussi presque tous les vêtements pour sa famille : bas, mitaines, chemises et pantalons. Seuls les habits du dimanche étaient achetés au magasin de Camil Malenfant, un des frères cadets d'Edmond.

Bien que les vêtements de Rosanna ne fussent pas vraiment confortables, ils étaient à l'image de leur conceptrice : excessivement pratiques. « Les vêtements que faisait ma mère étaient lourds et chauds, et ils étaient très difficiles à endurer, l'été, se rappelle Raymond. Mais ils te gardaient au chaud, même les journées les plus froides de l'hiver. »

Rosanna était aussi une personne fière. Chaque samedi soir, elle ne dormait qu'une heure avant de se relever afin de laver, à genoux, le plancher de bois de la maison. C'était une tâche excessivement exigeante physiquement. Elle nécessitait trois ou quatre heures de travail puisque le plancher n'avait pas de finition. Cela coupait sa nuit de sommeil en deux. Mais Rosanna, toujours modeste, disait qu'elle dormait deux fois mieux lorsqu'elle savait que sa famille marcherait sur un plancher propre le dimanche matin.

Dès que chacun de ses neuf enfants commençait à marcher, Rosanna le préparait pour la vie en l'impliquant dans tous les travaux quotidiens. « Ma mère ne disait jamais : "Il faut que j'aille travailler", elle disait toujours : "Il faut qu'on aille travailler" », mentionne Alfréda, la cinquième enfant, d'un an la cadette de Raymond. « On était toujours avec elle. On devait ressembler à des petits poussins autour d'une mère poule. »

C'est de cette façon que Rosanna a enseigné à ses enfants, à partir du berceau, deux notions fondamentales : le travail est inextricablement lié à la vie, et le travail ne se dissocie pas de la famille.

C'est pour cette raison que les plus vieux souvenirs de Raymond sont associés au travail. Il se rappelle les soirées d'hiver où, à l'âge de trois ou quatre ans, il enfilait la laine cardée dans la roue que sa mère tournait lentement avec son pied pour faire du fil. Il se rappelle aussi avec beaucoup de tendresse les nombreuses fois où il a aidé Rosanna à ramasser des œufs d'oie et de poulet ; ces moments où, dehors, l'été, il remuait le gras animal qu'elle faisait bouillir dans un gros chaudron de fer. Avec ce gras, Rosanna faisait des barres de savon d'une épaisseur de cinq centimètres, que la famille utilisait pour tout laver, des mains jusqu'aux planchers.

Vers l'âge de six ou sept ans, alors que ses mains ont été assez grosses pour serrer les pis d'une vache, Raymond, comme tous ses frères, a quitté les jupes de sa mère pour aller sous la gouverne beaucoup plus stricte de son père.

Les cheveux noirs et la face morne d'Edmond étaient le reflet de son tempérament sérieux. Sans être sévère, il était ferme. Il n'aimait pas répéter deux fois la même chose, mon père », dit Léopold qui, comme la plupart de ses frères et sœurs, habite encore la région de Saint-Hubert. « Quand mon père donnait un ordre, il fallait obéir, dit Léopold. C'était rare qu'il nous corrigeait physiquement, ça arrivait juste quand on dépassait les bornes. Normalement, il n'avait qu'à nous jeter un regard, puis on arrêtait tout de suite de *niaiser*. »

Bien qu'il fût toujours poli et courtois, Edmond était un homme qui ne voulait pas – ou qui ne pouvait pas – exprimer ses émotions. Par contre, il les maîtrisait bien. « Quand il était fâché, se rappelle Alfréda, mon père ne perdait jamais son calme et il ne sacrait jamais, peu importe ce qui était arrivé. Mais jamais il ne souriait ou il ne riait. C'était comme s'il essayait de ne pas le faire. »

À l'instar de bien des gens, la crise économique a été très difficile pour Edmond. Après la prospérité folle des années vingt, une des périodes économiques les plus fructueuses de toute l'histoire de la civilisation occidentale, les fermiers de l'Ontario et du Québec, surtout les producteurs de lait et de beurre, ont vu leur marché diminuer. Le chômage atteignait 40 %. Les producteurs devaient quand même se débattre pour payer les intérêts de leurs prêts. Pour eux comme pour bien du monde, les conséquences psychologiques de la crise ont été importantes.

Bien que ses rêves fussent modestes, Edmond se voyait obligé d'utiliser au maximum les ressources de sa petite ferme. En plus de nourrir sa famille, il vendait du bois de chauffage et des pommes de terre aux habitants du village. « Mon frère était autant un marchand qu'il était un fermier », mentionne Yvonne, la dernière sœur vivante d'Edmond, qui vit aujourd'hui à Lots-Renversés, dans le Bas-du-Fleuve. « Il avait une couple de dizaines de clients réguliers dans le village. Il était toujours en train d'aller ou de revenir entre le village et sa ferme, sur son "wagon". »

Edmond gagnait cinquante cents pour une corde de bois, livré et empilé, et soixante-quinze cents pour un sac de patates de trente-cinq kilos. C'était de l'argent durement gagné, mais Edmond acceptait cela. Hautement responsable et fier (il se rasait, par exemple, avant de faire chaque livraison), il considérait chaque sou gagné comme un pas de plus vers un avenir meilleur pour sa famille.

Il n'était pas surprenant qu'Edmond économise chacun de ses sous. Comme la plupart des fermiers de la région, il faisait du troc, c'est-à-dire qu'il payait en bois de chauffage ou en pommes de terre. Les devises de l'époque ! Et il fronçait les sourcils lorsqu'on achetait des choses qu'il ne trouvait pas utiles ou qu'on aurait pu obtenir à un meilleur prix.

Pour mieux gérer ses affaires, Edmond inscrivait ses revenus et ses dépenses dans un livre comptable. Il y inscrivait même les heures qu'il passait à aider ses voisins, de sorte qu'il pouvait leur demander de lui rendre la pareille. Le caractère sombre d'Edmond et sa façon de gérer son argent et son temps ont donné l'impression à bien des gens qu'il était grippe-sou. Laurent, pour sa part, voyait davantage son beau-frère comme une personne économe et responsable. « Edmond était honnête jusqu'aux ongles, et sa parole valait un contrat écrit. S'il gardait un œil aussi attentif sur ses affaires, c'était parce qu'il n'avait pas de temps ni d'argent à perdre. Il avait une grosse famille à s'occuper dans des temps difficiles. »

Par contre, quand un client n'avait pas les moyens de payer un compte, Edmond, à la fin de l'année, barrait la dette dans son gros livre comptable en disant : « ça, c'est pour les âmes du purgatoire. »

Et il n'avait pas le cœur dur au point de ne pouvoir faire la charité, une vertu qu'il a transmise à ses enfants. Par un soir cru de novembre, il a envoyé Gérard et Léopold livrer du bois à un client du rang, un ivrogne mauvais payeur. « Sois certain d'avoir de l'argent dans ta poche avant de décharger le bois », avait-il dit à Gérard avant qu'il parte avec la voiture à cheval.

Quand ils furent sur place, la bonne femme en larmes est venue les voir. « On lui a dit qu'il fallait qu'on se fasse payer avant de décharger le bois, se souvient Léopold. Mais elle disait qu'elle n'avait pas une *cenne*, puis il n'y avait même pas assez de bois dans la maison pour allumer le poêle. À travers la porte ouverte, on voyait le bonhomme. Il dormait sur une chaise, complètement soûl. Puis il y avait des enfants qui couraient partout, à moitié habillés. On a décidé, Gérard et moi, de leur laisser le bois quand même. La femme, elle a pleuré de joie. Quand on est arrivés chez nous, on a raconté ce qui s'était passé à notre père. Il a hoché la tête, puis il a dit : "C'est correct", puis c'était pas plus compliqué que ça. »

Dans un village comme Saint-Hubert, dans les années trente, l'agriculture était la principale activité. Du berceau jusqu'au tombeau, les activités quotidiennes des vieux comme des jeunes étaient dictées par les saisons, selon un ordre qui semblait éternel.

Le printemps commençait toujours à la cabane à sucre. À chaque année, les enfants Malenfant étaient parmi les cinquante-huit petits-enfants d'Alphonse qui cueillaient l'eau d'érable dans plus de trois mille seaux. Et, à la fin, ils avaient tous le bec sucré. Quels souvenirs indélébiles !

Au printemps, c'étaient les semences. Une activité pour toute la famille. On commençait par se débarrasser des roches qui parsemaient les champs. Pendant deux semaines, la famille Malenfant parcourait ces espaces à la recherche de cailloux et de pierres. On les mettait sur une plate-forme, laquelle était traînée par un cheval. Aussi incroyable que cela puisse paraître, on remplissait la plate-forme sans même se déplacer. Dire que ces terres avaient déjà été cultivées !

Il y en avait tellement que, au fil des ans, la ferme des Malenfant, comme celles de leurs voisins, a vu pousser, tous les soixante mètres, des clôtures de roches de deux mètres de haut et de trois mètres de large ! Parfois, il y en avait tellement qu'Edmond faisait venir un bulldozer pour faire des trous dans lesquels on enterrait les roches pour s'en débarrasser.

On semait au début de mai. Tout était fait à la main. Mais la pire tâche, c'était de planter les pommes de terre. Il fallait les éloigner de un demi-mètre. Une poche de patates donnait dix poches. Dans les bonnes années, celles où la ferme grossissait au même rythme que la famille, Edmond et les enfants plantaient jusqu'à cent poches de quarante-cinq kilos chacune, sur une demi-dizaine d'acres. Rosanna, qui n'était plus capable de se pencher, brisée par l'âge, les suivait tranquillement en lançant des poignées de fumier chimique avant qu'on enterre les patates.

La première récolte de l'année était celle des fraises sauvages, à la mi-juin. Cette activité occupait Rosanna, les plus grandes filles et les plus jeunes enfants. Le mois suivant, on faisait les foins. On ne faisait qu'une coupe par année sur le plateau. Toute la famille participait. Edmond fauchait et balayait le foin avec le cheval, alors que les enfants le lançaient sur la calèche avec des fourches pour qu'il puisse être transporté à la grange.

À l'époque, on n'épandait pas de pesticides et d'herbicides. Rosanna, les filles et les jeunes enfants devaient donc consacrer des journées entières à arracher les mauvaises herbes, notamment les queues-de-renard. De plus, ils ramassaient aussi des framboises qui, comme les fraises sauvages, étaient mises en conserve.

Pendant ce temps, Edmond, avec l'aide de ses fils dès qu'ils avaient neuf ou dix ans, déracinait les troncs des arbres abattus pendant l'hiver. Cela permettait de défricher tranquillement de la «terre neuve». Ainsi, la ferme grossissait de un à trois acres par année, le tout dépendant, bien sûr, de la qualité de la terre défrichée et de la quantité de roches qui s'y trouvait.

En août, une fois les légumes du jardin récoltés, on répartissait de nouveau les tâches entre les membres de la famille. Les femmes faisaient les conserves pour l'hiver; les hommes récoltaient les céréales, en particulier l'avoine. Comme le foin, l'avoine était fauchée par une faux traînée par un cheval. Elle devait être coupée assez haut pour ne pas briser la lame sur les roches. On laissait ensuite l'avoine sécher quatre ou cinq jours (on perdait ainsi moins de grains), puis on la tournait le matin de la journée où on allait la ramasser. Le grain était entreposé dans la grange et séparé les journées de tempête, l'hiver, quand on avait du temps, avec un séparateur alimenté par un vieux moteur d'automobile. Celui-ci empestait la grange et rendait parfois les gens malades en raison des émissions de monoxyde de carbone.

Les jours les plus tranquilles de l'été, les hommes retournaient dans la forêt pour couper du bois pour l'année suivante. Ils faisaient tomber une centaine d'arbres, dont la moitié étaient écorcés à la main avec un petit outil qu'on appelait un *spud*. Edmond coupait des morceaux de bois d'un mètre pour les vendre aux scieries locales, surtout celle des Massé, la famille la plus riche de Saint-Hubert. Il coupait également des billots de trois mètres et les fendait plus tard pour en faire du bois de chauffage. Il en vendait une centaine aux gens du village et en conservait environ vingt-cinq pour la maison.

Et venait ensuite le temps des patates, le pire de tout. Une bonne partie des pommes de terre ramassées – dans les bonnes années, on en ramassait cinq cents poches – étaient apportées directement aux clients d'Edmond en même temps que le bois de chauffage. Le reste était entreposé dans la cave de la maison. Lors d'une bonne année, vers la fin des années trente, la rouille a infesté toutes les patates entassées dans la cave. Il ne restait plus qu'une montagne de bouillie puante. «Il a fallu qu'on jette toutes les poches tout de suite dehors, en plein hiver, se rappelle Laurent. Il y en avait près de trois cents sacs, et on les a tous perdus. C'est sûr que ça a pas fait l'affaire de mon père. Mais qu'est-ce qu'on pouvait faire? On a jeté les patates avant qu'elles empestent la maison, puis on les a ramassées pour s'en débarrasser au printemps. »

La dernière récolte de la saison, à la fin d'octobre, était toujours celle des navets. Celle-ci bouclait l'année. Après, tout devenait tranquille.

Pourtant, même si la terre dormait sous la neige, les gens travaillaient encore dans leur maison. Les fermiers réparaient leurs équipements et les femmes confectionnaient des vêtements.

C'est ainsi que les jours, les semaines, les mois et les saisons suivaient leur cours pour la famille Malenfant. Tout le monde se réveillait à quatre heures et demie tous les matins. On allait directement à la grange et on y besognait pendant plus de deux heures.

Il fallait donner de l'eau, du foin et de l'avoine aux chevaux. Dans les années trente, la famille en possédait deux, des canadiens. Ils n'étaient pas grands, mais ils étaient massifs, pesant environ sept cents kilogrammes. Ces bêtes étaient précieuses non seulement à cause de leur prix, environ cinq cents dollars chacune, mais aussi parce qu'elles transportaient la famille et aidaient au travail. Il fallait donc qu'elles soient prêtes à commencer leur journée tout de suite après le déjeuner.

(Une fois, un des chevaux est mort dans la grange à la fin d'une journée de travail, en pleine saison de récolte. Edmond n'avait pas d'argent pour le remplacer. Ainsi, on a attelé un bœuf pour tirer la charrue, une situation qui a duré quelques années.)

Après avoir nourri les chevaux, on allait ensuite soigner les vaches. Au début de leur mariage, Edmond et Rosanna en possédaient une demi-douzaine. À la fin des années trente, ils en avaient entre vingt et trente. On les faisait boire dans un grand abreuvoir, long de six mètres. Normalement, l'eau venait du robinet de la grange, lequel était raccordé à un tuyau qui acheminait l'eau, par la force de la gravité, du puits, qui était situé à plus de cent mètres dans le champ. L'hiver, ce tuyau, qui passait en dessous de la route, gelait souvent. Les Malenfant devaient alors, matin et soir, même en pleine tempête, aller puiser l'eau à la source, laquelle était située à un kilomètre.

Pour ce faire, on chargeait sur le « train à patates » quelques barils vides d'une capacité de deux cent vingt-cinq ou quatre cent cinquante litres et on les traînait avec le cheval. Une fois sur place, il fallait se glisser dans les eaux glaciales pour remplir les barils et les sortir. « C'était toujours l'enfer, surtout quand il faisait très, très froid, raconte Raymond. On était gelés jusqu'aux os, au point que ça faisait réellement mal. Ça parlait pas fort en revenant à la maison ! »

Après avoir fait boire les vaches, chacun des membres de la famille se consacrait à une tâche spécifique. Edmond, Rosanna, Gérard, Marie-Anne et Alfréda trayaient les vaches, qui étaient attachées au mur avec des simples cordes. On s'assoyait sur des petits tabourets pour les traire.

Le lait était alors mis dans des seaux et versé dans la centrifugeuse, où le lait et la crème étaient séparés. La famille buvait le lait et l'excédent était donné aux veaux et aux cochons. La crème était mise dans des bidons et envoyée à la crémerie tous les deux ou trois jours. Léopold ramassait les excréments. Raymond, quant à lui, montait dans le haut de la grange pour tirer du foin dans la chute qui conduisait à l'étable, en bas. Il nourrissait aussi les poules, lesquelles couraient librement dans l'étable. Elles étaient pourtant interdites de séjour en haut parce qu'elles avaient la manie de s'asseoir sur les poutres et de déféquer sur les vaches.

Ces tâches étaient horribles pour Raymond. Il avait peur du noir et le haut de la grange était uniquement éclairé par la lumière produite par les lampes à huile placées en bas. « Raymond était un grand peureux. Il n'aimait vraiment pas être seul, puis nous, on a eu du *fun* avec ça », déclare Alfréda, un petit sourire aux lèvres. « Une fois, je me rappelle, Gérard s'est caché dans le foin avant que Raymond monte. Puis il est sorti du foin en criant. Mon Raymond a failli mourir ! »

Ce n'était pas par méchanceté qu'Edmond forçait Raymond à aller en haut. C'était parce que Raymond, toujours agité, avait peur des animaux et les rendait nerveux à leur tour.

Encore là, comme le raconte Alfréda, la famille a eu du plaisir quand Raymond devait être en contact avec les bêtes pour travailler. « Des fois, on demandait à Raymond de tirer quelques vaches, tâche pour laquelle il n'était jamais trop habile. » On lui faisait traire la Sonnette. Elle était vraiment méchante. « C'était sûr qu'elle allait donner un coup de pied pour renverser le seau, puis on riait, parce que Raymond criait, puis il se sauvait en riant lui aussi », raconte Alfréda.

Mais les déboires de Raymond avec les animaux n'étaient pas toujours comiques. Une fois, Edmond lui a demandé de livrer quelque chose à un voisin avec le wagon. C'était rare que Raymond tînt les rênes : c'étaient presque toujours les deux plus vieux, Gérard et Léopold, qui faisaient les livraisons et la plupart des travaux. Le cheval, un canadien du nom de John, était normalement d'une douceur extraordinaire. Mais, dès qu'il vit que c'était Raymond qui conduisait, il est devenu agité. Sous le regard de ses parents et de plusieurs de ses frères et sœurs, Raymond a donné un petit coup sur les rênes. John s'est tout de suite emballé et le jeune garçon est tombé par terre, la tête la première. Assommé et coupé sérieusement à la tête, Raymond a passé deux jours au lit. « Ça a été la fin des jours chevalins de Raymond », dit Alfréda.

Une fois la traite des vaches terminée, on les nourrissait. En plus du foin, l'hiver, on leur donnait des navets. Une pelletée chacune, ce qui donnait un goût de navet au lait.

Après les vaches, on s'occupait des deux douzaines de moutons, à qui on donnait du foin et de l'eau. Puis, finalement, c'était le tour de la cinquantaine de cochons. Ils étaient dans un bâtiment de ferme, loin de la maison et de la grange, et près du terrain des voisins. Ils sortaient rarement, même l'été, et l'odeur forte qu'ils dégageaient était plutôt insoutenable, surtout lorsqu'on arrivait essoufflé après avoir porté de l'eau sur une distance d'un demi-kilomètres.

Les cochons mangeaient différentes choses, selon les saisons. À partir de l'automne jusqu'au printemps, ils mangeaient des petites pommes de terre et des navets qui étaient entreposés dans des tonneaux, à côté du bâtiment. Le premier enfant arrivé de l'école devait remplir un chaudron d'eau à moitié et allumer ensuite un feu en dessous. On déposait ensuite dans l'eau les patates et les navets, et on allait faire d'autres travaux. Après le souper, vers sept heures et demie, une fois le mélange cuit, on retournait et on éteignait le feu, on vidait l'eau chaude et on écrasait les légumes avec des palettes de bois. Ensuite, on refroidissait les légumes avec de l'eau froide et on ajoutait de l'avoine avant de les servir aux cochons. « Ça manquait jamais d'ouvrage chez nous », dit Léopold d'un ton sec.

Après la besogne, c'était le temps des prières du matin. La famille se rassemblait dans la cuisine. On se mettait à genoux, face à la grosse croix noire en bois fixée au mur, et on priait dix ou quinze minutes. Les enfants, bien que croyants, avaient toujours hâte que ce soit terminé, parce qu'ils n'avaient pas encore mangé. Une fois, Léopold avait tellement faim qu'il a perdu connaissance pendant les prières. Comme tous les enfants qui tombaient malades dans la famille, il a eu le droit de se coucher sur le lit de plumes de ses parents.

À la fin de chaque journée, on répétait la même routine de besogne le soir. La famille retournait ensuite de la grange à la maison pour le souper. Cette petite marche était l'un des seuls moments de la journée où on ne se sentait pas pressé par le temps et où le calme régnait. L'été, comme il faisait beau et clair, on s'attardait souvent sur la galerie de la maison, pour se détendre en contemplant le paysage. L'hiver, on revenait à la lumière des lampes à huile, parfois en même temps que les voisins, qu'on saluait en balançant la lampe. C'était également beau quand la lune éclairait la neige. On voyait le paysage à perte de vue avec une lumière de basse intensité. Mais rien n'était comparable aux mois de décembre et de janvier, alors que les journées étaient si courtes. Il n'y avait pas de lune. « La Grande Ourse se trouvait toujours juste au-dessus de nos têtes quand on sortait de la grange, se rappelle Léopold. Puis ça semblait tellement proche. C'était comme si on avait pu mettre nos mains dans les airs pour la toucher. C'était de toute beauté. »

Le soir, après le souper et après avoir lavé la vaisselle, la famille priait, à genoux devant la croix. Ensemble, ils disaient leur chapelet, ce qui prenait quinze minutes. Ensuite, pour la première fois de la journée, les membres de la famille avaient du temps libre – sauf, bien sûr, ceux qui étaient désignés pour aller donner le repas aux cochons et ceux qui devaient vérifier si les vaches avaient de l'eau. Raymond ne se portait jamais volontaire pour cette tâche, parce qu'il avait peur d'aller dans la grange la nuit.

La plupart des travaux étaient faits à main nue, ce qui les rendait dures comme l'écorce d'un arbre. Même chose pour les pieds. L'automne, Edmond achetait une paire de *rubbers* – des petites bottes de caoutchouc assez minces – pour chaque enfant. La paire devait durer une année complète. Si on faisait des trous dedans, il fallait les réparer. On portait des bas de laine, mais on gelait quand même des pieds avec ses bottes. Chaque enfant n'avait qu'une paire de souliers, mais ne la portait qu'à l'église. Les enfants cessaient de porter leurs bottes lorsque le printemps arrivait. Ils passaient l'été pieds nus. Rares étaient les autres familles du rang où l'on agissait ainsi. « Ça faisait toujours mal durant quelques semaines, au printemps, mais ils devenaient durs comme des roches, se souvient Raymond. On est allés partout nu-pieds : dans les champs, dans la forêt. Puis on faisait tout aussi, même les foins. On mettait nos *rubbers* pour aller dans la grange et pour aller au village ou à l'école. »

Ils portaient aussi les mêmes vêtements toute la semaine. Ainsi, on n'usait pas les habits du dimanche. Rosanna faisait le lavage une fois par semaine, le vendredi. Il fallait brasser les vêtements dans une grosse cuve, à la main. « Si on salissait nos vêtements, tant pis ! » déclare Raymond.

Comme ses habitants, la maison familiale était utilitaire et sans sophistication. Étant donné l'absence de salon, la pièce la plus grosse et la plus importante était la cuisine. Elle occupait la moitié du rez-de-chaussée. Sur le même plancher se trouvaient les chambres d'Edmond et de Rosanna, ainsi qu'une « chambre propre » pour les invités. Celle-ci servait très rarement. Les murs, à l'intérieur, n'étaient pas finis et les fentes entre les montants étaient remplies de plâtre. Incapable de peindre les murs ni de convaincre Edmond de l'utilité d'acheter de la tapisserie, Rosanna les couvrait avec de grosses feuilles de papier mince et gris qu'ils avaient acheté pour presque rien. Par contre, il fallait les changer chaque printemps parce qu'elles devenaient noires à cause de la fumée du poêle, lequel, l'hiver, était toujours allumé.

À côté du poêle, le long du mur, se trouvaient les escaliers qui menaient à l'étage. Il y avait quatre chambres en haut. D'abord, il y avait la « chambre à tuyau » (où le tuyau du poêle passait pour aller rejoindre le toit), où l'on mettait l'avoine dans des tonneaux pour la garder au sec tout l'hiver. Il y avait aussi trois chambres à coucher pour les enfants ; les filles et les bébés dormaient dans une chambre ; Gérard et l'aîné, dans une autre ; Léopold et Raymond, dans la troisième.

Les murs des pièces du haut (à part ceux de la chambre à tuyau) étaient peints. Le corridor était vert pâle, la chambre des filles était rose, la chambre de Gérard était bleue et celle de Léopold et de Raymond était vert foncé. Quant au plafond, Rosanna le blanchissait à la chaux une fois par année.

La chambre de Léopold et de Raymond était la première à gauche, en haut des marches. Le matin, la chambre était éclairée par le soleil levant. Le reste du temps, elle était plutôt sombre. Outre les lits, on ne trouvait aucun autre meuble dans les chambres des enfants, et rien non plus sur les murs. Ils partageaient des garde-robes dans lesquelles ils rangeaient leurs vêtements et leurs souliers du dimanche. On y gardait aussi des vêtements de travail de rechange ; il arrivait parfois qu'on soit trempé en raison d'un orage ou parce qu'on avait dû aller chercher de l'eau à la source parce que les tuyaux de la grange avaient gelé. On conservait quelques trésors dans de vieilles valises bossées, en tôle, que l'on déposait sous le lit : quelques effets personnels, rien de plus.

« On n'avait pas grand-chose dans nos chambres, pas comme les enfants d'aujourd'hui, dit Léopold. Mais on n'en avait pas vraiment besoin. Notre chambre était juste au-dessus de la cuisine, alors on écoutait tout ce que se passait en bas. Si on faisait les fous, si on riait ou même si on parlait, mon père criait : "Hé ! vous êtes montés pour dormir, alors dormez !"

Dans les chambres du bas, on trouvait de vrais matelas. Celui de la chambre d'Edmond et de Rosanna était rempli de plumes de volaille. Chaque fois qu'une oie ou une poule était tuée, ses plumes s'en allaient directement là-dedans.

En haut, les matelas étaient tous remplis de paille. Chaque semaine, les enfants les secouaient pour éviter que de grosses bosses inconfortables les empêchent de dormir. Au printemps et à l'automne, les enfants apportaient leurs matelas à la grange, où ils remplaçaient la vieille paille par de la neuve.

En été, la maison était plus grande : c'est que l'on pouvait utiliser la cuisine d'été, un petit bâtiment fixé sur un côté et une partie du devant de la maison. Il y avait quatre fenêtres et deux portes dans cette pièce. L'hiver, on y entreposait le bois de chauffage pour la maison, et c'est par là que tout le monde rentrait de la grange. On y enlevait ses bottes avant de mettre les pieds dans la maison.

Les gens, surtout les jeunes, ont toujours eu besoin de se divertir. Mais le besoin était plus grand que jamais dans les années trente. On comptait jusqu'à cinquante millions de chômeurs dans le monde entier! Plusieurs hommes ont laissé leur famille parce qu'ils se sentaient honteux de ne pouvoir subvenir aux besoins de leurs enfants. Beaucoup d'autres, dont plusieurs personnes de la haute société, se sont suicidés.

Dans un débat de la Chambre des communes qui eut lieu en 1932, au plus fort de la crise, un député a raconté l'histoire d'une femme de Winnipeg qui, essayant désespérément de survivre grâce à l'assistance sociale, a noyé son bébé dans la baignoire avant de s'enlever la vie. « Je dois quarante-quatre cents à la pharmacie, a-t-elle écrit à son mari. Adieu. »

On écoutait beaucoup la radio. Les Canadiens anglais écoutaient des émissions de variétés comme *Amos 'n Andy* ou encore *Hockey Night in Canada*, avec Foster Hewitt, ce qui demeurait un rituel du samedi soir pour plusieurs. Les Canadiens français, pour leur part, écoutaient des émissions en direct telles que *Au Coin du feu* avec Robert Choquette, laquelle est devenue la première émission quotidienne, en 1931. Ils écoutaient aussi des séries dramatiques comme *Le Curé du village* et *La Pension Velder*. Pourtant, les émissions les plus écoutées demeuraient, bien sûr, les émissions religieuses, notamment le soir, aux heures de prières.

La plupart des familles de Saint-Hubert avaient un poste de radio à la maison. Les radios fonctionnaient à piles et il n'était donc pas nécessaire d'avoir l'électricité. Edmond, pour sa part, refusait d'acheter une radio parce qu'il considérait qu'il s'agissait d'un luxe trop coûteux, d'autant plus que la famille s'en serait servie rarement puisque chacun travaillait toute la journée. Même après la guerre, quand Edmond avait plus d'argent, il a tout de même refusé de se procurer une radio. Ce n'est qu'au début des années cinquante qu'il a fini par en acheter une, parce que Rosanna avait beaucoup insisté.

Les seules nouvelles que la famille recevaient du monde extérieur – à part, bien sûr, les histoires que les visiteurs leur racontaient lors de leur passage à Saint-Hubert ou encore les rumeurs qui couraient dans le village – venaient des quelques revues auxquelles Edmond était abonné. Bien entendu, il s'agissait de lectures essentielles, c'est-à-dire la

Revue Sainte-Anne, la *Revue de l'Oratoire* et *L'Action catholique*. Celle-ci contenait les éditoriaux et les ultimatums xénophobes et racistes du curé Lionel Groulx. En fait, le seul vrai journal qui soit rentré chez les Malenfant était *Le Saint-Laurent*, l'hebdomadaire local qu'Edmond lisait tranquillement dans sa chaise berçante, le samedi soir, en fumant sa pipe.

Les enfants, pour leur part, n'avaient rien à lire : aucun roman et aucune revue de glamour, un genre de magazine qui était pourtant assez populaire à l'époque et que le magasin général du village gardait toujours en inventaire. En fait, les seuls livres que l'on trouvait dans la maison étaient les mêmes que dans la plupart des maisons de campagne de l'époque : la Bible et *Le Catéchisme des provinces ecclésiastiques*.

Dans ce désert littéraire, les enfants étanchaient leur soif intellectuelle avec des jeux de cartes tels que le « charlemagne » et le *rummy*, des jeux auxquels Raymond aime encore jouer. Gérard et lui trichaient à l'aide de signes et de différents moyens, ce qui exaspérait les autres joueurs.

Les enfants jouaient également à des jeux inventés. Un de ces jeux, l'un des préférés des grands enfants qui savaient compter, était d'écrire de longues listes de chiffres sur des feuilles et de les additionner. Celui qui les additionnait le plus rapidement gagnait. « C''était le *fun*, parce que, pour une raison ou une autre, tout le monde était bon en mathématiques chez nous », se rappelle Alfréda.

Nul, par contre, n'était aussi bon que Raymond : il était le champion de ces jeux. « Je ne sais pas pourquoi, mais j'ai toujours été bon avec ça », remarque Raymond. Plus tard, il jouerait à ce même jeu avec ses propres enfants. Fait surprenant, il serait alors capable d'additionner mentalement une vingtaine de gros chiffres plus rapidement que les autres ne pourraient le faire à l'aide d'une calculatrice.

Bien sûr, les enfants s'amusaient également en faisant des « folies ». C'était un autre domaine où le frénétique Raymond excellait. « Il faisait toujours le clown, Raymond, se souvient Alfréda. Il taquinait tout le monde sans arrêt. S'il ne faisait pas des *jokes*, il fallait qu'il te touche ou qu'il te tire le soutien-gorge, n'importe quoi. Il ne savait pas s'arrêter. »

Raymond faisait des blagues la plupart du temps de concert avec ses frères. Évidemment, ses sœurs étaient ses souffre-douleur. Le plus souvent, il leur faisait peur : il sortait d'une garde-robe ou de derrière une porte en criant. Parfois, il cachait des morceaux de linge et refusait d'admettre que c'était lui le coupable, jusqu'à ce que la victime le dénonce à Rosanna. Elle mettait ainsi fin à l'épisode.

Parfois, les blagues allaient jusqu'à l'extrême, comme la fois où, un été, quelques gouttelettes d'eau lancées par-ci par-là se sont vite changées en seaux d'eau !

D'autres fois, par contre, il est allé trop loin. Des gens se sont fâchés, notamment au cours d'une soirée hivernale qui eut lieu dans la maison des Malenfant alors que Raymond avait environ quinze ans. Plusieurs des filles étaient assises autour du poêle, lequel leur servait à cuisiner, mais aussi à réchauffer la maison. Sans électricité – et alors sans fer à friser –, les filles frisaient leurs cheveux avec des papillotes, c'est-à-dire des petits morceaux de papier ciré qu'elles chauffaient en dessous du poêle avant de les entortiller autour de petites boucles de cheveux faites à la main. C'était une tâche longue et ennuyeuse qui demandait beaucoup de patience. Mais ça en valait la peine. Ça mettait un peu de piquant et de couleur dans la vie de ces jeunes filles au quotidien austère, d'autant plus qu'elles ne se maquillaient pas.

Lorraine, de quatre ans la cadette de Raymond, forte et déterminée comme sa mère, venait de se faire installer une dizaine de papillotes dans les cheveux par ses grandes sœurs. Raymond flânait tout près et lui arracha soudain une des papillotes. Il partit en haut en courant et en riant. Évidemment, Lorraine et ses sœurs lui crièrent après et même Rosanna lui dit que ce n'était pas drôle du tout. Une fois le calme revenu, les filles retournèrent à leur train-train et Raymond passa de nouveau près d'elles en arrachant une autre papillote des cheveux de Lorraine. Celle-ci se fâcha, attrapa le tisonnier à côté du poêle et cria : «Je vais te tuer !» Elle se lança ensuite à sa poursuite et courut après lui autour des meubles en brandissant le tisonnier et en menaçant de le frapper. Finalement, Raymond se réfugia sous la table de la cuisine et Lorraine frappa la table de toutes ses forces avec le tisonnier. C'est alors qu'Edmond, assis dans sa chaise, intervint pour mettre définitivement fin à la querelle. «Lorraine, c'est assez ! Raymond, arrête de faire l'idiot !»

Bien sûr, Raymond se faisait rendre la monnaie de sa pièce. Le plus souvent, ses victimes touchaient sa corde sensible : sa peur du noir. D'ailleurs, un soir, il s'est «fait avoir» dans la grange. Chaque fois que c'était son tour d'aller donner la nourriture aux vaches, le soir, Raymond suppliait ses sœurs de l'accompagner. Celles-ci refusaient toujours. Alors, il sifflait sans arrêt en s'y rendant et tout le temps qu'il passait dans la grange. Or, le meilleur tour qu'on ait joué à Raymond et dont ses frères et sœurs parlent encore, ce fut la nuit où ils l'ont envoyé chercher le «seau de nuit».

L'eau courante était acheminée à la maison grâce à un gros réservoir situé derrière la demeure ; l'eau se rendait à la cuisine grâce à la gravité. Or, dans la résidence, il n'y avait pas de toilettes. On disposait seulement d'un appentis, en arrière et sur un côté de la maison, lequel était situé à une trentaine de mètres à l'extérieur. Pour faire ses besoins, la nuit, on utilisait un seau qui était placé au bout du corridor, à l'étage. Le seau était vidé tous les matins dans l'appentis, où il était entreposé pour la journée avant d'être rapporté à la maison, le soir.

Ce soir-là, c'était au tour de Raymond d'aller chercher le seau. Il n'avait pas été en mesure de convaincre une de ses sœurs de l'accompagner. Il est donc parti seul, timidement, et a longé la maison jusqu'à l'arrière avant de courir jusqu'à l'appentis. Entre-temps, Marie-Anne est montée dans l'une des chambres de l'étage, sur le côté de la maison. Elle a ouvert une fenêtre sans faire du bruit. Quand elle a vu Raymond revenir à la maison, elle a attendu qu'il passe au-dessous d'elle et elle a alors commencé à gratter le bardeau en bois avec ses ongles. Effrayé par le bruit, Raymond a fait volte-face et couru rapidement à l'arrière de la maison. Les autres enfants, regardant la scène, ont pouffé de rire en voyant Raymond, paniqué, entrer dans l'annexe qui servait de cuisine d'été et passer à travers une fenêtre cassée. Le pire, c'est qu'il a réussi à passer, mais pas le seau! Il était trop gros! Raymond l'a laissé tomber et s'est réfugié dans la maison. «Il a couru comme un chevreau, mon Raymond», selon Marie-Anne, qui rit encore de l'incident. «Il est rentré dans la maison en criant: "Papa, papa, il y a quelque chose sur le toit!" Il était fâché quand il a vu que tout le monde riait. Mais Raymond, il a bon cœur. Il a trouvé ça drôle assez vite, lui itou, puis il a ri avec nous autres – une fois qu'il est allé chercher le seau, bien sûr!»

Il semble bien qu'avec les années Rosanna se soit endurcie et qu'elle soit devenue plus sévère. Elle était disciplinée et n'hésitait pas à punir ceux qui transgressaient les règlements de la maison. Elle utilisait alors la ceinture de cuir qu'Edmond prenait pour aiguiser sa lame de rasoir. Une infraction qu'elle punissait ainsi était le vol des beignes qu'elle avait faits pour le souper du dimanche. Elle punissait également les actes de folie.

Un jour, Gérard a eu la brillante idée de forger un baril de fusil avec une section de tuyau. Pour une raison inconnue, Edmond et Rosanna avaient très peur des armes à feu, qui étaient interdites en tout temps sur la ferme. Un jour, pendant qu'Edmond faisait une livraison au village avec Léopold, Gérard et Raymond ont apporté le tuyau en arrière de la grange. Après l'avoir chargé d'une cartouche de calibre 22, Gérard a donné un coup sur la goupille avec un marteau. La balle est aussitôt partie en direction du lac. La douille, par contre, est partie vers l'arrière et elle a atteint Raymond en plein visage, lui infligeant une petite coupure sur la joue. Surpris, les deux frères sont restés figés – jusqu'à ce que Rosanna arrive en courant pour voir ce qui était arrivé. Elle les a fouettés tous les deux.

Les Malenfant ne disposaient pas d'autres jeux que ceux qu'ils inventaient eux-mêmes.

Heureusement que les enfants savaient se divertir, car Edmond ne voyait pas l'importance d'élargir les horizons de sa famille ni de lui faire expérimenter de nouvelles choses. Rosanna, par exemple, n'est pas allée plus loin que Rivière-du-Loup une seule fois avant l'âge de quarante ans. Les enfants non plus ne sont jamais allés très loin… Raymond, par exemple, n'est pas allé plus loin que chez ses grands-parents Paré, à Saint-Cyprien, avant l'âge de seize ans. D'ailleurs, outre les quelques nuits qu'il a passées chez eux, il n'a jamais couché sous un autre toit que celui de sa propre maison.

Edmond, contrairement à sa femme et à ses enfants, était un voyageur invétéré. Presque tous les étés, lui et son père se rendaient à l'exposition agricole de l'île Verte, la plus grosse exposition de la région. Il est aussi allé souvent à Rivière-du-Loup, et même à Rimouski, pour voir des notaires et d'autres professionnels. Mais il n'emmenait jamais sa femme ni ses enfants avec lui. Personne, chez eux, ne se souvient pourquoi Edmond ne voulait pas les emmener avec lui. « C'est probablement parce qu'il s'en allait par affaires et qu'il ne voulait pas avoir des enfants avec lui. Et, *anyway*, c'était sûr qu'il y avait de l'ouvrage à faire en son absence », dit Léopold en haussant des épaules.

Il est fort possible aussi qu'Edmond n'ait tout simplement pas pensé d'emmener du monde avec lui en voyage. On ne voyageait pas par plaisir, à l'époque. Le tourisme, c'était limité. De toute façon, ça ne portait pas ce nom. Et c'était à sens unique. Les cousins de la ville venaient de temps en temps passer quelques jours de vacances chez l'habitant. C'était gratuit. Par contre, Edmond aurait pu avoir une autre raison plus pratique de n'emmener personne avec lui. Tel qu'un proche l'a laissé entendre, « Edmond était très *cheap*. Il a dû penser qu'il aurait fallu qu'il achète des repas, des bonbons ou des jouets, si sa femme ou ses enfants l'accompagnaient. Alors, il le laissait à la ferme pour qu'ils travaillent en son absence ».

Il n'est pas étonnant alors que, même à une époque où il fallait que tout le monde travaille fort pour réussir, les Malenfant aient réussi à se distinguer des autres par le fait qu'ils n'arrêtaient jamais de travailler. « Ils étaient considérés comme des gens qui travaillaient trop fort », se rappelle le meilleur ami d'enfance de Raymond, Nérée Ouellet, qui demeurait sur une ferme, à un demi-mille à l'est des Malenfant, à mi-chemin entre les fermes d'Edmond et d'Alphonse. « Ils étaient sévères,

chez eux. Ils ne prenaient pas le temps de profiter de la vie. Ils n'arrêtaient de travailler que pour manger et pour dormir. Chez nous, on travaillait fort, mais la journée prenait fin vers cinq heures et demie. C'était
la même chose pour la plupart des gens du rang. C'est sûr qu'on travaillait des journées plus longues, dans les grosses périodes, comme dans
le temps des semences puis des récoltes. Mais dans les temps normaux,
on travaillait des heures normales. Mais les Malenfant, c'était connu, ça,
ils travaillaient plus fort que tout le monde. Ils étaient respectés pour ça.
Le père de Raymond, mais surtout son grand-père, qui avait une scierie,
puis des terres à bois, puis une belle ferme, l'une des plus belles de la
paroisse, puis des belles vaches... Mais ils travaillaient tout le temps, les
Malenfant. On dirait qu'ils ne se sont jamais arrêtés pour s'amuser,
comme la plupart des gens du rang faisaient de temps en temps. *Crime*, il
fallait s'arrêter. C'était de l'ouvrage, ça, dans le temps : pas de tracteur,
puis les chevaux, puis tout... Ça aurait été *plate* de travailler tout le
temps. On travaillait assez, *anyway*. »

Ouellet ajoute que, les soirs de semaine ou les fins de semaine, quand
il n'y avait pas d'école, la plupart des enfants du rang se rassemblaient
pour jouer. Mais il était rare que les enfants Malenfant se joignent à eux.
« Laurent Lagacé, un autre ami proche, et moi, on est allés souvent, le soir
ou le samedi après-midi, pêcher la petite truite dans les ruisseaux. Ou, des
fois, on est allés dans le village, sur nos bicycles, ou on se tenait à la salle
de billard pour boire une liqueur. Je me demande si Raymond est déjà
venu avec nous autres une seule fois. Léopold, oui, une couple de fois.
Mais les Malenfant *rushaient* toujours. Même dans les temps *slow* de
l'année, ils restaient souvent dans le champ à défricher ou à ramasser des
roches jusqu'au coucher du soleil. Ils étaient les seuls, dans le rang, à
faire ça. »

Un autre trait unique chez les Malenfant était que Rosanna travaillait
dans les champs toute la journée avec sa famille. La plupart des femmes
du rang restaient à la maison et cuisinaient des gros repas chauds que leur
homme mangeait après sa journée. Mais souvent les Malenfant retournaient à la maison quand celle-ci était noire et que le poêle était froid. À
défaut de manger des repas chauds, ils mangeaient des conserves avec de
la viande froide ou seulement du gruau avec des *toasts*. Après ces repas
austères, ils se couchaient et se levaient quelques heures plus tard pour
aller à la grange recommencer une autre journée d'ouvrage.

Même s'ils étaient respectés par les autres habitants du village,
Edmond et Rosanna n'avaient pas d'amis proches dans le rang. Ce n'était
pas surprenant. Et même si Edmond était vu comme un homme paisible,

Rosanna, pour sa part, était perçue par les amis de ses enfants comme une femme dominante, avec une grosse voix. « Les gens avaient de la sympathie pour leurs enfants, selon un ami de la famille. Ils avaient certainement de l'argent chez eux, parce qu'ils vendaient toutes sortes d'affaires. Mais ils ne prenaient pas le temps de s'en servir. »

Même le dimanche, la seule journée où les Malenfant ne travaillaient pas, les enfants se couchaient en arrivant de l'église et dormaient tout l'après-midi. « Je comprends, qu'on dormait, dit Raymond. On était brûlés, tellement qu'on travaillait la semaine. »

Il n'en demeure pas moins que les enfants avaient du plaisir en dehors de la maison, notamment lorsqu'ils allaient chez leurs grands-parents Paré. François, outre ses instruments de musique, sculptait des petits cadeaux en bois, comme des petits fusils, qu'il donnait à ses petits-enfants quand ils venaient le visiter. Il lisait aussi des romans populaires et des histoires d'aventures, comme *Les Enfants perdus et retrouvés*, pour ensuite les raconter, agrémentés de nombreux détails haut en couleur. De plus, il leur jouait de la musique et Léontide leur servait des pâtisseries qu'elle faisait elle-même. Elle leur donnait également des raisins qu'elle avait achetés au magasin, une gâterie dont ils jouissaient rarement à la maison. Malheureusement, ils n'y allaient pas souvent, parce que les trente kilomètres qui séparaient les deux maisons étaient longs à parcourir sans automobile, surtout l'hiver, car les routes de campagne n'étaient pas déblayées. Ils y allaient, en fait, uniquement pour les occasions spéciales : le temps des fêtes et les mariages. Par contre, même quand ils y allaient, Edmond avait toujours hâte de partir et de retourner travailler. Ces visites ont quand même permis à Rosanna d'égayer sa propre maison. Et François Paré, mort depuis longtemps maintenant, a réussi à enseigner à ses petits-enfants que, malgré les tribulations de la vie, celle-ci doit être célébrée.

Même si les enfants Malenfant passaient presque tous les jours devant la porte de leurs autres grands-parents, Alphonse et sa femme Clarida Mailloux, ils n'aimaient pas y entrer. Malgré les beaux meubles, il y régnait une froideur spartiate, à l'image de la rigidité des propriétaires. « Ils étaient sévères, mes grands-parents Malenfant », dit Raymond en faisant une grimace. « Toutes les excuses étaient bonnes pour ne pas aller là. »

Si la famille et les cousins constituaient l'unité sociale de base dans les villages ruraux de l'époque, l'échelon suivant, c'étaient les voisins du rang. C'est avec eux qu'on s'amusait et qu'on fraternisait. On s'entraidait à l'occasion. C'était d'eux aussi qu'on apprenait la plupart des nouvelles du monde extérieur – surtout de ceux qui avaient des postes de radio ou qui étaient abonnés aux journaux et à des bulletins de nouvelles comme *Le Soleil*, *La Terre de chez nous* ou *Le Bulletin des agriculteurs* – bien que ces nouvelles fussent inévitablement déformées chaque fois qu'elles étaient répétées. Bien sûr, c'était aussi avec les voisins qu'on parlait des rumeurs du coin.

Comme les Malenfant, la grande majorité des gens qui habitaient leur rang étaient de grosses familles fermières. À l'est de chez les Malenfant, il y avait les Ouellet et les Gagné. À l'ouest, c'étaient les Lagacé, les Deschamps et les Bélanger. En plus de s'entraider lorsque survenaient des difficultés, telle la perte d'une grange, on se visitait à l'occasion. Pendant le temps des fêtes, par exemple, les fermiers se rendaient visite. Il était rare que les Malenfant – ni la famille d'Alphonse ni celle d'Edmond – ne reçoivent pas alors du monde ou ne visitent pas leurs voisins. C'était la même chose à l'automne, lors de la cueillette des pommes, quand les fermiers du rang se regroupaient pour jouer aux cartes, normalement au *bluff*. On gageait des pommes. On prenait aussi un « petit coup », normalement du gin ou de l'alcool pur que M. Saint-Amant faisait chez lui. Mais ni Edmond ni son père ne participaient à ces événements.

Ils étaient aussi absents des soirées de danse, organisées tous les mois ou tous les deux mois. La plupart de ces soirées avaient lieu chez les Gagné. Ces gens étaient « recevants » ! Les curés n'étant pas en faveur de ces soirées, elles avaient lieu en cachette. Or, pour cette raison, il était compréhensible que les Malenfant n'y soient pas. « On n'était pas trop des "foireux", chez nous », dit Lorraine, la plus jeune sœur de Raymond. « On se tenait pas mal en famille. »

L'une des raisons était qu'Edmond et Rosanna avaient horreur de l'alcool. Tellement que les seules fois où Edmond se fâchait réellement, c'était lorsque des gens arrivaient chez lui ivres. Le plus souvent, c'était son frère Lucien, un alcoolique invétéré qui a perdu connaissance à plusieurs reprises dans la cuisine des Malenfant. Il y avait aussi un voisin, Georges Beaulieu, un libéral convaincu qui venait chez les Malenfant pendant et après les élections – surtout si son parti avait gagné – pour écœurer Edmond, qui était un « bleu » de l'Union nationale. « Mon père l'écoutait sans rien dire, se souvient Raymond. Mais il finissait par se fâcher terriblement. Il criait : "Beaulieu, ton Taschereau est un *sale à marde* !" Puis il le mettait dehors tout de suite. » Les deux hommes ne se parlaient pas pendant des mois : Edmond parce qu'il était embarrassé de ce qu'il avait dit, et Beaulieu, parce qu'il était perturbé des choses qu'il aurait pu dire, mais dont il ne se souvenait pas. Finalement, poussés par des amis communs du rang qui n'aimaient jamais voir des disputes entre les voisins, les deux hommes trouvaient toujours une façon de se rencontrer (normalement sous prétexte d'emprunter quelque chose à l'autre, comme une pelle ou du fil de fer) et de se réconcilier.

Edmond et Rosanna étaient très stricts en ce qui concerne la consommation d'alcool. Ils donnaient régulièrement aux enfants des discours sur les ravages que pouvait causer l'ivrognerie. D'ailleurs, les enfants ont eu souvent l'occasion d'en voir les effets néfastes. Hormis leur oncle Lucien, Georges Beaulieu, un fermier voisin, du même âge qu'Edmond, qui avait lui aussi une grande famille, passait devant la maison tous les dimanches après-midi en se rendant chez un autre voisin qui fabriquait de la bière. Trois ou quatre heures plus tard, il revenait le long du chemin en marchant de travers. Souvent, il était tellement soûl qu'il tombait en pleine face et ne bougeait plus. Edmond envoyait ses garçons le chercher. «Allez aider M. Beaulieu. Ramenez-le chez lui.»

Que les enfants Malenfant aient été profondément marqués par ces épisodes ainsi que par le mépris que leurs parents entretenaient à l'égard de l'alcool et des alcooliques semble évident. Aucun d'eux n'a goûté à l'alcool avant la vingtaine, et peut-être même la trentaine. Plusieurs des garçons Malenfant, y compris Raymond, faisaient partie du Cercle Lacordaire et Sainte-Jeanne-d'Arc, une organisation catholique anti-alcool dont les membres portaient une épinglette. Bien que plusieurs d'entre eux aient fini par « casser leur Lacordaire », comme on disait à l'époque, Raymond, lui, ne goûterait jamais à l'alcool de sa vie.

Pourtant, l'alcool aura fait rire les Malenfant au moins une fois. C'est arrivé après l'une des rares fois où Edmond et Rosanna ont reçu des visiteurs. Ils avaient accepté de servir de l'alcool maison, de la *bagosse*, fournie dans un baril par M. Saint-Amant. On avait mis des épis de maïs dedans, ce qui faisait partie de la recette. Le lendemain, quand le baril fut vide, Rosanna a récupéré les épis pour les donner aux poules. Peu après, elle a crié à Edmond pour qu'il rentre du champ. « Il y a quelque chose qui va pas avec les poules ! Elles sont toutes à terre, sur le dos, les pattes en l'air ! » Les poules sont redevenues normales quelques heures plus tard, peut-être avec un mal de tête.

On se fréquentait dans le rang, mais on se voyait aussi au village, qui était le principal lieu de rencontre. Dans les années trente et quarante, comme aujourd'hui d'ailleurs, le village n'était qu'une croisée de chemins où s'élevaient, en plus de l'église et du presbytère, quelques commerces et quelques maisons. Tout au plus cinq cents des trois mille habitants de la paroisse y vivaient. Ils jouissaient de presque tout le confort du monde moderne.

En plus d'un médecin et d'un notaire, il y avait un gros hôtel, deux magasins généraux, deux écuries, deux garages (dont l'un appartenait à l'un des frères d'Edmond, Alfred, un mécanicien), une bijouterie et quelques restaurants. Un autre frère d'Edmond, Charles-Eugène, tenait un magasin de vêtements de qualité dans sa maison, à côté de l'église. Notamment, Charles-Eugène a été le témoin au mariage d'Edmond et de Rosanna. Un être chanceux, il a gagné une voiture neuve lors d'un tirage au sort organisé par le magasin de vêtements de Rivière-du-Loup où lui et Edmond avaient acheté leurs vêtements pour les noces.)

Économiquement et socialement, le village a été dominé par les familles Massé et Bélanger, lesquelles étaient unies par le mariage. Les Massé étaient de loin la famille la plus riche de la région. Ils étaient propriétaires d'une grosse scierie, du moulin à farine, de l'usine de laine (où on cardait la laine), d'un des garages, d'un des magasins généraux et même de la génératrice qui fournissait l'électricité au village.

Leur plus gros commerce était la scierie. Ils achetaient de grosses quantités de bois pour le couper et le vendre aussi loin que Rimouski. Parce que leurs commerces fonctionnaient ensemble, ils payaient en argent une partie du bois qu'ils achetaient, et presque la moitié en coupons pour leur magasin.

C'était, en fait, un geste hautement compréhensible. Les fermiers étaient leurs clients et les Massé leur faisaient crédit tout au long de l'année, jusqu'à ce que les cultivateurs puissent acquitter leurs dettes, avec les fruits de leurs récoltes. Avec la distribution, dans tous les foyers, du catalogue d'Eaton (ce qui était, chez les Malenfant comme dans la plupart des maisons, le seul anglais qu'on pouvait lire), les gens pouvaient facilement commander des choses : Eaton livrait par la poste, dans un délai d'une ou deux semaines. Ainsi, avec les coupons, on s'assurait que l'argent ne sortait pas du village.

Mais Edmond, comme bien d'autres, n'appréciait pas ce système de coupons. Il en recevait pour le bois qu'il vendait aux Massé, mais il considérait cette pratique comme détestable, autant que le fait que le lac de la Grande Fourche fût la propriété privée d'un club de pêche de Québec dont les membres étaient des hommes d'affaires riches qui emmenaient leurs clients préférés, et même des politiciens amis, pêcher à Saint-Hubert.

Le problème, c'était que le club défendait aux habitants dont les fermes encerclaient le lac d'y pêcher et d'y nager. On interdisait même aux habitants d'y abreuver leurs vaches. Les gens du rang s'y baignaient quand même parfois, surtout après avoir fait les foins, en juillet, alors qu'on mourait de chaleur. Mais il fallait quand même y aller en cachette et ne pas rester trop longtemps. L'un des quatre gardiens du club pouvait les surprendre. Raymond, comme tous les gens du rang, a grandi avec l'idée que de tels privilèges accordés aux riches étaient injustes.

Il faut dire toutefois qu'il y avait des limites au pouvoir des Massé. Edmond, par exemple, a longtemps été le comptable du magasin qui entrait directement en compétition avec le magasin général des Massé. Et il était un « bleu ». Mais ça ne les empêchait pas d'acheter son bois. Frapper quelqu'un d'ostracisme dans un village comme Saint-Hubert, c'était courir le risque de se mettre à dos une bonne partie de la population.

Les Massé avaient aussi la mainmise sur la vie ecclésiastique, dont dépendait la vie sociale de la paroisse. D'abord, les curés fréquentaient beaucoup les Massé. Ceux-ci restaient tout à côté du presbytère et leur demeure était agréable pour les gens instruits. De plus, Eugénie Bélanger, la femme du patriarche du clan Massé, Camil, jouait de l'orgue à l'église. À partir des années vingt, Mme Bélanger était la seule organiste que l'église ait connue. Pour s'assurer qu'elle serait la seule à toucher à l'instrument de musique, elle avait fait poser sur l'orgue une serrure dont elle était la seule personne à détenir la clé. Ainsi, elle exerçait son contrôle. Sans elle, il n'y avait pas de musique à l'église et la chorale ne pouvait pas répéter. Finalement, un jour, alors que Mme Bélanger avait au-delà de quatre-vingt-dix ans, elle ne vint pas à la messe. L'orgue resta barré et silencieux. Quelqu'un fut envoyé chez elle et ne put que constater son décès. Elle gisait près de la porte. Sans doute se préparait-elle à partir pour l'église. Quelques jours plus tard, la serrure a été enlevée et l'orgue fut libéré.

En dépit de l'influence des Massé, le grand rassemblement hebdomadaire des habitants de la paroisse demeurait la grand-messe du dimanche. Toutes les semaines, les rangs se vidaient et tout le monde se retrouvait à l'église. Comme dans bien des villages, l'église de Saint-Hubert était – et est toujours – la fierté de ses habitants. Une belle grosse structure faite entièrement de bois et remplie de belles statues, et pouvant accueillir jusqu'à neuf cents personnes. Elle compte quatre rangées de bancs divisés. L'allée centrale est trop étroite, ce qui en fait la singularité. Les nouveaux mariés doivent descendre l'allée à la file indienne.

À l'instar des détenteurs de billets de saison de hockey, tout le monde avait sa place réservée. Les Malenfant, eux, s'assoyaient dans les bancs numéro 140 ct 172, lesquels se trouvaient dans la rangée d'extrême gauche.

On fréquentait l'église pour nourrir son âme, mais aussi pour fraterniser. On voyait tout le monde et on restait au courant des activités locales. « C'est là qu'on apprenait ce qui s'était passé au cours de la semaine précédente et ce qui s'annonçait pour les prochains jours », a écrit feu Gérard Filion dans ses mémoires, intitulés *Fais ce que peux* et parus en 1989. Ancien éditorialiste du *Devoir*, Filion a grandi à l'île Verte, un village situé tout près de Saint-Hubert, à la même époque que Raymond.

« Le prône du curé – aussi long que le sermon – était un bulletin de nouvelles mi-sacrées, mi-profanes. On y annonçait les messes et les céré-monies de la semaine, l'heure des confessions, les réunions des congré-gations pieuses, les assemblées des associations agricoles, les séances à la salle paroissiale.

« À la sortie de l'église, tout le monde se trouvait sur le parvis où un crieur s'installait sur la plus haute marche du perron pour déballer son sac d'annonces publicitaires, d'avis publics et d'admonestations. Assez sou-vent, les annonces sont suivies, surtout l'automne, d'une criée pour les âmes du purgatoire : un cochon de lait, un coq ou un lapin, avec livraison séance tenante. À travers la cacophonie des voix et le flot des femmes qui sortent toujours après les hommes et ne s'attardent jamais sur le parvis, on s'échange des nouvelles et on bâcle des marchés.

« Dans cette société de cultivateurs, d'artisans et de marchands, l'écrit tient peu de place. La parole règne en maître pour les transactions d'affaires, pour la relation des événements, pour le discours politique. On croit peu aux journaux, qu'on lit rarement et qui ont la réputation d'être menteurs. Mais la promesse d'un politicien, l'engagement d'un voisin, le propos d'un prétendant sont affaires sérieuses. De dire de quelqu'un qu'il n'a pas de parole, c'est le déshonorer. C'est aussi grave que de l'accuser d'être voleur. D'ailleurs, on emploie rarement ce mot ; on dira plutôt de quelqu'un qu'il a la main légère. C'est dans cette société fermée, mais nullement hostile au monde extérieur, que je suis né et que j'ai grandi. C'est parmi ces gens que j'ai appris le sens et le prix de la vie, l'utilité plus que la poésie de la nature, la rigueur du travail, la valeur du temps, l'art de la patience. Quand j'en sortirai, je serai presque devenu un homme. Je m'adapterai, mais je ne changerai jamais. » Outre « l'art de la patience », Raymond aurait pu être l'auteur de ces lignes.

Même s'il y avait deux écuries au village, les Malenfant marchaient les cinq kilomètres de chez eux à l'église presque toutes les semaines, même l'hiver, parce qu'il y avait trop de monde pour le « train à patates ». Ils marchaient aussi pour la messe de sept heures le matin, le premier ven-dredi du mois, et pour le Sacré-Cœur, normalement en mars. C'était toujours très difficile, parce qu'ils étaient à jeun depuis le coucher du soleil, la veille. Les enfants d'âge scolaire étaient obligés de faire le tra-jet plus souvent. Il fallait qu'ils s'y rendent tous les jeudis matin, pendant l'année scolaire, pour le catéchisme. Ceux qui venaient de faire leur première communion devaient se rendre à l'église tous les jours pendant un mois pour faire une communion solennelle. C'était assez terrible pour les Malenfant, mais on se disait que ce n'était pas si pire, car il y avait des enfants qui devaient marcher quinze kilomètres, aller retour.

Comme ses frères et sœurs, Raymond est allé à la petite école du rang. La première année, il est allé à l'école numéro huit, l'une des treize écoles primaires de Saint-Hubert. Elle était située à un demi-mille à l'ouest de la ferme des Malenfant. L'année suivante, à cause d'une redistribution des étudiants, les enfants d'Edmond, comme la plupart des autres écoliers du voisinage, ont été transférés à l'école numéro huit. Elle était située juste à côté de chez Alphonse, au début du rang du Sud-du-Lac.

Comme la plupart des écoles de rang de l'époque, il s'agissait d'une bâtisse très modeste et plus ou moins élaborée. Elle était peinte en bleu pâle et son plancher était gris mât. Il y avait une grande pièce, ainsi qu'une petite cuisine, sur le côté. En arrière, en plus d'un petit bureau pour le professeur, on trouvait un espace pour la corde de bois de chauffage. On le remplissait toutes les semaines à partir du bois laissé par les parents des élèves dans le cabanon, en arrière. Ceux-ci payaient une taxe d'un quart de corde de bois pour chaque élève. Il y avait une toilette à l'intérieur ; en réalité, il s'agissait d'une *bécosse*, dont le trou était vidé une fois par année.

Il n'y avait qu'une seule source de chauffage dans la bâtisse – le gros poêle à deux ponts qui servait aussi de mur entre la cuisine et la classe. L'hiver, un garçon arrivait à l'école à sept heures pour l'allumer. La température commençait à être confortable vers dix heures. (Les jours les plus venteux et les plus froids, par contre, les enfants et le professeur étaient obligés de porter leurs manteaux toute la journée.) Le jour, le plus vieux garçon de la classe se devait d'entretenir le feu. Les enfants suspendaient leurs bottes, leurs tuques et leurs mitaines sous le pont du bas pour les sécher.

On comptait une quarantaine de garçons et de filles de différents âges et de différents niveaux. La classe était tenue par une seule institutrice, normalement une jeune femme qui n'était pas beaucoup plus vieille que les élèves les plus âgés de la classe.

On commençait à neuf heures. On récitait une prière et on chantait l'hymne national. Jusqu'au dîner, selon l'âge, on étudiait le français, l'écriture, le catéchisme, la géométrie, l'anglais et, pour les plus vieux, le latin. L'après-midi, on changeait de matière. On étudiait l'arithmétique, le calcul mental, l'histoire sainte, l'histoire du Canada, l'histoire générale et la géographie.

On se servait de peu de matériaux : un tableau noir et une craie, avec laquelle on écrivait les exercices ; des cahiers, des crayons à mine, des plumes, des encriers, dont on se servait uniquement à la maison, l'hiver, parce que l'encre gelait souvent en classe.

Étant donné que les enfants étaient presque tous des fils et des filles de fermier, la discipline n'était pas un gros problème. « Les enfants étaient presque tous bien élevés, très polis », se rappelle la sœur d'Edmond, Yvonne, qui, après avoir fini ses études au couvent de Rivière-du-Loup, a été instructrice pendant cinq ans à l'école numéro huit et à l'école numéro neuf, où elle gagnait cent dollars par année. « Et leur ventre était toujours plein, ce qui en aidait beaucoup à se concentrer et à apprendre, pas comme dans les villes et même dans le village, où des enfants ne mangeaient que des crêpes de patates et arrivaient souvent affamés à l'école. »

Yvonne a enseigné à tous ses neveux et nièces à l'école numéro huit. Elle dit qu'ils étaient tous bons, et elle se souvient particulièrement de son neveu Raymond, à qui elle a enseigné au cours de ses deux premières années scolaires. « Il était un beau petit bonhomme blond, Raymond, dit-elle. Et il était très, très intelligent. Je n'avais aucune misère à lui enseigner. Il avait toujours sa main en l'air pour répondre et il savait toutes les réponses. Il était toujours le premier de sa classe. Je savais qu'il irait loin dans la vie. » Raymond, pour sa part, se souvient aussi de sa tante, et surtout du fait que, comme tous les professeurs de l'époque, elle lui interdisait d'utiliser sa main gauche pour écrire, allant jusqu'à lui infliger des coups de rappel sur la main quand il l'oubliait.

À l'époque, la loi provinciale exigeait (dès 1930) que tous les enfants fréquentent l'école jusqu'à la septième année. L'école permettait aux enfants de s'abstraire des travaux de la ferme et de rencontrer leurs amis. Mais le fait de s'instruire ne représentait pas une porte de sortie pour quitter la région et pour faire des études supérieures. D'ailleurs, seulement deux pour cent des enfants de la province se rendaient alors aux études collégiales.

Malgré la loi, les récoltes et les semences étaient considérées comme beaucoup plus importantes que l'éducation. Alors, pour la plupart des enfants de fermier, la saison scolaire commençait en novembre – lorsque les navets étaient ramassés – et finissait en mai, lorsque les semences commençaient.

Ainsi, de novembre à mai, tous les matins, du lundi au vendredi (une fois, bien sûr, qu'à la maison la besogne et les prières étaient faites), les enfants

Malenfant se joignaient aux autres enfants pour prendre le chemin de l'école. Ils s'y rendaient à pied, quelle que fût la température.

En route, les filles se regroupaient pour jouer et pour parler. La plupart des garçons s'amusaient à lancer des pierres et à voler des pommes. Ils y connaissaient chaque arbre, chaque ruisseau et chaque pont. Aussi, bien entendu, ils connaissaient les habitants de chacune des maisons, ce qui donnait lieu à quelques moqueries.

Pendant toutes ces années, Raymond se rendait à l'école presque tous les jours avec Nérée Ouellet et Laurent Lagacé, deux fils de fermier, comme lui. En fait, les trois sont devenus des amis très proches. À l'école, ils étaient toujours ensemble, ainsi qu'à tous les autres moments lorsqu'ils avaient du temps libre. « On était très proches, » se rappelle Nérée, qui demeure aujourd'hui à Saint-Gabriel-de-Brandon, situé à une centaine de kilomètres au nord-est de Montréal. « Les gens nous appelaient "les trois mousquetaires". On disait : quand on en voit un, on voit les deux autres. »

Au dire de Ouellet, ils étaient tous les trois « malcommodes ». « On faisait pas mal de mauvais coups à l'école, dit Nérée. Raymond était un bon écolier. Il n'avait même pas besoin d'étudier. Mais moi et Laurent, on n'était pas bons et on n'étudiait pas du tout. Je me rappelle, une fois, j'étais pas capable de faire une formule de math, alors la maîtresse d'école m'a frappé sur les jointures de ma main fermée avec une baguette de bois. Évidemment, elle pensait qu'elle pouvait faire rentrer les maths par la force. Mais elle a fendu mes jointures, et quand mon père a vu ça, il est allé la voir et il l'a engueulée "correct".

« En tout cas, quand on faisait des concours, Raymond nous donnait les réponses. Il les écrivait sur des bouts de papier, il allait ensuite aux toilettes, et il cachait le papier dans la corde de bois, en arrière, pour que Laurent et moi puissions les trouver. Raymond était très bon pour nous. À cause de lui, Laurent et moi finissions toujours en haut de la classe. Ça, ça fâchait les autres, parce qu'ils savaient qu'on trichait avec Raymond. Je me rappelle qu'une fois une de mes sœurs était fâchée qu'on ait terminé avant elle ; alors elle nous a vendus à la maîtresse d'école pendant l'examen, à la fin de l'année. Laurent et moi, on a eu zéro, et on a dû redoubler l'année. Ça ne nous a pas dérangés, parce qu'on y allait, à l'école, juste pour le *fun*, parce que nos parents nous obligeaient à y aller. Mais on n'a pas dénoncé Raymond, parce qu'il nous aidait et qu'il aimait tellement ça, l'école.

« Il a toujours été très ambitieux, mon Raymond. On voyait qu'il allait faire quelque chose de sa vie. Il voulait toujours avancer, c'était jamais assez, il voulait toujours faire plus. Il n'était jamais satisfait. S'il avait eu 99 % à un examen, il était choqué pour le point qu'il lui manquait.

« Il était formidable avec les chiffres et les mathématiques », ajoute Ouellet, qui deviendrait bûcheron et, plus tard, opérateur de machinerie lourde. « Il était toujours en avance sur toute la classe avec les chiffres. C'était de loin sa matière la plus forte. Aux examens, sur les tableaux, dans les devoirs, il était toujours en avant de tout le monde. Même quand il était petit, il était meilleur que les grands. C'était quelque chose d'inné chez lui.

« Il était très bon en français aussi, même s'il parlait vite. Et il parlait encore plus vite quand il était nerveux ou qu'il était pris dans une de ses histoires, ce qui arrivait assez souvent.

« Raymond avait un tempérament assez nerveux. Il faisait des niaiseries pas mal tout le temps. Il tirait toujours sur les chemises ou les cheveux de tout le monde. Ça devenait fatigant, à la longue, mais c'était plutôt les filles qu'il agaçait. De temps en temps, elles lui donnaient des tapes pour qu'il arrête. Mais, en général, Raymond était très populaire à l'école. Il s'entendait bien avec tout le monde. »

Ouellet se souvient qu'une fois il s'est battu avec Raymond. « On revenait de l'école et on s'engueulait pour une histoire de nourriture ou de *lunch* ou quelque chose de banal comme ça. En tout cas, on s'est échangé des coups. Moi, j'étais plus gros que lui, mais Raymond, il était assez fort. Ce fut une bataille assez courte et pas mal égale. Le sang n'a pas coulé, ou peut-être un petit peu. Heureusement, le facteur passait à cheval et il a crié : "Eh ! qu'est-ce que vous faites là ?" On a arrêté tout de suite. C'était pas plus que ça, rien à marquer dans le journal. »

Outre le fait de faire des mauvais coups, Nérée et Raymond partageaient un vibrant esprit d'entrepreneur. En fait, une grande partie du temps qu'ils passaient ensemble à l'école et en dehors, ils le consacraient au commerce.

Dès l'âge de huit ou neuf ans, Ouellet vendait des lièvres et des écureuils qu'il attrapait avec des collets. Il les vendait dans le village, vingt-cinq cents chacun. Plus tard, il s'est mis à élever des lapins, dont il vendait la viande et la peau.

Raymond aussi a fait montre assez jeune d'un bon sens des affaires. Sa toute première transaction a donné lieu à une scène hilarante dont ses sœurs Marie-Anne et Alfréda ont été témoins.

Raymond avait peut-être sept ans quand il a décidé qu'il allait vendre à la maîtresse d'école un pot de noix sauvages qu'il avait cueillies dans les bois. Il a attendu jusqu'à la fin de la journée, puis, avec deux de ses sœurs, Mariane et Alfréda, qui lui poussaient dans le dos, il s'est approché de la jeune femme d'un pas timide et incertain. Les deux sœurs disent que la transaction s'est passée comme ceci :

« Mademoiselle ? a-t-il demandé, tenant le pot avec ses deux mains.

– Oui, Raymond ?

– Vous savez, mademoiselle, j'ai ramassé ces noix, ici, dans ce pot, et j'aimerais savoir, est-ce que ça vous intéresse de les acheter de moi, ces noix ?

– Elles sont combien, tes noix, Raymond ?

– Eh bien, elles sont dix cents, mademoiselle.

– Très bien, Raymond, je pense que ça va... »

Mais avant qu'elle n'ait pu finir sa phrase, Raymond avait ajouté :

« En fait, si vous trouvez que dix cents c'est trop cher, mademoiselle, je ne vous chargerai que huit cents... Non, en fait, six cents... ou peut-être même...

– Raymond, arrête ! a crié Marie-Anne, coupant la parole à son frère. Si tu continues, tu vas finir par les donner ! »

La maîtresse, pouffant de rire, a sorti son porte-monnaie et a donné dix sous à Raymond.

Cette transaction a été la toute première qu'a effectuée Raymond. C'était un drôle de début pour quelqu'un qui allait effectuer des milliers de transactions dans sa vie et atteindre le sommet du monde des affaires au Québec. Et les dix sous qu'il a gagnés dans cette première transaction étaient les précurseurs des milliards qui passeraient entre ses mains.

Raymond est devenu assez rapidement plus habile en affaires. Nérée et lui demeuraient à l'affût de nouvelles occasions de gagner de l'argent – ou, du moins, de tirer profit d'une situation – en vendant ou en troquant des objets avec les autres enfants du rang.

Nérée et Raymond volaient chez eux des objets qu'ils utilisaient ensuite comme monnaie d'échange. Ils volaient presque toujours des objets sans valeur, comme un crayon, un stylo, une belle plume d'oie, un morceau de vitre colorée, une cigarette ou même une pincée de tabac. Nérée et Laurent Lagacé, à partir de l'âge de treize ans, se sont mis à fumer des Zigzag en cachette. (Ils les achetaient au village, où ils se ren-daient parfois à bicyclette. Bien qu'il n'ait jamais fumé, Raymond les rejoignait parfois avec un vélo qu'Edmond avait acheté pour tous les enfants Malenfant quand Raymond était adolescent.

« On était des vrais petits juifs, résume Ouellet. Il fallait qu'on échange quelque chose à l'école, tous les jours. Raymond, lui, il était vraiment bon. Je me rappelle, une fois, il y avait un gars à l'école, plus vieux que nous. Il aimait une fille, puis il a su qu'elle aurait aimé avoir le stylo doré qu'un autre enfant avait. Il voulut l'acheter, mais l'autre enfant a dit non. Mon Raymond, lui, il s'est arrangé pour faire un échange avec l'enfant pour avoir le stylo, puis il l'a vendu à l'autre pour qu'il le donne à sa blonde. Je ne me rappelle pas, c'était une affaire de cinq ou dix cents peut-être. Mais je me rappelle que mon Raymond a trouvé son profit dans les deux transactions. Il en a parlé longtemps, de celle-là.

« Il avait des trucs pas mal meilleurs que la majorité du monde, Raymond. Il avait toujours une porte de sortie pour passer en douce. Il était beau parleur. Il n'était pas menteur, mais des fois c'était peut-être forcé un peu. Disons qu'il était en avance, avec ses idées, plus que le reste du monde. Puis il n'avait pas peur de rien. Raymond fonçait pas mal. »

Dès que Rosanna et Mme Ouellet eurent pris connaissance des activités commerciales illicites de leurs enfants, elles ont essayé d'y mettre fin. « Nos mères nous ont fouillés tous les matins pendant longtemps, se rappelle Ouellet. Mais c'était rare qu'on se fasse prendre, Raymond et moi. On cachait nos affaires partout. »

Comme lorsqu'il faisait des blagues, Raymond ne savait pas toujours où s'arrêter comme commerçant. En fait, il était sans scrupules quand il voulait quelque chose. Un jour, Léopold cherchait la boîte dans laquelle il gardait des vieilles montres et des pièces de montre de toutes sortes, une collection qu'il avait depuis son jeune âge. Il aimait les montres et il rêvait de devenir bijoutier. Mais son rêve s'est envolé le jour où il a reçu un gros morceau de bois dans l'œil pendant qu'il fendait du bois sur la ferme. Malgré des traitements médicaux, sa vue a beaucoup diminué. Il dut porter des lunettes. Ainsi, son rêve de devenir bijoutier s'est envolé.

Il aimait quand même regarder ses vieilles montres de temps en temps. Ce jour-là, il ne trouvait plus la boîte. Il a demandé à Raymond, avec qui il partageait la garde-robe, où la boîte avait été rangée et s'il l'avait vue. Après quelques réponses évasives, Léopold s'est fâché et a insisté pour obtenir une vraie réponse. « Je les ai vendues au bijoutier du village », a fini par admettre Raymond. Quand Léopold lui a demandé pourquoi il avait fait ça, Raymond lui a répondu : « Mais, avec ton œil, tu n'avais plus besoin de ces affaires-là. Et moi, il y avait quelque chose que je voulais, alors je les ai échangées. » « Je ne me rappelle pas comment ça s'est fini, dit Léopold. J'imagine que j'ai laissé ça tomber. Mais j'ai pas aimé ça du tout. »

En dépit des souffrances provoquées par la Seconde Guerre mondiale, celle-ci a tout de même suscité des retombées économiques importantes pour l'économie nord-américaine. Les Alliés avaient besoin d'armes, de matériaux et de denrées, ce qui a fait rouler l'économie. Au Québec, on a construit des centaines de corvettes – ces petits bateaux de guerre de construction et de design canadiens dont les équipages, constitués de braves marins, patrouillaient les eaux noires et glaciales de l'Atlantique Nord ou y escortaient des convois de bateaux marchands à travers des meutes de sous-marins allemands. La construction de ces corvettes a été une manne pour des dizaines de communautés le long du fleuve. C'était la même chose dans les principales villes – Montréal, Trois-Rivières et Québec –, où des usines fabriquaient des armes et des munitions en grand nombre. On engageait des milliers d'ouvriers – y compris des femmes –, et ces gens, avant la guerre, étaient des chômeurs. L'argent que ces nouveaux travailleurs ont dépensé, ainsi que l'argent dépensé par les soldats canadiens provenant de tous les coins du Québec et des autres provinces, a contribué à recréer des marchés pour des produits et des services qui étaient disparus avant le krach de 1929 – même si plusieurs de ces produits demeuraient difficiles à se procurer, en raison du rationnement.

Par contre, ce qui a été le plus important pour le développement de l'économie nord-américaine d'après-guerre, c'est la réorganisation, la standardisation et la libre circulation des produits et, plus tard, des services sur tout le continent. C'est grâce à une série d'ententes qui a continué de démolir le vieux système des tarifs américano-canadiens – un processus qui a pris fin avec l'Accord de libre-échange nord-américain de 1992 – que le Canada s'est joint à l'économie américaine de consommation massive, y compris dans le domaine de l'agriculture.

Cette démarche, entreprise dans les années vingt, a donné lieu à un développement inégal et morcelé des marchés dans les régions. En fait, ce sont davantage les marchés des régions près de Montréal et de Toronto ainsi que les gros centres urbains qui en ont profité.

Par contre, cette nouvelle vague de développement, réalisée grâce à la propagande faite pour l'effort de guerre, a fait ressentir ses effets dans les campagnes profondes et dans les régions rurales comme le plateau des Appalaches. Notons que les avions de chasse de la base aérienne de Rimouski, où l'on entraînait bon nombre de pilotes sous l'égide du *Commonwealth Pilot Training Program*, étaient régulièrement aperçus dans les airs au-dessus de Saint-Hubert. Un événement qui ne manquait jamais d'étonner les habitants qui travaillaient dans leurs champs. Ils s'arrêtaient un moment pour voir passer ces étranges machines. Ces avions étaient le symbole même de la portée de cette nouvelle économie qui changeait tranquillement leur mode de vie et leurs méthodes de production. Et, avec le temps, la vie rurale traditionnelle dans la campagne québécoise s'éteindra.

Edmond, comme tous les producteurs agricoles de la région de Saint-Hubert, a été heureux d'être témoin de cette croissance économique. Il a su tirer profit de la situation.

Il a ainsi pu augmenter sa production de pommes de terre. Il en cultivait jusqu'à quatre ou cinq acres. Il vendait son surplus aux acheteurs de patates qui passaient en camion dans la région au mois d'octobre. Et il vendait beaucoup plus de bois aux scieries. Celles-ci faisaient des bûches qu'elles vendaient dans les villes fluviales de la région et même jusqu'à Québec.

Edmond pouvait en profiter parce que ses enfants grandissaient vite : il avait donc plus d'ouvriers. Le plus important, c'était l'aîné, Gérard, qui avait quitté l'école après la cinquième année pour aider son père. Gérard ressemblait en tous points à Edmond. Avare de paroles, timide et gêné, il avait toujours l'air sérieux et triste. Il était la cible des taquineries incessantes de Léopold et de Raymond. Il ne répondait pas, ne répliquait pas, à tel point que les autres enfants ou même ses parents intervenaient souvent pour prendre sa défense. Mais Gérard était très intelligent et, comme tous les enfants Malenfant, il était très doué en mathématiques. Personne n'était plus rapide que Raymond en addition. Gérard, pour sa part, était le meilleur en multiplication. Il était capable de multiplier mentalement des gros chiffres très rapidement.

Léopold, comme Raymond d'ailleurs, ressemblait davantage à sa mère. À l'instar de Raymond, il était aussi bon vivant, curieux, intelligent, et il n'avait pas peur d'exprimer ses émotions ni ses opinions, sur n'importe quel sujet. Il n'avait pas peur non plus de dire à ceux qui le dérangeaient ou qui le faisaient fâcher – ce qui était très facile à faire – sa façon de penser. Il était aussi entêté que Raymond. Mais Léopold était beaucoup moins rusé que son frère : il avait plus de mal à obtenir ce qu'il voulait. Il fonçait tout de même, la tête la première, pour obtenir ce qu'il désirait ; mais Léopold, comme les autres enfants Malenfant, n'a jamais désobéi à son père et ne l'a jamais défié pour arriver à ses fins.

Alors que Raymond aimait l'école, Léopold, lui, la détestait. Il se plaignait parce qu'il était obligé d'y aller tous les jours. Finalement, après sa quatrième année, Edmond lui a donné la permission de rester à la maison.

Dés le début, Edmond s'est fié à ses deux plus vieux garçons. C'est à eux qu'il confiait les tâches les plus importantes, comme faire les livraisons aux clients ou s'occuper de la ferme en son absence. Il se fiait aussi à eux pour l'aider dans les tâches les plus dangereuses, où il fallait être toujours attentif et sûr de soi, comme abattre des arbres, fendre du bois ou utiliser la scie à moteur.

Raymond accompagnait souvent ses frères dans les bois, mais la plupart du temps il était la cinquième roue du carrosse. C'est lui qui était toujours la personne désignée pour faire les tâches de soutien. Il coupait et nettoyait les branches des arbres abattus, enlevait l'écorce avec le sarcloir, pendant que les autres coupaient ou sciaient. C'est aussi Raymond qui retournait chercher les affaires qu'on avait oubliées d'apporter ou qui allait faire les messages à Rosanna. On l'envoyait également chercher de la nourriture et de l'eau. « C'était pas mal Gérard et moi qui aidaient mon père avec l'ouvrage, dit Léopold. Raymond, lui, il nous aidait, puis il était très travaillant. Mais mon père se fiait beaucoup moins à lui, parce qu'il n'avait pas vraiment besoin de lui. Et il faut dire que Raymond, lui, n'était pas trop un manuel. Il n'était pas bon avec les machines ni avec les animaux. Il était trop nerveux. On le taquinait en disant qu'il n'aimait pas se salir les mains, mais il y avait un peu de vrai là-dedans. C'est sûr que mon père ne lui faisait pas confiance comme il le faisait avec nous autres. »

Quand Edmond n'avait pas besoin de Raymond, il l'envoyait travailler avec Rosanna et les filles. Il arrachait les mauvaises herbes du jardin et faisait la cueillette des roches ou des fruits sauvages dans les champs. C'est pour ça que Raymond a toujours été plus proche de Marie-Anne et d'Alfréda. « Raymond a toujours été avec moi et Alfréda dans les champs », dit Marie-Anne, qui, comme Gérard, a quitté l'école après la cinquième année. Alfréda, elle, est allée jusqu'en septième, mais elle ne l'a pas terminée. Les deux femmes habitent encore Saint-Hubert. « Raymond nous appelait la Marie-Anna, puis l'Alfréda. Il parlait tout le temps, Raymond, quand on était dans le champ. C'était presque sans arrêt. Puis c'était toujours des affaires drôles, qui n'avaient pas de bon sens. Il a un très bon sens de l'humour, Raymond. On a eu du *fun* ensemble. »

La famille a continué de grossir jusque dans les années quarante. Les enfants Malenfant étaient repartis en deux groupes distincts. Il y avait les cinq plus vieux, Gérard, Léopold, Marie-Anne, Raymond, et Alfréda, et les cinq plus jeunes, Lorraine, Gratien, Florent et le bébé, Marcel. « En fait, on était comme deux familles », explique Lorraine, qui a marié un des frères Lagacé, avec qui elle vit aujourd'hui à Rivière-du-Loup. « Il y avait les plus vieux, qui faisaient la plupart de l'ouvrage, puis nous autres, les plus jeunes, qui ont pris la relève quand ils sont partis. »

Afin d'héberger tout ce beau monde – surtout avec l'augmentation de ses revenus pendant la guerre –, Edmond, en janvier 1942, acheta la ferme d'un voisin, Eugène Charron. C'était la ferme voisine, à l'ouest. Elle comprenait une maison, une grange et quelques autres petits bâtiments. Il y avait une vingtaine d'acres de défrichés sur les cent cinquante disponibles, sur un lot standard de sept arpents sur vingt-deux, ce qui était un peu plus gros que la norme.

Edmond paya le tout trois mille deux cents dollars, dont huit cents en argent comptant. Le reste était financé par le vendeur, qui, malheureusement pour lui et sa famille, devait de l'argent à une tierce personne, probablement l'un des deux ou trois prêteurs privés de la paroisse. Il s'agissait de fermiers riches qui prêtaient de l'argent aux fermiers pauvres, à un taux élevé, pour l'achat de graines ou l'achat d'équipement. En retour, pour garantir ces prêts, on hypothéquait la ferme. Edmond, toujours avec son grand cœur, cosignait de tels prêts presque chaque printemps pour un voisin qui avait une grande famille et qui était obligé d'emprunter pour acheter des graines de semence.

Ces prêteurs usuriers étaient généralement des gens sans pitié et détestables, haïs par la grande majorité des habitants de la paroisse. Même s'ils n'étaient pas aimés, ils offraient un service communautaire essentiel puisqu'ils finançaient les rêves et les besoins de ceux à qui les banques refusaient des prêts. Pour finaliser l'achat de sa deuxième ferme, Edmond s'est engagé à payer – et il l'a fait – cent dollars par mois pendant deux ans.

Les Charron s'en allèrent vivre au village, mais les routes étaient encore mauvaises quand la transaction eut lieu. On pouvait donc lire sur le contrat de vente : « Le vendeur se réserve le droit d'habiter dans les bâtisses avec sa famille jusqu'au printemps prochain, dès que les chemins roulants permettront de déménager. »

En fait, il semble qu'Edmond aurait souhaité faire une autre transaction que celle-là. Depuis qu'il était jeune, il rêvait du jour où il prendrait possession de la terre paternelle, y compris la maison, et pourrait ainsi y déménager sa famille et prendre soin de ses parents jusqu'à la fin de leurs jours.

Malheureusement pour Edmond, son père a refusé obstinément d'arrêter de travailler. Il s'est occupé de sa ferme jusqu'à sa mort, en 1948. Il avait quatre-vingt trois ans. Certes, il ne travaillait plus comme avant. Mais, très tenace, il a coupé tout seul un énorme cèdre d'un mètre de diamètre avec une scie, l'hiver avant sa mort. Par la suite, il l'a attaché à ses chevaux et l'a transporté jusqu'à la scierie du village, sur une distance de plusieurs kilomètres.

Bien que cet exploit fasse maintenant partie du « patrimoine familial », il reste que l'entêtement d'Alphonse a semé la discorde entre lui et son fils aîné. Pire, Alphonse se fiait de plus en plus à l'un de ses plus jeunes fils, Lucien, un vieux garçon qui était retourné vivre sur la ferme familiale.

Nérée Ouellet décrit cet homme, qui a perdu la moitié d'un bras dans un accident survenu dans les bois, comme le Malenfant à qui Raymond ressemblait le plus. « C'était un bonhomme très vivant et flamboyant, dit Ouellet. Il était très habile avec les gens qui étaient influençables. Raymond était beaucoup comme ça. Je ne pense pas que c'était pour mal faire, mais plutôt une méthode qui facilitait des choses pour échanger et causer avec le monde. Il était bon vendeur, Raymond, et bon parleur comme son oncle. D'ailleurs, toute la famille aimait parler, *placoter*. »

Le problème de Lucien, par contre, c'est qu'il buvait. Un jour, Edmond lui a prêté de l'argent pour qu'il puisse acheter un camion-remorque afin de créer une petite entreprise locale. Mais ce camion n'a servi qu'à transporter Lucien d'une fête à l'autre – et à traîner une carrosserie de voiture le long du rang, en faisant bien du bruit, les soirs où il avait gagné ses élections.

Il a fini par vendre le camion pour payer ses dettes, mais il n'a jamais remis un sou à Edmond. Celui-ci se servait de ce fait comme un autre exemple pour illustrer les dangers inhérents à la consommation d'alcool à ses enfants. Il n'est pas surprenant alors que, en se fiant à Lucien, Alphonse ait vu sa belle grande ferme d'autrefois dépérir tranquillement au fil des ans.

Bien que cette situation fît rager Edmond, il n'en demeure pas moins que le déménagement des Malenfant dans leur nouvelle maison, qui était environ à deux cents mètres de l'ancienne, de l'autre côté de la rue, a été un événement heureux et excitant.

Leur nouvelle demeure ressemblait fortement à l'ancienne, mais elle était beaucoup plus grande. Elle comptait plus de pièces, y compris une plus grande cuisine et même un salon. Elle avait aussi six chambres à coucher – deux au rez-de-chaussée et quatre à l'étage – et les murs étaient peints – finis les changements de papier gris au printemps !

La grange, elle aussi, était plus grande. Et, parce que Edmond se servait encore de l'ancienne, il a augmenté son troupeau de vaches laitières. Il comptait maintenant une quarantaine de bêtes. Les affaires allaient enfin bien pour Edmond.

Malheureusement pour lui, sa santé se détériorait au même rythme que sa fortune augmentait. Déjà, avant la guerre, vers la fin des années trente, il commença à tomber malade plus souvent et pour des périodes de plus en plus longues. À tel point qu'il ne pouvait même plus se rendre au village sans être obligé d'arrêter pour soulager des crises de diarrhée.

« Je me souviens que mon père est resté au lit, malade, une "secousse", durant les récoltes, à l'automne », raconte Alfréda, qui avait huit ou neuf ans à ce moment. « Il fallait qu'il soit malade pour manquer ça. Mais il était malade souvent. Il ne pouvait pas digérer, pauvre lui. Puis, quand il était malade, ça le rendait encore plus malade, le fait qu'il ne puisse pas nous aider. Ça le rongeait en dedans. »

Comme ils le faisaient dans les premières années de mariage d'Edmond et de Rosanna, les frères et les sœurs de cette dernière – surtout Laurin et Joseph – sont venus donner un coup de main. Laurent Mailloux, un vieux garçon qui restait dans une petite maison, près de chez Alphonse, venait également. Edmond l'a parfois engagé, dans les années trente, comme ouvrier sur la ferme. Mais, à partir des années quarante, on a engagé Laurent à temps plein. Il a travaillé avec les membres de la famille, dans le champ, tous les jours, pour vingt-cinq cents par jour.

Parce que Edmond était toujours de plus en plus absent, Rosanna prenait de plus en plus de décisions lors des achats commerciaux de la ferme – avec, bien entendu, l'approbation et les conseils de son mari. Les enfants aussi ont eu davantage de responsabilités. Gérard, Marie-Anne et Alfréda, par exemple, ont pris la responsabilité de marquer toutes les dépenses, les revenus et les ventes dans le gros livre de comptabilité d'Edmond. Ils calculaient tous les chiffres à la fin de chaque mois. « Normalement ça balançait, mais pas toujours », dit Alfréda en riant.

Le fait qu'Edmond se fiait à Gérard et à Léopold et que, de son côté, Rosanna se fiait à Marie-Anne et à Alfréda a permis à Raymond de rester à l'école. Évidemment, Raymond était bien content. Tous les jours, il avait hâte de se rendre à l'école pour s'amuser avec ses amis ou pour vendre et échanger des articles avec Nérée Ouellet, et encore plus pour apprendre et se distinguer en classe. Certes, Raymond trouvait le fait d'être une vedette en classe beaucoup plus valorisant que d'être vu par son père comme étant la cinquième roue du carrosse.

Mais toute bonne chose a une fin. Le printemps au cours duquel les Malenfant déménagèrent dans leur nouvelle maison, Raymond finissait sa septième année. À l'époque, il s'agissait, dans le système confessionnel catholique du Québec, de la dernière année du primaire. On pouvait, par contre, faire une autre année – « l'année primaire complémentaire » –, c'est-à-dire une année d'études plus avancée (semblable à un mélange de la huitième année et du secondaire I aujourd'hui), laquelle se terminait avec un examen provincial. Après, on pouvait faire les trois années de «primaire supplémentaire», mais elles n'étaient pas offertes à l'école du village. Aussi pouvait-on aller à «l'école normale», l'équivalent d'une école secondaire moderne, où l'on pouvait apprendre un métier. Évidemment, il y avait aussi le collège classique.

Le collège classique demeurait la plus prestigieuse route à prendre. Offert par les collèges privés et par les séminaires, le cours classique comprenait huit ans de scolarité et ouvrait la porte de toutes les facultés universitaires.

Pour être admis dans une école secondaire, deux choses étaient nécessaires : l'argent et les bonnes relations. Les aptitudes de l'enfant demeuraient un détail. Par contre, pour le séminaire, la réussite scolaire était plus importante. Mais il fallait aussi que le curé de la paroisse approuve par écrit la démarche de l'aspirant. Il fallait donc avoir un dossier sans tache et être issu d'une famille honorable, avec qui le curé s'entendait bien.

Comme à chaque année, Raymond entreprit sa septième année avec deux mois de retard, après la récolte des navets. Au printemps, il manqua les derniers mois d'études, au complet. Mais, comme à chaque année, il réussit à passer l'examen final. La moitié des étudiants ne réussissaient pas.

La famille demeura occupée au déménagement, mais Raymond réussit tout de même à convaincre son père, au cours de l'été, de le laisser s'inscrire à l'année du primaire complémentaire. Il devient ainsi le premier enfant de la famille à s'y inscrire. «Mon père ne voyait pas la nécessité, parce qu'il disait que j'irais pas plus loin que ça, dit Raymond. Il était très clair qu'il n'avait pas d'argent à gaspiller pour les études. Mais il m'a dit que, si j'en voulais tant que ça, je pouvais le faire. Eh! que j'ai été content.»

Quand l'école recommença, Raymond trouva la matière beaucoup plus difficile, d'autant plus qu'il ne pouvait pas assister à tous les cours, à cause des travaux de la ferme. L'institutrice, Angéline Lagacé, une des sœurs aînées de Laurent, lui donna un coup de main. Elle lui faisait parvenir ses devoirs par le biais de ses plus jeunes frères et sœurs, qui, eux, fréquentent encore l'école.

Même s'il travaillait toute la journée sur la ferme, Raymond faisait ses devoirs le soir, après le souper. Il travaillait à la faible lumière d'une chandelle. Assis à la table de la cuisine. Il finissait tard et souvent il était le dernier à aller se coucher. Le matin, il donnait ses travaux à l'un des jeunes pour qu'il l'apporte à la maîtresse. Et ainsi elle corrigeait ses devoirs.

Avec deux granges et plus d'animaux, il y avait beaucoup plus d'ouvrage. Raymond continuait de manquer régulièrement l'école, même après la fin des récoltes, et il continuait de faire ses travaux le soir. En février, le garçon de douze ans était fatigué et stressé. « Il a été un paquet de nerfs, cette année, Raymond, se rappelle Alfréda. Il n'était pas endurable. On ne pouvait plus lui parler. » Inquiet pour son fils, Edmond ordonna à Raymond d'abandonner l'école. Ne se stressait-il pas pour quelque chose d'inutile ? Cette décision fit pleurer Raymond.

Même si Raymond ne fréquentait plus l'école et ne recevait plus de devoirs, son nom, pour une raison ou une autre, est resté inscrit sur la liste des élèves. Et, quand le moment de l'inscription à l'examen provincial est venu, au début de juin, il s'est présenté à l'école.

« Raymond, ça fait longtemps que je t'ai pas vu, lui aurait dit Angéline Lagacé, qui avait à peine vingt ans. Qu'est-ce que tu fais ici aujourd'hui ?

– Je veux m'inscrire pour l'examen final, mademoiselle Lagacé, a répondu Raymond.

– Mais, Raymond, tu n'es pas venu à l'école depuis trois ou quatre mois ! Tu ne connais presque pas de matière dans aucun des huit sujets qui sont dans l'examen. Tu n'as aucune chance de passer cet examen.

– Mademoiselle, a répondu Raymond poliment mais fermement, étant donné que je suis encore inscrit, est-ce que j'ai le droit de le faire, oui ou non ?

– Oui, tu as le droit, Raymond, mais…

– Mademoiselle, je veux faire cet examen. »

Finalement, Angéline Lagacé a cédé, mais pas de bonne grâce.

« Très bien, Raymond, j'inscris ton nom sur la liste pour l'examen. Mais je vais aller voir tes parents ce soir même pour discuter de tout cela. Ça n'a aucun bon sens. »

Le soir, comme promis, la jeune femme s'est présentée chez les Malenfant. Edmond et Rosanna l'ont fait entrer. Ils ont envoyé tous les enfants dehors avant de s'asseoir avec elle dans le salon. Raymond, l'oreille collée à une fenêtre, essayait en vain, d'entendre la conversation.

Pendant vingt minutes, Mlle Lagacé a essayé de convaincre Rosanna et Edmond que Raymond ne devait pas faire cet examen.

« En vérifiant mon registre de présence aujourd'hui, Monsieur et Madame Malenfant, j'ai pu constater que Raymond a manqué les soixante-quatre dernières journées d'école de l'année, leur aurait-elle dit. Soixante-quatre en ligne, depuis la mi-février. Il a aussi manqué les deux tiers des journées entre septembre et février. En tout, il a manqué près de

85 % des journées d'école, cette année. Je sais qu'il a travaillé fort avec ses devoirs au début de l'année, Raymond, et qu'il est un garçon très intelligent ! Mais, simplement dit, il a manqué beaucoup trop d'école, cette année, pour pouvoir espérer réussir cet examen. Je vous supplie de ne pas le laisser faire. S'il le fait, j'ai peur que ses résultats soient humiliants pour lui. Et ils seront également gênants pour vous, pour moi et pour l'école. »

Quand Angéline Lagacé eut fini, Edmond et Rosanna l'ont remerciée d'être venue. Puis elle est partie. Les enfants ont pu regagner la maison. Raymond, assis à la table de la cuisine, regardait son père attentivement, attendant le verdict. Edmond ne disait rien. Il se contentait de se bercer tranquillement dans sa chaise, fumant sa pipe. Tout au long de la soirée, il a lu son journal.

Raymond, cette nuit-là, a mal dormi. Il était tourmenté, impatient de connaître la décision de son père. Le lendemain, il regarda encore son père attentivement, toute la matinée. Edmond faisait comme si de rien n'était. Après le dîner, Raymond, découragé, commença à se rendre compte qu'Edmond allait laisser tomber, sans faire aucun commentaire, comme il le faisait souvent lorsqu'il s'agissait de questions qu'il n'avait pas envie d'aborder.

Dans le milieu de l'après-midi, Edmond envoya Gérard et Léopold faire une livraison au village. Dès qu'ils furent partis, le « patriarche » s'assit sur la charrette pour fumer sa pipe, comme il le faisait souvent dès qu'un travail était fini. Ce moment de tranquillité lui permettait de planifier les prochains travaux. Raymond, la mine basse, allait rentrer dans la grange quand son père l'appela : « Raymond, viens *icite* deux minutes. » Raymond courut vers Edmond, qui le fit asseoir à côté de lui. « Parle-moi de cet examen que tu veux passer », dit-il à son fils.

Edmond écouta passivement son fils, fumant sa pipe et regardant sa terre. Raymond expliqua à son père pourquoi il voulait se soumettre à cet examen, sans oublier de lui faire part du fait qu'il était très confiant de le réussir. « Je sais que j'ai manqué beaucoup de journées à l'école et que c'est loin d'être sûr que je vais passer cet examen », dit-il. Il parlait de façon saccadée, comme il le faisait toujours quand il était nerveux. « Mais je suis bon là-dedans, papa, surtout en mathématiques. Je pense que j'ai une bonne chance de le passer, cet examen-là. »

Quand Raymond eut fini, Edmond n'avait rien dit. Finalement, il a tapé sa pipe contre le côté de la charrette pour la vider, et il s'est tourné pour regarder son fils dans les yeux : « C'est correct, a-t-il dit sans broncher. Va passer ton examen. » Il y avait sûrement une expression de choc sur le visage d'Angéline Lagacé quand elle vit Raymond entrer dans la classe de l'école du village, le matin de l'examen. Il était neuf heures. Raymond s'est assis à côté des deux autres élèves de l'école numéro huit, dont l'une était Aurore Lagacé, une des sœurs de Laurent et d'Angéline. Aurore n'avait pas raté une seule journée d'école cette année-là. Quand elle a vu Raymond, elle lui a lancé un regard méchant. Ils ne s'aimaient pas. Ils étaient tous les deux très fiers. Et, chaque année, depuis leur toute première année d'école, ils rivalisaient pour savoir lequel allait être le meilleur élève de la classe.

Raymond a trouvé l'examen très difficile. Il a même pleuré en retournant chez lui, à pied, parce qu'il pensait à toutes les erreurs qu'il avait faites. « Peut-être, a-t-il pensé, que Mlle Légacé avait raison. J'aurais pas dû le faire. »

La semaine suivante, il a marché lentement vers l'école, comme un condamné à mort, pour aller s'enquérir de ses résultats. Angéline Lagacé s'est levée de sa chaise quand il est rentré et lui a fait signe de venir s'asseoir à son bureau. « Ça y est ! » a pensé Raymond en marchant vers elle, la tête basse. « Je ne sais pas trop comment te dire ça, Raymond », lui a-t-elle dit en s'éclaircissant la gorge, « mais tu as réussi l'examen. Tu es le seul de mes élèves à l'avoir passé, d'ailleurs. Je te donne toutes mes félicitations, mon grand. Et toutes mes excuses, aussi. »

En fait, Raymond a obtenu 65 %, soit 5 % au-dessus de la note de passage. Il n'a eu que 45 % en français, sa bête noire. Dans la plupart des autres matières, il a eu environ 60 %. C'est son talent inné en mathématiques qui l'a sauvé. Sans avoir étudié, Raymond avait réussi à se débrouiller à la perfection le jour de l'examen. Incroyablement, il a réussi un pointage parfait de 100 % dans la section des mathématiques, et c'est ce qui lui a permis d'obtenir une moyenne de 65 %. Au retour, Raymond flottait sur un nuage.

L'euphorie a vite été remplacée par la sueur des travaux dans les champs. Et Raymond a aussi réalisé que, pour lui, l'école, c'était fini. Il le nie encore aujourd'hui, mais il tenait désespérément à son rêve de devenir médecin…

Même s'il le nie aujourd'hui, il semble que Raymond avait déjà en tête le rêve de devenir médecin. C'était un rêve qu'il caressait depuis qu'il était tout jeune. Il n'en parlait pas à beaucoup de monde, même pas à ses frères et sœurs. Probablement qu'il savait que ce rêve était complètement farfelu et que ses frères et sœurs allaient le taquiner avec ça. Mais il en a parlé à son meilleur ami, un enfant qui, comme lui, avait hâte de s'échapper de la misère et de la routine plate de la ferme pour vivre l'aventure, ailleurs.

« Ah oui ! Raymond, lui, il a toujours parlé de continuer ses études parce qu'il voulait faire de la médecine, ça le fascinait, se rappelle Nérée Ouellet. Comme moi et Laurent, il trouvait que la vie de fermier était bien trop dure et ça ne l'intéressait pas. Lui, il voulait continuer ses études, aller en ville. Et il avait hâte de finir la petite école, parce que ça voulait dire qu'il s'approchait du moment où il pourrait partir. Ça a dû être très dur pour lui quand son père a mis un frein à ça ! »

Pendant les deux années suivantes, les trois mousquetaires, maintenant devenus de grands adolescents sérieux à l'avenir incertain, passaient de longues heures à discuter de « comment ils pourraient un jour quitter la région ». « Sans éducation, tu avais trois options dans le temps, dit Ouellet. Tu pouvais rester sur la ferme, une vie qu'on connaissait bien, mais qui était très difficile. Tu pouvais aller travailler en ville, où tu n'avais pas d'instruction, pas de métier, pas d'amis. Pour y arriver, il aurait fallu que tu fonces, que t'aies pas peur. Ou tu t'en allais travailler dans le bois, bûcher. C'était probablement la chose la plus dure, mais au moins, t'avais pas besoin d'un diplôme pour *swinguer* une hache. »

Au début de l'automne, au moment où la saison du coupage était sur le point de commencer et que les compagnies forestières embauchaient, Ouellet et Laurent Lagacé, les deux tiers des trois mousquetaires du rang, parlèrent de partir et d'aller travailler pour une compagnie de bois du Nouveau-Brunswick. La frontière n'était qu'à quatre-vingts kilomètres de Saint-Hubert. Ils voulaient que Raymond se joigne à eux. Il a refusé. « Raymond, lui, il nous disait toujours qu'il ne voulait rien savoir de ça, aller dans le bois » dit Ouellet, qui finalement, tout comme Lagacé, n'y est pas allé. « Raymond disait que ça allait être encore plus dur que de rester sur la ferme. Il avait peut-être raison là-dessus. »

La fin de la guerre a donné lieu à une période prospère au Canada. Au Québec, les principales villes, ainsi que les régions où l'on exploitait la forêt, surtout celles de la rive gauche du Saint-Laurent, offraient des emplois intéressants. Beaucoup de jeunes du plateau, et des dizaines de milliers de jeunes des régions rurales du Québec, furent envahis par le désir de quitter la vie austère des fermes pour aller vivre dans des endroits qui leur semblaient offrir de nouvelles aventures.

À cette même époque, les méthodes d'agriculture moderne ont pris d'assaut les campagnes et celles-ci furent enfin alimentées en électricité. On modifia le vieux monde rural et ses habitudes. On vit de plus en plus de tracteurs, de machines à semer, à couper et à récolter. On avait besoin de moins de main-d'œuvre. Dans le monde rural traditionnel, cela voulait dire moins d'enfants dans les familles. Ce fut la même chose avec l'arrivée de l'électricité, qui eut lieu, sur le plateau, au début des années cinquante (même que plusieurs années ont été nécessaires avant que bien des gens sachent comment s'en servir) : avec l'hydroélectricité, on pouvait traire les vaches, pomper l'eau et faire fonctionner toutes sortes de machines modernes, lesquelles rendaient l'ouvrage plus facile.

En même temps, on assista à l'apparition des pesticides, herbicides et fertilisants chimiques. On augmenta ainsi les récoltes et, par le fait même, les coûts d'exploitation. Et ce fut la naissance des fermes spécialisées. Patates, poulets, produits laitiers et porcs.

Les jeunes rêvaient de partir vers les villes et l'on insistait pour qu'ils restent à la campagne. Les plus vieux croyaient que les jeunes étaient mieux sur la ferme. Ils considéraient encore la terre comme la façon de s'assurer un avenir certain et sûr. Les « anciens » demeuraient enracinés dans les idées qu'on leur avait transmises dans leur jeunesse. Ces convictions venaient probablement autant de l'amour qu'ils portaient à leurs enfants que de celui qu'ils entretenaient à l'égard de leur terre.

Plusieurs parents avaient peur des villes. Ils les considéraient comme des dangers pour leurs enfants. Ils avaient probablement peur aussi qu'une fois là-bas ces derniers n'aient plus envie de revenir à la vie champêtre. Ils n'avaient pas tort.

Chez les Malenfant, on résistait vivement à ces nouvelles idées. À telle enseigne qu'Edmond ne voulait même pas envisager qu'un de ses fils apprenne un autre métier que celui de fermier. Léopold, par exemple, avait décidé, à l'âge de dix-sept ou dix huit ans, qu'il voulait acheter un bulldozer pour se lancer en affaires à titre d'entrepreneur. Mais quand il a demandé l'aide de son père, celui-ci a refusé d'entendre parler de la chose. « Il ne voulait rien savoir ; il m'a dit de ne pas lui parler de ça, puis il refusait d'en parler, dit Léopold. Qu'est-ce que je pouvais faire ? Je ne pouvais pas le faire sans son accord. Dans le temps, c'était comme ça, chez nous en tout cas. Il fallait obéir. C'était rare, des gens qui défiaient leurs parents assez pour quitter la maison en claquant la porte. Ça se faisait pas, ça. »

Au cours de l'été 1946, Raymond changea subitement. Normalement frénétique et enjoué, il devint soudainement, presque d'un jour à l'autre, tranquille, sérieux et songeur. Il ne faisait plus de blagues ; il ne tirait plus les cheveux de ses sœurs. Il ne faisait plus que des sourires timides. Ces changements n'étaient pas passagers. Des semaines, puis des mois passèrent, et Raymond resta ainsi. Il avait l'air en grande forme. Mais sa mère, ses frères et ses sœurs se demandaient s'il n'était pas malade. Quand on lui demandait comment il allait, il disait toujours que tout était « bien correct ». Pour l'austère Edmond, qui était toujours irrité par les agissements infantiles de son fils, les changements de Raymond étaient sûrement dus à la maturité. Son fils allait enfin se calmer.

En plus de ces changements, Raymond commença à faire de longues promenades, seul, après le souper. Il allait dans les champs ou le long du chemin. Il marchait la tête basse et avait l'air complètement perdu dans ses pensées. Il s'est mis aussi à prier plus fort que d'habitude. Il restait à genoux, en prière, alors que les autres membres de sa famille s'étaient remis debout. Il a commencé à lire la Bible, le soir. Il restait tranquillement assis à la table de la cuisine. L'adolescent était maintenant habité d'un esprit pieux et exemplaire.

Au début de l'hiver, il a construit un autel avec le carton de plusieurs boîtes, et l'a installé le long d'un mur de sa chambre. Une ou deux fois par semaine, après le souper, il rassemblait les plus jeunes enfants dans le salon. Une fois qu'il les avait mis en file, il les menait en haut, dans sa chambre, comme un prêtre à la tête d'une procession. Là, devant l'autel, il célébrait la messe. « J'ai prié devant souvent, se rappelle Lorraine. C'était vraiment quelque chose de bien. Raymond, il était extrêmement croyant, cette année-là. »

Un soir, alors que tout était tranquille dans la maison, les autres enfants étant en haut ou dehors, Raymond est allé s'asseoir avec ses parents dans le salon. « Papa, maman, j'ai quelque chose de très important à vous dire. Je veux devenir prêtre. » La nouvelle aurait dû avoir l'effet d'une bombe. « Mais, Raymond, t'as seize ans ! T'es bien trop vieux pour devenir prêtre ! » lui aurait dit Rosanna, agitée. Edmond, abasourdi par la nouvelle, est resté bouche bée pendant plusieurs minutes. Pour un homme pieux comme lui, le fait d'avoir un fils prêtre aurait dû le rendre fier. Mais jamais il n'aurait pensé que Raymond eût envie de consacrer sa vie à Dieu. Mais il ne pouvait pas refuser cela à son fils, même si cette aventure devait lui coûter bien cher. Cela représentait tout de même plusieurs années de séminaire. Mais était-ce possible ? Raymond avait déjà seize ans ! « C'est des affaires sérieuses, ça, Raymond, a fini par dire Edmond. Il faudrait qu'on pense à ça. »

Dans les semaines qui suivirent, Edmond en a parlé au curé. « C'est très inhabituel pour un garçon de seize ans d'entrer au séminaire, aurait dit ce dernier à Edmond. Normalement, on prend des garçons qui sortent directement de la septième année, quand ils ont onze ou douze ans. Je vois ici que Raymond a quand même fait non seulement sa septième année, mais son primaire complémentaire. C'est très bien. Et je vous connais,

Monsieur Malenfant, vous et votre père ; vous êtes des gens d'une croyance et d'une piété exemplaire, des gens très honorables. Et je sais que Raymond est aussi un garçon très bien élevé. Avant que je le recommande pour le séminaire, cependant, j'aimerais le rencontrer, lui parler un peu de son désir de devenir prêtre. »

La rencontre s'est bien passée et, au printemps 1947, Raymond fut accepté au séminaire de Rimouski. Bien que Raymond nie toutes ces histoires de changement, des promenades en solitaire à la construction de l'autel de carton, ainsi que ce désir qu'il aurait eu de devenir prêtre, ses frères et sœurs sont inflexibles quant à leurs souvenirs là-dessus. Et Nérée Ouellet se dit vite d'accord avec l'hypothèse selon laquelle tout cela n'aurait été qu'une ruse pour duper ses parents. « Ah oui ! Mon Raymond était bien capable de faire ça, dit Nérée en riant de bon cœur. Je suis sûr qu'il a étudié l'affaire à fond et qu'il s'est rendu compte que c'était la seule solution qu'il avait pour être capable de partir aux études. En fait, il a réussi à se sortir de là. Il a bien fait. »

Alors, un jour de semaine, vers la fin d'août 1947, juste avant le début de la récolte d'avoine, Raymond, avec sa petite valise de tôle bossée sous le bras, embarqua dans l'automobile d'un ami de la famille et partit pour Rimouski. Il est difficile d'imaginer les émotions qu'il a pu ressentir dans la voiture qui descendit le rang du Sud-du-Lac, passa devant l'église et monta la côte en sortant du village, vers le nord, sur la 291, une route secondaire qui le conduirait jusqu'à Rivière-du-Loup en quelques minutes. Raymond irait plus loin qu'il n'était jamais allé dans les seize premières années de sa vie. Et, une demi-heure plus tard, il vit pour la première fois le fleuve Saint-Laurent.

Près de quatre-vingts ans après que des pionniers stoïques eurent quitté le bord du fleuve en quête d'une meilleure vie sur le plateau, l'un de leurs descendants y revenait, à la recherche du même rêve.

3

De la ferme à la ville

À l'été 1987, alors que Raymond Malenfant était plongé en plein conflit avec la CSN au Manoir Richelieu, le magazine *L'Actualité* a dépêché le journaliste Georges-Hébert Germain afin de dresser le portrait de celui qui serait par la suite surnommé « le *toffe* de La Malbaie ».

Germain s'est rendu au Manoir Richelieu dans la Mercedes 280 SL blanche de Raymond. Chemin faisant, il a longuement interrogé son chauffeur, non pas sur ses déboires avec le syndicat, mais sur son cheminement personnel.

« Raymond Malenfant a eu une enfance heureuse », pouvait-on lire dans l'article publié en août de la même année. « Son père avait une belle grande ferme qui donnait sur le lac de la Grande Fourche, dans lequel on se rafraîchissait volontiers pendant le temps des foins. La ferme comptait des vaches, des cochons et des moutons. "On ne manquait de rien, mais on travaillait en *calvinse*! Un mois et demi à quatre hommes pour épierrer un arpent carré de terre. Et c'était toujours à recommencer, les clôtures et les labours." »

« Raymond Malenfant commença ses études classiques au séminaire de Rimouski vers la fin de la guerre. "Étiez-vous dans la même classe que Gilles Vigneault? – Non, mais je pense me souvenir de lui. Il était plus jeune que moi et c'était un gars sûr de lui. Il parlait fort tout le temps. Moi, j'étais plutôt du genre effacé. Il a fallu que j'apprenne à foncer. Je ressemblais à ma mère, qui était peureuse et inquiète…" »

« Quand arrivaient les vacances de Noël, Raymond prenait le train pour rejoindre son grand frère Léopold dans les bois de Clova, où il "sciottait" pendant deux semaines pour gagner un peu d'argent et améliorer sa forme physique. L'été venu, il reprenait le train pour le camp d'entraînement militaire de Shilo, au Manitoba.

«À Saint-Hubert de Rivière-du-Loup, il a appris à travailler fort et longtemps. "Le travail, c'est la vie", professe-t-il. À Shilo, il a acquis le goût de l'ordre, de la discipline et de l'efficacité. A-t-il vraiment et profondément aimé l'armée? "As-tu déjà conduit un char d'assaut? Tu devrais, parce que c'est reposant et que tu sais que tu ne resteras jamais pris."

«Plus tard, quand je lui demanderai s'il lui arrive d'avoir peur, il répondra: "Quand tu as fait l'armée, tu n'as jamais peur."

«Mais il n'y avait pas beaucoup d'avenir dans les forces armées canadiennes pour un petit Canadien français ambitieux. Raymond opta donc pour la médecine et s'inscrivit en première année à l'université Laval. Un peu plus tard, il décida de poursuivre ses études à Lille, en France.

«Pourquoi avoir choisi la médecine? "Au cas où j'aurais été mal pris un jour ou l'autre. Mais cela n'est jamais arrivé, comme tu peux le voir", me répondra-t-il.

«En travaillant dans la construction pendant ses vacances d'été, Raymond réalisa qu'il était plus doué pour le marteau que pour le bistouri. Il quitta l'Europe et abandonna ses études. De retour à Québec, il bâtit seul quelques gros bungalows dans un quartier neuf derrière l'hôpital de l'Enfant-Jésus. "La première chose que ça te prend, c'est des bons outils et un peu de *cash*." Après avoir obtenu un emprunt hypothécaire de trois cent mille dollars en 1966, il construisit son premier motel sur le chemin Sainte-Foy.»

Le reportage de Georges-Hébert Germain est celui qui retrace le plus fidèlement possible le cheminement de Raymond Malenfant pendant ses dix-huit premières années en affaires. Raymond m'a sensiblement répété les mêmes faits pour la rédaction de ce livre, mais souvent une recherche approfondie contredit sa narration. Parfois, des détails importants n'étaient pour lui que du «mémérage». Certains jours, Raymond se livrait spontanément, alors qu'à d'autres occasions il refusait catégoriquement et obstinément de collaborer.

Il n'est donc pas surprenant que je n'aie jamais réussi à m'expliquer complètement comment un jeune homme de la campagne s'était métamorphosé en un gros brasseur d'affaires de la ville. En revanche, appuyé par de nombreuses entrevues et autant de recherches, j'ai réussi à assembler assez de morceaux de ce puzzle pour reconstruire l'essentiel de cette période critique dans son développement.

La véritable histoire est, à plusieurs égards, bien plus riche, valorisante et intéressante que celle que Raymond a racontée plusieurs fois en entrevue. C'est l'histoire d'un homme déterminé, imaginatif et courageux.

De l'ambition à son état le plus pur. C'est aussi la démonstration éclatante que l'improvisation et l'instinct peuvent mener quelqu'un très loin dans la vie.

Comme Raymond l'a dit à Germain, c'est bel et bien au séminaire de Rimouski qu'il a commencé ses études collégiales. Mais il n'a passé qu'une seule année dans cette institution qui dispensait le traditionnel cours classique. Il reste que cette courte période a été déterminante pour son évolution personnelle, par le biais d'expériences aussi enrichissantes que douloureuses, lesquelles ont profondément marqué le jeune homme sensible qu'il était.

Située sur la rive sud du fleuve Saint-Laurent, à quelque quatre heures de route de Québec, la ville de Rimouski était, au début du XXe siècle, égale en importance au village de Saint-Hubert de Rivière-du-Loup. Toutefois, dans les cinq décennies qui suivirent, elle supplanta ce village grâce au développement de trois grandes entreprises : une scierie, une papeterie et une manufacture de planches. Toutes trois appartenaient à de grosses entreprises canadiennes dont les sièges sociaux étaient situés à Montréal. Grâce à une croissance rapide, en bonne partie subventionnée par l'État providence dans les années quarante, la ville est rapidement devenue un centre régional de services publics fédéraux et provinciaux, notamment dans les domaines de la santé et de l'éducation.

Situé en plein centre-ville, le séminaire de Rimouski, fondé en 1870, était un petit collège classique qui offrait en plus quelques cours de théologie de niveau universitaire. Au fil des ans, le prestige de cette institution, un fief exclusif de l'Église catholique, n'a cessé de grandir. Vers la fin des années quarante, l'importance de son campus et la variété de son programme d'études étaient telles que Mgr Georges Courchesne, l'influent évêque de Rimouski de 1928 à 1950, apparentait le séminaire à une « petite université rurale ».

Dans son ensemble, l'institution était constituée de cinq bâtisses capables d'accommoder les mille quarante-sept étudiants inscrits pour l'année scolaire 1947-48. En plus du cours classique et de la faculté de théologie, elle abritait des écoles de commerce, d'agriculture, d'art et métiers et de marine. Mais sa vocation première était de recruter et de former de nouveaux prêtres, recrues qui provenaient des rangs des élèves inscrits au cours classique. Le petit séminaire, qui abrite aujourd'hui le cégep de Rimouski, était le plus important bâtiment du campus et comptait cinq étages. Il accueillait plus de six cents élèves lorsque Raymond y a commencé ses études.

Deux programmes étaient offerts et près du quart des étudiants étaient inscrits dans la nouvelle école de commerce fondée en 1944. Là, on initiait les élèves à la comptabilité, à la gestion et aux techniques de bureau. Toutefois, la majorité des recrues – quatre cent cinquante-sept précisément – optait pour le cours classique, un programme qui s'étalait sur huit ans. Les étudiants apprenaient le latin, le français, le grec, l'histoire, les mathématiques, les sciences, la religion et le chant. Après les six premières années du cours classique, les élèves passaient leurs deux dernières années d'études au grand séminaire, situé de l'autre côté de la rue Saint-Jean-Baptiste. Ce programme était sanctionné par un baccalauréat ès arts et les diplômés pouvaient ensuite poursuivre leur cheminement scolaire dans une université l'automne suivant. Pour la douzaine d'élèves qui optaient pour la vocation sacerdotale, c'était le retour au grand séminaire pour quatre années d'études de théologie et de droit canonique.

À l'exception des douzaines d'étudiants qui habitaient la ville de Rimouski, tous les élèves du petit séminaire étaient pensionnaires. Ils étaient logés dans trois imposants dortoirs situés aux quatrième et cinquième étages du bâtiment. Pièces relativement lugubres, ces locaux caverneux possédaient des planchers de ciment et étaient éclairés par de grosses lumières qui pendaient du plafond. Le jour, de larges fenêtres donnant sur la rue Saint-Jean-Baptiste éclairaient ces dortoirs. Une haute clôture ceinturait complètement le terrain de l'école. Les étudiants dormaient sur des lits étroits et chaque dortoir en comptait cent cinquante. Alignés sur deux rangées comme dans une caserne militaire, tous les lits avaient à leur tête une armoire pour les vêtements des pensionnaires et à leur pied un casier qui renfermait leurs effets personnels. Le confort n'était certainement pas une priorité pour les autorités de l'institution. Quant aux prêtres surveillants, ils occupaient chacun une petite pièce située dans un coin du dortoir et, chaque soir, ils parcouraient l'allée centrale pour s'assurer que tous leurs élèves dormaient paisiblement.

Les cinquante à soixante autres prêtres et frères enseignants ainsi que le père supérieur résidaient dans une partie fermée du quatrième étage. Les salles de classe, les laboratoires et un petit musée scientifique occupaient les deuxième et troisième étages. Les bureaux administratifs étaient situés au rez-de-chaussée, et la salle de récréation et la cafétéria, au sous-sol.

Comme l'Église catholique contrôlait le seul passage possible vers les études supérieures au Québec, une responsabilité dont elle s'était emparée au temps de la Nouvelle-France et qu'elle a jalousement gardée jusqu'à la création d'un ministère de l'Éducation en 1964, la discipline qui régnait dans ces établissements scolaires était rigoureuse et stricte. Le séminaire de Rimouski, affilié à l'université Laval, de Québec, comme une dizaine d'autres collèges, ne faisait pas exception à la règle. Dès l'arrivée des nouveaux élèves à chaque année, les prêtres leur martelaient dans les oreilles et à répétition les deux objectifs principaux de leur passage dans l'institution : la formation de l'esprit par l'étude et celle du cœur par la vertu.

On trouvait dans le petit livre des règlements remis à chaque étudiant au début de l'année scolaire 1947-48 tous les éléments de la conduite souhaitée.

L'école n'acceptait que « les enfants qui possédaient une bonne nature, un grand esprit chrétien, un jugement droit et assez d'intelligence pour compléter de bonnes études ». L'enfant qui ne possédait pas ces qualités essentielles était renvoyé chez ses parents. De plus, chacun des règlements suivants devait être observé à la lettre :

« Tous les élèves doivent assister aux services religieux de la maison.

« Aucun élève pensionnaire ne peut sortir en ville sans être accompagné de son père ou de sa mère.

« Un congé de quinze jours est accordé pour le temps des fêtes.

« À compter du mois d'octobre, les parents recevront un bulletin mensuel qui évalue la conduite, la piété, le travail et la politesse de leur enfant. Les résultats des examens mensuels seront aussi communiqués.

« La moralité sera scrupuleusement surveillée : tout élève coupable d'immoralité ou de mauvais esprit et même suspect sera renvoyé chez ses parents.

« Aucun livre, journal, brochure ne peuvent être introduits à l'école. Toute correspondance est soumise au contrôle du directeur. Tout manquement à ces deux derniers points expose le coupable à une punition et peut même entraîner l'expulsion de l'élève.

« Aucune forme de nourriture ou de friandise ne peut être introduite à l'école. Qui se rend coupable d'une tel manquement au règlement peut aussi être renvoyé chez ses parents.

« Le costume de l'élève consiste en une redingote de drap bleu marine avec nervures blanches, une ceinture verte, un pantalon noir ou bleu marine et une casquette de drap bleu avec une nervure blanche. Le paletot (d'hiver ou d'été) doit être noir ou sombre. Pour l'hiver, on exige une tuque en "mouton de Perse" noire. »

« J'ai pris du temps à m'habituer à ces costumes-là ! » se rappelle William Belzile, l'un des camarades de classe de Raymond Malenfant.

« On ressemblait à des petits écoliers anglais. »

Les frais annuels pour les pensionnaires étaient de trois cent quarante dollars, ce qui incluait quinze dollars pour l'hébergement et quinze dollars pour les services de buanderie, qui étaient effectués sur place par des travailleurs locaux. Les frais de scolarité étaient payables en argent comptant, en trois versements égaux, au cours de l'année scolaire. Enfin, les services médicaux coûtaient cinquante cents par jour.

Au début de l'année scolaire, les élèves devaient arriver avec l'inventaire complet suivant : bas noirs, serviettes de bain, débarbouillettes, savon, peigne, brosse à dents et dentifrice. Bien que Raymond ait tout oublié de son arrivée au séminaire, son frère Marcel, qui le suivit dix ans plus tard, a confié à sa sœur Lorraine comment il s'était senti à son arrivée à cette école de Rimouski.

« Marcel disait que c'était toujours excitant de quitter le village pour aller là, relate Lorraine. Mais il ajoutait que, une fois entré et assis sur son petit lit étroit, il était très difficile de réaliser que sa prochaine sortie n'aurait lieu qu'à Noël. Il disait que la plupart des enfants qui n'avaient connu auparavant que leur maison familiale, tout comme Marcel et Raymond, laissaient leurs effets personnels dans leurs valises, se couchaient sur leur lit et pleuraient à chaudes larmes. »

Les jours passés au séminaire étaient strictement réglementés. Chaque journée débutait à cinq heures et demie, lorsqu'un prêtre surveillant réveillait les élèves au son d'une grosse cloche agitée à bout de bras et allumait les lumières du plafond. Les enfants ne disposaient que de vingt minutes pour faire leur toilette matinale et s'habiller avant de descendre dans la salle d'étude du deuxième étage. Là, on leur accordait trente minutes pour étudier ou compléter un devoir, puis ils devaient se rendre à la chapelle pour la messe de sept heures. Par la suite, ils se précipitaient à la cafétéria, où ils avalaient rapidement un petit déjeuner, plus souvent qu'autrement composé de céréales d'avoine et de rôties, avant d'aller se dégourdir un peu les membres dans la cour de récréation. Leur deuxième session d'étude débutait à huit heures trente, suivie à neuf heures des cours du matin, lesquels se terminaient à midi.

Le déjeuner et la récréation du midi duraient quatre-vingt-dix minutes, puis les cours se poursuivaient jusqu'à quatre heures. Après une courte récréation de trente minutes, les étudiants devaient retourner dans la salle d'étude jusqu'à six heures. Après avoir avalé un dîner qui comportait très souvent des fèves au lard, s'être amusés et avoir rejoint la salle d'étude jusqu'à neuf heures, les élèves se rassemblaient une fois de plus à la chapelle pour le court office religieux du soir, puis c'était le retour au dortoir, où les lumières s'éteignaient à neuf heures et demie pile.

Afin de mieux contrôler les étudiants, on les classait en groupes selon leur année d'études. Ainsi, en 1947-1948, les cent deux étudiants de première année du cours classique, les éléments latins, étaient répartis en trois groupes identifiés par les lettres A, B et C. Raymond, le seul élève de Saint-Hubert de Rivière-du-Loup en première année, était un des trente élèves des éléments latins B. La répartition des élèves en petits groupes s'appliquait également aux zones des dortoirs. Les « petits », les élèves des deux premières années, étaient logés dans le dortoir de l'est ; les « grands », ceux des deux dernières années, étaient dans le dortoir ouest. Finalement, les « moyens » occupaient le quatrième étage. Le jour, lors des changements de salle de classe ou à la rentrée de la récréation, chaque élève devait se placer en file indienne selon la classe à laquelle il appartenait et en ordre alphabétique avant de se rendre dans une autre salle de l'école.

Les déplacements des étudiants étaient étroitement encadrés, même les fins de semaine, quand il n'y avait pas de classe, mais encore des heures d'étude, de récréation et une grand-messe. En tout temps, de jour comme de nuit, les prêtres enseignants exerçaient une surveillance sans faille. Les étudiants qui grimaçaient, se dissipaient ou parlaient en classe se faisaient rudement tirer l'oreille ou pincer la peau du cou. En revanche, les infractions plus graves ou répétées étaient notées dans un rapport quotidien. À chaque fin de semaine, les résultats étaient compilés. Un six était la note optimale qu'un élève pouvait obtenir. Le dimanche, devant tous les élèves réunis dans la salle d'étude, le père supérieur livrait les résultats de la semaine. Un cinq indiquait que l'on attendait une amélioration dans le comportement de l'élève. Après chaque nom d'élève suivi d'un cinq, le père supérieur laissait planer un long silence réprobateur avant de passer au nom suivant. « Le silence était bien plus éloquent que les mots », se rappelle le père Lionel Pineau, un camarade de classe de Raymond qui a finalement opté pour la prêtrise et s'occupe aujourd'hui d'administration au grand séminaire.

Les notes inférieures à cinq étaient réservées aux manquements graves, tels le vol, l'usage de la cigarette, les blasphèmes, les bagarres (sauf au cours des matchs de hockey, où le prêtre arbitre punissait les récalcitrants par un passage au banc de punitions), une absence du terrain du collège sans autorisation, ou la vente ou le troc de marchandises. Les sanctions pour ces infractions variaient de la suspension de privilèges au renvoi de l'étudiant, une punition rare, mais parfois appliquée dans les cas graves.

Toutefois, malgré ce régime sévère, les étudiants pouvaient aussi s'amuser pour rompre la monotonie. De chaudes parties de ping-pong se disputaient dans la salle de récréation. Les activités récréatives de la cour extérieure variaient selon les saisons. Au printemps et à l'automne, le baseball régnait. Bien entendu, l'hiver était réservé au hockey. Les équipes étaient formées en fonction de l'âge des participants et non pas selon leur année d'études.

Bien qu'il fût toujours intéressé à jouer au hockey, Raymond n'excellait pas dans ce sport. Son père, Edmond, lui avait acheté la paire de patins obligatoire pour tout nouvel étudiant, mais il manquait d'entraînement. C'est au baseball que Raymond excellait, même s'il n'avait jamais possédé un gant de baseball avant d'entrer au séminaire. Il s'était souvent amusé pendant son enfance avec les enfants de son rang à Saint-Hubert.

Raymond était le receveur de son équipe de baseball au séminaire. Il ne portait pas de masque ni d'autres équipements de protection. Malgré cela, il n'a subi qu'une seule blessure, une fracture qui s'est produite lorsqu'une fausse balle lui a repoussé le pouce jusqu'au poignet. « J'aimais ça, jouer au baseball, se rappelle-t-il. C'était mon sport. » En fait, c'était le seul sport auquel il aimait s'adonner.

Comme autre divertissement, les élèves aimaient bien se moquer des prêtres, surtout les surveillants des dortoirs, des hommes sans humour, dont certains avaient déjà dépassé la soixantaine. Les garçons avaient un surnom pour chacun d'eux, un sobriquet qui persistait à chaque génération d'étudiants. Pour la plupart, ces surnoms découlaient de caractéristiques physiques distinctes, comme « le père pas-de-fesses » ou « le mou ». Certains soirs, une fois les lumières éteintes, les garçons jappaient comme des chiens ou émettaient certains bruits incongrus. Bien sûr, tout le monde riait à la dérobée de ces frasques, sauf les prêtres surveillants, qui auraient bien aimé mettre la main au collet des coupables.

Toujours dans le but de rompre la monotonie, certains étudiants se portaient volontaires pour aider à la récolte des produits cultivés sur les deux fermes du séminaire, lesquelles fournissaient aussi le pain et les produits laitiers nécessaires à l'alimentation des pensionnaires. La plus grosse ferme était située à un demi-mille à l'est du petit séminaire et, tous les samedis de l'automne, les étudiants pouvaient participer à la cueillette des tomates et des patates, un légume que Raymond connaissait bien.

En paiement pour leur labeur, les étudiants choisissaient un cadeau, habituellement un sac de pommes, un repas spécial ou de l'argent. Selon le nombre de paniers de légumes cueillis, il était possible de gagner jusqu'à un dollar par jour. Raymond prenait toujours l'argent et il était rare qu'il n'empoche pas son dollar quotidien.

Il n'en demeure pas moins que cette vie rigide et austère était difficile

à supporter pour ces fils de professionnels et de marchands de la région.
« On a eu du *fun* et on s'est fait des amis pour la vie, mais ce n'était pas
un cadeau d'aller là », se remémore William Belzile. « On y était envoyé
à un jeune âge, loin de notre famille, loin de nos amis d'enfance. Puis il
y avait tellement de discipline... Pour la plupart, cela ne prenait pas trop
de temps à s'ajuster, mais certains n'ont jamais pu s'habituer. C'était très
dur, très sévère. »

Pourtant Raymond n'a pas vu son passage au séminaire du même œil.
« Comparativement à la ferme, je ne trouvais pas ça dur du tout, moi.
C'est sûr que ce n'était pas facile, parce qu'ils étaient très sévères. Ils ne
m'ont même pas laissé sortir lorsque mon grand-père Malenfant est mort
pendant l'année. C'était chien, ça ! Mais il ne fallait quand même pas trop
niaiser là-bas. Quand tu n'avais pas d'argent, comme moi, tu allais là
pour apprendre, pas pour faire le pitre. Mais c'est sûr que c'était loin
d'être dur comme de vivre et de travailler sur la ferme. Voyons donc ! »

Effectivement, Raymond semble avoir travaillé très fort pendant cette
première année du cours classique. Avant la fin de l'année scolaire et le
départ des étudiants pour les vacances estivales, les professeurs remet-
taient de petits prix aux étudiants qui s'étaient illustrés dans certaines
matières. Les parents pouvaient ainsi évaluer le travail de leur enfant. La
plupart repartaient les mains vides, mais Raymond est retourné à Saint-
Hubert avec quelques prix dans sa valise, dont une mention honorable
pour la meilleure performance académique de sa classe, une première
place en mathématiques et des deuxièmes places en histoire, en catéchisme, en thème latin et, à la surprise de plusieurs, en grammaire fran-
çaise.

Bien que Raymond se soit toujours refusé à l'admettre – « Ce n'était
pas si pire... » –, son expérience à Rimouski s'est avérée traumatisante,
voire déterminante pour l'année scolaire qui allait suivre. En effet, la
méchanceté des jeunes adolescents peut parfois être cruellement aveugle.
C'est un réflexe de protection qui motive de jeunes garçons à se regrou-
per en cliques dès leur arrivée dans une grosse boîte comme le séminaire
de Rimouski. Ces liens se tissent quelquefois selon l'appartenance à une
région géographique donnée, les affinités, l'âge ou le niveau socioéconomique. Les élèves qui ne réussissaient pas à se faire rapidement des amis
dans les jours suivant leur arrivée au pensionnat risquaient de passer dans
le groupe des perdants, ce qui les rendait vulnérables aux attaques les plus
blessantes.

Ce n'est pas parce que Raymond était l'étudiant le plus grand et le
plus âgé de sa classe qu'il n'a pas réussi à se faire rapidement des amis

au séminaire, bien que cela n'ait pas joué en sa faveur. C'est sans doute que ce garçon de seize ans, nerveux et agité, qui parlait mal et vite, ce fils d'un pauvre fermier venant d'un rang inconnu de petit village, a été rapidement repéré comme étant un être marginal et singulier, ce qui faisait de lui une cible de choix.

« Dans notre classe, Raymond et un autre garçon étaient les plus vieux », raconte un ancien étudiant d'éléments latins de 1947-1948 qui préfère garder l'anonymat. « Les deux étaient beaucoup plus grands et plus costauds que les autres élèves de la classe et ils étaient de vrais campagnards. Ça n'avait aucun bon sens. Ils arrivaient tous deux directement de la ferme. Ils ne connaissaient rien du monde, enfin, en connaissaient moins que les plus jeunes élèves de notre classe, des garçons de onze et douze ans. On souriait parfois de leur maladresse. En réalité, Raymond était un très bon garçon. Il était correct quand nous avions la chance de parler avec lui, mais il y avait tellement d'élèves au séminaire qu'il nous était difficile de vraiment connaître une personne en dehors de son petit cercle d'amis. Et le fait que Raymond soit si différent des autres nous poussait à le taquiner. Cela a dû s'avérer très dur pour lui puisqu'il semblait être toujours malheureux. »

Les méchancetés qu'ont subies Raymond et un autre élève surnommé Fernandel ont commencé dès le début de l'année scolaire et n'ont jamais cessé. Dans les dortoirs, les élèves s'amusaient à cacher leurs mitaines ou leur chapeau d'école, lesquels étaient parfois lancés en l'air, au rire général des pensionnaires. Les élèves évitaient de parler aux deux souffre-douleur, qui mangeaient seuls à la cafétéria et n'étaient pas invités à se joindre aux jeux collectifs dans la cour de récréation.

Les traitements les plus cinglants leur furent infligés par les cliques des « grands », ceux des années supérieures, qui les invectivaient régulièrement en leur lançant des insultes à l'insu des surveillants.

Bien qu'ils aient été plus costauds que leurs dénigreurs, Raymond et l'autre garçon préféraient se taire et avalaient les humiliations en silence. « Ils ne se défendaient jamais quand les enfants les taquinaient, mais ils auraient pu et auraient dû le faire, déclare William Belzile. Je comprends pourquoi ils ne sont pas revenus à Rimouski. Il y avait des enfants qui ne les lâchaient jamais. Ils les ont fait fuir. »

L'été venu, Raymond retourna à Saint-Hubert pour y retrouver la sécurité et la simplicité de sa famille. Très rapidement, il reprit la routine de la ferme, effectuant sa besogne quotidienne et les travaux saisonniers. Ses frères et sœurs, heureux de revoir leur frère vedette, le taquinaient avec tendresse. On lui avait réservé la vache Sonnette à traire et toute la famille a ri à gorge déployée quand elle a renversé le seau à lait d'un coup de patte. Avant d'aller aux champs pour ramasser des pierres, Léopold a lancé une paire de gants de travail à Raymond. « Hé ! le garçon d'école, mets ça ! On ne voudrait pas que tu fasses mal à ces belles mains d'étudiant. »

Pourtant Raymond ne devait pas avoir le cœur à rire, cet été-là. En fait, il remâchait les expériences vécues au cours de sa première année de collège et réfléchissait à son avenir. Plusieurs jeunes hommes de son âge se seraient découragés après une telle expérience, mais, pour Raymond, les affronts subis ne firent que solidifier davantage son ambition de réussir. En plus de sa détermination et de son énergie, il avait une raison de plus de s'enorgueillir puisque qu'il s'était prouvé à lui-même au cours de l'année écoulée qu'il était aussi bon, sinon meilleur que les autres.

Raymond prit son destin en main et décida d'un cheminement différent pour sa deuxième année de collège. Il ne retournerait pas à Rimouski. Ses parents entrèrent en contact avec le juvénat des pères maristes, à Québec. Même si l'institution était la plus petite de la région, elle était réputée. Elle ne pouvait accueillir qu'une soixantaine d'étudiants, soit environ cinq pour cent de la capacité du séminaire de Rimouski. Toutefois, les maristes ne faisaient pas de mystère sur la vocation de leur maison d'enseignement. Leur seul et unique but était d'enrôler de futurs prêtres. Ainsi, afin d'évaluer le plus précisément possible leurs candidats, ils effectuaient eux-mêmes le recrutement.

Prétendant avoir reçu l'appel de Dieu, ou croyant peut-être avoir réellement la vocation, Raymond réussit assez facilement à convaincre le père qui était venu le rencontrer chez lui afin de l'évaluer en même temps que la famille Malenfant. Ce changement avait tout pour plaire autant à Raymond qu'à son père puisque les maristes ne demandaient que cent cinquante dollars pour l'année scolaire complète, soit deux cents dollars de moins que le séminaire de Rimouski. En août 1948, avec sa petite valise de toile en main, Raymond quitta donc son village pour la grande ville de Québec.

Même si la Révolution tranquille a frappé le Québec comme un ouragan avec l'arrivée au pouvoir de Jean Lesage en 1960, les vents précurseurs de changements profonds avaient commencé à souffler dès la fin des années quarante.

Depuis la fin de la guerre, certains signes d'impatience et d'agitation avaient commencé à se faire sentir au sein de plusieurs couches de la société québécoise. Les syndicats, par exemple, réclamaient de plus en plus agressivement des droits supplémentaires pour les travailleurs.

Plus souvent qu'autrement, ces demandes étaient ignorées et dégénéraient souvent en manifestations et en grèves. Le gouvernement de l'Union nationale de Maurice Duplessis, surnommé « le Chef », une évocation réaliste de son style autoritaire, affrontait ces demandes avec fermeté en déployant des mesures impitoyables pour les écraser. Il était appuyé en cela par le clergé et par une bonne partie de la population québécoise.

Au Québec, la période de l'après-guerre a aussi été marquée par d'importants débats publics sur ce qu'on appelait « le climat moral ». L'Église, plus particulièrement, s'élevait contre la popularité montante des divertissements populaires. Le théâtre, les spectacles et les émissions radiophoniques étaient mis au pilori. On voyait d'un mauvais œil la venue du cinéma, qui atteignit son apogée au Québec entre 1945 et 1953. Des films à succès comme *Aurore, l'enfant martyre* et *Tit-Coq* générèrent deux cent mille entrées en huit ans, dont cinquante-neuf mille en 1952 seulement – la même année où les ventes de téléviseurs explosèrent. Tentant vainement de préserver les valeurs traditionnelles d'alors, l'Église avertissait la population que ces nouveaux divertissements accumulaient à leur tour « les périls les plus graves ». Il n'était pas rare de voir des gens faire leur signe de croix avant d'entrer au cinéma pour conjurer le mauvais sort.

Il est intéressant de constater que, dans les jours qui suivirent l'arrivée de Raymond à Québec, le *Refus global* fut mis en vente dans les pharmacies et dépanneurs de la région. Signé par dix-sept artistes et publié un mois plus tôt à Montréal, le texte constituait une attaque de front remarquable contre l'Église et les restrictions étouffantes d'une société hautement traditionnelle et fermée, dont Québec, la ville la plus conservatrice du Canada, constituait le château fort. « Les frontières de nos rêves ne sont plus les mêmes », pouvait-on lire dans ce manifeste historique. « Au diable le goupillon et la tuque ! Le règne de la peur multiforme est terminé ! »

Pour un jeune homme de la campagne, le juvénat des maristes était un endroit privilégié pour se familiariser avec la ville et évaluer des événements marquants de l'histoire du Québec. Situé le long du chemin Saint-Louis, sur les hauteurs de Sillery, le juvénat mariste – aujourd'hui une école secondaire privée portant le nom de Séminaire des pères maristes – était un endroit exceptionnel pour l'étude.

La discipline y était aussi sévère qu'à Rimouski, mais le contenu des cours était centré davantage sur les études religieuses (le latin était obligatoire). Raymond prit rapidement conscience que l'ambiance qui régnait à l'institution permettait une meilleure intégration au corps étudiant.

Tous les élèves étaient pensionnaires et étaient regroupés non pas d'après leur année scolaire, mais selon leur âge. Ainsi, ils occupaient soit le dortoir des petits ou celui des grands, situés respectivement au deuxième et au troisième étage. Puisque le costume n'était pas obligatoire, chacun devait fournir ses propres vêtements et les garder en bon ordre dans une penderie.

Étant donné qu'il n'y avait pas de concierge, tous les étudiants devaient participer aux travaux d'entretien. Des équipes formées de quatre étudiants veillaient au nettoyage des toilettes, des corridors, des salles de classe et de la cafétéria. L'hiver venu, ces équipes devaient aussi assurer le déneigement des trottoirs et de la grande patinoire située à l'arrière de l'école. Pour s'assurer que les étudiants se connaissaient tous et aussi pour entretenir une saine compétition parmi eux, les pères reformaient régulièrement les équipes avec des étudiants d'âges et de milieux différents.

« Il y avait une atmosphère et un esprit de famille vraiment forts chez les pères maristes », se rappelle Bertrand Lemieux, un camarade de classe de Raymond, aujourd'hui dentiste à Québec, et qui a compté Raymond parmi ses patients réguliers. « Ce n'était pas du tout un collège comme les trois autres collèges classiques que j'ai fréquentés. C'était une petite école et la plupart des élèves venaient des familles pauvres des régions rurales, bien qu'il y ait eu des enfants venant des familles riches de Québec. Je dirais qu'on était plutôt subordonnés. On participait à tous les aspects de la vie de l'école. Par exemple, on n'avait pas de souffleuse à neige pour la patinoire, mais, puisque tout le monde participait à la corvée, on la nettoyait en un rien de temps. De plus, chacun avait un petit compte en banque chez le père supérieur. C'est lui qu'on allait voir pour obtenir un peu d'argent de poche. »

Comme c'était le cas dans toutes les écoles, les élèves des maristes formaient des cliques. Toutefois, la chose était encouragée par les pères puisqu'il était interdit de se tenir en couple. « On soupçonnait facilement deux garçons qui se tenaient toujours ensemble d'entretenir une amitié particulière », raconte Jean Lessard, un Beauceron qui avait douze ans en 1948-49 et était élève d'éléments latins chez les maristes. « Il y avait des jeunes qui idolâtraient des garçons plus âgés. Plusieurs jeunes garçons ressemblaient à des filles, un détail qui entretenait certaines craintes chez les pères. »

Contrairement aux élèves du séminaire de Rimouski, les étudiants des maristes avaient congé les mercredis et samedis et pouvaient quitter l'école pour explorer la ville de Québec, mais à certaines conditions, bien entendu. Il fallait se tenir par groupes de quatre élèves, dont l'un était désigné comme « responsable ». Certaines interdictions prévalaient :

s'abstenir de l'usage du tabac, ne pas parler aux filles et ne pas prendre l'autobus, parce que les pères tenaient à ce que les élèves fassent de l'exercice.

Comme on devait s'y attendre, plusieurs garçons oubliaient ces règles une fois l'école hors de vue et fumaient quelques cigarettes ou prenaient le premier autobus en payant leur billet avec de l'argent caché dans leurs bas ou leurs chaussures. On ne ratait pas non plus l'occasion de parler aux filles de son âge.

Quant à Raymond, comme pour plusieurs garçons, il n'était pas question de fumer ou de prendre l'autobus. Il préférait marcher et garder le peu d'argent qu'il avait pour se procurer des boissons gazeuses ou de la crème glacée. Il aimait marcher avec son groupe jusqu'au Colisée de Québec pour assister à un exercice des légendaires As, l'équipe de hockey professionnelle de la ville.

L'aréna était situé dans un champ à la limite nord de la ville et il fallait compter trois heures de marche depuis le chemin Saint-Louis pour s'y rendre. Une fois arrivés à destination, les étudiants n'avaient que quelques minutes pour admirer leurs joueurs préférés avant de devoir prendre le chemin du retour. Mais ce périple en valait la peine, surtout quand ils pouvaient apercevoir la nouvelle sensation des As, un joueur de centre nommé Jean Béliveau.

Chez les maristes, tous les élèves se connaissaient puisque l'école était petite et que l'on se partageait les travaux d'entretien. Bien que Raymond n'eût pas de meilleur ami – ce qui ne saurait surprendre, étant donné la politique de la maison relativement aux « couples » –, il a laissé une impression beaucoup plus favorable à ses camarades de classe de Sillery qu'à ceux de Rimouski. « Raymond était plus âgé que la plupart de ses camarades, se remémore le dentiste Lemieux, mais ça ne dérangeait personne. Il était très sympathique et même assez populaire. C'est son tempérament qui m'a le plus frappé. C'était un fonceur, un gars qui avait sa façon de s'exprimer. Il n'apprenait pas facilement en classe et il devait travailler plus fort que les autres pour obtenir de bons résultats. C'était un gars qui était catégorique. Il tenait beaucoup à ses idées, mais il n'était pas trop opiniâtre. Il n'aimait ni le "trouble" ni la chicane. »

« C'était un gars d'équipe, poursuit le dentiste Lemieux. On avait beaucoup de plaisir avec lui en pratiquant certains sports. Au baseball, j'étais le lanceur et lui, le receveur. Il n'était pas particulièrement habile, mais il avait une volonté de fer. Il fonçait sur la balle pour la bloquer, même s'il ne portait pas d'équipement de protection, sauf pour le masque. C'était la même chose au hockey. Raymond était gardien de but et sa volonté de réussir compensait pour sa maladresse. Il était puissant, ce gars-là. Il n'avait pas un physique imposant, mais il était fort, il était "raide". Personne ne voulait se frotter à lui, même s'il aimait taquiner les autres élèves. C'était un type assez sérieux, mais quand venait le temps de jouer, il était là.»

«Raymond avait la langue bien pendue, ajoute Bernard Drouin, un ancien camarade de classe. Il se démarquait des autres étudiants par son désir de souvent parler d'affaires. Il possédait un tempérament de chef et il était toujours en train de planifier quelque chose. Son succès ne m'a pas surpris.»

Il n'en demeure pas moins que son caractère bouillant, s'ajoutant à son esprit de compétition et à son désir de prouver constamment ses capacités devant ses pairs, l'entraîna parfois dans des situations embarrassantes.

«Il parlait fort, Raymond, et il aimait se vanter», précise Jean Lessard, un ancien camarade de classe qui enseigne aujourd'hui la chimie à l'université de Sherbrooke. «Il était un peu perçu comme le bouffon de l'école. C'est pour cette raison que plusieurs étudiants le mettaient au défi de réaliser certains exploits farfelus.»

On se rappelle encore qu'un jour, immédiatement après le déjeuner, un étudiant a incité Raymond et un autre élève à courir cinq ou six fois autour du collège. L'enjeu n'était qu'une simple brioche. Bien entendu, Raymond a relevé le défi.

Une fois leur repas terminé, tous les étudiants se sont précipités à l'extérieur pour assister à cette course. Portant de lourds vêtements de laine et seulement en souliers, le ventre plein, Raymond courut pendant plusieurs minutes avant d'atteindre, à quatre pattes et à bout de souffle, le fil d'arrivée. Tout en essayant de se relever, il rendit son repas. Alertés par les cris et les rires des étudiants, les pères accoururent à l'extérieur de l'école pour voir quelle était l'origine de cette agitation.

«Ils furent très fâchés quand ils virent ce qui s'était passé, se rappelle Bernard Drouin. Ils ne cessaient de répéter que de bons catholiques ne faisaient pas de telles bêtises.»

Pour sa part, Raymond a toujours refusé de parler de son passage chez les maristes. Quand j'ai insinué qu'il avait peut-être perdu cette fameuse course, il a vivement réagi.

«Qu'est-ce que tu dis là, toi? s'est-il indigné, J'ai terminé la course et j'ai gagné! Tu ne rapportes pas l'histoire correctement. J'ai couru contre l'autre garçon et je l'ai battu. Et c'est lui qui a été malade, pas moi.»

Même si cinquante ans se sont écoulés depuis cette histoire en somme assez banale, Raymond défend toujours son honneur et sa dignité.

Cette année-là, à l'arrivée des vacances de Noël, Raymond, comme il l'a raconté à Georges-Hébert Germain, a sauté dans le train pour aller rejoindre son frère Léopold dans la forêt de Clova. Pendant deux semaines, il a « sciotté » pour développer les muscles de ses bras et amasser un peu d'argent pour payer ses études.

Avec son frère et Jean Boucher, un ami de Saint-Hubert et le futur mari d'Alfréda, Raymond bûchait pour une papeterie et dormait dans un gros camp de bois logeant une centaine de bûcherons. Les hommes travaillaient douze heures par jour, par équipes de deux personnes. En traversant la forêt, chacun coupait les petits arbres à la hache, réservant la scie *crosscut* aux gros troncs. À la fin de chaque journée, le contremaître mesurait chaque tronc pour calculer la quantité de bois qui avait été abattue. Chaque équipe était payée sur une base quotidienne.

C'était un dur métier, même pour des hommes expérimentés, mais ce l'était doublement pour Raymond, qui n'avait qu'une expérience restreinte puisqu'à la ferme il se limitait à couper les branches et à enlever l'écorce des arbres que son père et ses frères abattaient. À Clova, son frère Léopold n'a pas été surpris de constater que Raymond n'était pas très habile. Chaque jour, il brisait une lame de scie et laissait son frère les affûter. « Normalement, on sait comment fonctionne une scie et on peut faire durer une lame de deux à trois semaines, mais Raymond avait beaucoup de difficulté avec cela », dit Léopold, qui fut sérieusement blessé au bras après le départ de Raymond. Il dut écourter son hiver à Clova et rentrer chez lui avec une invalidité permanente. « Mais je dois dire que Raymond était *toffe*. Jamais il ne lâchait ! J'ajouterais même qu'il s'est très bien débrouillé malgré son inexpérience. »

Au début de l'année scolaire 1949-1950, vers la fin du mois de septembre, les étudiants des maristes profitaient d'une courte pause entre deux cours lorsque Raymond, maintenant en classe de méthode, est venu leur faire ses adieux, les larmes aux yeux. Raymond a toujours refusé de parler de ce départ précipité et il est donc impossible d'en connaître la raison. Son frère Léopold lève un peu le voile sur ce mystère. « Je pense que pendant l'été, lorsqu'il est revenu sur la ferme, Raymond a confié à mon père qu'il ne voulait plus être prêtre et qu'il désirait devenir médecin. Mon père lui aurait alors dit qu'il n'avait plus d'argent pour payer ses études. »

Cette rupture dans son cheminement scolaire fut sans doute une épreuve marquante pour un jeune homme aussi orgueilleux et sensible, mais Raymond n'avait pas le temps de s'apitoyer sur son sort. S'il voulait continuer ses études à Québec, il devait trouver un hébergement et de l'argent, ce qui était une tâche difficile dans une ville où les préjudices à l'égard des gens de la campagne étaient omniprésents.

« Les gens de la ville voyaient ceux de la campagne comme des "colons", soit des personnes sans éducation, qui parlaient mal, s'habillaient mal et avaient des manières et des expressions rustiques… », explique l'historien et écrivain Jean-Marie Lebel, un expert sur les quatre cents ans d'histoire de la ville de Québec. « L'intolérance de la société à cette époque provoquait une coupure sociale marquée entre les habitants de la haute ville et ceux de la basse ville. Les gens de la campagne ne pouvaient tout simplement pas s'installer dans un quartier de la haute ville, comme le quartier Montcalm. Le prix des loyers était trop élevé et ils étaient immédiatement repérés par un propriétaire méfiant dès qu'ils ouvraient la bouche. Les seuls endroits où ils pouvaient se loger étaient situés dans les quartiers de la basse ville comme Saint-Sauveur, Saint-Roch ou Limoilou. »

Les gens de la campagne à la recherche d'un emploi devaient affronter les mêmes obstacles sociaux. Le népotisme était à ce point institutionnalisé qu'il fallait à tout prix posséder des relations pour trouver du travail. Finalement, les emplois étaient relativement rares vers la fin des années quarante. Après le boom des années de guerre, alors que le Québec produisait tous les obus et les munitions de l'armée canadienne, la relance des industries traditionnelles du textile et du bois s'effectuait à pas de tortue.

« Il faut se rappeler que l'appareil gouvernemental et le tourisme n'étaient pas très développés à l'époque, poursuit l'historien Lebel. Le campagnard qui désirait avancer dans cette société devait déployer d'importants efforts et aussi posséder de solides relations. Autrement, il devait rebrousser chemin et retourner dans son village, ce que plusieurs ont fait. »

Toutefois, rares étaient ceux qui étaient aussi ambitieux, déterminés et débrouillards que Raymond Malenfant. Bien qu'il ait refusé de parler de cette époque, il semble que c'est bien dans la basse ville que sa période bohème de plusieurs années à Québec a commencé, précisément au 1079 de la 1re Avenue, à Limoilou, où il aurait loué une chambre chez Mme Arthur Saint-Ours, une « veuve » selon l'annuaire téléphonique de 1951.

Raymond aurait aussi commencé un cours « classique » dans une école de la région de Québec. Pour des raisons que lui seul connaît, il a donné plusieurs noms d'institutions qu'il aurait pu fréquenter. C'est un sujet dont il refuse de parler, et des recherches approfondies dans les archives de la demi-douzaine des quatorze anciens séminaires de la région de Québec qui prenaient des étudiants externes à l'époque n'ont jamais permis d'identifier le lieu où il aurait étudié.

Pour trouver plus facilement un emploi, Raymond a réussi à obtenir un permis de conduire après s'être exercé avec la voiture d'un ami de Saint-Hubert, Roger Rousseau, un bûcheron qui habitait Québec. Avec son permis, il a déniché un emploi dans une petite imprimerie, au 447 de la rue Maufils, tout près de l'hôpital de l'Enfant-Jésus, à Saint-Pascal, dans le quartier de Limoilou. L'imprimeur était René Simard, un policier de la ville de Québec, et son commerce se trouvait au sous-sol de la maison familiale. Chef d'une grosse famille, Simard était un homme enjoué, très populaire auprès de ses collègues. Mais il avait aussi un tempérament impulsif, et il lançait des objets quand il se fâchait.

Simard avait aussi un penchant pour les vieilles voitures, dont Raymond se servait pour faire ses livraisons. Un jour, pendant l'hiver, Raymond est resté pris dans la côte escarpée qui se trouve derrière l'hôpital Saint-Sacrement, et une voiture de police s'est arrêtée. « Quand ils ont su à qui le "char" appartenait, ils ont ri, se rappelle Raymond. Ils ont dit : "Câline de René ! Il achète toujours des *bazous* !" »

Raymond habitait encore chez Mme Saint-Ours quand il s'est enrôlé dans les forces de réserve à titre de simple soldat, grade qu'il a conservé pendant les cinq premières des douze années dans l'armée. Il n'est pas étonnant que Raymond se soit tourné vers l'armée pour un emploi. Comme plusieurs jeunes hommes de sa génération, il était fasciné par les « hommes en uniforme », lesquels étaient fort nombreux dans la ville de Québec de l'après-guerre, compte tenu de la proximité de la base militaire de Valcartier et de la citadelle de Québec. Cette présence militaire devait par ailleurs augmenter de façon significative dans les mois qui suivirent l'engagement de Raymond dans les forces armées, à cause de la guerre de Corée et du début de la guerre froide. Raymond avait le goût de l'aventure et la seule idée de déambuler en uniforme dans les rues de Québec avait de quoi l'attirer.

Raymond a aussi partagé avec l'auteur les raisons profondes de son engagement dans l'armée. Le fait d'être réserviste lui donnait une raison valable pour ne pas retourner travailler sur la ferme paternelle pendant les vacances d'été. Aussi, durant l'été de 1950, son frère Gérard venait de se marier et le couple avait emménagé dans la maison d'Edmond, dont la santé périclitait progressivement. « Mon père n'avait pas vraiment besoin de moi, parce que mes frères étaient capables de prendre la relève, explique Raymond. Il n'y avait pas d'avenir pour moi sur la ferme. »

De plus, Raymond était attiré par les nombreux avantages que la vie militaire offrait. Il s'agissait d'un emploi sûr et stable pendant l'année scolaire, bien qu'il ne s'agît que d'un travail à temps partiel. Une fois l'été venu, il était possible d'être payé pour participer à l'entraînement et on pouvait y apprendre l'anglais, la seule langue d'instruction utilisée par l'armée canadienne jusque dans les années soixante.

Le formulaire de recrutement de Raymond, un document signé sous serment, contient de précieux renseignements à son sujet. En plus de son adresse résidentielle, on y découvre qu'il mesure un mètre soixante-dix, que son poids est de cinquante-huit kilos, qu'il a le teint châtain et que ses cheveux et ses yeux sont bruns. Il possède aussi une petite cicatrice sur la paupière droite.

D'autres sources d'information ont révélé que Raymond a bel et bien poursuivi ses études classiques à Québec, dans une institution affiliée à l'université Laval, où il reçut en 1953 l'équivalent d'un baccalauréat obtenu après avoir complété son année de rhétorique.

Après son entrée dans les forces armées, Raymond a suivi une instruction militaire de quelques semaines à Valcartier sur l'utilisation du radar, mais cette expérience ne semble pas avoir été concluante. Dès son retour à Québec, au début de septembre, il a demandé à être muté au sein du Canadian Provost Corps, la police militaire de l'armée canadienne.

Ce changement, d'après Raymond, était dû au fait qu'il avait déménagé chez le policier Simard à l'automne et qu'il connaissait alors beaucoup de policiers, ceux-ci s'arrêtant souvent à l'imprimerie quand ils étaient en patrouille. Plusieurs d'entre eux étaient aussi dans les réserves de la police militaire et ils ont incité Raymond à se joindre à eux. « C'est eux qui m'ont fait rentrer là-dedans », dit Raymond.

Bien qu'il ne possédât pas le physique typique d'un policier, Raymond en avait néanmoins l'allure sur sa photo officielle, prise au début de son service dans le Provost Corps. Sur cette petite photo épinglée dans son dossier militaire et conservée aux Archives nationales, à Ottawa, on voit le visage d'un jeune homme sérieux, aux yeux perçants, les cheveux rasés courts, les muscles du visage contractés et le menton saillant. Une petite bouche serrée, surmontée d'une fine moustache, dénote un homme au caractère nerveux.

Dès son recrutement, Raymond fut affecté au sein de la compagnie numéro 4 de Québec, la seule unité de policiers réservistes de la région. La compagnie numéro 4 comptait une trentaine d'hommes dirigés par cinq officiers et était basée à la caserne militaire située dans la côte de la Montagne, lieu où opère aujourd'hui le traversier qui effectue la navette entre Québec et Lévis.

L'unité s'entraînait de huit à dix heures, réparties sur deux soirées par semaine, et ce, de septembre à mai. Les hommes recevaient cinq dollars par période d'entraînement, soit la moitié d'une journée de paie normale.

Au cours d'une année, outre les exercices habituels de base comme la marche, les recrues s'initiaient aux techniques policières, connaissances essentielles pour le métier de prévôt. Les responsabilités principales de la police militaire canadienne englobaient le contrôle de la circulation, la distribution de contraventions pour les infractions commises sur les bases militaires et le maintien de l'ordre en général. Les prévôts devaient connaître les lois et la réglementation militaires, et assimiler les *Queen's Regulations & Order*s, une lourde paperasse administrative. On apprenait aussi aux jeunes policiers le combat à mains nues, les procédures d'arrestation et les techniques de garde de prison.

Raymond s'est impliqué avec beaucoup de zèle et d'enthousiasme dès son arrivée dans cette unité, affichant toujours une attitude positive dont on se souvient encore aujourd'hui. Selon Maurice Bernard, un ex-policier de la ville de Québec et un ancien sergent-major de l'unité de réserve de Raymond à l'époque, on n'avait pas oublié « Tit-Mox », le plus petit policier de son unité et un jeune homme gentil et consciencieux.

« Raymond a été un très bon prévôt », disait cet homme hautement respecté par ses pairs et emporté par le cancer en 1999. « Il ne cessait de poser des questions et voulait tout connaître de son métier. Une fois qu'il savait comment quelque chose fonctionnait, on n'avait pas besoin de l'expliquer une seconde fois. Il pouvait travailler sans supervision. Raymond avait aussi un bon tempérament et il était d'humeur égale, ce qui est une qualité très importante chez un policier. Il était très à l'aise avec les autres soldats et il aimait faire des blagues. Il faisait souvent le pitre. Nous, on le taquinait à cause de son accent gaspésien et parce qu'il parlait tellement vite. Tout le monde aimait "Tit-Mox". »

Les membres de l'unité de Raymond avaient parfois l'occasion d'appliquer leurs connaissances à l'extérieur de la caserne. Par exemple, ce sont eux qui dirigèrent la circulation autour du cénotaphe de Lévis le 11 novembre. La compagnie participait aussi aux exercices militaires des forces régulières, surtout à Valcartier et à Farnham, mais aussi à Montmagny, à Bagotville et dans Charlevoix, où on effectuait des contrôles routiers, en plus de contrôler la circulation et d'escorter les véhicules militaires sur les voies publiques.

Avec seulement quatre heures d'instruction hebdomadaire et une absence marquée de ressources et d'équipements adéquats, un problème chronique dans l'armée canadienne, la qualité de l'entraînement laissait souvent à désirer. Lors d'un bivouac d'hiver, les prévôts de Québec durent transporter sur la neige une bonne partie de leurs équipements sur une table de cuisine renversée, faute d'avoir pu trouver un traîneau à attacher au véhicule blindé qui les avait transportés en forêt.

L'été, c'était une tout autre histoire. Pendant deux semaines en juin, les soldats et les officiers se regroupaient à Valcartier, où ils s'entraînaient sur divers équipements. Par exemple, ils apprenaient à maîtriser la conduite des trois véhicules qu'un prévôt devait connaître : la jeep, la motocyclette et le camion de trois quarts de tonne. On pratiquait aussi le tir avec les trois armes utilisées par les policiers militaires : la carabine Lee-Enfield de calibre 303, le pistolet 9 mm et la mitraillette Sten 9 mm.

Ces exercices de tir comptaient parmi les activités préférées des prévôts, mais Raymond ne partageait pas leur enthousiasme. Il avait une peur bleue des armes, sans doute à cause de sa mauvaise expérience avec Gérard et la balle de 22, il était visiblement nerveux lorsqu'il tenait une arme à la main.

Un sergent de son ancienne unité se souvient de la panique qui s'emparait des recrues lorsque Raymond devait tirer. « Tout le monde courait se mettre à l'abri. On criait : "Attention, Tit-Mox va tuer quelqu'un !" », dit Aimé Saint-Laurent, pouffant encore de rire lorsqu'il raconte ces épisodes. « On marchait sur des œufs quand Raymond avait une arme dans les mains. Surtout la mitraillette, parce que c'était une arme puissante et excessivement dangereuse puisqu'elle se mettait à tirer toute seule si on l'échappait. »

Comme tous les membres de la compagnie, Aimé Saint-Laurent aimait beaucoup Raymond, mais il ne le voyait pas en militaire : « C'était un bon petit gars, Raymond. Il ne fumait pas, ne buvait pas et ne sacrait pas. Il était très facile à diriger, mais il était trop rigide, trop nerveux pour être soldat. Il ne valait pas grand-chose à la marche. Raymond faisait partie de la *gang* mais il était assez solitaire. Il arrivait à l'heure à la *drill* mais il partait dès que la période d'entraînement était terminée. »

Pour Aimé Saint-Laurent, il était évident que la motivation première du réserviste Malenfant était de gagner de l'argent. « Durant les quatre années où il a été avec nous, poursuit-il, il n'a jamais manqué une seule soirée d'entraînement. Il me demandait souvent s'il y avait des possibilités d'être impliqué dans d'autres activités afin d'avoir une journée ou deux de travail de plus… Il travaillait aussi tous les quinze jours comme serveur aux réceptions du mess des sergents à la base de la côte de la Montagne. Il revêtait son habit et sa cravate noirs. Il offrait également ses services pour les fonctions sociales de sa propre unité. Imaginez ! Il courait toujours après l'argent, Raymond. S'il sentait une piastre, il était là. »

4

Une rencontre déterminante :
Colette Perron

Un vieil adage dit qu'on peut sortir une personne de la campagne, mais qu'on ne peut pas sortir la campagne de la personne. Cette maxime s'appliquait parfaitement à Raymond. Bien qu'il se fût adapté relativement bien à la vie urbaine, il conservait toujours ses manières frustres. Détestant dépenser des dollars durement gagnés, il ne s'offrait quotidiennement comme gâterie que deux ou trois bouteilles de Coca-Cola.

Toujours enjoué et espiègle, il avait toutefois un sens de l'humour simpliste et gauche. Un jour, par exemple, il remarqua une annonce personnelle dans *Le Soleil*, son journal préféré. Il s'agissait d'une demande de rencontre galante, faite par un jeune bûcheron qui travaillait dans la forêt de Clova. Ce dernier désirait initialement correspondre avec une jeune fille avant de passer à une éventuelle rencontre. D'après la description que le jeune homme faisait de sa personne, Raymond reconnut immédiatement son vieil ami Nérée Ouellet. Il ne l'avait revu qu'une ou deux fois depuis son départ de Saint-Hubert de Rivière-du-Loup, mais il savait que le vieux copain s'était sauvé du rang lui aussi en allant bûcher au même endroit que Léopold et lui. Raymond raconte ainsi la suite de l'histoire :

« La journée même, je lui ai expédié une lettre tellement cochonne que cela n'avait pas de bon sens. Mon Nérée a rapidement répondu. Sa lettre était encore plus cochonne que la mienne ! Il a aussi joint sa photo et m'a demandé la mienne. Alors, j'ai découpé celle d'une superbe fille dans une revue et l'ai jointe à une autre lettre, plus cochonne que la première. Il a certainement dû passer quelques nuits chaudes dans les bois, mon Nérée. Quelques semaines plus tard, il m'a envoyé une autre lettre, m'annonçant cette fois qu'il venait à Québec pour me rencontrer, en précisant l'heure et le lieu de la rencontre. J'ai été fortement tenté de me rendre à ce rendez-vous, mais, à la dernière minute, j'ai changé d'idée. Il était plus costaud que moi et j'avais peur qu'il réagisse mal. J'ai appris plus tard qu'un de mes frères lui avait avoué que j'étais l'auteur de cette blague. Nérée avait alors beaucoup ri, à mon grand soulagement. »

Dès qu'il le pouvait, Raymond aimait se ressourcer auprès de sa famille. Selon la saison, il faisait de l'auto-stop ou prenait l'autobus pour se rendre à son village natal. Curieusement, c'est à Saint-Hubert qu'il rencontra une merveilleuse famille de la haute ville de Québec. Cet événement allait changer le cours de sa vie.

C'était aussi une famille Malenfant, mais il n'y avait aucun lien de parenté entre eux. En fait, c'est grâce à la mère de Nérée Ouellet, une Malenfant native de Saint-Modeste, un village situé à mi-chemin entre Saint-Hubert et Rivière-du-Loup, que Raymond fit la connaissance de Louis-Philippe Malenfant, frère de celui-ci. Ce dernier était un ancien religieux qui exerça le métier d'électricien à l'Assemblée nationale durant trente-cinq ans. Son talent pour la cuisine était reconnu et sa réputation s'était graduellement répandue à Québec. Il a été chef cuisinier pendant quelques années au restaurant *Penn Mass* de la rue Chouinard, près de l'hôpital Saint-Sacrement, où il travaillait après ses journées à l'Assemblée nationale. C'est surtout la qualité de ses pâtisseries qui avait fait sa renommée. Il approvisionnait en pâtisseries fines le magasin Kresge dans le Vieux-Québec. Ses fabuleux gâteaux de mariage, pour lesquels ses clients ne tarissaient pas d'éloges, lui donnèrent l'idée de se lancer en affaires à son propre compte.

L'entreprise Louis-Philippe Malenfant Traiteur a connu un succès immédiat dès sa fondation, à la fin de la Deuxième Guerre mondiale, devenant rapidement l'une des trois plus importantes compagnies du genre à Québec. Louis-Philippe offrait aussi un service de repas complets, composés habituellement de poulet frit et de hors-d'œuvre, la plupart du temps des canapés sur pain rôti. Imitant en cela plusieurs petits commerçants de la ville de Québec, il avait installé sa place d'affaires dans la résidence familiale, au 15 de la rue O'Connell, en arrière de l'édifice du Parlement. Cette maison était l'une des douzaines de demeures qui seraient expropriées dans les années soixante pour faire place à la construction d'une tour administrative gouvernementale, le complexe G.

C'est donc à cet endroit que Louis-Philippe, son épouse, Émilia Leblanc, originaire du Nouveau-Brunswick, et leurs trois filles, Pierrette, Louise et Jeannine, préparaient la nourriture pour leurs clients. À l'instar de plusieurs familles de la haute ville de l'époque, les Malenfant arrondissaient leurs fins de mois en louant des chambres aux étages supérieurs.

Louis-Philippe et Émilia travaillaient pratiquement jour et nuit, mais, chaque été, ils prenaient le temps de descendre à Saint-Hubert de Rivière-du-Loup pour rencontrer les parents et amis. Ces visites permettaient aussi à leurs filles de mieux connaître leur parenté.

C'est grâce à Nérée que Raymond a rencontré la famille à quelques reprises au fil des ans. Il n'a toutefois jamais impressionné les filles du cuisinier. « Il était beau, Raymond, mais ce n'était pas mons style d'homme. »

C'est probablement lors d'une de ces visites estivales qu'Émilia, une femme très généreuse, avait invité Raymond à leur rendre visite, rue O'Connell, dès son retour à Québec.

Raymond n'allait pas rater une si belle occasion...

Selon Pierrette, ni elle ni ses sœurs n'oublieront le jour où il s'est présenté à leur porte. Il était évident qu'il n'était pas un gars de la ville.

« Nous l'avons vu arriver par la fenêtre, se rappelle-t-elle. Et nous étions très surprises. »

Émilia avait perçu quelque chose d'assez spécial chez ce jeune paysan nerveux mais gentil, et elle le prit sous son aile afin de lui permettre de bien s'intégrer dans la ville. Raymond est rapidement devenu un visiteur régulier à la maison du cuisinier et une présence familière durant les repas de fin de semaine. Elle l'invitait aussi à participer aux activités de la famille. Juste avant son retour à Saint-Hubert pour la période des fêtes, Raymond aidait à la décoration de l'arbre de Noël, une activité à laquelle il participerait pendant plusieurs années.

Affectueuse et bonne, Émilia traitait Raymond comme le garçon qu'elle n'avait jamais eu. Dès qu'elle entendait le son de sa voix, elle laissait tout tomber pour aller l'embrasser et le serrer dans ses bras. Telle une mère qui adore follement son enfant, elle le cajolait, prenait sa défense et ne manquait jamais de prendre de ses nouvelles.

Elle lui reprochait aussi, avec toujours beaucoup de douceur, sa façon de s'exprimer. Elle lui disait : « Voyons, Raymond, on ne parle pas comme ça en ville ! relate Pierrette. Ma mère l'aimait beaucoup et lui l'aimait aussi. Il l'appelait "maman". »

À l'été 1951, Raymond suivit la famille dans sa nouvelle maison, située au 37 de la rue Sainte-Ursule, dans le quartier de l'Esplanade. Cette demeure était une maison historique de quatre étages avec cinq lucarnes au dernier étage. Elle était la seule de la rue à posséder une entrée à l'arrière, dans une cour qui donnait sur le couvent des ursulines. Contrairement à la maison de la rue O'Connell, les banquets étaient préparés dans une vaste pièce située au sous-sol, tandis que les plats étaient cuisinés dans une grande salle du rez-de-chaussée. Les cinq membres la famille logeaient au deuxième étage, où se trouvaient un salon et trois chambres. Les quatre grandes chambres du troisième étaient toutes louées à des pensionnaires à raison de deux personnes par chambre. Raymond disposait cependant de sa propre chambre. À la suite d'un incendie dans le grenier, cet étage fut reconverti en deux grands logements, tandis que les quatre chambres du troisième furent réaménagées en logements individuels.

Au début, tous les pensionnaires étaient de sexe masculin, mais, avec le temps, Émilia les remplaça par des femmes. « Maman ne voulait pas d'hommes, explique Pierrette. Sauf Raymond. » Elle l'aurait convaincu sans trop de difficulté de quitter la maison du policier Simard pour venir habiter avec la famille, probablement au début de l'automne 1952. Raymond habitera deux ans sous ce toit accueillant, partageant sa chambre avec un autre pensionnaire.

Louis-Philippe Malenfant avait quitté ses emplois d'électricien à l'Assemblée nationale et de cuisinier au restaurant *Penn Mass* pour s'occuper à temps plein de son service de traiteur. De plus, au début des années cinquante, il avait pris charge des opérations de la concession du Club des employés civils du Québec. À cette époque, il était mal vu, à Québec, de fréquenter des débits de boisson, et on leur préférait la quarantaine de « clubs sociaux » existants, tous liés à des associations, dans les domaines des affaires, de la politique, du monde sportif ou militaire. De toutes ces associations, la plus importante était celle des fonctionnaires de la province, les « employés civils », laquelle regroupait plus de sept mille membres, soit trois fois plus que le deuxième groupe en importance, soit celui des étudiants de l'université Laval.

Le Club des employés civils était situé en face de l'Assemblée nationale, dans une petite bâtisse de bois longeant les murs du Vieux-Québec, au même endroit où le palais de glace du carnaval de Québec est maintenant érigé à chaque année. Appelé « le chalet des employés civils », ce bâtiment abritait un très populaire et chic bar-restaurant qui était ouvert sept jours par semaine. Pendant la semaine de travail, on servait, le midi et le soir, des repas complets aux fonctionnaires, mais aussi au grand public. Après les heures de bureau, l'endroit était ouvert jusqu'à minuit pour le service de consommations. Les fins de semaine et plus particulièrement les dimanches, le « chalet » était utilisé pour des réceptions de mariage et des banquets ou pour marquer le départ des fonctionnaires qui prenaient leur retraite. Pour ces occasions, le chalet était orné de fleurs fraîches cultivées dans les serres officielles du gouvernement provincial, situées tout près et qui furent démolies au cours des années soixante pour le prolongement du boulevard Saint-Cyrille, appelé aujourd'hui le boulevard Lévesque.

L'été, d'importants tournois de tennis étaient disputés sur les terrains du chalet, lequel pouvait recevoir jusqu'à trois cents personnes assises à l'intérieur. L'hiver, l'endroit se transformera plus tard en quartier général pour le carnaval de Québec. C'était là que le bonhomme Carnaval couronnera la reine. L'exploitation de la concession des employés civils était une activité fort profitable qui nécessitait une importante main-d'œuvre. Afin de répondre à la demande, deux chefs, dont Louis-Philippe, et dix-sept serveuses s'affairaient quotidiennement à servir une nombreuse clientèle. Le nombre d'employés doublait et même triplait à l'occasion de réceptions, surtout quand Louis-Philippe devait remplir des contrats à l'extérieur, ce qui était plutôt la règle que l'exception.

Ainsi, chaque membre de la famille Malenfant travaillait pour l'entreprise familiale. Louise était serveuse au chalet pendant le jour, tandis que Jeannine, la cadette, était la gérante du bar, les soirs et les fins de semaine. Émilia, quant à elle, préparait les plats dans la cuisine de la maison familiale et était assistée par Pierrette. Cette dernière tenait aussi la comptabilité et faisait la paie des employés dans le bureau de son père au chalet ou dans celui de la maison, qui n'était située qu'à deux minutes de marche de là.

Peu de temps après l'arrivée de Raymond dans la famille, Louis-Philippe s'intéressa aussi au développement de ce jeune homme auquel sa femme s'était tant attachée. « Raymond, lui aurait-il dit un jour, je vais te montrer un métier. »

Par la suite, Raymond s'est initié au métier de traiteur en préparant les légumes, les hors-d'œuvre et les viandes. Graduellement, Louis-Philippe l'intégrait dans l'entreprise familiale. Il fut ensuite plongeur dans la cuisine du chalet afin de connaître tous les rouages du métier. Finalement, Louis-Philippe l'affecta au service aux tables. Il lui acheta son premier uniforme de serveur, un smoking noir avec un nœud papillon de la même couleur et des souliers vernis. Raymond utilisait ce même costume pour servir au mess de la caserne militaire. Dès son arrivée au restaurant, il se fit remarquer par son énergie et sa bonne humeur, autant par ses collègues de travail que par les clients réguliers du restaurant, dont les plus importants furent Maurice Duplessis, Daniel Johnson, père, et Jean Lesage.

« Il était un très bon serveur, se rappelle Pierrette. En plus d'être rapide, il était beau, grand et poli. Tous les clients et les employés l'aimaient parce qu'il était de commerce agréable. » Louis-Philippe l'impliqua aussi graduellement dans les réceptions extérieures au chalet et qui avaient lieu dans des maisons privées ou dans diverses salles de réception de Québec. Grâce à ses contacts à l'Assemblée nationale, Louis-Philippe était sollicité de toutes parts et exerçait un quasi-monopole sur les réceptions de la salle d'exposition d'Expo Québec, située à côté du Colisée. Il acceptait aussi des contrats à l'extérieur de la ville de Québec, en Beauce, à Stoneham, à Valcartier et sur les deux rives.

Le Premier ministre Maurice Duplessis a même retenu ses services pour le mariage de sa nièce, à Trois-Rivières. Pour cet événement, Louis-Philippe a loué deux autobus pour transporter le personnel de soutien. Pendant ce temps, Raymond prenait de l'expérience et se voyait confier des responsabilités de plus en plus importantes. Par exemple, lors des gros samedis, jours où il y avait plus d'une réception à organiser, Louis-Philippe déléguait à Raymond la direction d'un ou deux contrats simultanés. Raymond était fiable parce qu'il ne consommait pas d'alcool. « Certains employés buvaient pas mal quand ils en avaient la chance, affirme Pierrette, et certains d'entre eux n'ont pas travaillé longtemps pour nous. »

Entre autres tâches, Raymond avait la responsabilité d'organiser le travail des employés, de gérer les besoins en nourriture et de planifier le transport du personnel. Une fois sur place, il gérait les activités et était responsable du bon déroulement des opérations, de la surveillance du personnel et des relations avec les clients, lesquels étaient souvent issus de grandes familles de la ville de Québec.

Selon Pierrette, Raymond a toujours très bien su s'acquitter de ses nouvelles responsabilités. « Raymond a toujours fait un bon travail et mon père était très fier de lui. Tout comme ma mère, il le considérait comme son fils adoptif. » Ce jeune homme de la campagne n'avait que peu de responsabilités auparavant et les Malenfant l'ont graduellement aidé à acquérir plus de confiance en lui. Et, fait non négligeable, Raymond pouvait gagner entre dix et cent dollars pour un seul événement, en salaire et en pourboires. « On pouvait aussi manger à notre faim, précise Raymond, et on mangeait très bien d'ailleurs. »

Une telle amitié entre Pierrette et Raymond ne pouvait qu'évoluer vers des sentiments plus profonds et, bien que la relation fût discrète, les deux familles Malenfant savaient fort bien ce qu'il en était. « Raymond est sorti avec Pierrette Malenfant pendant deux ans, affirme son frère Léopold. »

Cinquante ans plus tard, en parlant de « mon Raymond », Pierrette avoue avoir souhaité que leur relation ait débouché sur quelque chose de

La famille Malenfant en 1948. De gauche à droite, à l'arrière-plan :
Léopold, Lorraine, Rosanna, Edmond, Alfréda, Marianne, Raymond, Gérard ;
au premier plan : Gratien, Marcel, et Florent, le bébé.

Le soldat Malenfant. Une photo prise
au début des années cinquante
par Pierrette Malenfant,
qui polissait les boutons du réserviste
avec « un petit peu de Coke ».

Un couple heureux. Une photo de Raymond et Colette prise
sur le perron des Malenfant à Saint-Hubert à l'été 1956,
quand Colette était enceinte d'Alain.

L'officier Malenfant. Raymond,
le bâton à la main, devant le quartier
général de Shilo, au Manitoba,
au milieu des années cinquante.

L'une des plus grosses maisons construites par Raymond dans Saint-Pascal
est celle qui est située à l'angle de Saint-Pie-X et de Sir-Mathias-Tellier.
« On a toujours été très contents de notre maison », dit Annette Brochu,
qui a élevé ses neuf enfants dans cette maison qui, quatre décennies plus tard,
reste l'une des plus belles du quartier.

815, Pierre-Maufay.

Le bal du carnaval au Château Frontenac au début des années soixante.
Colette et Raymond sont, respectivement, les cinquième et sixième personnes à droite ;
les septième et huitième sont Maurice Duchesneau et sa femme, Louise Bédard.

Une photo récente du premier motel Universel.

plus sérieux. Toutefois, elle affirme qu'elle savait à l'époque que cela ne fonctionnerait jamais entre elle et lui. Louis-Philippe est sans doute arrivé à la même conclusion puisqu'à un certain moment il a demandé dix dollars par semaine à Raymond pour le gîte et la nourriture. Avec quelques dollars en poche et beaucoup plus d'assurance, Raymond s'est graduellement métamorphosé en dandy. Selon Pierrette, il a fréquenté plusieurs filles de Québec ainsi qu'une autre qui vivait en Beauce. Il faisait de l'auto-stop ou prenait un taxi pour aller la rejoindre. Pierrette ne lui refusait jamais cette faveur, même si cela lui brisait le cœur à chaque fois.

Raymond profitait aussi de son nouveau statut de «gars de la ville» pour impressionner les jeunes campagnardes de Saint-Hubert à l'occasion de ses visites estivales dans sa région natale. Un été, par exemple, il a fréquenté pendant plusieurs semaines la fille adoptive d'une grosse famille de Saint-Cyprien.

En plus d'être fort apprécié par sa clientèle de l'Assemblée nationale, Louis-Philippe Malenfant jouissait d'une excellente renommée comme pâtissier et traiteur auprès de la communauté juive de Québec. Comme il était souvent sollicité pour les mariages et les bar-mitsvah, il dépêchait presque exclusivement Raymond et un autre serveur, Jean-Paul Nadeau, auprès de cette clientèle aux traditions bien particulières. Les deux employés avaient été spécialement entraînés dans l'observance des règles kascher, lesquelles prévoient un rigoureux rituel pour la manipulation de la vaisselle et des aliments. De plus, ils étaient les serveurs attitrés aux déjeuners-causeries de la communauté juive de la synagogue de Québec, qui avaient lieu les dimanches matin.

Tout comme les églises de la population francophone et anglophone de la ville, la synagogue constituait le cœur des activités culturelles et religieuses de la communauté juive. Fondée à Québec en 1759 – plusieurs juifs avaient été soldats dans l'armée du général Wolfe –, cette communauté est demeurée relativement petite jusqu'à l'arrivée massive d'immigrants juifs originaires de la Russie et des pays de l'est de l'Europe au début du XXe siècle.

La première synagogue de Québec était située dans la basse ville, à l'arrière de l'actuel mail Saint-Roch. Lors de la Seconde Guerre mondiale, elle fut déménagée dans la haute ville, plus précisément dans le quartier Montcalm, rue Salaberry. Le théâtre Périscope occupe aujourd'hui ce site.

Même s'ils devaient affronter une certaine hostilité sociale, plusieurs hommes d'affaires juifs réussirent, par des efforts acharnés, à créer des entreprises prospères à Québec, pour la plupart dans les domaines du vêtement et du commerce de détail. Si leur nombre a périclité avec les années à cause des pressions linguistiques et politiques, il n'en demeure pas moins que cette communauté représentait une partie vibrante et importante de la ville en 1950. Et le petit déjeuner du dimanche à la synagogue était une activité essentielle pour la communauté.

Ce repas commençait toujours vers neuf heures trente, immédiatement après l'office religieux du matin. Environ soixante-dix personnes se partageaient un repas pendant lequel on échangeait des nouvelles, discutait d'affaires et s'informait sur des événements d'intérêt communautaire. Ce repas était composé d'œufs à la coque, de hareng, de saumon fumé et de bagels importés de Montréal. Quelques femmes préparaient bénévolement la nourriture à chaque semaine. Le service aux tables était confié à Louis-Philippe Malenfant, traiteur. Raymond et Jean-Paul Nadeau arrivaient à la synagogue à sept heures du matin pour préparer les tables. Une fois le repas terminé et les tables desservies, ils servaient le café jusqu'à onze heures. Quand ils en avaient le temps, ils se servaient dans les restes de nourriture et faisaient le ménage. Leur travail terminé, les serveurs recevaient cinq dollars.

Toutefois, l'un des dirigeants de la communauté, Joseph Skolnik, leur remettait toujours un pourboire additionnel de cinq dollars. Joseph était le fils de Morris Skolnik, un émigré autrichien qui était arrivé au Canada avant le début de la Première Guerre mondiale. Après avoir travaillé pendant quelques années dans des usines textiles de Québec, Morris avait investi ses épargnes dans un magasin de vente et d'achat de vêtements usagés. En 1937, il avait fondé la compagnie Montreal Jobbing, un commerce en gros qui écoulait des vêtements de travail pour hommes, des chaussures et d'autres produits complémentaires, comme des bas, des sous-vêtements, des draps, des serviettes et des mouchoirs. Montreal Jobbing avait pignon sur la rue Saint-Joseph, près de la première synagogue et de la plus importante artère commerciale de la ville de Québec, là où on trouvait la plupart des grands magasins de vêtements, comme Assh et Pollack.

En plus de la vente au détail, les Skolnik fournissaient, en tant que grossistes, la quasi-totalité des vêtements de travail offerts dans tous les magasins des villes et des villages de l'est du Québec. Il n'est donc pas étonnant que Montreal Jobbing soit rapidement devenu une opération commerciale très rentable. Vers la fin des années quarante, Morris a légué son commerce à son fils aîné, Joseph, qui venait d'avoir trente ans. Homme généreux et poli, Joseph gérait lui-même les opérations quotidiennes du magasin. Il était assisté par sa sœur Rosie et ses deux frères, Louis et Izzy, des jumeaux qui se querellaient constamment. Dès le début des années cinquante, Joseph était déjà considéré comme un des hommes les plus riches de Québec.

C'est à l'occasion de ces déjeuners à la synagogue que Joseph a connu Raymond, le plus grand et l'aîné des serveurs de Louis-Philippe Malenfant. Il se souvient que Raymond était un peu marginal. Même s'il s'efforçait toujours de faire rire les convives, il donnait l'impression d'être un peu limité. « On avait de la difficulté à le comprendre, tellement il parlait vite, autant en anglais qu'en français, affirme Joseph. Et quand on comprenait ce qu'il disait, ça n'avait aucun bon sens. » Il n'était pas très mature, ce Raymond. Pourtant, tout comme chez Émilia Malenfant, Raymond avait touché une corde sensible chez Joseph Skolnik. « C'était très triste, son affaire », poursuit Joseph, qui demeure aujourd'hui à Montréal. « Il n'avait pas d'argent. C'était évident qu'il était très pauvre. Toutefois, il était gentil et travaillait fort. Il essayait courageusement d'améliorer son sort. »

Un certain dimanche, alors que Joseph lui remettait son pourboire habituel, Raymond demanda au commerçant s'il pouvait lui « faire un bon prix » pour des chemises blanches et un nœud papillon, deux articles dont il avait besoin pour rajeunir sa tenue de serveur. « Il avait encore son veston et ses pantalons noirs, se rappelle Joseph, mais la seule chemise qu'il avait était complètement usée. Je lui ai dit de venir me voir et que je ferais quelque chose pour lui. » Quelques jours plus tard, Raymond s'est présenté chez Montreal Jobbing.

Tel que promis, Joseph lui fit essayer différents vêtements qu'il lui offrit pour un montant proche de leur prix coûtant. Avant d'entrer dans la chambre d'essayage, Raymond demanda à Joseph qui était la « belle petite blonde » à l'arrière de son comptoir. Joseph lui répondit : « C'est Colette Perron, notre employée de bureau. Si tu désires avoir son numéro de téléphone, je vais te l'écrire sur un bout de papier. » Quand Raymond sortit de la chambre d'essayage, Joseph glissa un bout de papier dans la poche d'une chemise blanche. Il dit en riant : « Le voilà, ton numéro, mais si tu le veux, il faudra que tu achètes aussi cette chemise. » Raymond ne se fit pas prier.

Tout en se dirigeant vers la caisse enregistreuse, Raymond fit des blagues sur Colette, ne se gênant pas pour lui décocher à la dérobée sourires et clins d'œil. Lorsqu'elle lui remit sa monnaie, il agrippa sa main avec détermination et refusa de la libérer, en criant à haute voix que leurs mains étaient soudées. Il s'agissait là d'un geste assez cavalier pour l'époque. Les deux hommes rirent de bon cœur de ce geste, mais le visage de Colette était écarlate. Lorsque Raymond eut quitté le magasin, Colette, toujours sous le coup de la surprise, se tourna vers Joseph. «Qui est cet imbécile?» demanda-t-elle. «Ça, c'est Raymond Malenfant, répondit son patron. Il est garçon de table à la synagogue et je viens de lui donner ton numéro de téléphone.»

Cela eut pour effet de faire bouillir Colette, au point que Joseph fut obligé de s'excuser pour cette indiscrétion. Elle réussit à se calmer en se disant que jamais ce bel et insolent parleur n'oserait communiquer avec elle. C'était mal connaître Raymond Malenfant, comme elle allait s'en rendre compte peu de temps après.

Quelques jours plus tard, en soirée, Raymond téléphona chez elle. Comme elle était absente, il ne laissa ni nom ni message. Mais Colette devina immédiatement qu'il s'agissait de Raymond lorsque sa mère l'informa qu'un jeune homme avait tenté de la joindre. Le lendemain soir, Raymond essaya une deuxième fois. Peine perdue, Colette était toujours absente. Ce n'est qu'au troisième essai qu'il réussit enfin parler à une Colette assurément flattée par autant de ténacité. Elle accepta alors son invitation à aller faire une promenade rue Saint-Jean.

Tel que convenu, Raymond frappa à la porte de Colette le samedi après-midi suivant. Le jeune couple se balada pendant quelques heures dans les rues de Québec. Raymond était plus énervé que d'habitude et faisait le pitre pour faire rire Colette. Contrairement à leur première rencontre, il se comporta toutefois en gentleman et Colette accepta de le revoir. Peu de temps après, ils commencèrent à se voir tous les soirs et toutes les fins de semaine.

Colette était une jeune fille polie et loquace quand elle était à l'école primaire Saint-Jean-Baptiste, qui était située à trente secondes de marche du Château Saint-Jean. À cette époque, la population du Faubourg était également divisée entre «les Français» et «les Anglais», dont un bon nombre étaient de souche catholique irlandaise. Ces deux groupes ethniques fréquentaient des écoles différentes et ne se mêlaient pas entre eux. Souvent, ces enfants de cultures distinctes s'insultaient, quand ils ne se lançaient pas carrément des pierres.

Calme et sensible, Colette était souvent harcelée par les deux groupes. Les anglophones l'appelaient «*pea soup*» ou «*frog*» tandis que les francophones lui criaient «Perron! Perron de porte!».

Colette n'était pas mieux traitée à la maison. Enfant, elle rêvait du jour où elle serait une danseuse professionnelle. Toutefois, Mathilde refusa net de lui payer des cours de danse et préféra l'inscrire à des cours de piano. Colette accepta cette suggestion à regret et devint, après quelques années de formation, une pianiste accomplie mais malheureuse.

Au moment où elle complétait ses études à l'école Bérubé, une école secondaire privée de langue anglaise, Colette était devenue une jeune femme triste et renfermée, qui n'avait que peu d'amis ou de vie sociale. Fuyant le monde, elle préféra s'isoler dans sa chambre tout en demeurant très près de sa mère.

Pourtant, la personnalité effacée de Colette masquait une intelligence vive et une volonté d'acier. Elle savait riposter avec agressivité lorsqu'on la provoquait et elle n'avait pas la langue dans sa poche. À l'école, elle était toujours parmi les premières de classe et elle s'inscrivit à des cours de cuisine et de haute couture, deux passions qui ne se sont jamais éteintes. Avec de tels atouts, elle décrocha un emploi à la Montreal Jobbing immédiatement après la fin de ses études, alors qu'elle n'avait que seize ans.

La nouvelle « fille de bureau » était responsable de la correspondance, de la facturation, des comptes recevables et de l'envoi de catalogues aux clients. « Colette était gentille et posée, une personne discrète et très terre à terre, se remémore Joseph Skolnik. Elle était surtout très, très intelligente. En nous écoutant parler au bureau, elle a rapidement assimilé l'anglais et le yiddish. Elle a travaillé pour nous pendant quatre ans et est devenue, d'une certaine façon, un membre de la famille. Parfois elle gardait nos enfants. »

Joseph se souvient aussi de Raymond, un visiteur régulier qui se pointait au bureau à la fin de la journée de travail. Il raccompagnait Colette à pied ou en autobus. « Ils se sont fréquentés plus d'une année, raconte Joseph Skolnik. Raymond était bon pour elle. Il la faisait rire. Sinon, elle était tellement sérieuse… Il savait la dérider. Mais elle a été bonne pour lui aussi. Il était plus raisonnable quand il était avec elle. »

En mars 1954, Raymond voulut s'inscrire au « programme d'instruction à l'intention des aspirants officiers » de l'armée canadienne. Connu à l'époque sous le sigle anglais OCP, ce programme était offert à un nombre restreint d'étudiants universitaires et leur permettait d'obtenir à court terme un brevet d'officier dans l'armée régulière. Ce brevet pouvait devenir permanent si l'étudiant s'enrôlait dans les forces régulières pour une période de quatre ans, après avoir terminé ses études et avoir participé à trente-six semaines d'instruction militaire théorique et pratique dans une unité de réserve pendant les mois d'été.

En retour de son adhésion au programme OCP, le candidat était assuré de recevoir une paie pour deux soirs de *drill* par semaine dans une unité de réserve. Un emploi d'été de trois mois à Shilo, au Manitoba, était aussi garanti et l'aspirant officier recevait un salaire mensuel de trois cents dollars, en plus d'être logé et nourri gratuitement.

Raymond compléta son formulaire d'adhésion au programme OCP le 8 septembre 1954, au bureau de recrutement de l'armée, à Québec. Il semble qu'il n'habitait plus chez les Malenfant à cette époque puisqu'il donna le 4, rue d'Artigny comme adresse résidentielle. La rue d'Artigny était située tout près de l'édifice du Parlement et elle n'existe plus aujourd'hui. Raymond donne aussi le nom de Colette comme épouse.

Un rapport marqué « *Confidential* » et signé par le major A. R. Piché accompagnait son formulaire. Toutes les informations contenues dans ce rapport avaient été communiquées à l'officier par Raymond lors d'une entrevue informelle. On peut y lire ceci : « Il a grandi sur une ferme et est le troisième de sept enfants. Ses deux sœurs sont mariées. La vie familiale a été heureuse et confortable, les enfants étaient libres de prendre des décisions et de développer leur sens de l'initiative. Il a complété son bac de rhétorique à l'université d'Ottawa et sa première année de philosophie par correspondance à cette même institution. Il souhaite pouvoir terminer sa deuxième année de la même façon. Il a maintenu une bonne moyenne durant ces cours. Son ambition était de devenir médecin, mais il ne possède pas les moyens financiers pour aller à l'université. Son seul espoir est d'obtenir son baccalauréat ès arts. »

Selon les archives du registre de l'université d'Ottawa, Raymond a terminé son année de rhétorique à une école affiliée à l'université Laval. Cette institution lui octroya par la suite le statut d'étudiant « extra-collégial », ce qui lui accordait automatiquement l'équivalent d'un diplôme d'études secondaires, conformément aux normes scolaires ontariennes de l'époque. En Ontario, les deux dernières années du cours classique équivalaient à deux ans d'études universitaires. C'est pourquoi la candidature de Raymond fut retenue pour le programme de l'OCP.

Raymond a aussi confié au major Piché qu'il passait ses étés sur la ferme familiale, où il accomplissait de durs travaux manuels. Ses passe-temps préférés étaient la lecture de nouvelles, d'œuvres de fiction et de livres scientifiques. Le rapport indiquait aussi : « Il pratique des sports ordinaires comme la balle molle, le ski et le hockey, bien qu'il n'ait jamais eu la possibilité de les pratiquer de façon assez assidue pour devenir vraiment efficace. Il a quelques bons amis et il est aimable avec tout le monde. »

Sous la rubrique « Autres informations utiles et évaluation », le major

Piché a ajouté : « Malenfant est un candidat un peu naïf de vingt-trois ans. Il est très enthousiaste et très coopératif. Son apparence physique est bonne. Le fait qu'il ait terminé la première année de philosophie par correspondance indique qu'il est déterminé et intelligent. Pendant les six premières années du cours classique, il s'est classé parmi les premiers de sa classe et il prenait le temps de participer à des activités parascolaires. Ses qualités émotionnelles sont excellentes. Il ne boit pas, il est capable de prendre des décisions et il n'abandonne jamais une tâche qui n'est pas complétée. Malenfant a décidé de se joindre à l'armée car il est devenu évident qu'il ne pourrait pas poursuivre ses études. Au moment où il a fait sa demande, il entretenait de nombreux faux espoirs, mais il se dit maintenant prêt à consacrer tout son temps et toute son énergie à la carrière militaire. Il espère toujours obtenir son baccalauréat ès arts par correspondance, mais il ne pense plus à la médecine. Je crois qu'il est un bon candidat officier pour la réserve. À cause de son manque d'expérience de la vie, il va sans doute connaître des moments difficiles, mais il n'aura pas de difficulté à surmonter les obstacles. »

Une semaine plus tard, Raymond rencontra le comité d'évaluation pour l'entrevue formelle. Pendant plus d'une heure, trois officiers de la réserve évaluèrent son apparence et les réponses qu'il apportait à leurs questions. Le candidat était évalué selon quatre critères : ses qualités physiques, intellectuelles et émotionnelles, ainsi que ses aptitudes sociales. Les résultats de cette entrevue ne furent pas des plus positifs. Les évaluateurs conclurent que le candidat ne répondait pas aux quatre critères de base et qu'il était « suspect ». « Ce jeune homme est très immature pour son âge, pouvait-on lire dans leur rapport du 16 septembre. Il semble être faible et insouciant. Sa capacité d'expression est plutôt limitée ainsi que sa connaissance des affaires courantes. Pendant l'entrevue, il a donné l'impression d'être confus sur les raisons pour lesquelles il désire un brevet. Il ignore tout des qualités requises d'un officier. Sa motivation est très suspecte. »

Il n'est pas surprenant que sa candidature ait été rejetée. Pourtant, deux semaines plus tard, Raymond fut enrôlé comme officier candidat dans l'OCP. Il devenait membre du Laval University Contingent, l'unité des membres du programme pour le district est de l'armée canadienne au Québec. Il fut affecté par la suite à son ancienne unité, les prévôts. Les raisons entourant ce brusque revirement sont nébuleuses. Il est possible qu'un vieil ami, Georges Saillant, lui ait donné le coup de pouce dont il avait besoin.

Le lieutenant Georges Saillant avait le même âge que Raymond et était un jeune diplômé universitaire à l'emploi du gouvernement du Québec. Il passa ses trente-cinq années de carrière au ministère des Relations internationales, où il occupa de hautes fonctions administratives à Québec et à Paris. Calme, discret et toujours de bonne humeur, Georges Saillant, un célibataire emporté par le cancer en 1993, était aimé de toutes les personnes qu'il a côtoyées. «Georges avait beaucoup d'amis», se souvient Bertrand Juneau, un proche collaborateur de Saillant au ministère des Relations internationales.

D'après Aimé Saint-Laurent, l'un des sergents des prévôts, Raymond sollicitait constamment les conseils de Saillant. Les deux jeunes hommes étaient très près l'un de l'autre et cette amitié s'est intensifiée lorsque Raymond est devenu officier. «Ils étaient très liés, Georges et Raymond», affirme Saint-Laurent en parlant de ces deux hommes qui gardèrent longtemps le contact après la fin de leur service militaire. «Ils étaient toujours en train de planifier des affaires. Ils partageaient plusieurs petits secrets, ces deux-là.» C'est probablement Georges Saillant qui aurait conseillé à Raymond de continuer ses études par correspondance à l'université d'Ottawa, afin de joindre les rangs de l'OCP par la suite. Il fut peut-être celui qui tira quelques ficelles en vantant ses qualités aux officiers réservistes du district, dont certains travaillaient pour l'OCP.

Les prévôts furent surpris lorsque Raymond, leur camarade depuis quatre ans et un serveur occasionnel au mess des sergents, s'est présenté devant eux avec des galons d'officier à l'épaule. «Personne n'en croyait ses yeux», se souvient le sergent Aimé Saint-Laurent, qui devait dorénavant accepter les ordres du jeune aspirant officier. «Personne ne voyait Raymond comme officier. On se disait tous qu'une erreur avait dû être commise quelque part.»

En mai 1955, Raymond fit de l'auto-stop pour rejoindre le camp d'entraînement de l'armée à Shilo, au Manitoba. Située dans les Prairies, à une demi-heure de voiture de Brandon et à trois heures de Winnipeg, à l'ouest, la base militaire comptait trois écoles et servait de camp d'entraînement pour les officiers des forces régulières et de réserve. Pendant les mois d'été, plusieurs centaines de recrues, venues de tous les coins du pays, étaient formées aux techniques d'artillerie, de travail policier et de parachutisme. Plusieurs de ces soldats participaient au programme OCP. Le groupe des prévôts était numériquement le moins important de tous les groupes présents et la plupart de leurs cours étaient donnés dans les locaux du Provost Corps.

Quand ils n'étudiaient pas, les prévôts se rendaient au champ de tir ou campaient en pleine nature afin de mettre en pratique les notions théoriques qui leur avaient été inculquées. Leur sommeil était alors souvent perturbé par les hurlements nocturnes des bandes de coyotes qui rôdaient à proximité, ou, pire encore, par les tirs des canons de l'artillerie pendant les exercices de nuit. Les instructeurs soumettaient aussi leurs élèves à des cours de conditionnement physique et à la pratique des certains sports de compétition. Malgré ce programme physiquement exigeant, les jeunes recrues possédaient suffisamment d'énergie pour visiter la ville de Brandon pendant les permissions de la fin de semaine.

C'est au cours de cet été-là que Raymond développa des liens d'amitié avec une personne dont l'influence serait plus tard déterminante pour lui. Le prévôt Kerwin Waddington était originaire de Gaspé et était, selon Raymond, un personnage extravagant qui parlait couramment six langues. Il avait de plus décroché une maîtrise en génie civil à l'université d'Ottawa.

Raymond compléta ses douze semaines d'entraînement à Shilo de façon satisfaisante, si on se fie aux commentaires annotés à son dossier. « L'aspirant officier Malenfant a fait de bons progrès et a appris l'anglais, note le lieutenant-colonel J. J. Platt sur le rapport d'évaluation de Raymond. Il a démontré de l'enthousiasme à l'entraînement et il est travaillant. Toutefois, il a tendance à être émotif et susceptible. Son apparence et sa tenue sont très bonnes. Il a obtenu une moyenne de cinquante-huit pour cent dans les matières théoriques. » Le commandant du camp approuva son inscription pour la phase 2 de l'entraînement, prévue pour l'été suivant.

Raymond fit le trajet Shilo-Ottawa « sur le pouce » et s'inscrivit comme étudiant à temps plein à l'université d'Ottawa. « Je vivais dans un petit appartement au sous-sol d'une résidence située pas trop loin de l'université, raconte-t-il. Je gagnais un peu d'argent en travaillant comme garçon de table pour différents traiteurs de la capitale fédérale. J'étais payé cinq dollars pour des réceptions dont la durée variait entre trois et six heures. Je pouvais aussi manger gratuitement, ce qui me permettait de réaliser quelques économies. » Les fins de semaine, il revenait à Québec pour revoir Colette et travaillait aussi à l'occasion pour Louis-Philippe Malenfant, surtout à la synagogue.

Raymond a sans doute utilisé ses relations juives pour acheter une paire d'alliances qui furent échangées au cours d'une brève cérémonie au sous-sol de l'église Saint-Jean-Baptiste, à dix heures du matin, le 31 décembre 1955. Rosanna fut la seule représentante de la famille Malenfant, car la mère de Raymond avait préféré demeurer avec son mari, alors hospitalisé. Mais la famille de Colette était un peu mieux représentée puisque Mathilde, un cousin et deux tantes de Saint-Irénée assistèrent à la cérémonie. Pour l'occasion, Colette avait revêtu une robe blanche et Raymond portait un complet sombre et une cravate neuve. «Raymond était plus nerveux que d'habitude», affirme un cousin de Québec, Fernand Bouchard, qui avait rencontré Raymond à quelques occasions. «Il tripotait les boutons de sa veste et ses pieds n'arrêtaient pas de bouger dans tous les sens.»

La cérémonie terminée, le petit groupe d'invités se rendit à pied au Château Saint-Jean, où on leur servit un modeste repas commandé à l'avance chez un traiteur. L'événement fut de courte durée puisque Fernand fut en mesure de raccompagner sa mère Bernadette et sa tante Blanche à leur maison de Saint-Irénée avant la tombée de la nuit, un voyage de quatre heures. «Nous avons quitté Québec très tôt parce qu'à cette période de l'année c'est l'obscurité complète à cinq heures de l'après-midi.»

La lune de miel fut aussi ordinaire que le mariage. Elle commença à l'hôpital de l'Enfant-Jésus, où Rosanna devait cueillir un Edmond gravement malade. Les deux couples firent le voyage jusqu'à Saint-Hubert en silence. Colette et Raymond demeurèrent une semaine à la ferme et revinrent à Québec.

La vie des gens de la campagne provoqua un véritable choc chez Colette. Toujours vêtue de façon impeccable et d'apparence classique, elle s'adapta difficilement à son nouveau quotidien : «C'était épouvantable !» commente-t-elle en riant aujourd'hui, même si l'expérience fut pénible à l'époque. «Je n'en revenais pas de la manière dont ces gens vivaient. Ils étaient gentils et surtout ils étaient très croyants. Ouf ! qu'ils étaient croyants ! Chez Raymond, on priait à genoux matin et soir, même quand il y avait de la visite. Leur vie était tellement dure… Jamais je n'aurais pu vivre comme ça.»

De leur côté, les sœurs et frères de Raymond constatèrent que leur nouvelle belle-sœur était un peu froide et distante. «Elle ne parlait pas fort, Colette», confie Lorraine, qui, à ce moment, se préparait à épouser le garçon d'une famille voisine. «On croyait qu'elle était pas mal snob. Mais, avec le temps, on a appris à la connaître un peu mieux. En réalité, Colette est gentille, mais elle est un peu timide. On a eu beaucoup de plaisir avec elle.»

Malgré la sobriété de la cérémonie et la banalité de la lune de miel, la consécration de cette union fut le point de départ d'une association qui, en quelques années, propulserait Colette et Raymond aux sommets de la société québécoise.

5

Les débuts en affaires

Si les années quarante furent marquées par la guerre et les sacrifices collectifs, les années cinquante furent celles de la prospérité et du début de la société de consommation. Comme celles de tous les Canadiens, les aspirations des Québécois ont radicalement changé en l'espace de quelques années. La liste des besoins « essentiels » – les choses que l'on se devait de posséder – s'est allongée à chaque année et on y trouvait entre autres le téléviseur, l'automobile, la lessiveuse et l'aspirateur. À la fin de la décennie, la télévision supplantait le téléphone dans les foyers québécois.

Toutefois, de tous ces besoins essentiels, la maison unifamiliale venait en tête de liste et constituait l'un des moteurs économiques les plus importants de cette époque. Ce fut en fait une véritable ruée dans ces années de l'après-guerre, un fait inégalé depuis ce temps dans l'histoire du Canada. En réalité, cette explosion résultait d'une autre explosion tout aussi importante, celle du baby-boom, où on comptait en moyenne 3,6 enfants par famille. Cette croissance démographique était concentrée autour des deux pôles urbains que constituaient les villes de Montréal et de Québec.

À Québec, où diverses industries et une bureaucratie gouvernementale croissantes générèrent progressivement plusieurs milliers d'emplois, la population augmenta de deux cent mille à trois cent cinquante mille âmes entre 1941 et 1961, résultat direct de l'augmentation des naissances et de l'exode rural.

Cette croissance démographique, combinée à une augmentation marquée du niveau de vie des consommateurs, créa une forte demande pour une accessibilité accrue à des maisons offertes à prix abordable. Les gouvernements fédéral et provinciaux répondirent à ce nouveau besoin en

créant des programmes d'aide financière et en offrant des réductions fis-
cales afin de stimuler l'industrie de la construction domiciliaire. L'initiative la plus importante fut sans contredit la création de la Société çana-
dienne d'hypothèques et de logement (SCHL), en 1945.

Constituée pour faciliter l'accès à la propriété individuelle et pour stimuler l'industrie de la construction, la SCHL offrait aux constructeurs des
prêts qui leur permettaient de financer une partie importante de leurs projets. Jusqu'à 80 % de ces prêts pouvaient être encaissés à différentes étapes de la construction et le solde résiduel était versé au moment où le crédit d'un acheteur potentiel était approuvé par la SCHL. Après avoir versé
un acompte, ce dernier devenait totalement responsable d'un prêt hypothécaire à long terme, pris en charge par une banque ou une compagnie
de fiducie. Afin d'encourager les institutions financières à considérer
sérieusement chaque demande de prêt hypothécaire, la SCHL garantissait
50 % du montant de l'hypothèque pour une période de vingt ans.

Dans les autres provinces canadiennes, ces mesures provoquèrent une
hausse immédiate des mises en chantier de maisons unifamiliales desti-
nées à la classe moyenne. Mais, au Québec, la réaction se fit attendre,
principalement à cause du conservatisme et de la lenteur des Caisses
populaires à accorder des prêts hypothécaires. Ce n'est qu'au début des
années cinquante que la construction domiciliaire prit son essor. Cela
contribua à transformer rapidement et radicalement le paysage social et
physique du Québec.

À Québec, c'est surtout en banlieue qu'étaient concentrés les chantiers
de construction, à cause de la disponibilité et du bas prix des terrains. De
grands promoteurs comme Paul Latouche, Roland Couillard, Lucien
Rivard, J-A Verret, Wilfrid Légaré et G.W.L. Cook lancèrent des projets
résidentiels pouvant compter de vingt à deux cents unités unifamiliales.
Habituellement, on lançait un projet domiciliaire en construisant une demi-
douzaine de maisons modèles érigées sur un même site. Puis, à coups de
réclames publicitaires diffusées à la radio et d'invitations publiées dans les
journaux, on convoquait le public à une «parade de maisons», laquelle
avait habituellement lieu pendant les fins de semaine. Dans une atmosphère
de foire, où l'on distribuait des épis de maïs, du café et des ballons, le public
avait parfois droit à quelques prix de présence. Afin d'attirer plus d'acheteurs potentiels, les promoteurs invitaient parfois des artistes connus,
comme la comédienne Dominique Michel et son époux d'alors, le hoc-
keyeur Camille Henri, le couple vedette des années cinquante.

«Un gros promoteur pouvait vendre jusqu'à cinquante maisons en une
seule journée au cours d'une parade de maisons», affirme Jean-Marie Meunier,

l'ancien président de l'Association provinciale des constructeurs d'habitations du Québec et lui-même constructeur depuis cinquante ans dans la région de la capitale provinciale. « À cette époque, les gens achetaient une maison aussi facilement qu'on se procure une automobile aujourd'hui. Toutefois, la plupart de ces demeures n'étaient pas encore construites au moment de l'achat. »

Une telle activité immobilière transforma rapidement plusieurs petits villages centenaires en banlieues modernes. Ainsi, la population de Charlesbourg passa de deux mille huit cents à quatorze mille habitants entre 1941 et 1961. C'est toutefois la ville de Sainte-Foy qui connut la croissance la plus spectaculaire, puisque, pendant cette même période, sa population passa de deux mille cinq cents à trente mille âmes, une hausse de 1 200 %. La population de la ville de Québec, quant à elle, n'augmenta que de vingt et un mille âmes pour atteindre un plateau de cent soixante et onze mille habitants en 1961. Il faut souligner ici que ce n'est pas dans les quartiers à immeubles locatifs du centre-ville que les nouveaux arrivants s'installèrent, mais plutôt dans des arrondissements occupés par la classe ouvrière, comme Limoilou.

En 1954, c'est dans ce secteur que Colette et Raymond concentrèrent initialement leurs recherches pour la construction de leur première maison. Ils confièrent à l'auteur de ce livre que cette décision avait été prise avant leur mariage. « Comme tous les jeunes couples de l'époque, on voulait avoir une maison dans laquelle on pourrait loger notre famille », explique Raymond.

Même s'ils ne possédaient pas beaucoup d'argent, le prix d'une maison dans Limoilou était relativement bas et ils purent assez facilement obtenir un prêt hypothécaire. De plus, ce quartier était situé à proximité du centre-ville et du lieu de travail de Colette. Le couple arrêta son choix sur la nouvelle paroisse de Saint-Pie-X. Cette paroisse, l'une des huit paroisses de Limoilou, était une sous-division de la paroisse de Saint-Pascal, une vaste zone délimitée au sud par le fleuve Saint-Laurent, au nord par l'actuelle autoroute de la Capitale, à l'ouest par l'avenue Henri-Bourassa et à l'est par l'hôpital psychiatrique Robert-Giffard, qui portait alors le nom de Saint-Michel-Archange.

Raymond connaissait bien ce quartier puisqu'il avait déjà logé chez la famille Simard, rue Maufils. Après avoir visité quelques maisons, le jeune couple opta pour un bungalow en briques jaunes situé à l'angle de la rue De Vitré et de la 25e Rue. « C'était la seule rue située au nord de l'hôpital qui possédait déjà des maisons, précise Raymond. Les autres rues étaient encore en champs. »

La construction de cette maison, sise au 501 de l'avenue De Vitré (aujourd'hui le 2501), n'était pas terminée, mais les travaux achevaient au moment où Colette et Raymond la visitèrent. Elle était l'œuvre de l'entrepreneur en construction Jean-Baptiste Laplante, un menuisier qui avait déjà érigé successivement une douzaine de maisons semblables, toujours avec la même équipe d'artisans, dans les paroisses de Saint-Pascal et de Saint-Pie-X.

Selon Raymond, Jean-Baptiste Laplante demandait dix-sept mille dollars pour cette maison, soit quelques milliers de dollars de plus que ce que le couple pouvait offrir. « C'était plus cher parce le contracteur voulait bâtir deux petits logements supplémentaires au sous-sol, explique Raymond. Il faisait cela avec toutes les maisons qu'il construisait. » Comme le couple désirait ardemment acquérir cette maison, Raymond réussit à convaincre le vendeur de ne pas ajouter de logements additionnels au sous-sol. Bien que ne connaissant rien à la menuiserie, Raymond finit par persuader Colette qu'il aménagerait le sous-sol lui-même. De cette façon, ils pourraient acheter cette demeure à un prix moindre et, une fois le sous-sol terminé, ils pourraient l'habiter, louant l'étage principal pour couvrir les paiements de l'hypothèque. « La maison se paiera toute seule », affirma Raymond pour convaincre Colette.

Selon l'acte de vente paraphé le 17 janvier 1956, Jean-Baptiste Laplante cédait une maison non complétée sur un lot de vingt-sept mètres carrés à « Dame Colette Perron, épouse contractuellement séparée de biens de Monsieur Raymond Malenfant, de la cité de Québec, étudiant en médecine… » Le prix de vente fut de quatorze mille sept cent cinquante dollars. Il incluait un acompte de quatre mille sept cent cinquante dollars et une hypothèque de dix mille dollars à 6 % d'intérêt. Le couple avait épargné presque suffisamment d'argent pour payer la majeure partie de l'acompte et il espérait emprunter la différence manquante d'une connaissance à déterminer ultérieurement.

Finalement, Edmond Malenfant fournit à Marcel la somme de deux mille dollars, et Clothilde lui prêta celle de trois mille dollars, afin de concrétiser le souhait cher aux deux jeunes amoureux.

Avant la Deuxième Guerre mondiale, le marché québécois de la construction domiciliaire appartenait à des entrepreneurs établis qui construisaient leurs maisons sur les lots inoccupés de zones domiciliaires bien définies. Toutefois, la vague montante de l'après-guerre provoqua rapidement une pénurie de main-d'œuvre spécialisée. Ce vide fut comblé par une masse de travailleurs moins expérimentés. « Celui qui possédait une vieille égoïne, une hache et un marteau se déclarait menuisier du jour au lendemain. Ceux qui étaient plus téméraires et plus débrouillards que les autres se proclamaient entrepreneurs », affirme Jean-Marie Meunier, l'ancien président de l'APCHQ qui débuta dans le domaine comme menuisier, à Sainte-Foy, au début des années cinquante. « Ce n'était pas compliqué ; tout était à construire. Des années cinquante aux années quatre-vingt, toute la collectivité québécoise, des gouvernements aux municipalités – et même l'Église –, nous a encouragés à construire des maisons et des logements qui n'étaient peut-être pas confortables, mais qui avaient le mérite d'être abordables et convenables. »

Aujourd'hui, Raymond ne se souvient pas du moment où il a décidé de se lancer dans le domaine de la construction, mais il se souvient de ses raisons. « J'ai arrêté de faire des banquets, dit-il. Alors, à part le revenu que je tirais de l'armée, je n'avais pas de salaire. » Même sans expérience, il savait qu'à force de persévérance il réussirait dans le domaine. « Puisque les entrepreneurs médiocres réussissaient à faire de l'argent à cette époque, alors je me suis dit que moi je ferais fortune. »

Au début, ses ambitions parurent plus modestes. Colette rapporte que Raymond voulait construire une maison que le couple pourrait ensuite louer. Il voulait utiliser le peu d'argent dont il disposait pour acheter un lot et se servir ensuite de la valeur de sa maison de la rue De Vitré pour obtenir un prêt hypothécaire de la SCHL. L'argent de ce prêt, disait-il, financerait progressivement chaque étape de la construction. « Tout ce dont j'ai besoin, avait-il déclaré à Colette, c'est de me trouver un ou deux bons menuisiers pour m'aider. »

Toujours pratique et prudente, Colette se montra sceptique. Tout paraissait trop facile. Mais, cédant aux pressions de Raymond et convaincue que son impétueux mari pouvait réussir tout ce qu'il désirait entreprendre, elle décida de l'épauler.

De toute évidence, Raymond avait décidé de mettre son plan en action dès la fin de son second stage de formation dans l'armée, à Shilo, où il reçut son grade de sous-lieutenant. Son dossier militaire révèle que « le sujet s'est bien acquitté de ses tâches. Néanmoins, nous l'avons trouvé un peu inexpérimenté et naïf pour son âge (25 ans). Toutefois, le sous-lieutenant Malenfant désire fortement parfaire ses connaissances et s'acquitter honorablement de ses tâches. Il est loyal et dévoué à l'armée et à ses supérieurs. Il est de petite taille, mais sa mise est impeccable ».

Raymond avait déjà jeté son dévolu sur un terrain situé tout près de leur nouvelle maison et appartenant au séminaire de Québec. Répondant aux réalités démographiques, sociales et politiques de l'après-guerre, le séminaire, à l'instar de plusieurs autres communautés religieuses, comme les sœurs grises, offrait ses vastes terrains de la région de Québec aux promoteurs immobiliers... au prix du marché, bien entendu.

De concert avec les autorités municipales, le séminaire divisa et subdivisa plusieurs kilomètres carrés de terres agricoles, créant ainsi des centaines de lots résidentiels. Une fois ce découpage terminé, la Ville de Québec mit en place les infrastructures nécessaires : routes, égouts et aqueducs. La Ville offrit également des exemptions de taxes afin d'encourager les constructeurs et les acheteurs potentiels. Elle considérait à juste titre que ces incitations au développement immobilier rapporteraient des revenus fiscaux importants dans les années à venir. « Le fait que les villes québécoises se chargeaient à l'époque de la viabilité à long terme des terrains », peut-on lire dans *Histoire du Québec contemporain*[1], « permit à des entrepreneurs francophones, qui ne disposaient que de peu de capitaux, d'être fort actifs dans le développement urbain. »

Le prix du terrain convoité par Raymond était de deux mille cinq cents dollars, soit quelques centaines de dollars de plus que les terrains avoisinants. Mais Raymond était convaincu que le prix était réaliste. « C'était un beau grand terrain et il était bien situé, à l'intersection de deux rues, se rappelle Colette. Raymond a toujours aimé cela, d'ailleurs, les terrains sur les coins de rues. Il disait qu'ils représentaient ce qu'il y avait de mieux pour une maison parce que les occupants avaient deux vues. » Même si aujourd'hui Raymond ne se souvient pas exactement de l'emplacement de ce lot, il semble qu'il était situé à l'angle sud-ouest de la rue Pierre-Boucher et de la 25e Rue, plus précisément au 2485 de la rue Pierre-Boucher. Selon l'acte de vente, Raymond a acheté cette propriété d'un certain Lucien Simard, qui était un constructeur ou un des multiples spéculateurs qui, à l'époque, achetaient plusieurs terrains pour les revendre en réalisant un profit rapide. Quoi qu'il en soit, Raymond a procédé à l'achat en déposant un acompte de quatre cents dollars, le 26 mars 1957. Raymond ignorait à ce moment précis que l'achat de ce terrain était son tremplin vers une éblouissante carrière dans l'immobilier.

Une fois le lot acquis, il tourna son attention vers la construction de sa première maison. Il embaucha Émile Jobidon et Onésime Talbot, les deux menuisiers qui avaient travaillé à la construction de sa propre demeure du 501 de la rue De Vitré. « Je les ai payés un prix fixe pour bâtir la maison. Ils construisaient et ils me laissaient faire la peinture et d'autres travaux secondaires. Moi, je trouvais les sous-traitants pour la plomberie

---

1.   René Durocher, Paul-André Linteau et Jean-Claude Robert, *Histoire du Québec contemporain*, Boréal, Montréal, 1989.

et l'électricité, et mes menuisiers m'indiquaient où trouver les matériaux à bon prix.»

Ces derniers aidèrent aussi Raymond à dresser les plans d'un bungalow de quatre chambres avec deux petits logements au sous-sol, une maison en tous points semblable à la sienne. Raymond fit rapidement approuver les plans par les autorités municipales, puisque l'approbation d'un architecte n'était pas obligatoire. Puis il compléta une demande de prêt à la SCHL, laquelle garantissait le versement de paiements échelonnés pour la durée du projet. Le prêt obtenu, les travaux débutèrent à l'automne 1957, peu de temps après son troisième et dernier séjour à la base militaire de Shilo. Dès que le ciment des fondations fut coulé, Émile Jobidon et Onésime Talbot utilisèrent des scies manuelles pour couper les panneaux qui formeraient la structure de la maison. Ils taillèrent aussi les fermes pour la toiture et érigèrent des échafauds pour poser les surplombements du toit. Les matériaux de construction s'accumulaient sur le site pendant que la charpente du bâtiment prenait forme. Des électriciens, des plâtriers et des plombiers s'affairaient pendant que des inspecteurs de la municipalité, de la SCHL et de la province inspectaient la qualité et la progression des travaux.

Pour sa part, Raymond faisait toujours la navette entre Ottawa et Québec, et il aidait les ouvriers pendant les fins de semaine. La maison fut terminée en trois mois. Raymond admira avec fierté la façade en pierres des champs, tout en conservant en poche l'argent avancé par la SCHL pour des matériaux dont le paiement était dû trente jours plus tard. Le soir venu, installés à leur table de cuisine, Raymond et Colette s'appliquèrent à fabriquer une pancarte «À vendre», avec l'intention de l'afficher bien en évidence le lendemain matin à la fenêtre de leur nouvelle maison.

Comme d'habitude, Raymond tomba dans un sommeil profond dès que sa tête toucha l'oreiller. Pour sa part, Colette se retourna plusieurs fois dans son lit sans pouvoir s'endormir. Des chiffres tournaient dans sa tête: le coût de la construction, les factures des fournisseurs, les paiements mensuels pour l'assurance, les remboursements des hypothèques et les coûts du chauffage pour deux maisons. S'inquiétant de plus en plus à mesure que l'heure avançait et craignant qu'une malencontreuse tragédie ne provoque leur ruine, elle réveilla Raymond à trois heures du matin en lui disant: «C'est trop. Il faut que l'on vende cette maison ou du moins qu'on essaie de la vendre. Si on réussit à le faire, tu te rendras à pied à Sainte-Anne-de-Beaupré.» Dans un état de demi-sommeil, Raymond acquiesça faiblement et se rendormit. Satisfaite, Colette put enfin trouver le sommeil à son tour.

Le matin venu, forts de leur décision, ils installèrent la pancarte sur laquelle ils inscrivirent les heures qu'ils alloueraient à la visite de la maison la semaine suivante. Plein d'espoir, Raymond plaça l'affiche bien en évidence dans la fenêtre principale de la maison. Le samedi suivant, après avoir reçu quelques visiteurs désintéressés, le couple devint de plus en plus nerveux. Il était trois heures de l'après-midi et ils commençaient à se demander s'ils avaient pris une bonne décision et si le secteur qu'ils avaient choisi était le bon. Demandaient-ils trop d'argent pour la maison ? N'était-il pas mieux de baisser le prix de vingt et un mille dollars demandé ?

Leur détermination commençait à sérieusement faiblir quand un jeune couple accompagné de ses enfants se présenta. Pendant que ces derniers couraient à l'intérieur et à l'extérieur de la maison, Raymond fit visiter chaque pièce à François Roy et à son épouse, tout en donnant de multiples détails sur la qualité de la construction. La visite terminée, le couple se retira discrètement sur le perron pour discuter. Raymond et Colette se jetèrent quelques regards nerveux et se croisèrent les doigts. Finalement, après ce que Colette appelle «les cinq plus longues minutes de ma vie», c'est avec un grand sourire que François Roy les informa qu'il achetait la maison. Le marché fut conclu par une poignée de main entre les deux hommes.

Raymond et Colette étaient encore sous le choc de cette bonne nouvelle lorsqu'un étranger apparut dans l'embrasure de la porte. L'homme, un dénommé Gérald Gagnon, était accompagné de sa femme, une anglophone à l'emploi de Anglo and Paper Mill, le plus important employeur de la région, et n'habitait qu'à quelques rues de là. Selon Raymond, il était déçu d'avoir raté l'occasion d'acquérir cette demeure puisqu'il avait noté, tout au long de sa construction, le soin avec lequel elle avait été érigée. Il avait alors pris la décision de l'acheter dès qu'elle serait terminée. Toujours enthousiasmé par la vente de sa première maison, Raymond lui offrit immédiatement d'en construire une semblable sur le lot d'en face pour la somme de vingt-cinq mille dollars. Transporté de joie, Gérald Gagnon accepta l'offre sur-le-champ et, devant une Colette abasourdie, le marché fut conclu une fois de plus par une poignée de main. Le problème, c'est que le terrain que Raymond venait de vendre ne lui appartenait pas. Alors, le lundi matin, il est retourné au séminaire pour l'acheter – et il en a acheté deux autres pour faire bonne mesure !

Le vendredi suivant, fidèle à la promesse qu'il avait faite à Colette, Raymond fit à pied les vingt-quatre kilomètres qui le séparaient de la basilique de Sainte-Anne-de-Beaupré. Il passa la nuit sur un banc public, et Colette emprunta l'automobile de sa mère pour le ramener à la maison le lendemain matin. Raymond répéterait cette même blague pendant plusieurs années par la suite : « Ma femme fait des promesses et puis moi je fais les pèlerinages. »

Le marché de la construction de la paroisse de Saint-Pie-X était fort lucratif pour les entrepreneurs des années cinquante. « La population a littéralement explosé dans toute la paroisse de Saint-Pascal, mais surtout dans Saint-Pie-X », explique le père Michel Fortier, aujourd'hui curé de la paroisse Saint-Pascal, qui fusionna avec celle de Saint-Pie-X en 1988. « Ces paroisses étaient habitées par les familles de jeunes ouvriers et de petits commerçants issus des quartiers du centre-ville. Ce n'étaient pas des gens fortunés. Ils cherchaient un peu plus d'espace pour leur famille, un peu plus de verdure et de pelouses. À cause de cette homogénéité, c'est vite devenu un quartier tricoté serré et bourré d'enfants. Deux indicateurs surtout témoignent de la croissance rapide de ces paroisses et du caractère de leurs habitants. Il y eut sept cent six baptêmes dans ces deux paroisses en 1956, comparativement à soixante-treize en 1998. De plus, l'église Saint-Pie-X a été érigée en 1958, trois ans seulement après la fondation de la paroisse, grâce aux collectes de fonds locales. Ce fut un effort collectif entrepris par les paroissiens. Cela nécessite une population assez importante pour en arriver à de tels résultats. »

Vers la fin des années cinquante, une douzaine de familles habitaient déjà dans des maisons construites et vendues par Raymond Malenfant. Celles-ci étaient en grande majorité érigées rues Pierre-Boucher et Champfleury, au nord de l'hôpital de l'Enfant-Jésus. Immanquablement, il s'agissait de bungalows fort attrayants qui abritaient tous deux petits logements au sous-sol. Le revêtement extérieur était surtout en brique ocre ou beige, parfois en imitation de pierres des champs. Certaines étaient dotées d'un garage et d'un foyer. Toutefois, contrairement à ce que Raymond aurait déclaré à Georges-Hébert Germain, du magazine L'Actualité, ou à d'autres personnes, il n'aurait jamais construit de ses seules mains une maison « de la cave au grenier », incluant l'installation de l'électricité et de la plomberie.

Par contre, il possédait certainement toutes les qualités d'entrepreneur requises pour réussir dans ce marché fort compétitif. Si on analyse les plans de ses maisons, on ne pourrait affirmer que Raymond était un constructeur créatif ou innovateur, puisqu'elles étaient toutes construites sur le même modèle. Ses talents en architecture ne se sont pas améliorés avec le temps. Il a lui-même avoué que ses plans « manquaient des buts » et que ses mesures n'étaient pas toujours justes. Il manquait parfois un pouce ici et là, «mais on finissait toujours par s'accorder en cours de route».

C'est en affaires que Raymond devint un adversaire redoutable. Il a très rapidement maîtrisé l'art de la négociation, autant pour les achats que pour les ventes de propriétés. C'est ce sens aigu et inné du marchandage qui en fit l'un des hommes les plus craints mais aussi les plus respectés des cercles financiers québécois.

L'un des hommes d'affaires qui peuvent témoigner des prouesses de Raymond dans l'art de la négociation est Gilles Boiteau, un expert en éclairage commercial et résidentiel qui s'est fait particulièrement remarquer dans les années quatre-vingt en lançant les franchises Boiteau Luminaires, une chaîne de quinze magasins répartis dans la province. Gilles Boiteau a rencontré Raymond en 1957 alors qu'il était responsable du département des appareils électriques pour Turgeon et Jobin, le commerce où Raymond se procurait les accessoires électriques qu'il installait dans ses maisons. Deux ans plus tard, Gilles Boiteau lançait sa propre entreprise, sise dans le sous-sol de sa maison familiale, et Raymond fut son premier client. Leur relation s'est prolongée pendant trente ans.

«Raymond a toujours été un gars excessivement nerveux. Il était très actif mais correct, se souvient-il. Il n'était jamais vulgaire et était toujours très réservé. C'était assez rare dans le milieu de la construction, où la plupart des individus étaient rudes et gueulards. Toutefois, Raymond était une personne qui négociait constamment. Il fallait savoir où s'arrêter avec lui. S'il voulait acquérir un article que l'on avait en magasin et que le prix était de mille dollars, il répondait toujours : "Jamais de la vie ! Je te donne cinq cents dollars, pas une *cenne* de plus !" Même si on négociait pendant une heure, on perdait son temps avec lui. Il ne cédait pas et c'était toujours à moi d'accepter ou de refuser. Finalement, je lui disais : "Raymond, je vais t'en offrir, des articles à cinq cents dollars, mais pas ceux-ci." Normalement, on finissait par s'entendre, mais pas toujours. C'était très difficile de négocier avec Raymond. De tous les acheteurs que j'ai connus, il était l'un des plus durs.»

Sur les sites de construction, Raymond s'est aussi avéré être un organisateur hors pair. Là encore, il savait négocier de façon serrée avec les sous-traitants et les ouvriers. Il s'assurait que la bonne personne soit constamment au bon endroit, au bon moment, même s'il n'utilisait pas d'agenda ou de calendrier.

«Raymond savait toujours où les travaux en étaient rendus sur un chantier, raconte un ancien sous-traitant. C'était très important, parce qu'un chantier au complet pouvait être paralysé si tout ne se déroulait pas dans l'ordre. Tout délai pouvait coûter cher, puisque les ouvriers étaient toujours payés, même s'ils devaient attendre à ne rien faire la fin d'une autre étape. »

Raymond était aussi capable de piquer une sainte colère quand les choses ne marchaient pas à son goût. Il ne sacrait pas, mais il savait utiliser d'autres gros mots. Il aimait user d'un patois comme « calvinsse », une mauvaise habitude dont il a pu se défaire graduellement, grâce à la persistance de Colette.

Raymond savait aussi faire preuve d'imagination et de ténacité lorsque venait le temps de négocier des prêts hypothécaires. « Il s'occupait lui-même des arrangements financiers pendant ces années-là, raconte Pierre-Paul Côté. Ses premières maisons furent financées par la Caisse populaire Saint-Vincent-de-Paul, dont Raymond connaissait personnellement le directeur. Parfois certains acheteurs payaient en argent comptant. Occasionnellement, il faisait affaire avec le notaire Corriveau, un homme connu comme étant un "faiseur de prêts" et un excellent entremetteur, qui collectait une commission du vendeur et de l'acheteur. »

Naturellement, Raymond n'hésitait pas à magasiner pour obtenir les meilleurs taux d'intérêt, qui oscillaient autour de 6 % dans les années cinquante, ce qui le fit connaître dans tous les milieux financiers de la ville de Québec.

« Raymond avait tellement confiance en lui-même », raconte un interlocuteur qui travaillait pour une compagnie d'assurances à cette époque. « Il était très combatif. Il tentait de vendre à tous et chacun sans aucune sophistication. Raymond était comme un diamant brut qui a besoin d'être poli. Il aimait exagérer, mais on voyait bien qu'il était très intelligent et qu'il irait loin. Agressif et dynamique, il n'arrêtait pas de pousser, mais je m'entendais bien avec lui, contrairement à plusieurs autres personnes qui n'aimaient pas son style. »

« Raymond a toujours été très très dur en affaires », ajoute Pierre-Paul Côté, qui a notarié la plupart des transactions immobilières de Raymond au cours des ans, en plus de son contrat de mariage. « Il essayait toujours d'avoir le dessus dans toute transaction. Tout en demeurant poli en tout temps, il ne craignait pas de déranger les gens à toute heure du jour pour avoir le meilleur prix ou le meilleur taux possible. »

« Il est certain que Raymond a été un client difficile pour plusieurs personnes, poursuit-il. Il fallait qu'il soit "toffe" pour réussir. En fait, c'était une question de survie, parce que, dans le domaine de la construction, on peut y perdre sa peau si on prend de mauvaises décisions. Mais il faut ajouter que Raymond connaissait très bien ses affaires, ce qui est assez rare dans ce milieu, car les entrepreneurs qui connaissent vraiment leurs coûts sont relativement rares. Dans le temps, on disait qu'ils ne savaient pas compter, mais c'était loin d'être le cas de Raymond. Et je peux aussi affirmer qu'il a toujours respecté ses engagements... à la lettre. Une poignée de main avait la même valeur qu'un contrat signé, pour lui.»

Au départ, Raymond n'avait ni expérience ni connaissances dans le domaine de la construction, mais, en bon entrepreneur qu'il était, il savait bien s'entourer. Et, comme il lui arriva souvent à d'autres occasions, Raymond fit confiance à une personne qui jouerait un rôle important mais discret dans sa carrière.

Émile Jobidon était un homme très effacé, originaire de Saint-Pascal. Il avait quatorze ans de plus que Raymond et il avait appris le métier de menuisier sur le tas avec son père et son grand-père, deux charpentiers respectés de la région de Québec. Il avait été embauché à un jeune âge par plusieurs constructeurs résidentiels locaux. Quand la demande pour des maisons unifamiliales explosa dans les années d'après-guerre, il travailla presque exclusivement à Limoilou et à Charlesbourg, où il gagna le respect de ses pairs. Émile travaillait déjà dans le district de Saint-Pie-X quand la paroisse fut fondée, en 1955. La plupart du temps, il était employé par différents constructeurs du coin, dont Jean-Baptiste Laplante. Toutefois, habituellement en partenariat avec Onésime Talbot, il achetait ses propres terrains et y construisait ses maisons. Il participa à la construction de plus de cent demeures dans Saint-Pie-X, dont la sienne, située sur la 26ᵉ Rue.

Sec et nerveux comme Raymond, et ne mesurant que un mètre soixante-dix, Émile n'était pas un homme corpulent et il n'y avait pas un gramme de gras dans son corps. Jovial, il était, selon son fils aîné Robert, un «paquet de nerfs en dedans, mais très calme au dehors». Émile ressemblait un peu à René Lévesque, une ressemblance accentuée par le fait qu'il cachait sa calvitie au moyen d'une épaisse mèche de cheveux rabattue sur le dessus de son crâne, une coiffure que Raymond adopterait plusieurs années plus tard. Il semblerait que, à l'instar d'Émilia et de Louis-Philippe Malenfant, Émile se soit pris d'affection pour l'ambitieux jeune homme venu du Bas-du-Fleuve. Dès le début de leur relation, qui en était plutôt une de père à fils, Émile fut le contremaître attitré de Raymond, et il collabora aux meilleures années de ce dernier, aussi longtemps que celui-ci fut actif dans le domaine de la construction.

L'impact qu'Émile a pu avoir dans la carrière immobilière de Raymond ne se limita pas qu'aux seuls chantiers. Tout d'abord, il était le cousin du procureur du séminaire de Québec, l'abbé Émile Jobidon, le responsable des transactions immobilières de l'institution. Tous les spéculateurs, constructeurs et développeurs immobiliers devaient obligatoirement passer par le bureau du procureur. En son absence, il était remplacé par son adjoint et cousin, l'abbé Arthur Jobidon. Le bureau du procureur entamait des transactions entérinées ensuite par un notaire choisi par l'acheteur.

Raymond se porta acquéreur de plusieurs lots qui appartenaient au séminaire, la plupart du temps en déposant un acompte de cinquante dollars. Le solde devait être acquitté lors de la revente de la propriété et parfois Raymond revendait un terrain à profit sans y avoir érigé un bâtiment. Mais la plus importante contribution qu'apporta Émile à la naissante entreprise de Raymond fut de communiquer ses vastes connaissances au jeune entrepreneur. Il fut son guide et son homme de confiance, et jamais Raymond ne prenait de décision sans le consulter.

« Au début, Raymond ne connaissait que peu de choses à la construction », relate le fils aîné d'Émile, qui a souvent travaillé avec son père sur les chantiers de Raymond. « Mon père, lui, savait comment procéder. Par exemple, Raymond lui demandait toujours des conseils. Où devait-il acheter tel article ? Quelle était la meilleure personne pour une tâche donnée ? Combien devait-il payer pour tel service ou tel produit ? Mon père l'aidait constamment parce qu'il l'aimait comme un fils. Il ne voulait pas qu'il commette des erreurs coûteuses. »

Léopold, le frère aîné de Raymond, avait emménagé à Québec au printemps 1957 afin de mettre la main à la pâte et d'aider son frère cadet. Il y est demeuré pendant sept ans. Il se souvient très bien d'Émile Jobidon. « Raymond était le patron, mais c'est Émile qui dirigeait les ouvriers, y compris Raymond. En fait, c'est d'Émile que Raymond a tout appris dans le domaine de la construction. Raymond le respectait beaucoup. »

En plus d'Émile et de Léopold, l'équipe régulière de Raymond, « mes hommes », comme il les appelait, comprenait notamment Jean-Paul Gagnon, un cousin originaire de Saint-Cyprien, qui, selon Robert Jobidon, « était grand et fort comme un cheval ». Émile avait aussi recruté pour quelque temps un vieil ami, Onésime Talbot, un homme bourru et terre à terre, qui ne prisait pas particulièrement l'attitude fanfaronne, effrontée et volubile de Raymond. Quant à Raymond. il n'aimait pas entendre Onésime sacrer. « Il sacrait, Talbot, cela n'avait pas de bon sens, se rappelle Raymond. Mais c'était comme ça dans la construction. Les gens n'étaient pas plus éduqués qu'il faut. Mais il sacrait moins, Talbot, quand je lui disais : "Comme tu pries bien… ! Mais attends donc de le faire à l'église, en fin de semaine." »

Pendant ces années, Raymond construisit en moyenne une ou deux maisons par année.

Il arrivait parfois que la parenté de Saint-Hubert vienne lui donner un coup de main pendant les phases finales de la construction. Ses deux frères, Gérard et Marcel, furent ceux qui participèrent le plus souvent à ces corvées familiales. Quand il n'était pas à effectuer des achats de matériaux au volant de la Plymouth 54 de Mathilde, à travailler aux banquets ou pour l'armée, Raymond relevait ses manches et travaillait sur le chantier. Habituellement, il était l'assistant d'Émile, transportant des matériaux ou tenant des madriers pendant le clouage. Il ne levait pas le nez non plus sur les travaux monotones ou salissants que les ouvriers rechignaient à accomplir, comme le transport du ciment, la peinture ou l'arrachage de clous. Finalement, sa participation active lui permettait de sauver de l'argent. « Quand je faisais des petits travaux et des "jobines" comme cela, explique-t-il, mes hommes n'avaient pas besoin de s'en occuper. Ils pouvaient se concentrer sur les travaux plus importants et pour lesquels ils étaient payés assez cher, merci. Cela me donnait aussi l'occasion de récupérer du matériel, comme des clous et des planches. »

Malgré ses expériences sur les chantiers, Raymond n'a jamais suffisamment maîtrisé le travail de menuisier pour parachever le sous-sol de sa maison du 2501 de la rue De Vitré. Les planchers n'ont jamais été terminés, même si le logement comptait un grand salon, une cuisine et de grandes fenêtres pour éclairer abondamment les murs dénudés. Raymond a personnellement enlevé le chauffage électrique, trop dispendieux, pour le remplacer par un système plus économique à l'eau chaude. Une fois l'aménagement de leur appartement terminé, Colette et Raymond s'installèrent au sous-sol après avoir loué l'étage principal à un pharmacien, M. Henri Germain.

« Ce n'est pas si difficile que cela, la construction, explique Raymond. Il n'y a rien de plus facile que l'électricité, par exemple. Si tu veux installer une lampe quelque part, tu installes un fil et tu connectes ta lampe. Il faut juste éviter d'inverser les fils. C'est tout. »

Dès que les murs extérieurs de ses maisons étaient montés, Raymond plantait immédiatement une affiche « À vendre » devant l'entrée principale. Le fait qu'il était souvent présent sur le chantier lui permettait d'accueillir personnellement les acheteurs potentiels. Si l'un d'entre eux se montrait le moindrement intéressé, Raymond lui montrait les plans de la maison et l'incitait à prendre une décision sur-le-champ, pendant qu'il était encore temps d'effectuer des modifications plus personnalisées.

« Si vous attendez, il sera trop tard », se plaisait-il à leur dire pour clore rapidement la vente.

De telles incitations débouchaient souvent sur une vente rapide et la plupart de ses maisons étaient vendues avant même d'être à moitié terminées. « C'était très payant, explique le principal intéressé. J'avais de l'argent en banque avant même d'avoir terminé. » Et, malgré son âpreté au gain, Raymond versait à sa paroisse un don de cent dollars pour chaque maison vendue, afin d'aider à la construction d'une église.

En général, les travailleurs de Raymond étaient toujours les mêmes sur chaque nouveau chantier. On ne voyait que très rarement de nouveaux visages. Léopold en donne l'explication : « Lorsque Raymond accordait sa confiance à un ouvrier, il le rappelait pour chaque contrat. C'est une des raisons pour lesquelles il donnait du travail aux membres de sa famille. Ils se connaissaient tous et ils étaient habitués à travailler ensemble. De plus, on connaissait les points forts de chacun. Comme nous savions tous ce que nous avions à faire, Raymond n'était pas obligé de tout expliquer à chaque fois. »

Cette solidarité parmi les ouvriers facilitait le travail de tous et Émile partageait son savoir avec chaque membre de l'équipe. À l'heure du déjeuner, toute l'équipe se rendait au domicile d'Émile, où son épouse, Laurette, leur servait toujours de copieux repas. Cette promiscuité créait un esprit de groupe qui se reflétait dans la qualité du produit fini. Les hommes étaient fiers de leur travail ! L'une des plus belles maisons que Raymond ait construites était une demeure située à l'angle des rues Sir-Mathias-Tellier et Saint-Pie-X. Elle comptait quatre chambres à coucher, un immense salon et une cuisine. Elle possédait aussi toutes les « options » disponibles, soit un foyer, un garage et un sous-sol aménagé en une seule grande pièce. Les planchers étaient en bois franc et les murs extérieurs, en pierres des champs.

Quarante ans plus tard, cette demeure est encore l'une des plus belles du quartier. Elle vaut aujourd'hui plus de cinq fois son prix d'achat initial de trente mille dollars. « On a toujours été très très contents de notre maison », affirme Annette Brochu, qui y a élevé ses neuf enfants. « On n'a jamais eu de problème avec cette maison, tout comme nos voisins, qui ont aussi acheté leur maison de M. Malenfant. Il était un excellent constructeur. »

À cet égard, Raymond se distinguait des nombreux constructeurs sans scrupules qui opéraient dans la région. Ce boom de la construction d'après-guerre avait attiré une meute d'entrepreneurs véreux qui ne pensaient qu'à s'enrichir rapidement au détriment d'une population qui avait un pressant besoin de se loger. «Il y avait des cauchemars incroyables dans tous les développements de Québec», se rappelle Jean-Marie Meunier, l'ancien président de l'APCHQ. «La demande était très forte, mais rien ne protégeait le consommateur. Les constructeurs exerçaient un plein contrôle sur l'industrie de la construction. Il n'était pas rare qu'un entrepreneur rembourse un client insatisfait pour revendre sa maison le lendemain à un autre moins futé. Je me rappelle le cas d'un entrepreneur malhonnête qui n'avait pas construit le garage promis sur le terrain d'un client. Devant les protestations de ce dernier, il avait répliqué en construisant le fameux garage sur le terrain voisin. Lorsque ce même client a protesté avec véhémence, l'entrepreneur a tout simplement fait raser la nouvelle construction par un *bulldozer* en criant au client éberlué : «Le voilà, ton garage, innocent !»

D'autres entrepreneurs, encore plus corrompus, vendaient une douzaine de maisons à partir de plans seulement et fermaient leurs portes pour lancer aussitôt une nouvelle compagnie qui vendait les lots avoisinants. Enfin, plusieurs entrepreneurs n'utilisaient couramment que des matériaux de moindre qualité, surtout pour les fils électriques de leurs maisons. «Il faut dire que ce n'était pas le cas de Raymond Malenfant», poursuit Jean-Marie Meunier, qui ne l'a que très peu connu. «Tout était à son nom personnel et il n'a jamais fait faillite lorsqu'il était entrepreneur en construction, ce qui en dit beaucoup sur la qualité de son travail.»

Alors que la persévérance, l'énergie et la personnalité de Raymond lui permettaient de mener sa jeune entreprise de main de maître, il s'en remettait surtout à Colette pour s'occuper des tâches administratives, une corvée qui lui déplaisait. Colette avait par ailleurs quitté son emploi chez Montreal Jobbing peu de temps après leur mariage et travaillait pour la société SKF, la branche canadienne d'une compagnie suédoise qui fabriquait des roulements à billes. Son salaire était supérieur à ce qu'elle gagnait auparavant, même avec un nombre d'heures de travail réduit. Ainsi, après chaque repas du soir, pendant que Raymond lisait le journal, travaillait pour l'armée ou dans des banquets, Colette se chargeait de la paperasse administrative. Elle s'est occupée de la tenue de livres pendant plusieurs années, payant les factures, les salaires, et complétant les formulaires de demande de prêts hypothécaires.

«Raymond n'a jamais eu envie de faire ce travail, se rappelle-t-elle en souriant. Il bouge trop et il n'est pas capable de demeurer assis plus de deux minutes.» Comme une de ses sœurs se plaisait à le répéter, «quand Raymond marche, il faut que Colette coure derrière lui pour le suivre».

En plus de l'administration des affaires de son mari, Colette gérait le budget familial. Le couple ne se payait pas de salaire, mais vivait grâce au profit enregistré sur les ventes des maisons. Et, pendant l'été, Raymond travaillait à la prison de la citadelle, un expérience qu'il qualifie de « très éprouvante ». La vente de chaque maison générait un profit de trois mille à quatre mille dollars. Chaque décision importante était prise d'un commun accord et jamais Raymond ne se lançait dans un nouveau projet sans en discuter avec Colette.

Ce processus décisionnel comportait des avantages importants. Il forçait Raymond à tempérer son enthousiasme débordant et à mieux évaluer son projet avant de le présenter à Colette. Ainsi, en discutant chaque proposition à fond, le couple pouvait prévoir certains obstacles potentiels et fixer un échéancier pour chaque étape, ce qui incitait Raymond à poursuivre une idée jusqu'à sa réalisation finale.

« Raymond est impétueux de nature et il agit souvent sans réfléchir très profondément, affirme Pierre-Paul Côté. Mme Malenfant était plutôt pragmatique. Elle le forçait, du moins pendant leurs premières années en affaires, à peser le pour et le contre des projets qu'il voulait entreprendre. Elle lui imposait un certain équilibre. Elle était sa partenaire d'affaires dans tous les sens du terme. Elle était un être extraordinaire, cette Colette, une vraie sainte, une personne qui possédait une réserve exemplaire. Mais elle avait aussi du caractère et elle ne cédait pas facilement devant Raymond. Il fallait la convaincre avec de solides arguments. Elle était intelligente, cette femme. Je dirais qu'elle était plus perspicace que Raymond... et Dieu sait comment Raymond est brillant. Il a toujours beaucoup respecté sa femme. À mes yeux, elle le complétait parfaitement et c'est ce qui a aidé Raymond à devenir une force irrésistible en affaires. Je dirais que Raymond devait son succès à Colette et vice-versa. »

Edmond, le père de Raymond, était malade depuis plusieurs années et une série d'opérations chirurgicales pour des problèmes digestifs n'avaient pas amélioré sa condition physique. Elles l'avaient affaibli davantage et avaient laissé d'affreuses cicatrices sur son corps émacié. Souvent alité, il dut abandonner son travail à la ferme et fut remplacé par sa femme, Rosanna, et ses enfants. Son sort fut toutefois scellé en 1957, quand les médecins diagnostiquèrent un cancer généralisé. Son état de santé dégénéra graduellement par la suite et la famille fut obligée de le placer en permanence à l'hôpital Saint-François d'Assise. Il languit dans son lit pendant de longs mois. Une odeur putride, que le personnel de l'hôpital tentait vainement de disperser au moyen de ventilateurs électriques, avait envahi sa chambre.

Cette odeur nauséabonde n'empêchait pas la fidèle Rosanna d'être souvent à son chevet. Au début, elle faisait la navette entre l'hôpital et Saint-Hubert. Puis elle emménagea chez Raymond et Colette, dans leur maison de la rue De Vitré, située à quelques pas de l'hôpital. Rosanna s'installa en permanence dans la chambre d'Edmond pendant le dernier mois de sa vie. Quand elle n'était pas assoupie sur sa chaise, elle priait avec lui en lui tenant la main. Parfois elle profitait de la présence de Raymond et de Colette pour aller aux toilettes ou pour marcher dans le corridor afin de réduire une douloureuse enflure aux pieds. Elle lui tenait toujours la main lorsqu'il rendit l'âme le 29 avril, à l'âge de cinquante-neuf ans.

La douleur de Raymond fut partiellement atténuée par une nouvelle plus réjouissante : Colette était enceinte. Le 27 octobre, au huitième mois d'une grossesse sans problème, elle accepta d'accompagner Raymond qui désirait visiter sa mère à Saint-Hubert. Pendant la soirée, le travail débuta sans prévenir. Une heure ou deux plus tard, dans le même lit où Raymond avait vu le jour, elle donna naissance à un garçon en pleine santé. Raymond donna le prénom d'Alain au nouveau-né.

Un mois plus tard, après onze années d'entêtement, Raymond termina finalement son baccalauréat ès arts. Selon les registres de l'université d'Ottawa, l'étudiant de vingt-huit ans reçut son diplôme en décembre 1958, après avoir complété, à temps partiel, quinze cours répartis sur une période de quatre ans. Considéré comme un étudiant moyen pendant ces années, Raymond décrocha des notes de passage dans la plupart des matières, y compris, curieusement, les mathématiques, où il excellait. Il obtint une seule note de quatre-vingt pour cent, en religion, et fut recalé en philosophie, en géographie et en physique.

Alors que les années cinquante tiraient à leur fin, l'influence socioéconomique qu'exerçait en région la ville de Québec déclinait inexorablement. Cette dégringolade résultait directement de la forte consolidation des économies régionales. Cette croissance économique découlait de la convergence simultanée de trois tendances : la forte hausse de la construction domiciliaire, le nombre croissant d'automobiles et le développement du réseau routier.

Ce furent ces nouvelles routes que les citadins utilisèrent pour aller s'installer définitivement dans les banlieues, saignant d'autant la ville de Québec. Et, de toutes ces nouvelles municipalités qui poussaient comme des champignons, Sainte-Foy fut celle qui connut l'essor le plus important.

D'une des nombreuses paroisses de la ville de Québec, Sainte-Foy accéda au statut de municipalité en 1855. Pendant le siècle qui suivit, elle demeura un minuscule village de campagne, plus petit encore que Charlesbourg et Beauport. Son territoire était occupé en bonne partie par des fermes et des forêts appartenant à des communautés religieuses. Toutefois, tout changea rapidement après la Deuxième Guerre mondiale. Un an après que Sainte-Foy eût acquis le statut de ville, en 1950, le boom de la construction changea à tout jamais la face de ce paisible patelin.

Initialement, les projets domiciliaires se concentrèrent à proximité de l'ancien village. En quelques années seulement, le territoire fut subdivisé en une demi-douzaine de paroisses. Cette nouvelle ruée vers l'or attira immanquablement les constructeurs et les fournisseurs de matériaux de construction. Par exemple, Gilles Boiteau décida, à la fin des années cinquante, de déménager son commerce du sous-sol de la demeure de ses parents à un nouveau magasin situé à la limite des villes de Sainte-Foy et de Québec. « Ce n'est pas compliqué, affirme Gilles Boiteau, à la fin des années cinquante et aussi pendant les années soixante, l'action se passait à Sainte-Foy. Tout le monde y travaillait et gagnait de l'argent dans cette ville. Ce furent de très belles années. Comme j'étais très près des développeurs, j'ai pu prospérer avec eux. En fait, j'ai presque décroché la majorité des contrats du coin. Raymond était comme moi et comme tout le monde de la construction, il voulait être au cœur de l'action, là où l'argent se trouvait. C'est pour cela qu'il est venu s'installer à Sainte-Foy. »

Raymond et Colette voulaient emménager à Sainte-Foy depuis quelque temps. D'après Raymond, c'est surtout Colette qui désirait s'y installer. « On aimait bien les gens de Limoilou, dit-il, mais Colette est une fille de la haute ville. Elle voulait y retourner, et moi aussi, dans le fond. »

Les Malenfant vendirent leur maison à leur locataire le 1er novembre 1958, pour la somme de vingt et un mille cinq cents dollars, dont onze mille cinq cents dollars furent payés comptant. La propriétaire accepta de laisser les Malenfant occuper le logement du sous-sol moyennant un loyer mensuel de soixante-dix dollars, jusqu'au 1er novembre de l'année suivante. Ce délai d'un an permit à Raymond de bien planifier sa prochaine acquisition. Il apprit, à travers son réseau de contacts de l'industrie de la construction, qu'un terrain de la paroisse de Saint-Thomas-d'Aquin appartenant au docteur Jean-Paul Bissonnette était à vendre. Ce lot de plus de mille mètres carrés était borné par trois rues : le chemin Sainte-Foy, le boulevard de l'Entente et la rue Émile-Côté. En tant qu'investissement, ce terrain était très bien situé, tout juste à l'intérieur des limites de la ville de Sainte-Foy, où les taxes municipales étaient trois fois moins élevées que celles de la ville de Québec. Il faisait face à une artère principale et était à proximité du nouveau campus de l'université Laval. L'une des institutions d'enseignement les plus reconnues, le collège classique Francois-Xavier-Garneau, était situé à l'arrière, sur le boulevard de l'Entente.

«Je trouvais cela cher, mais c'était un beau terrain», confie Raymond. Considérant la valeur qu'il accordait aux terrains situés à un coin de rue, Raymond décida d'en négocier rapidement l'achat. Selon les registres, Colette versa la somme de huit mille dollars pour la propriété, et l'acte d'achat fut signé au bureau du notaire Côté, le 5 mai 1959. Raymond Malenfant contresigna le document.

Deux semaines plus tard, au nom de Colette, Raymond obtint une hypothèque de vingt mille dollars d'une dame Lorenzo Lepage, portant un intérêt de 6,5 % sur un terme de trois ans. C'est avec cet argent qu'il érigea sa demeure du 2020, chemin Sainte-Foy. Le 2020, comme on désignerait leur maison familiale dans les années à venir, n'avait pas une architecture différente des autres maisons que Raymond construisait dans la paroisse de Saint-Pie-X, sauf que le sous-sol abritait un logement de cinq pièces et demie, dont l'entrée donnait sur la rue.

Ces logements furent rapidement loués à des étudiants, dès que la famille Malenfant fut installée dans sa nouvelle maison, à l'automne 1959. L'euphorie du déménagement céda toutefois la place à la tristesse, à la suite de la mort subite du père de Colette, le 20 novembre 1959. Joseph Perron légua à sa fille une somme de dix mille dollars, un héritage qui fut rapidement investi dans l'achat de quelques terrains situés à proximité du 2020.

Pendant les années cinquante et soixante, le domaine de la construction était infesté de petits entrepreneurs très égoïstes et machos. Ces petits «coqs», comme les appelle Jean-Marie Meunier, étaient surtout obsédés par le nombre de maisons qu'ils pouvaient construire en une année. «Ils se disaient qu'en réalisant un profit de mille dollars par maison et qu'en en bâtissant cent par année, ils feraient cent mille dollars de profit», explique l'ancien président de l'APCHQ. «Pourtant l'évaluation des coûts d'un projet est une opération hasardeuse parce qu'elle comporte plusieurs variables imprévisibles. Toutefois, pendant ces années de vaches grasses, plusieurs entrepreneurs empochèrent annuellement de gros bénéfices.»

La plupart des entrepreneurs en construction affichaient ouvertement leur bonne fortune et se déplaçaient dans les plus grosses automobiles que Detroit pouvait mettre en marché. Paul Racine, par exemple, utilisa pendant des années une énorme Cadillac avec chauffeur… Avant de faire faillite. L'automobile n'était pas le seul moyen d'étaler sa richesse sur la place publique. À une époque où les cartes de crédit n'existaient pas, les promoteurs immobiliers et les constructeurs, des plus importants au plus petits, exhibaient avec ostentation de gros rouleaux de dollars qu'ils extirpaient lentement de la poche de leur pantalon. Quelques-uns d'entre eux portaient un épais manteau de fourrure et fumaient d'énormes cigares importés. Mais rien ne pouvait satisfaire autant leur *ego* que de savoir qu'ils avaient la réputation d'être les meilleurs parmi leurs pairs.

Le goût du risque caractérisait aussi ces nouveaux riches. Pour la plupart d'entre eux, l'incorporation juridique de leur entreprise n'était pas une priorité parce qu'elle ne comportait aucun avantage fiscal, bien qu'elle pût protéger contre d'éventuelles poursuites judiciaires. «Ce n'était qu'une question de prudence», explique Jules Dallaire, président fondateur de Cominar, une des plus importantes compagnies publiques de construction et de location immobilière de Québec, incorporée en 1962. «Ceux qui avaient recours à l'incorporation préféraient jouer de prudence.»

Dallaire, un menuisier devenu constructeur comme Raymond, commença sa carrière en construisant des maisons dans la paroisse de Saint-Pie-X à la fin des années cinquante. Il explique que l'industrie de la construction a toujours attiré des joueurs. «Le monde de la construction est très particulier, dit-il. Un seul contrat peut vous rendre riche ou vous acculer à la faillite. À l'époque, l'argent était facile à trouver et plusieurs entrepreneurs vivaient comme des rois une année, puis comme des pauvres l'année suivante. Leur lacune principale était leur manque de prévoyance. Parce qu'ils avaient réussi, ils se croyaient invincibles et pensaient qu'ils ne pouvaient pas commettre d'erreurs. Donc, ils ne mettaient par d'argent en réserve pendant les bonnes années et ils disparaissaient du paysage quand ils devaient affronter des années plus difficiles.»

Au début de sa carrière, Raymond n'était motivé que par l'argent – autant en gagner qu'en épargner. C'est d'ailleurs ce qui explique qu'il ne se soit jamais incorporé, préférant subir des dépréciations sur ses propriétés et des crédits d'impôt auxquels les individus avaient droit, mais non les compagnies. En même temps, il était considéré comme un individu économe. «Il ne gaspillait pas un seul cent, rapporte Maurice Duchesneau. Au restaurant, il prenait toujours le spécial du jour et ne dépensait pas. Et, naturellement, il n'a jamais pris un seul verre d'alcool ni fumé une seule cigarette.»

Toutefois Raymond aimait les grosses automobiles. Sa première voiture fut une Oldsmobile 88 qu'il paya deux mille huit cents dollars en 1958. Il acheta cette berline deux tons chez un concessionnaire de la rue

Dorchester et la revendit deux ans plus tard pour mille cinq cents dollars, utilisant cet argent pour en acquérir une plus grosse, soit une rutilante Oldsmobile Starfire de couleur bleu pâle. Un an plus tard, il opta pour une Cadillac, et par la suite il changea d'automobile presque à chaque année.

Maurice Duchesneau, un vendeur de matériaux de construction et ami de Raymond, se souvient d'avoir vu le jeune entrepreneur au volant de la Starfire alors qu'il avait revêtu son uniforme d'officier. « Raymond ressemblait à un général ou à quelque chose du genre. C'était frappant... »

Cette impression favorable explique en partie le choc qu'il a ressenti lorsqu'il a visité Raymond et Colette dans leur sous-sol de la rue De Vitré. « Il y avait une grosse automobile de l'année dans la cour, mais leur appartement était très spartiate, très austère. Les meubles étaient usés comme l'auraient été ceux d'une famille pauvre et les murs étaient nus. L'endroit était aussi en désordre, . J'étais vraiment très surpris. Je suis certain qu'ils auraient pu améliorer leurs conditions de vie, mais ils avaient un but en tête. Ils voulaient construire des maisons et, pour y arriver, ils étaient obligés d'économiser. »

À l'automne 1960, Raymond décida d'aller poursuivre ses études en France, plus précisément à l'université catholique de Lille. Colette, alors enceinte de leur deuxième enfant, et le petit Alain, le suivirent dans cette nouvelle aventure. Située dans le nord de la France, tout près de la frontière belge, la ville de Lille, une capitale régionale comptant un million d'habitants, était surtout connue dans les années de l'après-guerre comme la ville natale du président français Charles de Gaulle. Les habitants de cette municipalité pluvieuse et triste – les gens du Nord – travaillaient principalement dans les mines de charbon ou la raffinerie de sucre et gagnaient des salaires de misère. L'université était située en plein cœur de la ville, sur les rives de la Deûle, qui était en fait un canal malodorant où des bateaux à fond plat appelés « péniches » transportaient le charbon extrait des mines avoisinantes. Reconnue pour ses trois principales facultés de théologie, de droit et de médecine, cette université privée, gérée par le clergé, décernait ses propres diplômes jusqu'en 1980. Et, fait non négligeable, le diplôme en médecine était alors reconnu par le gouvernement du Québec et le Collège des médecins. Cette particularité essentielle et des frais de scolarité de seulement soixante-dix dollars par année ont incité plusieurs médecins canadiens, majoritairement des Québécois, à compléter leurs études de médecine à l'université de Lille.

Au cours des nombreuses entrevues qui furent nécessaires à la réalisation de ce livre, Raymond a toujours refusé de parler de Lille, niant même y avoir séjourné. Colette était solidaire de son mari. « S'il ne veut pas en parler... », répondait-elle. Toutefois, d'autres entrevues réalisées avec des personnes qui ont fréquenté Raymond et Colette lors de leur séjour à Lille jettent un peu de lumière sur les expériences intéressantes et parfois amusantes qu'elles ont connues durant les dix-huit mois où le couple Malenfant a séjourné dans cette ville.

Comme l'université n'avait pas de campus, la plupart des étudiants en médecine, généralement des hommes mariés, logeaient dans un complexe immobilier situé non loin de la faculté. Raymond et Colette louèrent un grand appartement assez loin de cet endroit, parce que l'année scolaire était déjà entamée et qu'ils étaient accompagnés d'Alain et de Mathilde. Malgré la distance qui les séparait de leurs compatriotes, les Malenfant se lièrent rapidement d'amitié avec plusieurs Québécois, dont Roger Niquette, un Montréalais qui terminait des études de psychiatrie et qui pratiqua dans la région de Hull jusqu'à son décès, en 1998. Tout comme Colette, sa femme Germaine, une infirmière attachée à l'hôpital Monfort d'Ottawa, était enceinte à son arrivée à Lille.

Il n'en fallait pas plus pour que les deux femmes deviennent rapidement de grandes amies. Germaine fut l'une des premières personnes qui rendirent visite à Colette lorsqu'elle donna naissance à son deuxième enfant, Estelle, à l'hôpital de maternité Sainte-Anne-de-Lille, le 10 décembre. Colette et Germaine se rencontraient souvent pendant que leurs maris assistaient à leurs cours de l'après-midi. « Colette était une femme brillante, raconte Germaine. Elle savait tout faire. Elle avait pris des cours d'art culinaire et de haute couture. Elle pouvait rapidement confectionner un vêtement compliqué. Elle prenait aussi soin d'Alain, un enfant charmant, et de sa mère. Ce n'était pas un fardeau pour elle. Lille était reconnue comme le centre de la laine dans le nord de la France. C'est pour cela que des marques comme Pingouin sont originaires de ce coin. Colette et sa mère passaient leur temps à tricoter des vêtements et des chandails pour leurs enfants et aussi pour le mien. »

Parfois, Colette et Germaine allaient magasiner et terminaient invariablement leurs emplettes au bazar de Jacquemart, l'un des plus importants et des plus chic magasins de Lille. Un jour où Raymond les accompagnait, une employée du magasin montra Raymond du doigt et s'écria : « Vous êtes canadien, n'est-ce pas ? » Cette femme, l'épouse du propriétaire du magasin, se nommait Simone Guillemette et elle était originaire de Saint-Charles-de-Bellechasse. Les deux couples se lièrent rapidement d'amitié.

Les Malenfant et les Niquette passaient la quasi-totalité de leurs fins de semaine et de leurs congés ensemble, surtout pendant la période des fêtes et souvent avec d'autres étudiants canadiens. Selon Germaine, Roger et Raymond s'entendaient à merveille. « Mon mari était un homme assez sérieux, un vrai pince-sans-rire, tandis que Raymond était très drôle, explique-t-elle. Il faisait toujours rire Roger.»

Elle se souvient particulièrement d'une histoire qui avait fait rire son mari aux larmes. Le couple visitait le pays avec des amis canadiens à bord d'une Simca rouge et beige, une voiture assemblée en France par Pontiac et que Raymond avait payée mille dollars. Ils rapportèrent d'ailleurs cette automobile au Canada sur le paquebot *Homerique*, un navire assurant la liaison entre Le Havre et la ville de Québec.

Germaine raconte encore l'anecdote suivante : à Lille, les policiers circulaient à bicyclette et portaient des capes et des képis. Les passages pour les piétons étaient délimités par des espaces cloutés, contrairement à ici, où on utilise des lignes peintes sur le pavage. Lors d'un déplacement en ville, Raymond n'a pas effectué un arrêt obligatoire. Lorsque son véhicule a passé sur un de ces espaces cloutés, il a heurté un policier qui traversait la rue à bicyclette. Heureusement, Raymond roulait lentement et il n'a pas blessé le policier, même si celui-ci est tombé par terre. Raymond est sorti de sa voiture comme une balle et, quand il a vu le policier se relever, toujours avec sa cape et son képi, il s'est mis à rire aux éclats.

« L'agent de police n'a pas apprécié l'incident et a dit à Raymond : "Monsieur, vous êtes passé sur l'espace clouté !" Comme Raymond ignorait ce dont il s'agissait, croyant être passé sur un clou, il s'est écrié : "Dites-moi pas que j'ai fait un *flat, câline* !" Et il a rapidement fait le tour de son auto pour vérifier ses pneus. Le policier l'a finalement laissé partir, mais quand Raymond racontait cette anecdote, tout le monde riait. Il avait toujours des histoires de ce genre. Il était toujours enjoué et il aimait taquiner les gens. Il était intelligent aussi. »

La faculté de médecine de l'université de Lille était un endroit sérieux où tous les étudiants devaient porter veston et cravate pendant les cours. Ce n'était pas l'endroit idéal pour faire le pitre et Raymond le savait. La première année de médecine était relativement facile et les étudiants assimilaient des matières théoriques comme la biochimie, la physiologie, la bactériologie et la pathologie. Les cours avaient lieu l'après-midi et les contrôles n'étaient pas fréquents. Ils étaient remplacés par les examens intimidants de fin d'année. Il n'y avait pas d'enseignement clinique la première année, mais les étudiants devaient faire leurs tournées quotidiennes dans les hôpitaux de la région, accompagnés de leurs professeurs. Il semble que Raymond ait réussi sa première année de médecine, puisqu'il a définitivement quitté Lille au printemps 1962.

La deuxième année de médecine représentait un test déterminant pour les étudiants et en décourageait plus d'un. En plus des cours théoriques, les élèves devaient suivre des cours cliniques et leurs travaux étaient évalués très sévèrement.

Raymond faillit comme beaucoup d'étudiants et décida de retourner au Québec afon de reprendre son travail dans la construction. Il quitta aussi son poste dans l'armée pendant l'été 1962. Désormais, il n'avait plus qu'une seule source de revenus. Dans les années qui suivirent son retour, il construisit une dizaine de maisons dans Sainte-Foy, la plupart sur des terrains avoisinant le 2020. La première était située au 2010 de la rue Hélène-Boulé, à deux minutes de marche du 2020, et était érigée sur un lot que Raymond avait acheté quelques semaines à peine avant son départ pour la France. Il voulait installer sa belle-mère dans cette maison. Malheureusement, Mathilde apprit qu'elle avait le cancer peu de temps après le début de la construction. Son état s'aggrava rapidement et elle mourut le 9 novembre 1962, à l'âge de soixante-cinq ans. La maison fut terminée peu de temps après sa mort.

À l'image du 2020, cette demeure était dotée de six garçonnières au sous-sol. Raymond et Colette louèrent l'étage principal pour deux cent vingt-cinq dollars par mois à William MacKay, un professeur de linguistique de l'université Laval. Des étudiants occupèrent les six garçonnières du sous-sol pour des loyers mensuels variant de soixante-dix à cent vingt dollars.

Une partie des quatorze mille dollars que Mathilde avait légués à Colette fut consacrée à l'achat d'un terrain sur l'avenue Terrasse-Laurentienne, au coin de la rue Richer. Raymond construisit un bungalow, toujours avec des garçonnières au sous-sol. Il loua l'étage principal à un jeune fonctionnaire du consulat français, lequel deviendrait un jour maire de la ville de Québec, Jean-Paul L'Allier.

Chaque fois qu'il terminait la construction d'une maison, Raymond plantait donc une affiche « À louer » devant l'entrée principale. Il louait chacune d'entre elles en deux ou trois jours seulement, parce que la demande était très forte à Sainte-Foy et que ses propriétés étaient situées à proximité des services de transport public (et aussi près d'un nouveau magasin d'alimentation Provigo, rue Myrand). En peu de temps, Raymond et Colette devinrent propriétaires de vingt unités locatives. Ce changement de stratégie, soit de louer leurs propriétés plutôt que de les vendre, comportait certains avantages non négligeables. Premièrement, elles rapportaient d'intéressants revenus. Ces revenus locatifs étaient ensuite réinvestis dans la construction d'autres maisons et servaient à rassurer les banques, qui étaient peu enclines à avancer de l'argent pour une propriété qui n'était pas construite. En second lieu, cette rentrée régulière de fonds assurait un revenu stable à Raymond et à Colette, tout en rassurant les banques sur la capacité du couple à rembourser ses emprunts.

La valeur des propriétés de Sainte-Foy augmenta rapidement, de sorte que Colette et Raymond ont vu leur pouvoir d'emprunt suivre la même courbe ascendante. Le couple déduisait aussi de ses revenus annuels les dépenses afférentes à l'entretien des nombreuses propriétés, y compris celles de leur propre maison.

En contrepartie (et ceci alimentait les craintes de Colette depuis les débuts de Raymond en affaires), le couple devait assumer les coûts de financement, les taxes et l'entretien de chaque propriété. Il devait de plus absorber la perte de revenus engendrée par les logements vacants, les frais de recouvrement des loyers non payés et les dommages causés volontairement ou non par les locataires. Étant donné que Raymond était l'homme à tout faire attitré de son entreprise, il devait aussi répondre jour et nuit aux appels des locataires. À une occasion, il a été obligé de se rendre dans un de ses logements après minuit. La toilette avait éclaté, fracassant les tuyaux, et l'eau chaude giclait. Raymond arriva sur les lieux en quelques minutes et ferma la valve d'alimentation en eau, limitant ainsi les dégâts.

Il ne répondait pas aussi rapidement aux appels des locataires lorsqu'il s'agissait d'urgences mineures, comme de réparer un robinet qui fuyait, de déboucher des toilettes ou de décoincer une fenêtre ou une porte. Souvent, après avoir attendu en vain pendant plusieurs semaines, certains locataires exaspérés confiaient à un réparateur professionnel le soin de régler leurs petits problèmes et soustrayaient de leur loyer les coûts de ces réparations. Parfois, Raymond acceptait de telles initiatives, mais il lui arrivait aussi de refuser ces dépenses. Plus souvent qu'autrement, ces accrochages étaient réglés à l'amiable, mais il est arrivé à quelques reprises que le litige se termine par l'évincement ou le départ abrupt du locataire.

De manière générale, les locataires de Raymond considéraient qu'il était un propriétaire affable et responsable. Fidèle à lui-même, il avait toujours un bon mot pour eux lorsqu'il les rencontrait dans la rue, à l'épicerie ou chez eux. S'il était sur les lieux lorsqu'ils prenaient possession de leur logement, Raymond les aidait souvent à transporter leurs meubles. William McKay dit se souvenir de la fois où Raymond s'est attaché un réfrigérateur sur le dos pour le descendre dans un appartement du sous-sol de la maison de la rue Hélène-Boulé. «Malenfant n'était pas gros, dit-il, mais il était aussi fort qu'un bœuf.»

En même temps qu'il accueillait ses locataires, Raymond terminait la construction des deux dernières maisons qu'il bâtirait dans la paroisse de Saint-Pie-X. Il vendit l'une d'entre elles à son oncle Jean-Marie-Michaud. Michaud était un important exportateur de pommes de terre sur le marché américain et il avait vendu sa demeure de Sainte-Épiphanie pour emménager à Québec.

La deuxième maison fut acquise par Jean-Claude Gagnon, un employé de l'Anglo Pulp et bijoutier à temps partiel, et sa femme, Dorothée. Éventuellement, le couple se lierait d'amitié avec les Malenfant. Initialement, le nouveau propriétaire voulut apporter plusieurs modifications au plan original que Raymond proposait, ce à quoi celui-ci acquiesça sur-le-champ. L'une d'elles consistait en l'ajout d'un vaste balcon extérieur en bois et en aluminium, en forme de bateau, autour de l'imposante demeure de quatorze pièces. « J'avais vu cela dans une revue américaine, explique Dorothée Gagnon. Mais Raymond pensait que ce serait plus beau et plus solide si le balcon était fait en ciment. Toutefois, il l'a fait comme on le voulait. Il était un très bon constructeur, toujours de bonne humeur. »

Dorothée ne pouvait pas s'empêcher de rire lorsque Raymond arrivait sur le chantier en complet, au volant de sa Cadillac. « Il ouvrait le coffre arrière de la voiture et enfilait sa salopette dans la rue. Mais il fallait voir sa tête émerger d'une toute petite fenêtre de sous-sol lorsque des vendeurs ou des acheteurs voulaient le rencontrer. Il disait : "Qu'est-ce qu'il y a ? Bon, d'accord, j'arrive !" »

La vie de chantier fut moins palpitante pour Colette. Quelques mois après leur arrivée à Sainte-Foy, elle quitta son emploi à la SKF et accepta un travail de secrétaire à temps partiel à la International Harvester. Ce fabricant de machinerie agricole avait pignon sur rue boulevard Charest, à la même hauteur que le 2020. Cette proximité permettait à Colette de retourner à la maison familiale pour le dîner. Une locataire gardait Alain pendant qu'elle était au travail. En plus de s'occuper des repas et de la corvée du ménage, elle devait aussi veiller aux besoins des cousins et des oncles de Raymond qui habitaient au 2020 lorsqu'ils devaient travailler à un projet. La plupart de ses soirées étaient consacrées à la tenue de livres et à une paperasse qui s'accroissait en proportion du nombre de leurs propriétés.

Les fins de semaine, Colette se rendait sur un chantier pour aider Raymond à arracher des clous, à récupérer du matériel de construction et à nettoyer le site. C'était, selon elle, les seules heures qu'elle pouvait passer avec son mari.

« Ce n'est pas de la blague, on travaillait tout le temps, dit-elle. Cela n'a jamais beaucoup dérangé Raymond parce qu'il voulait toujours travailler. Il n'était pas capable d'arrêter vraiment. Lorsqu'il était à la maison, il ne regardait jamais la télévision, sauf les nouvelles et le sport. Le cinéma ne l'intéressait pas et il ne voulait pas sortir. Quand il n'était pas sur un chantier, il pensait au travail qu'il y avait à faire. Il disait toujours qu'il avait beaucoup de pain sur la planche. Et, quand un projet était terminé, il y en avait un autre qui commençait. Il n'arrêtait jamais. Il était toujours en mouvement. Je dois avouer que je rêvais d'activités comme celles auxquelles s'adonnent les gens normaux. On voyait des amis qui s'en allaient passer leurs fins de semaine au lac Saint-Joseph ou qui partaient en excursion dans Charlevoix. Nous, on ne sortait jamais. On n'avait pas de vie sociale, et, pire encore, on était toujours à court d'argent. Notre argent, on le dépensait aussi rapidement qu'il entrait, parce qu'on avait beaucoup de comptes à payer. On vivait à deux cents kilomètres à l'heure. »

En août 1962, une visite chez Rosanna, à Saint-Hubert, améliora quelque peu la vie de Colette. À son arrivée chez la mère de Raymond en compagnie de son mari, elle fit la rencontre de Danielle Gagnon, la fille de Blanche, une sœur de Rosanna. La jeune fille de quatorze ans était là pour aider à la récolte du foin. « C'était la première fois que je rencontrais Colette, raconte Danielle. Elle disait combien il lui était difficile d'élever deux enfants avec un autre qui s'en venait, tout en s'occupant des logements et de sa mère qui se mourait d'un cancer. J'ai éprouvé de la pitié pour elle. » Colette proposa à Danielle de venir vivre avec eux, à Québec, pour l'assister dans ses tâches. « Elle m'a offert cinquante dollars par mois, en plus du gîte et de la nourriture. En plus du ménage, je devais m'occuper d'Alain, qui était alors âgé de trois ans, et d'Estelle, qui était encore aux couches. Elle me disait que cela lui permettrait de s'occuper de sa mère. Quant à moi, j'étais libre et je n'allais plus à l'école. Nous étions quatorze à la maison et mes parents n'avaient pas eu les moyens de me payer des études après ma septième année. Et, comme j'avais le goût de l'aventure et que je ne connaissais pas Québec, j'ai accepté son offre. »

Fidèle à lui-même, Raymond a voulu régler la question sur-le-champ. Il raccompagna Danielle chez ses parents pour qu'elle fasse ses bagages et qu'elle informe ses parents de sa décision. « Mon mari et moi n'étions pas trop enchantés par cette nouvelle, affirme Blanche. Danielle était jeune et Québec était si loin… Mais je ne voulais pas faire de scène ou susciter des problèmes dans la famille. Le tout ne devait durer que quelques mois, mais cela a duré treize ans. D'une certaine façon,

Raymond et Colette nous ont ravi notre petite fille. Ce qui nous troublait le plus, c'est que Raymond nous laissait notre fille pendant qu'il visitait la parenté de Saint-Hubert, puis il la reprenait quand il retournait à Québec. C'était comme si Danielle était leur fille, pas la nôtre. »

Colette se sentait beaucoup mieux lorsqu'elle donna naissance à France, le 30 septembre 1962. Mais la grave maladie de sa mère et les nombreuses disputes avec ses frères ramenèrent rapidement les pensées négatives qui la plongèrent dans une profonde dépression.

« J'ai été très malade, confie Colette. J'étais comme dans un grand trou noir. J'avais tellement peur… J'étais déséquilibrée et incapable de fonctionner. Je prenais assez de médicaments pour endormir un cheval. J'étais complètement perdue. Je me cherchais désespérément. »

Afin d'échapper à son désespoir, elle participa à plusieurs activités au cours de l'hiver 1963. Elle s'inscrivit à des cours de natation. Un jour, influencée par une amie, elle débboursa deux dollars pour assister à une démonstration de yoga au centre de loisirs Saint-Sacrement. Cette discipline était relativement nouvelle en Amérique du Nord et le professeur Gérard Fortier, un immigré belge, donnait ses cours dans plusieurs villes de la province. Homme profondément religieux, Fortier commençait et terminait chaque cours par une courte prière qui réconfortait Colette. « Je n'avais jamais vu un curé faire une prière de cette manière, explique Colette. À l'église, tout constituait un péché, tout était prétexte à scandale. Pas pour Gérard, qui prêchait l'amour. » À la fin de la première classe, Fortier demanda à Colette si elle comptait revenir la semaine suivante. Avec un triste sourire, elle répondit : « Je ne peux pas, parce que d'ici là je serai morte de désespoir. » Tout en passant un bras autour des épaules de Colette, Fortier lui dit en souriant : « Je vais t'aider. »

En peu de temps, Colette devint une élève aussi assidue qu'attentive, et elle se présenta au cours de yoga à chaque semaine. Elle se fit de nouveaux amis qui l'initièrent à la pensée positive et à d'autres philosophies ésotériques. En quelques mois, Gérard Fortier avait tenu sa promesse, et Colette se sentait nettement mieux. Elle retrouva enfin le sommeil qu'elle avait perdu depuis leur installation à Sainte-Foy. Et surtout, signe indéniable de sa santé retrouvée, elle jeta ses somnifères à la poubelle.

« Gérard m'a sorti du trou », affirme Colette, qui s'inscrivit à des camps de yoga tenus pendant les fins de semaine au Québec et dans le nord-est de États-Unis. « C'est lui qui m'a montré comment prier avec mon cœur. Il m'a redonné l'espoir de vivre et de voir les gens et la vie à

travers l'amour.» L'entourage de Colette remarqua une énorme différence dans son comportement et sa philosophie de vie. «Auparavant,
Colette était une femme renfermée. Pour ceux qui ne la connaissaient pas,
elle semblait distante et froide, explique Danielle Gagnon. «Mais elle
n'est pas comme cela avec les gens qu'elle connaît bien. Elle a un caractère fort et, quand elle veut quelque chose, elle tient à ses idées. Mais elle
était aussi une personne négative, qui critiquait constamment. Le yoga l'a
aidée à devenir plus forte et plus optimiste.»

Cet hiver-là, Raymond acheta trois lots voisins à l'angle du chemin
Sainte-Foy et de la rue Pierre-Maufay, une petite artère située directement
en face du 2020. Il projetait de construire une nouvelle maison pour sa
famille sur l'un des lots, qui portait le numéro civique 815 de la rue
Pierre-Maufay. «Colette la voulait, explique Raymond. Elle avait de la
difficulté à dormir au 2020 à cause du trafic autour de la maison. En fait,
on voulait tous déménager dans une rue plus tranquille.»

Fidèle à ses habitudes, Raymond érigea sur ce lot un bungalow avec
cinq garçonnières au sous-sol. Mais, cette fois-ci, il alla plus loin qu'à
l'accoutumée dans le choix de la qualité des matériaux et des supplé-
ments. L'extérieur de la maison était revêtu de véritables pierres des
champs, et de grandes fenêtres panoramiques donnaient sur la rue et sur
un terrain de stationnement en forme de demi-lune à l'avant de la
demeure. La maison possédait également un garage double, sous lequel
on avait construit une grosse piscine intérieure.

Comme plusieurs luxes que se sont offerts les Malenfant au fil des
ans, cette piscine fut plus une source de problèmes que de plaisirs. Une
source souterraine faisait fréquemment monter le niveau de l'eau dans la
piscine et inondait le sous-sol adjacent. Ce problème n'a jamais été réglé,
en dépit de coûteux essais.

Alors qu'il construisait sa nouvelle maison, au début de l'été 1963, un
riche marchand de bois du nom de Jean-Charles Gagnon aborda
Raymond. Selon ce dernier, ce père de quatre enfants aimait le style de la
maison et le fait qu'il y avait des logements au sous-sol. Après quelques
discussions, Gagnon se porta acquéreur du lot voisin (2015, chemin
Sainte-Foy) et demanda à Raymond d'y construire sa nouvelle demeure.
L'accord initial prévoyait que Raymond se chargerait de l'affaire pour
trente-cinq mille dollars et que Jean-Charles Gagnon fournirait tous les
matériaux de construction, à l'exception des bardeaux pour le toit et des
clous. Ce contrat s'avéra finalement moins profitable que Raymond
l'avait prévu. L'épouse de son client exigea plusieurs modifications en
cours de construction, dont la mise en place d'un manteau de bois autour

de l'énorme foyer de pierres du salon. À cause de tous ces délais, la maison ne fut terminée qu'au bout d'un an.

Entre-temps, Raymond avait construit quelques autres maisons, dont un immeuble de quatre logements au 1656, chemin Sainte-Foy, au coin de la rue et légèrement à l'intérieur des limites de la ville de Québec. Il s'agissait d'une bâtisse de deux étages, comprenant de spacieux logements aux premier et second étages ainsi que deux autres au sous-sol. Les plans avaient été rapidement approuvés par la Ville. En cours de route, Raymond décida de diviser le sous-sol en quatre garçonnières au lieu de deux. Craignant des délais et des coûts supplémentaires, il fit sommairement modifier les plans, sans toutefois informer la Ville de ce changement. Quand ses sous-traitants lui demandaient si ces modifications avaient été approuvés par la Ville, Raymond répondait : « Bien sûr ! », en lançant un clin d'œil et en affichant un large sourire.

Quelques jours plus tard, après que Raymond et Colette eurent terminé leur souper, ils décidèrent de se rendre sur le site pour y effectuer quelques travaux de nettoyage. Comme ils approchaient de la rue Marois, ils constatèrent qu'un rôdeur inspectait le sous-sol de leur propriété en s'éclairant avec une lampe de poche. Ils se cachèrent derrière un bosquet et attendirent la suite. L'homme finit par quitter les lieux et s'éloigna lentement. Raymond et Colette le suivirent, profitant des arbres et de l'obscurité pour ne pas être repérés. Ils virent l'individu entrer dans une maison. Après de courtes recherches, ils apprirent qu'il s'agissait du chauffeur personnel du maire de Québec, Wilfrid Hamel.

Dès le lendemain matin, un inspecteur municipal se présenta sur le site et, après avoir constaté que l'on installait quatre éviers au sous-sol, il ordonna un arrêt immédiat des travaux. Convaincu que le chauffeur du maire avait rapporté cet accroc aux autorités municipales – « Il était probablement jaloux de nous, dit Raymond, comme plusieurs personnes d'ailleurs... » –, le constructeur décida d'ignorer l'ordre de l'inspecteur municipal. La Ville expédia plusieurs avis « d'arrêt des travaux » au 2020 pendant que la construction se poursuivait.

Intraitable, Raymond refusa de céder et il ignora les avis répétés de la Ville. Son idée originale était de garder l'édifice, pour lequel il avait contracté une hypothèque de quarante mille dollars avec la Caisse populaire de Saint-Vincent-de-Paul, et de mettre les appartements en location. En novembre, les travaux étaient presque terminés quand un homme d'affaires de Montmagny, Louis de Gonzague Genest, lui offrit soixante-deux mille dollars pour la propriété. Comme il réalisait un profit instantané de vingt mille dollars, Raymond accepta l'offre. Toutefois, les litiges en suspens avec la Ville bloquèrent la transaction, ce qui incita Raymond à contacter le département municipal qui avait émis les avis juridiques. Les fonctionnaires demeurèrent impassibles devant ses explications et son soudain repentir. De guerre lasse, il demanda conseil à un de ses amis, Médéric Robichaud, gros entrepreneur qui fut échevin pendant plusieurs années à Québec.

Selon Raymond, Michaud lui aurait conseillé d'aller voir le planificateur en chef le vendredi après-midi. «Cet homme est un ivrogne, aurait-il dit à Raymond, et il a toujours besoin d'argent pendant la fin de semaine. Offre-lui trois cents dollars pour qu'il modifie tes plans de façon à les rendre conformes aux règlements municipaux. Ton problème sera réglé en un rien de temps.»

Raymond frappa donc à la porte du planificateur le vendredi après-midi suivant et déroula le plan de son immeuble sur sa table de travail, tout en ayant pris soin de glisser discrètement une enveloppe sous le document. L'homme prit l'enveloppe et en vérifia subrepticement le contenu avant de la glisser rapidement dans la poche de son pantalon. Il dit à Raymond : «Laissez-moi tout ça, je pense pouvoir trouver une solution à votre problème. Revenez me voir la semaine prochaine.»

À sa visite suivante, Raymond constata que le fonctionnaire avait modifié les plans en transformant, de façon très créative, deux éviers en comptoirs de cuisine. «Allez immédiatement sur le site et clouez deux feuilles de contre-plaqué sur ces deux éviers, de façon à les cacher aux inspecteurs, lui conseilla le planificateur. Ainsi, vos plans seront approuvés et vous pourrez vendre votre bâtisse. Vous pourrez enlever ces feuilles dès que la vente sera conclue.»

Raymond suivit ces instructions à la lettre et, tel que prévu, les procédures furent suspendues. Un acte de vente de cinquante-sept mille cinq cents dollars, dont dix-sept mille cinq cents en argent comptant, fut notarié par Pierre-Paul Côté, et, le lendemain de la vente, Raymond arracha les panneaux de contre-plaqué.

C'est probablement sur ce même chantier que Raymond affronta pour la première fois de sa vie les syndicats. Les centrales syndicales québécoises s'étaient déjà manifestées dans l'industrie de la construction en jouant les durs à cuire. Ces méthodes musclées commençaient généralement par l'envoi d'inspecteurs au physique imposant sur les sites de construction afin de vérifier si les entrepreneurs employaient des travailleurs syndiqués. La plupart des employés de Raymond étaient syndiqués, à l'exception de Léopold, qui avait huit bouches à nourrir à la maison. Celui-ci n'avait pas l'intention de laisser une partie de sa paie dans les coffres des syndicats. « Je ne travaillais que quelques mois par année, explique-t-il, et je ne voulais pas partager mes revenus avec ces bandits. »

Un jour où Raymond était absent, trois gorilles du syndicat se présentèrent sur un site pour vérifier l'appartenance syndicale des ouvriers. Lorsqu'il demandèrent à Léopold d'exhiber sa carte, la situation dégénéra rapidement. « Il ont commencé à me sermonner, raconte-t-il, en me disant que je ne pouvais pas travailler sur le site sans carte. Tout ce je faisais consistait à donner des clous aux ouvriers. Je me suis fâché et leur ai crié : "Vous ne voulez pas que je travaille ? J'ai une femme et huit enfants à nourrir ! J'ai besoin de mon argent pour acheter des outils et des équipements pour ma ferme." Mais ils sont devenus plus agressifs et ont menacé de fermer le site si je ne partais pas. »

Léopold demanda conseil à ses collègues. Intimidés par la présence des inspecteurs, ils haussèrent les épaules et retournèrent à leur travail. Déçu et se sentant trahi, il ramassa ses outils et les rangea dans la malle de sa voiture. Il était sur le point de partir lorsque Raymond arriva. « Qu'est-ce qui se passe ? » cria ce dernier en sortant de sa voiture. « Qu'est-ce que tu fais, Léopold ? Pourquoi tu ne travailles pas ? »

Les bras croisés, les inspecteurs du syndicat observaient la scène de près en lançant des regards agressifs à Léopold. Celui-ci résuma la situation à Raymond. « Ces bâtards ne veulent pas que je travaille », lança-t-il en jetant un regard du côté des inspecteurs.

Le visage de Raymond devint écarlate. « Ramasse tes outils et retourne au travail, dit-il à son frère aîné. Je m'occupe de ces bouffons. »

Il alla au-devant des trois gorilles et se planta devant celui du centre, les deux poings sur les hanches, presque nez à nez avec l'homme, qui était deux fois plus corpulent que lui. « Cet homme est mon frère et vous n'avez pas le droit de lui interdire de travailler. » Ce à quoi l'inspecteur lui répondit : « De quoi parlez vous ? S'il n'a pas de carte, il ne peut pas travailler ici. »

« Je vous donne le choix, répliqua Raymond avec assurance. Si vous ne partez pas immédiatement et si vous n'arrêtez pas de nous importuner, je vais congédier tous les ouvriers de Québec sur-le-champ. Après, je vais sauter dans ma voiture et je vais aller à Rivière-du-Loup chercher tous mes frères, beaux-frères et cousins, et je vais les ramener ici pour terminer les travaux. Vous n'aurez plus rien à dire. »

Les hommes du syndicat échangèrent brièvement quelques regards. Puis le plus imposant d'entre eux répondit en riant : « Vous feriez ça, hein ! »

« Oui ! cria Raymond. Et je vais le faire dans trente secondes. »

Éberlués, les hommes battirent en retraite pour discuter entre eux. Quelques minutes plus tard, ils montèrent à bord de leur automobile tout en criant : « Nous reviendrons bientôt ! Assurez-vous que chaque ouvrier possède sa carte de syndicat, sinon... »

Après leur départ, Raymond ordonna à ses hommes de retourner à leur travail et sauta dans sa voiture. Tel que promis, les inspecteurs du syndicat rappliquèrent quelques jours plus tard. Une fois de plus, ils demandèrent à chaque ouvrier d'exhiber sa carte de syndicat, tout en fermant l'œil quand vint le tour de Léopold. « Quant ce fut mon tour, se rappelle Léopold en riant, ils sont passés tout droit, sans me regarder. Bande de peureux ! Je n'ai jamais eu de problème avec eux par la suite. »

Même s'ils travaillaient beaucoup et qu'ils épargnaient leur argent, Raymond et Colette trouvaient le temps et les fonds nécessaires pour voyager, une passion qu'ils entretiennent encore aujourd'hui. Vers la fin des années cinquante, le couple effectuait régulièrement des voyages à New York afin de rendre visite à la sœur de Colette, Maude, qui habitait dans un petit appartement avec son conjoint, un homme de race noire. Pendant ces voyages de deux à trois jours, Raymond et Colette logeaient chez les beaux-parents de Maude, lesquels demeuraient dans un petit appartement de Brooklyn. Ils les fréquentèrent d'ailleurs jusque dans les années soixante-dix. « Ils étaient de grands amis », explique Danielle, qui les accompagnait quand ils décidaient d'emmener les enfants, ce qui est arrivé fréquemment. « Raymond et Colette ne sont pas racistes, ils s'entendent bien avec tout le monde. »

Sous plusieurs aspects, la ville de New York fut une révélation pour le jeune et bouillant entrepreneur. Visiter des sites comme l'Empire State Building, le Rockefeller Center, la statue de la Liberté et, plus tard, le World Trade Center constitua toute une découverte pour Raymond, tout autant que la fréquentation des nombreux théâtres, restaurants et musées de la métropole de l'Amérique. Raymond fut aussi impressionné par le rythme trépidant de cette ville où s'entassait une population cosmopolite de plus de huit millions d'habitants, qui affichaient ouvertement une philosophie de vie et une arrogance qui lui étaient inconnues jusqu'alors.

D'un strict point de vue pratique, New York était aussi l'endroit où il pouvait s'adonner à la deuxième chose qu'il aimait le plus au monde après gagner de l'argent : en épargner. Toujours à l'affût d'une bonne affaire, il se rendait directement dans les magasins qui offraient les meilleures aubaines. Tout comme un enfant dans un magasin de jouets, il marchait au pas de course pendant des heures dans les allées, avec à ses trousses une Colette à bout de souffle. Souvent, il achetait des vêtements de travail et des outils ou d'autres objets pratiques offerts à des prix trop bas pour qu'il laisse passer l'occasion.

Il installa l'un de ces objets plus ou moins utiles au 2020. Il s'agissait d'un carillon de porte qui avait la fâcheuse particularité de tinter pendant une minute complète et de réveiller les enfants dès qu'un visiteur pressait le bouton. De plus, Raymond était fier de montrer aux curieux un ouvre-porte télécommandé qu'il avait installé pour contrôler l'ouverture et la fermeture de sa porte de garage à sa résidence de la rue Pierre-Maufay. « Il était pas mal fier de ça, relate Danielle. Raymond l'a montré pendant longtemps à des gens qui venaient à la maison. »

Pour sa part, Colette complétait souvent sa garde-robe à Manhattan. « Colette aimait acheter du beau », ajoute Danielle, qui a souvent accompagné le couple lors de ces voyages éclairs. « Elle aimait beaucoup aller s'habiller à New York. »

Quand il arpentait les rues de Big Apple, Raymond ne pouvait s'empêcher d'analyser l'architecture des maisons et des édifices. Souvent, il inspectait rapidement l'intérieur d'un immeuble, laissant sa famille sur le trottoir. « Raymond est tellement curieux, avoue Colette. Il faut toujours qu'il se fourre le nez partout pour voir comment ça fonctionne. »

La curiosité est l'un des ingrédients de base de la créativité. Cette soif innée incite l'humain à accumuler des images et des connaissances qui sont ensuite traitées par le cerveau afin de trouver des solutions à des problèmes complexes. Les experts avancent qu'un certain temps d'incubation est nécessaire avant que l'idée créatrice jaillisse. Chez certaines personnes, l'inspiration surgit quand elles se livrent à des activités qui ne sont pas connexes à leur réflexion première, comme la lecture, la couture ou la marche. Dans le cas de Raymond, c'est au volant de son automobile qu'il a eu ses meilleures inspirations.

Contrairement à sa nature fébrile, Raymond conduisait lentement, tout en observant calmement la route et le paysage environnant. La radio était toujours muette, sauf à l'heure des nouvelles. Parfois, il écoutait d'une oreille distraite les matchs de baseball. « Raymond avait toujours dans ses poches une réserve de pastilles qu'il suçait sans interruption, confie Danielle. Il était un "suceur de bonbons en série". » Les conversations étaient entrecoupées de longs silences et, selon Colette, Raymond semblait plongé dans de profondes réflexions lorsqu'il était dans sa voiture, spécialement lorsqu'ils se rendaient ou revenaient de New York. « Il ne parlait pas beaucoup, raconte-t-elle, car il était complètement absorbé dans ses idées. C'est souvent quand on arrivait à destination que son plan d'action était clair. Puis il le réalisait. »

L'entreprise de Raymond assurait une vie confortable à sa famille. Celle-ci habitait une belle grande maison et possédait plusieurs immeubles. Bien qu'il ne fût pas riche, Raymond avait suffisamment d'argent pour remplacer régulièrement son automobile, acheter à sa famille des vêtements de bon goût et partir en voyage quand il le désirait. À l'été 1964, il enrichit un peu plus le patrimoine familial en procédant à l'achat d'une terrain pour y construire un chalet d'été. Il offrit dix mille dollars à un constructeur pour un lot qui chevauchait le chemin de la plage Saint-Laurent, à Cap-Rouge. Assisté par Conrad Gosselin, un apprenti qui avait aussi habité au 2020, il érigea un petit chalet sur la portion qui longeait le fleuve Saint-Laurent. Comme les marées et la pollution rendaient la baignade désagréable, il fit installer une piscine creusée en tous points semblable à celle qu'il possédait rue Pierre-Maufay.

Mais Raymond se lassait graduellement de la construction. Il avait investi pendant plus d'un an pour terminer la maison des Gagnon et il avait aussi connu de sérieux problèmes avec un autre client, un médecin de Charlesbourg. Pour la première et seule fois de sa vie, il avait construit la maison selon les plans personnels du client, et celui-ci avait attendu que le constructeur répare des dommages causés par ses propres enfants avant de lui remettre une facture de plusieurs milliers de dollars. C'est Émile qui fut obligé de se rendre sur les lieux, longtemps après que la construction de la résidence fut terminée, pour se charger de réparer les pots cassés.

« J'étais écœuré de la construction, explique Raymond. Construire des maisons, ce n'est pas si profitable que ça. Il y avait des disputes constantes sur chaque contrat. Il y avait toujours des gens qui refusaient de payer pour des raisons futiles. Ils disaient qu'il manquait des choses ou que la construction n'avait pas été faite conformément à leurs instructions. Certains voulaient que je répare les dommages qu'ils avaient eux-mêmes causés, comme dans le cas du docteur. Dans le fond, je perdais de l'argent avec ça. Ça n'avait pas de bon sens ; il fallait que ça change… »

Soudainement, Raymond eut l'idée de faire quelque chose de très différent et de plus grandiose.

6

Le premier motel

C'est dans les années soixante que le tourisme est vraiment devenu une industrie aux États-Unis. À plusieurs égards, il s'agissait d'une heureuse retombée du système d'autoroutes inspiré par la guerre froide : on a construit ces autoroutes pour permettre le déplacement des populations civiles en cas de guerre nucléaire. La construction du système d'autoroutes reliant les États entre eux a grandement facilité les déplacements entre les villes et les régions, particulièrement dans l'axe nord-sud sur la côte atlantique. Cela coïncidait avec une période de croissance économique et de faible inflation partout en Amérique du Nord et, fait sans doute encore plus important, avec le vieillissement des *baby boomers*, une génération encline aux plaisirs en famille, aux voyages et à l'aventure.

Le Canada aussi avait un système routier national qu'on prétendait le plus long du monde, avec ses sept mille huit cent vingt kilomètres. Mais, en réalité, la route transcanadienne n'était qu'un collage de routes provinciales, pour la plupart à deux voies et de qualité très variable : rien de comparable avec les nouvelles autoroutes américaines. Cependant, on élargit et on améliora lentement le réseau afin d'accueillir le flot grandissant de touristes américains et canadiens en été.

Tout comme le réseau routier, l'industrie touristique canadienne s'est surtout développée sporadiquement au gré des régions. Au Québec, où l'« équipe du tonnerre » de Jean Lesage procédait à des réformes radicales dans presque tous les secteurs de l'administration publique, il existait un urgent besoin d'organiser et de réglementer l'industrie touristique, et de construire les infrastructures et les services nécessaires au développement de ce secteur.

En 1961, on créa un Conseil du tourisme afin d'étudier la situation. Après avoir entendu plus de cent groupes (y compris la Chambre de commerce, la Fédération des associations de chasse et de pêche et l'Association des propriétaires d'hôtels, forte de neuf cents membres) lors d'une série d'audiences, le Conseil soumit cinquante-deux recommandations. La plus importante demandait la création d'un ministère du Tourisme afin de coordonner le tourisme et d'en assurer la croissance. « L'industrie touristique, dit le rapport du Conseil, joue un rôle primordial dans l'économie générale de la province. »

Quelques mois plus tard, en avril 1963, Lionel Bertrand devenait le premier ministre du Tourisme, de la Chasse et de la Pêche.

En juillet 1964, Raymond acheta trois terrains d'un gros projet résidentiel à Sainte-Foy, du promoteur Yves Germain, pour la somme de seize mille dollars. Ces terrains étaient bien situés : à des intersections et dans un secteur en rapide expansion près de l'hôpital Laval. Raymond savait qu'à ce prix-là c'était une bonne affaire.

Même si son argent et celui de Colette était gelé dans d'autres projets, il réussit à amasser rapidement les cinq mille dollars réclamés par Germain comme premier versement ; le reste devait être payé le 31 août. Cela lui laissait plus d'un mois pour trouver les onze mille dollars restants. S'il ne pouvait y arriver, il perdrait son dépôt.

Quelques jours plus tard, Raymond circulait en voiture sur le chemin Sainte-Foy lorsqu'il remarqua une nouvelle pancarte « À vendre » plantée sur un grand terrain, en face de l'université Laval. Il eut tôt fait de découvrir que ce terrain appartenait aux pères de Sainte-Croix, un ordre religieux dont la maison mère était située à l'Oratoire Saint-Joseph de Montréal.

Cet ordre avait fondé de nombreux collèges et plusieurs écoles au Canada et aux États-Unis (dont la célèbre université Notre-Dame, dans l'État d'Indiana), et il se préparait à bâtir un séminaire à Sainte-Foy, près du campus de l'université Laval.

À la fin des années cinquante, l'ordre religieux acheta le premier des trois lots du côté sud du chemin Sainte-Foy, directement en face du nouveau complexe sportif de l'université Laval, le PEPS. C'était une propriété de cent vingt-cinq mille pieds carrés, de forme irrégulière et qui incluait, en tout ou en partie, une douzaine de subdivisions du lot 109. Il y avait notamment une façade de quatre-vingts mètres le long du chemin Sainte-Foy, à partir de laquelle une douce pente s'inclinait vers le nord en direction de la rue Chapdelaine ; cette façade constituait la limite est et une partie de la limite sud du terrain.

Deux édifices délabrés en bois s'élevaient sur la propriété. Du côté est, il y avait un vieux restaurant de deux étages appelé *Montmartre* ; à l'ouest, on trouvait le motel Laval, une bâtisse décrépite d'un seul étage aux planchers de bois ; les portes des chambres ne fermaient pas et les salles de bains étaient repoussantes. Les deux commerces fermèrent au moment de l'achat du terrain par les pères.

Mais en 1964, alors que la Révolution tranquille battait son plein et que le nombre des recrues séminaristes était en constant déclin sans donner de signe d'un renversement, les pères décidèrent d'annuler leurs plans de construction d'un séminaire et ils vendirent la propriété.

Comme ce fut souvent le cas dans sa vie, les intentions de Raymond Malenfant n'étaient pas claires quant au développement du site. Ainsi, certains se rappellent que Raymond leur avait dit qu'il pensait y ériger un hôpital privé ; d'autres prétendent qu'il projetait de bâtir un gros immeuble à logements.

Mais tant Raymond que Colette déclarent qu'ils n'avaient qu'une seule idée en tête : « Nous voulions faire un motel, dit Raymond. Puis, si ça ne marchait pas, on pensait pouvoir louer des chambres aux étudiants. L'université était juste en face, puis il y avait un cégep qui s'en venait. De toute façon, c'était tellement un beau site dans un beau secteur et le terrain allait prendre de la valeur, alors peu importe ce qu'on en faisait. »

Avec l'aval de Colette, Raymond appela la maison mère des pères à Montréal et arrangea un rendez-vous avec le père économe, Pierre Poisson. Quelques jours plus tard, Colette et Raymond se rendirent en voiture à Montréal et rencontrèrent le père Poisson dans son bureau adjacent à l'Oratoire. Homme assez âgé, poli et sérieux, le prêtre parla tout de suite affaires. Raymond se souvient : « Il m'a dit : "On veut soixante-quinze mille dollars pour le terrain : vingt-cinq mille comptant, puis on prendrait une hypothèque sur le reste." Puis il nous disait qu'il avait besoin d'une approbation de Rome avant de pouvoir vendre. Il m'a dit : "C'est une offre à prendre ou à laisser. Si tu le veux pas, je le donnerai à un agent immobilier." »

Le père Poisson accepta d'accorder à Raymond une semaine pour y penser. Mais les calculs allaient déjà bon train dans la tête du jeune promoteur lors du voyage de retour vers Québec, une balade durant laquelle Colette se souvient d'avoir vu passer les arbres sans qu'un mot soit prononcé.

Il y avait en effet de quoi réfléchir. D'un côté, cette offre représentait une belle occasion d'affaires. Il aurait normalement dû verser la moitié de la somme en dépôt. « Il m'a demandé seulement vingt-cinq mille dollars, dit Raymond. À ce prix-là, il me le donnait, *câline* ! » Mais le problème était que le couple n'avait pas d'argent. Cependant, le prêtre avait affirmé qu'il avait besoin de la permission de Rome avant de pouvoir compléter la transaction.

Raymond décida de gagner du temps. Le jour suivant, il appela le père Poisson pour lui dire qu'il prenait la propriété. Le prêtre lui répéta qu'il lui fallait la permission du Vatican, un processus qui prendrait environ un mois. Il promit à Raymond de le rappeler dès qu'il aurait sa réponse.

Selon Colette, Raymond avait l'air d'un animal en cage durant les semaines qui suivirent, alors qu'il se torturait l'esprit en essayant de trouver une façon de réunir les vingt-cinq mille dollars. Une des sources apparentes de financement, qui devait devenir un élément important du discours récurrent de Raymond sur ses débuts en affaires, était son mystérieux ami dans l'armée, Kevin Waddington, qui le visita à plusieurs reprises.

« Je lui ai téléphoné, puis il m'a passé dix mille piastres », dit Raymond au sujet du prêt substantiel qu'il semble n'avoir jamais eu à rembourser, « car, ajoute-t-il, Waddington ne m'a jamais appelé pour se faire rembourser. Il est peut-être mort, je ne sais pas. »

Raymond ajoute qu'il a amassé quelques milliers de dollars supplémentaires « d'autres sources », provenant probablement de loyers, de remboursements de dettes, de prêts de sa famille et d'amis, et de sommes empruntées sur la valeur non hypothéquée des quatre maisons que Colette et lui possédaient.

À la fin d'août, Raymond dit qu'il lui manquait encore cinq mille dollars, la somme exacte qu'il avait remise à Yves Germain en dépôt sur les trois terrains à construire. Il en vint à la conclusion qu'il lui fallait se retirer de cette affaire et récupérer son argent. Il rencontra d'abord Pierre-Paul Côté. Après avoir entendu les explications de Raymond, le notaire examina attentivement le contrat de vente, à la recherche d'une échappatoire lui permettant de déclarer le contrat invalide. Mais l'entente semblait à toute épreuve. Les espoirs de Raymond sombrèrent à leur plus bas niveau quelques jours plus tard lorsque le père Poisson appela pour dire que la vente avait été approuvée par Rome. Le prêtre demanda alors à Raymond à quel moment celui-ci pourrait se rendre à Montréal pour conclure l'entente de façon définitive. Cherchant à nouveau à gagner du temps, Raymond lui mentit, déclarant qu'il était accaparé jusqu'à la semaine suivante. Le vieux prêtre accepta d'attendre quelques jours de plus, mais, peut-être parce qu'il décelait de l'anxiété dans la voix de Raymond, il lui servit ce sévère avertissement : « Présentez-vous ici pas plus tard que dans une semaine, sinon l'affaire est annulée. »

Abattu, Raymond raccrocha et se résigna ; il allait devoir laisser filer la propriété et plutôt conclure l'affaire avec Yves Germain. Son avenir serait celui d'un entrepreneur résidentiel et non celui d'un propriétaire de motel.

Mais, quelques heures plus tard, Pierre-Paul Côté lui téléphona pour lui dire : « Raymond, écoute, Yves Germain vient de m'appeler. Il a vendu un de tes terrains à quelqu'un d'autre par erreur. Il veut t'en offrir un autre au même prix. L'entente n'est plus valide. » « J'ai été sauvé », se souvient Raymond.

La semaine suivante, Raymond retourna seul à Montréal pour finaliser l'entente. Selon l'acte de vente, enregistré le 2 novembre, il a versé un dépôt de vingt-cinq mille dollars ; le reste devait être remboursé aux pères sur une période de cinq ans au taux de 6 % par année, soit dix mille dollars par an. Le premier de ces paiements devait être fait le printemps suivant, le 1er mai 1965.

Raymond avait une idée du genre d'édifice qu'il voulait construire et il avait confiance en ses talents de dessinateur : il décida donc de ne pas faire appel à un architecte et de dresser les plans lui-même.

Il commença par passer une ou deux journées à la bibliothèque de l'université Laval à consulter des livres et des articles sur la planification et l'architecture commerciale. Il mit ensuite environ une semaine à produire les plans, sur la table de cuisine du 2020, chemin Sainte-Foy. Il fabriqua plus tard une maquette en carton du motel qu'il entendait construire. « C'était pas aussi dur que ca, dit Raymond de ses plans artisanaux. Dans le fond, le commercial, ce n'est pas plus compliqué que les maisons. »

Mais Raymond n'avait jamais rien construit dont la taille approchât celle du motel envisagé. Les plans proposaient un édifice carré d'un seul étage de cent trente mètres de long et de soixante mètres de large. En tout, il y aurait soixante et une chambres, quatre salles de réception et un sous-sol pleine grandeur abritant une piscine et un bar-restaurant. L'édifice fournirait huit mille trois cents mètres carrés de plancher.

Gardant à l'esprit son plan B, qui consistait à louer les chambres aux étudiants, Raymond conçut chaque chambre comme une suite. Chacune contiendrait un salon avec une télévision et un divan-lit, une chambre, une salle de bains, une petite garde-robe ainsi qu'une petite cuisine tout équipée, avec un réfrigérateur, une cuisinière, une table en bois et deux chaises. La moitié des suites devait offrir un lit double, l'autre moitié deux lits jumeaux. Cela rendrait le motel, advenant sa construction, unique en son genre dans la région de Québec.

Selon la demande de permis de construction que remplit Raymond auprès de la municipalité de Sainte-Foy le 2 novembre (le jour même de l'enregistrement de l'acte de vente), le coût du projet était estimé à quatre cent mille dollars.

Le Conseil de ville approuva la demande deux semaines plus tard. Cependant, vu l'époque de l'année – et craignant que ce promoteur jeune et inconnu ne réussisse jamais à mener à bien son projet –, le Conseil ajouta une seule mise en garde : « Le Conseil ne peut garantir la pose des services municipaux avant le 1er juin 1965. » Cela laissait à Raymond sept mois pour démarrer son projet.

Son principal ennui demeurait le financement. Il rendit visite à toutes les institutions financières avec lesquelles il faisait habituellement affaire, mais partout il fut éconduit. Le problème était familier : ni lui ni Colette ne disposaient des fonds ni des garanties nécessaires à de tels prêts. « Dans le fond, là, le problème des maudites banques, c'est que même si tu as cinquante mille propriétés à ton nom, si tu n'as pas d'argent dans ton compte, ils ne veulent rien savoir », dit Raymond.

Un autre problème résidait dans le scepticisme exprimé par les banquiers, les amis et la famille quant aux chances de viabilité d'un motel sur le chemin Sainte-Foy. Cette attitude négative se basait principalement sur le fait que cette rue constituait une entrée secondaire dans Québec. Tout comme aujourd'hui, la principale artère était le boulevard Laurier, situé à un kilomètre et demi au sud de la nouvelle propriété de Raymond.

Construit à la fin des années quarante afin de décongestionner le chemin Saint-Louis – une route à deux voies –, qui constituait le principal chemin entre la vieille ville et le pont de Québec, de réputation mondiale, le nouveau boulevard s'étirait en ligne droite depuis la résidence princière du lieutenant-gouverneur, au bois de Coulonge, jusqu'aux environs du pont de Québec, soit une distance de cinq kilomètres.

Au grand délice des habitants de Sainte-Foy (mais au désespoir des commerçants de Québec), la partie ouest de la nouvelle artère à quatre voies devait rapidement devenir le boulevard commercial le plus prospère de toute l'histoire de la région. Avant même que soit ouvert le boulevard, en 1950, les promoteurs qui visaient le tourisme avaient vu le potentiel de développement de son extrémité ouest, soit tout près du rond-point situé à proximité du pont de Québec, qui allait permettre aux touristes de traverser le fleuve en voiture et en autobus de la rive droite vers Sainte-Foy.

Comme cela est expliqué dans un ouvrage récent sur l'histoire de la ville [1], le premier de ces entrepreneurs fut Albert Fiset, qui, en 1947, bâtit une série de petites cabines pour touristes appelées Chalet Louise.

---

1.   Michel Lessard avec la collaboration de Jean-Marie Lebel et Christian Fortin, *Sainte-Foy : l'art de vivre en banlieue au Québec. Du temps des seigneuries à l'aurore du XXIᵉ siècle*, L'Homme, Montréal, 2001.

Trois ans plus tard, le premier véritable motel voyait le jour : l'Auberge du boulevard Laurier, qui arborait une grosse enseigne fluorescente rouge, visible de la rive droite.

Un chapelet d'autres motels apparurent bientôt tout près, dont l'Habitation, la Logette, le Shamrock, le Carillon, le motel Louise (construit par Albert Fiset sur le même emplacement que les cabines alors démolies) et, en 1963, le Holiday Inn de Sainte-Foy.

Le premier gros hôtel de style américain près du rond-point était le Holiday Inn de Sainte-Foy. Construit en 1962 par les mêmes promoteurs qui ont construit le Chateaubriand à Saint-Laurent, l'édifice de cent dix-huit chambres offrait aussi un grand hall pour les réceptions, et un restaurant thématique (monastère du Moyen ge) très populaire. La demande était telle que les propriétaires ajoutèrent cent chambres en quelques années et, au début des années soixante-dix, cent cinquante chambres supplémentaires dans un tour de douze étages.

Un autre hôtel d'envergure construit à l'extrême ouest du boulevard Laurier, et qui fut inauguré en grande pompe en juin 1964 (quelques jours avant que Raymond voie la pancarte « À vendre » sur le chemin Sainte-Foy), était l'Auberge des Gouverneurs. Le premier d'une future chaîne entièrement québécoise d'hôtels de qualité, l'édifice était l'œuvre d'un consortium de plus d'une douzaine de jeunes ingénieurs, architectes et financiers de la région de Québec. « Ça a fonctionné tout de suite », se rappelle Roland Beaulieu, un ingénieur et l'un des partenaires originaux de l'entreprise, qui deviendrait plus tard la Société Delta, sous la présidence du financier Roland Dubeau. « On était très bien placés. Tout le monde qui arrivait à Québec passait devant chez nous. »

Pour justifier l'emplacement de son projet de motel, Raymond avançait que l'extrémité ouest du chemin Sainte-Foy était aussi un endroit propice pour héberger les touristes. Ainsi, il faisait valoir que le Château Bonne Entente, qui était alors, tout comme aujourd'hui, une auberge populaire dans la région, n'était situé qu'à trois kilomètres à l'ouest de sa propriété. Il ajoutait que son terrain avait déjà hébergé le vieux motel Laval, une bâtisse qu'il avait démolie peu de temps après avoir acheté la propriété ; il avait conservé le *Montmartre* comme entrepôt pour les matériaux de construction, au cas où son projet irait de l'avant.

Raymond soulignait en outre le fait que sa propriété était située directement en face de l'université Laval, qui amorçait alors une rapide expansion en taille et en prestige. On prévoyait aussi un important édifice à bureaux tout près. Fait plus significatif, le gouvernement du Québec se proposait de construire une nouvelle autoroute, le boulevard Henri-IV, pour relier le pont de Québec et le boulevard Charest, trois kilomètres plus au nord. Raymond expliquait qu'une fois la nouvelle autoroute accessible, en 1966, son motel se trouverait à un endroit stratégique.

Selon Raymond et Colette, personne ne partageait leur foi dans le projet. «Tout le monde nous disait que ça ne marcherait jamais, dit Colette. Je me rappelle qu'une amie m'avait dit : "Ou bien vous êtes stupides, ou bien vous êtes fous. Personne ne passe par là, personne ne va loger là. Vous allez crever de faim." Elle ne fut plus mon amie après ça.»

Bien que de tels commentaires aient irrité Colette et Raymond, cela ne réussit toutefois pas à les dissuader ni à les décourager dans leurs projets. En fait, cela augmenta leur détermination, surtout celle de Raymond.

Aujourd'hui âgé d'environ soixante-quinze ans et jouissant d'une semi-retraite, l'homme le plus riche de Québec est peut-être Paul Laberge. Laberge continue de gérer un empire d'un milliard de dollars qu'il a érigé presque seul au cours du dernier demi-siècle. Cet empire consiste principalement en une chaîne de magasins de matériaux de construction et de quincailleries à Québec, Canaq-Marquis, et en cinq mille appartements répartis dans plus de cent immeubles au Québec et en Ontario.

Encore plus impressionnante que l'importance de sa fortune est la curieuse manière dont elle a été amassée. Tout a commencé par un magasin général et une station-service de Beauport qui appartenaient au père de Laberge, Adelbert, qui en assurait la gérance. Quand Paul acheta l'entreprise familiale avec l'aide de son frère Léopold, en 1949, il transforma rapidement ce commerce qui stagnait en une quincaillerie dynamique qui fournissait aux petits entrepreneurs à peu près tout : bois, feuilles de placoplâtre, clous, vis, bardeaux et fenêtres.

Petit et bien bâti, s'exprimant dans un langage aussi épicé que celui d'un marin, Paul Laberge se tailla rapidement la réputation, dans l'industrie de la construction, d'être le seul fournisseur de Québec qui faisait crédit aux ambitieux constructeurs à court de liquidités, en échange de droits de rétention sur leur propriété. «En fait, il était un prêteur sur gages, un requin du prêt, se rappelle un constructeur bien en vue des années cinquante et soixante. Si vous étiez constructeur à Québec durant ces années, vous aviez deux solutions : ou bien vous obteniez du financement d'une banque ou bien vous alliez trouver Paul Laberge. Il vous avançait les matériaux à un taux de 5 % à 10 % plus élevé que le marché. En garantie, si vous faisiez défaut, vous deviez lui vendre votre propriété pour un dollar.

«Chaque fois que les constructeurs ne pouvaient le rembourser,

Laberge gardait l'immeuble ou l'achetait en déduisant la somme qu'on lui devait. Quand il effectuait une reprise de possession, il récupérait tous ses matériaux et il ne payait pas les employés du constructeur ni ne remboursait aux fournisseurs les sommes dues. Contrairement aux banques, qui ne pouvaient rien faire avec les édifices dont elles prenaient possession, il pouvait les exploiter immédiatement en utilisant ses propres employés pour les louer ou les vendre. Durant les années cinquante et soixante, Laberge a acquis des douzaines de maisons et d'immeubles de cette manière. On ne l'aimait pas vraiment à cause de cela, mais on le respectait pour son succès ; de plus, il comblait un besoin. Les gens qui allaient le voir le faisaient parce qu'ils ne pouvaient trouver d'argent nulle part ailleurs. Tout le monde voulait profiter de la manne de la construction. Tous voulaient se remplir les poches le plus rapidement possible et chacun entretenait le rêve de devenir le plus gros et le plus célèbre promoteur. La caractéristique commune à tous ces entrepreneurs, c'est qu'ils se fixaient des buts ou tentaient de relever des défis qui dépassaient leurs capacités financières. Beaucoup d'entre eux étaient plus qu'heureux de payer le prix fort pour financer leurs rêves et ils contribuèrent ainsi à faire de Paul Laberge un homme très riche. »

Raymond et Paul Laberge sont faussement modestes quant à la nature et à l'importance de leurs premières affaires. Mais le notaire de Raymond, Pierre-Paul Côté, se souvient bien de la complicité entre les deux hommes. « Paul et Léopold Laberge étaient les principaux fournisseurs et financiers de Raymond, affirme Côté. Tout comme il le faisait avec les nombreux entrepreneurs de l'époque, Paul exigeait que Raymond garantisse le prêt en lui vendant la propriété pour un dollar. Une fois le prêt remboursé, il la lui revendait pour le même prix. Paul et Raymond ont effectué ce genre de transaction sur plusieurs maisons bâties par Raymond. Mais Paul ne faisait pas cela avec n'importe qui. Il aimait beaucoup Raymond. Il avait confiance en lui. »

Il ne fait aucun doute que Paul Laberge appréciait vraiment Raymond. Le fournisseur de Beauport aimait se retrouver en compagnie du jeune entrepreneur, à un point tel que, quatre décennies plus tard, il regrette de n'avoir pas passé davantage de temps avec lui lors de ces années mouvementées.

« Nous travaillions quatre-vingt-dix heures par semaine, c'est-à-dire entre douze et quinze heures par jour, dit Laberge. Nous étions deux jeunes coqs. »

En plus de l'énergie incroyable de Raymond et de sa personnalité dynamique, Laberge admirait sa détermination de bouledogue.

«Je l'admirais, Raymond. Il était tenace, très tenace. Il avait une santé de fer. Il était toujours sur la *go*. C'était un gars qui voyait l'avenir devant lui, puis il n'était jamais vaincu. De tous nous autres, celui qui avait le plus de capacité, le plus de détermination, celui qui était le plus travaillant, c'était lui. Et Raymond avait du talent pour négocier, ajoute Laberge. Il savait quelle direction prendre. Si je lui avais dit : "Donne-moi dix piastres" pour telle affaire, il aurait répondu : "Je t'en donne huit." Aussi bien la lui laisser à ce prix-là, parce que j'aurais pu lui parler pendant deux heures et il aurait fini par l'avoir à son prix. Il connaissait la valeur et le prix de tous les matériaux, à la *cenne* près. Raymond rigolait avec toi quand il négociait, mais il ne lâchait jamais son prix. C'est un pitbull, Raymond, un vrai pitbull.»

Il n'est donc pas étonnant que Paul Laberge fût tout ouïe quand Raymond arriva, un beau matin du début de 1965, avec une intéressante proposition d'affaires. «Raymond, se souvient Laberge, disait vouloir bâtir un gros *block-appartements* sur sa propriété du chemin Sainte-Foy.» Raymond dit aussi à Laberge qu'il ne disposait pas des liquidités requises pour obtenir du financement et que, comme ils étaient tous deux de si bons amis, il espérait que Laberge voudrait avoir une part égale de la belle fortune que ce projet ne manquerait pas de générer.

Sous bien des aspects, l'entente proposée par Raymond était identique à d'autres ententes antérieures : Laberge lui avancerait les matériaux de construction dont il avait besoin et, en retour, Raymond lui remettrait la moitié de sa propriété en garantie, et ce, tant que les matériaux n'auraient pas été payés en totalité. Raymond ne pouvait transférer toute la propriété, disait-il, car Colette possédait l'autre moitié.

Il existait cependant une grosse différence par rapport aux autres transactions. Parce qu'il n'avait pas l'argent voulu pour acheter les nombreux matériaux de construction que Laberge ne pouvait lui fournir, Raymond lui demanda de signer conjointement une substantielle hypothèque. «Comme Raymond l'expliquait, on allait faire de l'argent comme des fous», rigole Laberge, qui dit avoir accepté la proposition après quelques jours de réflexion. «C'est sûr que j'ai dit oui. Raymond était tellement convaincant.»

Selon les registres, Raymond a vendu sa moitié de la propriété du chemin Sainte-Foy à Paul Laberge pour un dollar, le 9 février 1965. Six semaines plus tard, le 24 mars, le fournisseur de matériaux de construction payait ce qui restait des cinquante mille dollars d'hypothèque aux frères des Écoles chrétiennes, les suzerains corporatifs des pères de Sainte-Croix.

Deux semaines plus tard, le 6 avril, Raymond et Laberge se rendirent ensemble au Crédit foncier franco-canadien, où ils contractèrent une hypothèque de trois cent soixante-quinze mille dollars pour cinq ans au taux de 7,5 % par année, avec des paiements mensuels de trois mille dollars. L'hypothèque fut émise au nom de Raymond, avec Laberge comme cosignataire.

Mais la rencontre dans le bureau du gérant ne se déroula pas du tout comme Laberge l'espérait. En fait, ce fut une scène que le fournisseur de matériaux de construction dit n'avoir jamais oubliée. « Le gérant m'a donné le contrat pour que je le lise avant de le signer, explique Laberge. Et là, tout d'un coup, j'ai vu que ce n'était pas du tout un *block-appartements* que Raymond voulait faire. "Hein ! Raymond, qu'est-ce que c'est ça ? Tu veux construire un motel ? – Mais, oui. Mais voyons, Paul, un motel c'est bien plus payant qu'un *block-appartements* !" Le gérant voyait ma réaction et commençait à hésiter. Mais là Raymond s'est mis à marcher, puis, en quelques minutes, il nous a convaincus que c'était un bon placement et que si ça ne fonctionnait pas, il pourrait louer les chambres aux étudiants. Finalement, on a eu l'argent. Mais quelle histoire ! dit Laberge en riant aux éclats. C'était Raymond tout craché, ça. »

Une fois le financement assuré, Raymond entreprit rapidement de lancer le chantier. Ne manquant pas de culot, il avait déjà nettoyé le site avant la rencontre avec le banquier. Le premier élément à disparaître fut le vieux motel Laval, qui était érigé à l'endroit même où Raymond voulait construire. « Ça n'a pas été long, dit Raymond. On a sacré la pelle là-dedans, puis bonjour la visite. »

Pour une raison quelconque, Raymond modifia les plans du motel. Les matériaux, les chambres et les équipements allaient demeurer les mêmes, mais il s'agirait désormais d'un édifice à deux étages en L, avec quelques chambres au sous-sol – car l'édifice était construit en pente –, offrant à la fois une vue sur les Laurentides et un accès direct au terrain de stationnement, à l'arrière du motel.

Raymond embaucha son équipe de construction habituelle pour le projet : Léopold, Jean-Paul Gagnon, Onésime Talbot et, bien sûr, Émile Jobidon, le contremaître du site. Leur première tâche consistait à aider l'entrepreneur embauché par Raymond à creuser et à construire les imposantes fondations.

Quand il n'était pas sur le chantier à aider et à hurler des ordres à tout le monde sur à peu près tout, Raymond s'affairait partout dans la ville avec une vertigineuse liste de matériaux et de services à trouver et à faire livrer à temps. Ainsi, il embaucha Vibrek, une division de Béton Saint-Laurent, pour livrer les milliers de mètres cubes de béton nécessaires aux fondations, aux planchers et à tous les murs extérieurs et intérieurs, dont cent cinquante murs séparant les chambres. « Le béton, c'est ce qu'il y a de mieux », dit Raymond, qui connaissait le prix du ciment avec une exactitude d'expert. « C'est beau ; ça reste beau plus longtemps, puis ça coupe bien le son. »

Raymond embaucha aussi Vibrek pour installer de toutes nouvelles formes ondulées pour le béton des planchers supérieurs. C'était la première fois que la compagnie utilisait des formes préfabriquées dans la région de Québec.

Une fois la structure complétée, les divers artisans commencèrent à parader sur le site. Comme d'habitude, Raymond s'empressait de conclure des ententes avec l'entrepreneur moins-disant pour à peu près tout, dont la ferblanterie, l'électricité et la plomberie. En particulier, il adjugea le contrat de plomberie à Laurent Gagnon, un homme sûr de lui, impétueux et dur qui, comme Raymond, était destiné à laisser sa marque dans l'industrie de la construction au Québec.

Lorsque la charpente et les feuilles de placoplâtre furent mises en place, Raymond embaucha Maurice Duchesneau pour appliquer sur les murs intérieurs un produit ressemblant à du stuc, appelé *permaglaze*. Alors l'une des plus populaires innovations dans l'industrie de la construction, le *permaglaze* était fait de sable, de ciment et d'acrylique ; on le vaporisait, comme de la peinture, directement sur le ciment ou sur les surfaces sèches. Un des avantages du *permaglaze* est qu'il fallait en ajouter une faible quantité au mélange liquide pour quatorze kilos de ciment, un travail qui exigeait normalement plus de quatre litres de peinture et nécessitait beaucoup plus de temps pour l'application. Maurice fournit aussi les pierres des champs grises que Raymond utilisa pour la finition extérieure de l'édifice et qui lui donnèrent une allure chaleureuse et presque résidentielle.

Afin de conserver son capital, Raymond loua la plus grande partie – sinon la totalité – de l'ameublement et des téléviseurs nécessaires pour équiper les chambres. Dans la plupart des cas, il négocia des ententes de location de trente-six mois avec option d'achat à la fin de cette période.

En matière d'ameublement, il décora les chambres dans un style espagnol qu'il avait vu lors d'une foire commerciale à Montréal. Avec ses rembourrages en velours, ses combinaisons de couleurs vives faites de rouges riches, de noirs profonds, de bleu marine, de verts pastel et d'or, l'ameublement semblait plus approprié à un parloir qu'à une chambre de motel. Mais Raymond, qui se rendit jusqu'à Toronto pour négocier l'achat avec un manufacturier de l'Ontario, dit qu'il aimait la chaleur du coup d'œil. « Il n'y a pas de meilleure place pour la chaleur qu'un motel, n'est-ce pas ? »

Raymond convainquit aussi Léo T. Julien, le plus gros fournisseur de cuisines de la région, de lui avancer plus de deux cent mille dollars en appareils électroménagers et matériaux divers pour équiper la cuisine et le restaurant du motel. Raymond avait prévu dès le départ de louer les services du bar et du restaurant à un gestionnaire établi, une stratégie nouvelle qui était en contradiction avec l'habitude des hôtels de gérer leur propres services en matière de nourriture et de boissons. « Je ne voulais rien savoir d'un restaurant, dit-il. Je ne m'y connaissais pas assez là-dedans. »

Même avant d'être terminé, l'édifice constituait un apport élégant tant à la ville qu'au chemin Sainte-Foy. Il était très différent de ce qu'il est aujourd'hui. L'entrée, par exemple, se situait à l'extrémité ouest, là où se trouve maintenant le restaurant vitré. À l'intérieur, il y avait un petit vestibule avec la réception à droite et un corridor menant à plus de trente chambres situées au rez-de-chaussée.

À la gauche de la réception se trouvaient deux escaliers recouverts de tapis. Celui de gauche permettait d'accéder au second étage, où il y avait quelque deux douzaines de chambres et une salle de conférences. Celui de droite menait en bas vers le bar, le restaurant, la piscine et quelques chambres. Le sous-sol comprenait aussi une longue et étroite salle pour les conférences et les réceptions pouvant accueillir cent cinquante personnes, salle qu'on pouvait diviser en deux plus petites, de même qu'un vestiaire et une cuisine qui servait aussi d'espace d'entreposage.

Tout en étant satisfait et fier de tout cela, Raymond devenait de plus en plus anxieux – et en colère – en réalisant le temps qu'il faudrait accorder pour terminer le nouveau motel. Il avait d'abord établi la date d'échéance pour la construction – et la grande ouverture du motel – au 1er juillet. Cependant, malgré ses efforts pour faire avancer les choses, le travail avait pris de plus en plus de retard. À la fin de juin, il restait encore plusieurs semaines de travail à faire avant de compléter l'édifice. « C'était grave, dit Raymond. La saison touristique était déjà commencée. On avait besoin d'ouvrir aussitôt que possible pour faire de l'argent avant que ça finisse. Si on manquait notre été, c'était fini, bonsoir ! C'était aussi simple que ça. » Ce fut la première et la dernière fois que Raymond ne respecta pas une échéance.

Pour ajouter à l'intensité du moment, au milieu de mai, la jeune famille de Raymond était partie du 2020, chemin Sainte-Foy – de l'autre côté de la rue – pour s'installer dans sa nouvelle résidence du 815, rue Pierre-Maufay. Comme si ce n'était pas assez, à peine quelques jours avant le déménagement, Colette apprit qu'elle était à nouveau enceinte. L'enfant, leur quatrième, devait naître vers Noël.

Dans un effort pour terminer la construction et ouvrir le motel, Raymond remua ciel et terre durant le mois de juillet. Le travail sur le site se poursuivait dix-huit heures par jour, sept jours par semaine, avec à tout moment des douzaines de travailleurs affairés à une myriade de tâches. Le motel fut pratiquement terminé au cours de la troisième semaine. Mais, alors que la grande ouverture n'était plus qu'à quelques jours, il survint un événement qui menaçait d'engendrer un délai et des coûts supplémentaires.

Depuis plusieurs mois, un conflit de travail couvait, au Québec entre les entrepreneurs en électricité et en plomberie, et les travailleurs non syndiqués, d'un côté, et, de l'autre, les deux centrales syndicales – la FTQ et la CSN. À bien des égards, cette situation était une retombée des ambitieux plans fondés sur le «Maîtres chez nous» du Premier ministre Lesage, plans qui avaient mené à la construction de barrages hydroélectriques des régions éloignées. Le fait que les travailleurs embauchés sur ces chantiers gagnaient beaucoup plus que leurs collègues d'ailleurs déstabilisa l'industrie et entraîna une ruée parmi les travailleurs de la construction résidentielle et commerciale afin de grossir les rangs syndicaux et de lutter pour des salaires plus élevés. La situation se détériora à Québec le 21 juillet quand les syndicats entamèrent une grève sauvage touchant tous les électriciens et les plombiers de la région. Cette grève, qui dura plus d'un mois, fut ponctuée de plusieurs actes de violence largement médiatisés.

Le pire survint lorsqu'un entrepreneur en chauffage et en plomberie et deux travailleurs non syndiqués furent enlevés par quarante syndiqués sur un chantier de la Côte-de-Beaupré. On conduisit les trois hommes au quartier général de la CSN à Québec, où, devant des centaines de syndiqués en délire, on les traîna à l'aide de cordes passées autour du cou, on leur mit le torse à nu et on leur peintura la poitrine et le visage à l'aide d'un caoutchouc chaud ressemblant à du goudron employé pour rendre étanches les joints des tuyaux d'eau chaude ; ils subirent de sérieuses brûlures. Bien sûr, la police procéda à plusieurs arrestations en rapport avec cette affaire et d'autres agressions. Finalement, plus d'une douzaine de syndiqués furent condamnés pour voie de fait.

Malgré les risques croissants, Raymond, comme bien d'autres entrepreneurs, continua à embaucher des travailleurs non syndiqués, moins coûteux et plus souples quant à leurs heures et à leurs conditions de travail.

Cependant, une fois la grève déclenchée, plusieurs travailleurs non syndiqués, même ceux appartenant à des corps de métier non affectés, refusèrent de poursuivre le travail sur le nouveau motel par peur de représailles.

La visite, sur le site, de plusieurs voitures remplies de syndiqués convainquit le reste des travailleurs de faire de même. Cela arriva un matin, alors que la grève durait depuis une semaine et à peine quelques jours avant l'ouverture du motel. Raymond se trouvait à l'arrière du nouvel édifice lorsque les hommes arrivèrent. Il était allé chercher des matériaux et revenait lentement par le côté, marchant avec précaution sur les pierres du patio qui formaient un trottoir ad hoc sur le sol boueux. Alors qu'il tournait le coin, il aperçut soudain les tumultueux syndiqués. Ils étaient massés autour de l'électricien sous-traitant et de son fils adolescent. Les hommes bousculaient les deux malheureux en hurlant des menaces et des obscénités. Mais quand ils virent Raymond, ils se tournèrent tous dans sa direction et se mirent à courir vers lui.

Terrifié, Raymond laissa tomber les matériaux qu'il transportait et courut vers l'arrière de l'édifice, sautant d'une pierre à l'autre comme un chevreuil. Une fois à l'arrière, il se précipita à l'intérieur et descendit au sous-sol, où il se tapit dans la garde-robe d'une des chambres. Il y resta presque une heure et ne sortit que lorsque la police arriva et que les syndiqués se furent dispersés. Une fois le calme revenu, il se remit au travail en compagnie de son électricien, mais le fils de ce dernier demeura terré dans une chambre pour le reste de la journée et ne revint plus jamais sur le site.

Les problèmes syndicaux de Raymond n'étaient pas terminés. Une fois le câblage fait, les ouvriers d'Hydro-Québec refusèrent de venir relier le motel au réseau électrique. Frustré et en colère, Raymond refusa de laisser « une niaiserie » l'empêcher d'ouvrir son nouveau commerce. Avec l'aide de Léopold, il creusa à la main une tranchée entre le motel et le vieux *Montmartre*. Il y enfouit des câbles électriques reliés à l'entrée électrique du vieux restaurant. Le courant de deux cents ampères était suffisant pour faire fonctionner les lumières et les chauffe-eau du motel, mais pas les cuisinières dans les chambres. Les lumières et l'eau chaude suffisaient pour faire démarrer le commerce.

L'enseigne lui causa aussi quelques soucis. À cause de la présence de l'université de l'autre côté de la rue, Raymond avait pensé à un nom évident : le motel Université. Il fit fabriquer une grosse enseigne en métal arborant le nom en grosses lettres. Mais, à peine trois jours avant l'ouverture, il eut un choc en apprenant, du notaire Côté qui était allé enregistrer le nom au Palais de Justice de Québec, que ce nom avait été choisi quelques semaines auparavant par une femme qui gérait une petite pension un peu plus bas sur la même artère. Raymond se rua chez le fabricant de l'enseigne. Alors que les deux hommes réfléchissaient sur la manière de modifier l'enseigne, Raymond eut soudain une idée. « Je lui ai dit de remplacer le deuxième *I* par le *É*, d'enlever l'accent, puis de tourner le *T* à l'envers et d'en enlever un bout pour faire un *L*. » Il appela Côté pour lui demander de vérifier un autre nom. Lorsque Côté rappela pour lui annoncer que ce nom était disponible, Raymond ordonna au fabricant de procéder comme suit : Le motel Universel venait de naître.

La grande ouverture du vendredi 31 juillet 1965 fut tout sauf grande : discrète serait plutôt le mot juste. « On n'a pas mis d'annonce dans les journaux ni à la radio, rien de ça », dit Colette, qui s'occupait de la réception et du standard téléphonique manuel, une première pour elle. De son côté, Raymond s'occupait de l'entretien et du nettoyage. « On a simplement mis une pancarte le long de la rue, disant qu'on était ouvert, poursuit Colette. Puis on a garé nos voitures en avant. C'était tout. On ne savait pas du tout à quoi s'attendre. Sauf Raymond et moi, il n'y avait aucun employé. »

Leur premier client se présenta peu avant l'heure du lunch. En début d'après-midi, les voitures paradaient en un flot ininterrompu dans le terrain de stationnement. À l'heure du souper, la totalité des soixante et une chambres était louée. « On a appris des clients qu'il y avait un spectacle d'opéra au collège Sainte-Foy, à côté. Des gens venaient de partout pour y assister. On était énervé sans bon sens », dit Colette.

Colette informa les clients, dès leur arrivée, que les cuisinières n'étaient pas encore branchées dans les chambres. Personne ne sembla s'en soucier. Cependant, dans la soirée, toutes les lumières s'éteignirent d'un coup et le standard de la réception s'alluma comme un arbre de Noël... Incapable d'identifier ni de corriger le problème sur le panneau d'entrée électrique, Raymond courut à l'extérieur et aperçut de la fumée s'échappant de la tranchée que lui et Léopold avaient creusée. « Les fils qu'on avait utilisés n'étaient pas assez gros pour le courant, puis ça a pris en feu », se souvient Raymond, qui se précipita à l'intérieur pour appeler l'entrepreneur électricien. Alors que Raymond attendait l'électricien à l'extérieur, près des câbles en feu, Colette tentait d'apaiser les clients en colère et remboursait ceux qui exigeaient de l'être, préférant partir à la recherche d'un autre logement. Quand, finalement, l'électricien arriva, il installa, en compagnie de Raymond, un circuit de dérivation à l'aide d'un fil double au-dessus du sol. La lumière revint immédiatement.

Une fois ce problème réglé, Raymond se tourna vers une autre situation toute aussi urgente : avec autant de clients, comment allait-il nettoyer toutes les chambres le lendemain ? Raymond embaucha donc par téléphone des femmes de ménage.

Le motel ne fut jamais plus complet cet été-là, mais les affaires marchèrent bien durant le mois d'août, au grand soulagement de Raymond, de Colette et de leur partenaire, Paul Laberge. « En plus des passants, se souvient Colette, on connaissait quelqu'un qui travaillait à l'Auberge des gouverneurs, boulevard Laurier. Comme plusieurs de leurs chambres étaient fermées pour des rénovations, il nous envoyait des clients. On demandait dix dollars pour une chambre et on lui donnait un dollar pour chaque client qu'il nous envoyait. On a vite compris aussi – comme on l'a toujours dit d'ailleurs – que le chemin Sainte-Foy était une entrée populaire vers la ville pour les gens de l'extérieur. Plusieurs nous ont dit qu'ils avaient le motel à l'œil pendant la construction et qu'ils avaient hâte de venir loger chez nous. Et tout le monde a trouvé le motel très beau, alors ils nous envoyaient du monde, eux aussi. »

Mais, immédiatement après le week-end de la fête du Travail, les affaires périclitèrent. À la fin de septembre, les revenus s'étant complètement taris, Paul Laberge eut peur. « C'est sûr que je faisais de l'argent en vendant des matériaux à Raymond. Mais j'avais cosigné le prêt à la banque avec lui. J'étais pris là-dedans, moi », dit-il. Presque tous les soirs, Laberge et sa femme, Thérèse, arrêtaient au motel pour voir comment allaient les affaires. Colette, qui, comme Raymond, était sur place dix-huit heures par jour, lui faisait part des résultats invariablement piètres de la veille. Alors que Raymond partageait les inquiétudes de Laberge, Colette demeurait confiante.

« Colette me disait : "On a loué seulement sept chambres hier. Mais ça va aller mieux, Paul. Ne t'inquiète pas avec ça", se rappelle Laberge. Mais ils ont eu de la misère. Raymond était inquiet comme moi. Mais Colette n'a jamais flanché. Elle avait bon espoir que ça finirait par marcher. »

Mais la confiance ne suffisait pas à payer les factures élevées du motel. En raison du peu d'affluence durant les mois d'automne et d'hiver, Raymond et Colette furent obligés de se rabattre sur leur solution de rechange et louèrent à la semaine ou au mois à quelques douzaines d'étudiants et à des professeurs en visite. Malgré ce revenu, la disette s'installait et engendrait souvent des courses démentes pour trouver l'argent afin de payer les factures.

Ainsi, un après-midi, Raymond, paniqué, appela sa mère et Marie-Anne.

« Il disait qu'il avait besoin de cinq mille dollars la journée même, sinon il perdrait son motel, se souvient Marie-Anne. Ma mère a dit qu'elle pouvait lui prêter de l'argent. Alors, Raymond a sauté dans sa voiture et il est descendu à Saint-Hubert tout de suite. » Après avoir accepté l'argent, Raymond dormit quelques heures chez sa mère, puis se leva en plein milieu de la nuit et retourna à Québec afin de s'assurer d'être à la banque dès l'ouverture, soit à neuf heures. « Il a remboursé ma mère peu après, dit Marie-Anne. Mais elle était toujours inquiète pour lui. Elle n'arrêtait pas de lui dire qu'il bougeait trop vite, qu'il devrait ralentir un peu. Mais Raymond, c'était Raymond : toujours comme une queue de veau dans tout ce qu'il faisait. »

Durant la première année d'opération, la vie de Raymond et de Colette fut trépidante. Sous bien des aspects, l'existence de Raymond n'avait guère changé. Comme lorsqu'il construisait des maisons, il passait toute la journée à travailler au motel : il voyait à l'entretien (habituellement avec l'aide d'Émile Jobidon, qu'il devait finir par embaucher en tant que concierge permanent du motel), au nettoyage des planchers, et il s'occupait des divers représentants commerciaux et des sous-traitants.

Il détruisit aussi le vieux restaurant *Montmartre*, dont il n'avait plus besoin pour l'entreposage. Mais, au lieu de démolir l'édifice de deux étages de la manière classique et de payer ensuite pour l'enlèvement des débris, Raymond opta pour une solution moins coûteuse. « On a sacré le feu là-dedans, dit-il. Non, je n'ai pas eu de permis. J'ai appelé les pompiers avant, par exemple, pour leur dire ce qu'on allait faire. Ils sont venus guetter ça. Ils ont fait comme si c'était un exercice. C'était un sacré feu ! »

Quand il n'était pas au motel, Raymond était habituellement en train d'acheter des matériaux à Québec, à Montréal ou à New York, parfois avec Colette. Il était rare qu'il s'occupe directement des clients ou qu'il voie aux opérations quotidiennes du motel. Ces responsabilités reposaient presque exclusivement sur les frêles épaules de Colette.

Ce fut, bien sûr, la vie de cette dernière qui fut le plus bouleversée par le nouveau commerce. Avant l'ouverture, elle passait le plus clair de ses journées à la maison, dont elle partageait les travaux avec Danielle. Mais, une fois le motel ouvert, Colette y travailla tous les jours, soit de six heures à dix-huit heures, soit de huit heures à vingt-deux heures, et même, si besoin était, toute la nuit. Quand elle n'attendait pas les clients à la réception ou ne s'occupait pas du standard téléphonique, elle s'affairait à la comptabilité et à la paperasse dans le petit bureau derrière la réception ou elle vendait des articles dans la petite boutique de variétés installée près de l'entrée, dans un coin le long des fenêtres. Elle s'occupait aussi des quelques employés du motel et vérifiait régulièrement si les chambres étaient bien nettoyées.

Colette travaillait beaucoup. Quand la fatigue avait finalement raison d'elle, elle dormait sur un fauteuil dans le bureau, où elle s'assoupissait, entre les appels sur le standard et les arrivées de clients tardifs. En l'absence de Colette, la tâche de préparer les repas et de s'occuper des enfants toute la journée échut à Danielle Gagnon, âgée de seize ans. Danielle se rendait aussi au motel après le souper pour travailler à la boutique de Colette, habituellement jusqu'à la fermeture, soit à vingt-trois heures.

Pour alléger sa charge de travail et son sentiment de culpabilité envers ses enfants, Colette s'en remit de plus en plus au yoga. Mais elle ne s'associait plus avec Gérard Fortier, l'homme auquel elle accordait le mérite de l'avoir changée et de même lui avoir sauvé la vie à peine un an ou deux auparavant. « J'ai appris qu'il fumait la cigarette et qu'il buvait du café, deux habitudes contre lesquelles il prêchait, explique Colette. Il ne suivait même pas ses propres paroles, alors j'ai arrêté de croire en lui. Moi, j'accroche sur le monde, et quand je décroche, je décroche. »

Pendant des mois, Colette recherca une autre influence positive, « quelqu'un, explique-t-elle, qui mène une vie très correcte et très exigeante. Les voyants, les tireuses de cartes, je n'allais pas les voir. Ça me prends quelqu'un de vraiment spirituel, dont je suis sûre qu'il est sérieux ». Colette finit par trouver quelqu'un grâce à une petite annonce dans le journal. Son nom était Huguette Charbonneau, une femme de Québec qui avait étudié sept ans avec Fortier et sept ans avec « Swami », le guide spirituel qui avait formé Fortier. « Huguette m'a aidée à me relaxer », dit Colette, qui passa les quinze années suivantes avec son professeur, toujours dans un groupe de plus de douze étudiants. « J'ai commencé à faire du yoga tous les jours, dans ma chambre, avant de rentrer travailler au motel. Ça m'a aidée énormément. Quand je ne le faisais pas, en tout cas, ça paraissait. » Plus particulièrement, Colette donne au yoga le mérite de l'avoir aidée dans sa grossesse, qui arriva à terme durant le temps des fêtes, alors que les affaires redémarraient au motel.

En début de soirée, le 28 décembre, un mardi, Colette répondait à un appel au standard quand soudain elle perdit les eaux. Calmement, elle appela Raymond et lui demanda de voir à ce qu'un locataire du sous-sol s'occupe des enfants, d'amener Danielle pour prendre sa place, et de la reconduire à l'hôpital. « Je n'oublierai jamais ça, dit Danielle. Raymond et moi sommes arrivés au motel quelques minutes plus tard. Colette était assise au standard, dans sa robe toute mouillée, répondant toujours aux appels. Elle faisait tellement pitié, la pauvre petite!» Quelques heures plus tard, Colette donnait naissance à son quatrième enfant, une fille que Raymond et elle baptisèrent Lynn. À peine une semaine plus tard, Colette confia le bébé à la garde de Danielle et retourna travailler.

Le nouvel an a commencé sur une note très positive pour le motel. Le taux d'occupation est demeuré élevé, avec un apport grandissant de nouveaux clients. D'après Colette, ce n'était pas dû uniquement au confort des chambres, mais aussi à l'atmosphère du motel. «Les gens disaient que c'était comme une petite auberge, chez nous, dit-elle. Je travaillais à la réception les deux premières années, alors je connaissais tout le monde. C'était très familial à l'époque, les gens étaient beaucoup plus *friendly* et moins sophistiqués. Ils me parlaient de leurs succès et de leurs problèmes, comme à une amie. Puis, quand il y avait une tempête, tout le monde se réfugiait dans le lobby et ça placotait de bon cœur. Ce n'était pas du tout comme dans les grosses entreprises où tout le monde est anonyme.»

La recrudescence des affaires raviva la confiance de Raymond. Il se mit à parler d'agrandir, de doubler le nombre de chambres. Mais Paul Laberge n'était pas du tout intéressé par les incessantes demandes d'emprunts de Raymond pour financer son expansion. Tel que convenu, Laberge revendit à Raymond sa moitié de la propriété que celui-ci avait mise en garantie pour les matériaux. «Raymond a réussi à me remettre jusqu'à la dernière *cenne* l'argent qu'il me devait», dit Laberge à propos de la transaction du 27 octobre. «Il était très fiable, Raymond. Tous ses fournisseurs lui faisaient énormément confiance et avec raison.»

Mais la vente pour un dollar n'éliminait en rien la responsabilité légale de Paul Laberge en tant que cosignataire de l'hypothèque de trois cent cinquante mille dollars sur la propriété. Il n'est donc pas surprenant qu'il ait été réticent à augmenter sa mise dans ce qu'il considérait toujours comme une entreprise risquée. Il encouragea plutôt Raymond à trouver un autre partenaire. C'est exactement ce que fit celui-ci.

Tout comme Paul Laberge, Maurice Duchesneau avait toujours beaucoup aimé Raymond. Cette affinité était née plusieurs années auparavant à Saint-Pie-X, alors que Maurice avait vendu à Raymond les briques jaunes artificielles et les pierres des champs grises que ce dernier utilisait pour la finition des maisons qu'il construisait.

À bien des égards, Raymond et Maurice étaient des âmes sœurs. Duchesneau dit qu'il était l'égal de Raymond tant dans son désir de devenir riche que dans son acceptation du risque. Ainsi, en 1960, il emprunta quatre-vingt-dix mille dollars d'une banque et utilisa cet argent pour acheter cent mille dollars en or. «Je l'ai revendu plusieurs années plus tard pour à peu près le même prix, dit Duchesneau. Ça ne m'a rien rapporté. Mais ça démontre à quel point j'étais prêt à prendre des risques. Raymond était pareil.»

Sur un plan plus personnel, les deux hommes aimaient les mêmes blagues salaces et avaient tous deux le même œil et le même appétit pour les belles femmes. «Maurice était un dragueur comme Raymond, se rappelle un ami commun. Ils guettaient les filles pas mal, tous les deux.»

Pendant des années, Duchesneau et son épouse, Louise Bédard, furent régulièrement invités chez Raymond et Colette, au domicile de Sainte-Foy et au chalet de Cap-Rouge. Il n'est pas surprenant que tous les enfants des Malenfant appellent Duchesneau «mon oncle Maurice». La plus belle preuve d'amitié entre les deux hommes est que Maurice Duchesneau est le parrain d'Alain.

Duchesneau fut président de la Chambre de commerce des jeunes, de même qu'un membre actif de clubs sociaux comme les Kinsmen et le Carnaval de Québec. Il invita Raymond et Colette à l'accompagner, lui et son épouse, à plusieurs des grands événements sociaux dans lesquels il était impliqué. Les deux couples assistèrent à plusieurs bals annuels du Carnaval, toujours tenus au Château Frontenac. C'était l'événement le plus couru du Tout-Québec des années soixante.

«C'était toujours ce que préféraient Raymond et Colette, se souvient Duchesneau. Ils avaient l'habitude de danser toute la nuit. Ils étaient toujours de compagnie tellement agréable, riant et faisant toujours des blagues. Raymond surtout avait énormément d'entrain et d'énergie.»

Après une brillante carrière en tant que vendeur de fournitures de construction, Duchesneau, homme respecté et au tempérament modéré, se montra aussi un homme d'affaires astucieux en tant que fondateur et propriétaire des Recouvrements Permaglaze, qui virent le jour au début des années soixante. Ce n'est pas seulement ce produit révolutionnaire aux apparences de stuc qui fit de la compagnie une mine d'or pour Duchesneau. Derrière la scène, il dirigeait une organisation paisible et bien rodée qui soumissionnait – et remportait – des contrats résidentiels et commerciaux partout au Québec. «Maurice était un très chic type. Ce n'était pas Raymond Malenfant, ça, plaisante Jean-Guy Landry, un plâtrier qui a travaillé pour Duchesneau et plus tard pour Raymond, et de qui il devint très proche. Maurice montrait beaucoup de finesse; il était un vrai gentleman et un excellent homme d'affaires. Il ne mettait jamais la main à la pâte, Maurice, mais il rencontrait ses contremaîtres tous les samedis matin pour parler de la semaine qui venait de finir et de celle que s'en venait. Il était toujours ouvert aux suggestions pour améliorer ses affaires et pour garder tout son monde heureux. Il a très bien réussi en affaires. D'ailleurs, à l'époque, il était reconnu comme un millionnaire. »

Il n'est donc pas surprenant que Raymond ait choisi d'approcher son riche ami avec une intéressante proposition d'affaires au début de 1966. « Raymond est venu me voir avec une idée qu'il avait, se souvient Duchesneau. Il voulait trouver de nouveaux capitaux parce qu'il voulait agrandir son hôtel – le doubler, en fait. Il disait que, avec l'Expo 67 qui s'en venait l'année d'après, il y aurait un boom comme jamais dans le tourisme au Québec et à Québec. Je trouvais que c'était une idée qui avait du bon sens. J'ai été d'accord. »

Bien que Raymond s'y fût vigoureusement objecté, Duchesneau insista pour incorporer la nouvelle compagnie. Les deux hommes allèrent donc trouver le notaire et le comptable de Raymond pour voir comment structurer leur partenariat sur les plans juridique et financier. Les professionnels estimaient préférable de diviser les actifs en trois parties entre Raymond, Colette et Duchesneau, Raymond possédant un peu plus que Colette, étant donné qu'il serait le président de la compagnie.

« Personne n'a dit un mot ; on était tous d'accord, alors on a signé », se rappelle Duchesneau, qui affirme avoir appris seulement plus tard qu'il devenait le remplaçant de Paul Laberge. L'entente fut finalisée le 17 avril 1966, juste avant la saison touristique d'été. Selon l'entente, Raymond vendait le motel et le terrain à Motel Universel inc. pour la somme de 428 733,33 $. Près de 50 000 $ étaient estampillés aux fournisseurs du motel, y compris 10 000 $ à Paul Laberge. Mais, à peine quelques jours plus tard, Raymond demanda à Duchesneau s'il était d'accord pour modifier la répartition des actions. « Il m'a dit que je ne devrais avoir que 33 % des actions, étant donné que je ne travaillais pas au motel comme lui et Colette. Je lui ai dit : "Mais voyons, Raymond, tu aurais dû dire quelque chose l'autre jour, avant que ça soit signé." » L'affaire s'arrêta là, car Raymond ne souleva plus jamais la question, mais elle laissa un arrière-goût amer au sein de la jeune association. Interrogé sur la raison des changements suggérés par Raymond, Duchesneau haussa les épaules et dit : « Raymond agissait, Colette réfléchissait. Raymond et moi étions de grands amis, mais Colette est une femme d'affaires jusqu'au bout des ongles, autant que Raymond, sinon plus. »

Les travaux d'agrandissement du motel débutèrent vers la fin de l'automne, à la fin de ce qui s'avérait la meilleure saison du motel à ce jour.

Les travaux furent entrepris au début de décembre, au moment où les partenaires obtinrent un prêt additionnel de trois cent mille dollars du Crédit foncier, ce qui augmentait la dette à long terme sur l'édifice à près d'un demi-million de dollars. Comme d'habitude, Raymond était son propre entrepreneur général, embauchant divers constructeurs comme sous-traitants, et supervisant leur travail. Bien sûr, c'est son nouvel associé, Maurice Duchesneau, qui traita au *permaglaze* les murs de la nouvelle partie. Celle-ci était impressionnante, c'est le moins qu'on puisse dire, et l'édifice a peu changé depuis. On étendit directement les trois planchers de l'édifice de trois étages en *L* de manière à former une nouvelle section qui fermait le *L* en un grand *U*. On ajouta soixante-six chambres, toutes parées de couleurs vives et meublées à l'américaine. Il y avait aussi un quatrième plancher, une structure ressemblant à un pont d'envol et qui mettait en vedette deux nouvelles salles de conférences, dont l'une faisait saillie en direction du chemin Sainte-Foy, offrant une vue panoramique à la fois sur les rues et sur le PEPS, grâce aux baies vitrées des trois murs extérieurs. Le nouveau plancher abritait aussi quelques bureaux administratifs, dont un pour Raymond et un autre pour Colette.

Un autre changement important concernait l'entrée, qui était désormais légèrement à l'est du centre du nouvel édifice. La réception et le nouveau bureau du gérant étaient situés immédiatement à gauche de l'entrée. Tout juste derrière et à gauche de la réception se trouvait un escalier tournant tapissé (au-dessus duquel était suspendu un chandelier en cristal) qui menait au second plancher et à un autre escalier plus étroit qui, à son tour, menait au nouveau troisième (ou quatrième) étage.

À l'emplacement de l'ancienne entrée, Raymond bâtit un restaurant vitré qui existe encore aujourd'hui. Les nouveaux locaux étaient beaucoup plus attirants que le sous-sol pour les locataires potentiels, qui voulaient à tout prix être à côté de la rue, visibles aux passants.

L'élément le plus remarquable de la nouvelle construction était sans contredit le nouveau hall d'entrée, ou plutôt les nouveaux halls d'entrée. Situé derrière l'escalier, c'était une salle tapissée et tentaculaire au plafond bas, avec des sofas, des fauteuils finement rembourrés et un foyer doté d'un long manteau en pierre. Le style faisait davantage penser à celui du salon d'un ranch du Texas plutôt qu'à celui d'un motel de Québec. Encore aujourd'hui, cette salle conserve un cachet chaleureux.

Au milieu du hall, le long des murs de côté, des corridors menaient aux chambres. Le corridor de gauche conduisait aux chambres de la vieille section du motel (en plus de l'escalier désespérément étroit menant à la piscine); celui de droite menait aux nouvelles chambres qui offraient toutes deux lits doubles mais sans cuisinette. Au fond du hall, à près de vingt-cinq mètres de la réception, se dressaient des fenêtres panoramiques et des doubles portes qui s'ouvraient sur une grande terrasse offrant une vue tant sur les Laurentides au nord que sur le terrain de stationnement à l'arrière du motel.

Le hall du bas, qui comportait également un foyer, était presque aussi chaleureux et spacieux que celui du rez-de-chaussée. Il était situé en bas de l'escalier qui descendait du rez-de-chaussée, juste à la droite de la réception. Ce qu'il avait de plus remarquable, c'était l'absence d'escaliers entre ses trois niveaux. Raymond a fait installer des rampes à la place. C'était une innovation qui permettait de relier, sans marche encombrante, le terrain de stationnement de l'arrière avec les deux grosses salles de réception du sous-sol – l'ancienne, et la nouvelle.

La nouvelle salle était très grande : elle pouvait (et peut encore) accueillir jusqu'à quatre cents personnes, soit trois fois plus que l'ancienne salle. Tout comme la salle originelle, elle était magnifiquement recouverte de tapis et de tapisserie. Elle offrait un éclairage mural charmant et un système de son dont les haut-parleurs étaient encastrés. On pouvait aussi diviser cette salle en unités de plus petites dimensions.

Alors que les travaux étaient presque terminés, Raymond dénicha un locataire idéal pour le nouveau restaurant : un restaurant déjà bien établi en quête d'un nouveau local. Il s'agissait du *Marquis de Montcalm*, alors situé dans l'hôtel du même nom, place d'Youville. L'hôtel et le restaurant appartenaient à René Nolin, fils de François Nolin, qui faisait partie du consortium ayant érigé le centre commercial Place-Laurier.

Forcé par la ville de vendre l'hôtel vieillissant – plus tard démoli dans le cadre d'un projet de rénovation urbaine de la place d'Youville – Nolin se mit en quête d'un nouvel emplacement pour le restaurant. Le nouveau et prospère motel sur le chemin Sainte-Foy semblait être l'endroit idéal. Raymond et Nolin rédigèrent un contrat de location de dix ans. C'était une entente hautement originale pour un hôtelier à l'époque, et un modèle qui allait devenir une des marques de commerce de Raymond dans l'industrie hôtelière.

Selon les modalités de cet accord, Nolin acceptait de payer un loyer de trente-six mille dollars par an, soit trois mille dollars par mois. Il acceptait aussi de remettre entre 12 % et 13 % des revenus bruts du restaurant, au-delà de deux cent cinquante mille dollars, sur toutes les ventes effectuées dans les lieux loués, un montant qu'on calculait deux fois l'an, le 1er janvier et le 1er juin. Le locataire acceptait aussi de rembourser 30 %

de l'augmentation des taxes municipales, de la taxe d'eau, de la taxe de déneigement et du coût de l'électricité, à la condition que ces 30 % n'excèdent pas deux mille dollars par année. « Le locataire s'engage aussi à exercer son commerce sur les lieux loués d'une manière efficace et il s'oblige à garder ouvert et en opération son restaurant tous les jours de sept heures à une heure du matin. Le locataire s'engage à maintenir les lieux loués, l'équipement et le mobilier propres et en parfait ordre : ils doivent être modernes et de bon goût. Il est bien entendu que tout cet équipement et ce mobilier devront demeurer la propriété du bailleur. » Finalement, Nolin accepta de fournir toute la vaisselle, la coutellerie, la lingerie et tous les accessoires « nécessaires à l'exploitation d'un restaurant de première qualité, tout cela étant affecté à la garantie du paiement du loyer ».

De son côté, Raymond acceptait de fournir les planchers finis en ciment ou en terrazzo, les murs finis au plâtre, en *permaglaze* ou avec des feuilles de placoplâtre peints, et les plafonds suspendus finis en feuilles de placoplâtre peinturées en blanc mat. Il acceptait aussi que Nolin utilise, « durant la saison chaude, la terrasse extérieure du côté ouest, près de la piscine du motel, pour l'installation d'une terrasse cafétéria à l'extérieur du motel. En plus de l'espace loué, Raymond acceptait aussi d'accorder au restaurateur le monopole sur les services de nourriture et de boissons dans les salles de réception, le bar et les chambres du motel. « C'était un beau coup pour moi, ça, d'avoir eu un restaurant bien connu comme ça chez nous, explique Raymond. Il a perdu un peu de sa renommée quelques années plus tard, quand Nolin a ouvert un deuxième restaurant à la Place-Laurier. Mais dans le temps, le *Marquis de Montcalm*, c'était bien connu. »

Les travaux d'agrandissement se terminèrent vers la fin de mars 1967, juste à temps pour ce que les trois partenaires estimaient devoir être une colossale saison touristique. Alors que l'hiver cédait la scène au printemps, leurs espoirs commencèrent cependant à fondre comme neige au soleil. « Le printemps n'était pas bon, pas du tout, se souvient Duchesneau. Jusqu'à la mi-juin, quand l'Expo s'est mise en marche, les affaires était mortes. Tout le monde s'en allait à Montréal. On paniquait. On était endetté jusque-là. Raymond et moi étions sûrs qu'on se dirigeait vers la faillite. »

Pour Duchesneau, le nadir survint un jour à la fin de juin, alors qu'il était dans le bureau, examinant les résultats mensuels avec Colette. « Le mois était désastreux. J'étais presque en larmes, tant mon désarroi était grand, dit-il. Ce fut à nouveau Colette qui montra du courage face à l'adversité.

Elle disait: "Crois-moi, Maurice, les touristes du Canada et des États-Unis qui vont aller à Montréal vont venir à Québec après, c'est sûr et certain. Ils vont venir, je te le jure." Finalement, elle avait raison. En dedans de quelques jours, les gens commencèrent à venir. Ça n'arrêtait pas. Au bout du compte, c'était l'un des plus gros étés qu'on a jamais eus.»

À bien des égards, cet été-là s'avéra être un point tournant pour le motel Universel. Selon Raymond, à partir de ce moment, le taux d'occupation du motel ne chuta que rarement en dessous de 80 %, ce qui se produisait durant les mois les plus tranquilles de l'année dans l'industrie hôtelière: octobre, novembre, février et mars. Le reste de l'année, le motel affichait toujours «complet». «Tout le monde restait chez nous: les touristes, les professeurs, les fonctionnaires, les vendeurs, les ministres, tout le monde, dit Raymond. On ne voulait plus louer aux étudiants. Ça marchait trop bien.»

Les touristes représentaient une large proportion de la clientèle du motel. Cela était particulièrement vrai pour les mois d'été, alors que les Canadiens du Québec, de l'Ontario et des Maritimes, ainsi que les Américains de New York et de la Nouvelle-Angleterre, affluaient dans la région en voiture et en autobus. Durant l'hiver, deux événements majeurs qui se recoupaient – le Carnaval de Québec et le Tournoi international de hockey peewee – emplissaient le motel d'un mélange de fêtards d'âge universitaire et de jeunes joueurs de hockey accompagnés de leurs parents. Quoique les deux groupes fussent rentables, ils laissaient les chambres dans le même état qu'un champ de bataille, c'est-à-dire jonchées de bouteilles et de boîtes de livraison de fast-food. On y trouvait même parfois des vomissures et des excréments humains.

Les syndicats constituaient également une source considérable de clientèle. Le plus gros client était, de loin, la Fédération nationale des enseignants du Québec (FNEQ), dont le quartier général était situé tout près. Le syndicat tenait des assises majeures deux fois l'an et des réunions de moindre importance le reste de l'année. Grâce au statut de Québec en tant que capitale provinciale, les fonctionnaires et les gens d'affaires – des cadres supérieurs aux représentants commerciaux, aux marchands et aux techniciens – constituaient une autre source de revenu non négligeable pour le motel Universel.

Les autres événements importants qui eurent lieu au motel Universel furent des rencontres et des congrès politiques. Le motel fut, entre autres, le quartier général de Marcel Masse lors de sa malheureuse candidature à la chefferie de l'Union nationale, dont le congrès se tint au PEPS, de l'autre côté de la rue.

Finalement, beaucoup de clients venaient à Québec pour participer à une myriade d'événements liés à l'université, tels des rencontres, des conférences, des événements culturels et des compétitions sportives. Il y avait des activités athlétiques et des tournois au PEPS dans presque tous les sports imaginables, du badminton au basketball, en passant par le volley-ball, la natation, le golf et le hockey. Tout cela amenait des clients. À l'instar des joueurs de hockey peewee et des fêtards du carnaval, les étudiants athlètes affluèrent au motel Universel parce qu'on y offrait des lits doubles dans toutes les chambres (et des cuisinettes complètes dans certaines), ce qui signifiait que quatre personnes pouvaient dormir dans chaque chambre. Cela en rendait le coût de location très abordable. On comprend qu'avec une telle affluence de jeunes le nettoyage était une constante source de soucis. Il fallait souvent nettoyer, réparer ou remplacer des tapis, des rideaux, de la literie, des meubles, des téléphones, des télévisions et des serviettes souillées. «On avait de l'ouvrage, ça ne dérougissait pas», se rappelle Estelle qui, comme tous les enfants Malenfant, aidait aux corvées d'entretien, surtout durant les mois d'été et après les événements importants. Malgré tous les dégâts, les Malenfant furent témoins d'incidents cocasses et d'épisodes loufoques dont ils rient encore aujourd'hui autour de la table familiale. Ils se rappellent tous, par exemple, cette nuit de carnaval lorsqu'un important groupe d'étudiants universitaires ontariens décidèrent de faire une randonnée d'une heure dans les champs enneigés derrière le PEPS, pieds nus !

Toute cette affluence au motel ne résulta jamais de publicité payée.

Imaginez la fierté de Raymond et de Colette lorsque le *Guide touristique officiel du Québec* de 1969 classa le motel Universel parmi les quatre meilleurs hôtels de la ville de Québec, dans la même classe que le Hilton, l'Auberge des gouverneurs et le vénérable Château Frontenac. Cette classification parut dans les journaux de Québec et valut à Raymond et à Colette les accolades de parents et d'amis. Plus de trente ans après, Colette grogne à la pensée «des hypocrites qui riaient de nous autres et qui sont venus nous féliciter en disant : "On savait que votre affaire marcherait !"»

Un exemple des largesses du couple (et un indice troublant sur leur méthode de tenue de livres) se présenta lorsque Raymond échangea l'une de ses Cadillac contre une autre, toute neuve. Maurice Duchesneau, qui accompagnait Raymond chez le concessionnaire, décida de vérifier une dernière fois le compartiment à gants avant que Raymond ne remette la voiture. À son grand étonnement (et certainement à son grand désarroi, considérant qu'il était l'associé de Raymond en affaires), il y trouva une enveloppe contenant mille dollars en liquide. «J'ai fait un moyen saut, dit Duchesneau. On s'est dit que c'était probablement une partie d'un dépôt que Raymond avait fait, que l'enveloppe était simplement tombée au fond du coffre à gants. Raymond et Colette ne comptaient jamais leur argent quand ils faisaient des dépôts : ils laissaient ça aux caissières. Ils se fiaient beaucoup aux banques, trop même.»

C'est sans équivoque que Raymond et Colette géraient tous les aspects de l'entreprise. Ils composaient aussi un tandem formidable en affaires. «Raymond et Colette formaient une équipe parfaite, affirme Danielle Gagnon. Ils se complétaient l'un l'autre en affaires et dans leur vie privée, qui se recoupaient toutes deux. Raymond n'aurait pas pu avoir une meilleure partenaire que Colette. Elle était aussi vite que lui, aussi coriace. Elle avait une mémoire incroyable. Raymond pouvait entrer abruptement dans le motel et crier : "Colette, quel est le numéro de téléphone de notre plombier habituel?" et sans aucune hésitation elle le lui donnait de mémoire.»

«Colette était la partenaire parfaite pour Raymond, ajoute Maurice Duchesneau. Elle s'est montrée aussi brillante que lui en affaires et elle était son égale sur le plan intellectuel. Ils formaient une équipe dynamique dans des projets d'affaires et en négociations.»

Comme directrice du motel, Colette a su aussi imprimer sa marque sur l'entreprise. Son approche rigoureuse et réaliste de la vie et des gens lui a permis de traiter avec fermeté, si ce n'est toujours avec équité, le nombre croissant d'employés du motel. «Elle aimait mener, Colette, et elle préférait travailler avec des gens qui l'écoutaient, dit Danielle. Si elle aimait quelqu'un, il n'y avait aucun problème. Mais si quelqu'un argumentait avec elle ou faisait le contraire de ce qu'elle voulait, cette personne ne demeurait pas longtemps à son poste. Elle a un vilain caractère quand elle se fâche. Elle n'est pas capable de cacher ses sentiments. On voit bien quand quelque chose ou quelqu'un ne lui plaît pas.»

Tout comme Raymond qui gérait avec une main de fer les matériaux sur les chantiers de construction et qui récupérait le moindre clou usagé ou le moindre morceau de bois ou de métal (il disait : «C'était de l'argent par terre»), Colette gérait l'inventaire du motel avec une discipline rigide. Elle s'assurait personnellement, par exemple, que la politique stricte voulant que toutes les bouteilles et cannettes ramassées dans les chambres et appartenant au motel soit respectée. «C'était très important pour elle, affirme une ancienne employée du motel. Il fallait qu'on les emporte dans une pièce prévue à cet effet. Elle les comptait religieusement.»

Un autre point commun que partageaient Raymond et Colette était leur capacité de dénicher et d'embaucher les bonnes personnes au bon moment pour leur entreprise en plein essor. Le plus bel exemple est sans doute l'embauche de Roger Dionne.

Dionne avait été pendant longtemps maître d'hôtel au restaurant *Montcalm* place d'Youville. Raymond avait fait sa connaissance dans les années cinquante et il avait toujours été impressionné par le caractère sérieux mais chaleureux de cet homme plus âgé que lui, de même que par la manière amicale et professionnelle dont il s'occupait des clients. Selon Raymond, Dionne, qui est décédé dans les années quatre-vingt, vint le trouver un jour, probablement peu après le déménagement du restaurant *Marquis de Montcalm* au motel. « Il me disait que lui et (René) Nolin étaient en chicane, qu'il cherchait un nouveau défi », dit Raymond. Cette visite tombait à pic, car Raymond et Colette étaient de plus en plus conscients de leur urgent besoin d'avoir un gérant expérimenté et à la main sûre qui pourrait superviser les opérations et l'administration de leur entreprise. « Je l'ai engagé tout de suite, dit Raymond. C'était un bon coup pour moi, ça. C'était quelqu'un qui en connaissait énormément sur les hôtels. Puis il était un excellent gérant, un bon évaluateur des caractères, quelqu'un qui savait lire les gens rapidement. Je n'aurais pu trouver mieux que lui. »

Dionne eut tôt fait de convaincre Raymond d'embaucher son proche ami Michel Roy en tant qu'assistant. Employé de longue date du vieil hôtel Marquis de Montcalm, Roy, un homme de petite taille, était extrêmement poli et habillé avec soin. « Il était un vrai gentleman et un bon homme d'hôtel, quelqu'un qui envisageait sa vie et son travail très sérieusement », se rappelle un collègue de Roy. Ensemble, Dionne et Roy formaient un noyau de gestionnaires solides et dignes de confiance, sur lesquels Raymond et Colette pouvaient compter concernant la gestion quotidienne du motel. Mari et femme eurent davantage de temps et d'argent pour poursuivre d'autres intérêts. .

Le succès ne monta pas à la tête de Raymond. Ainsi, il continuait à faire le pitre pour faire rire les gens. Par exemple, au chalet, lui, qui n'a jamais su nager de sa vie, il pouvait sauter dans la piscine et se débattre jusqu'à ce que quelqu'un l'en sorte à l'aide du filet pour le nettoyage. Il aimait aussi faire le clown lors de réunions familiales, comme lorsqu'il mit les bottes de Rosanna lors d'une partie de sucre à Saint-Hubert et se pavana autour de la cabane telle une reine de beauté.

Mais en affaires Raymond était tout sauf un pitre. Le succès du motel n'avait rien pour changer sa réputation d'homme d'affaires redoutable, qui ne reculait jamais lors d'une dispute, et de penseur rapide qui sautait sur toute occasion de faire de l'argent. Robert Truchon, l'avocat de Raymond pendant près de trente ans, a pu être témoin, à la fin des années soixante, de l'audace de Raymond. Natif de Chicoutimi et ayant complété ses études de droit à Laval, Truchon travaillait à l'époque pour René Amyot, l'un des plus grands experts juridiques et financiers du Québec et futur président d'Air Canada. C'est Pierre-Paul Côté qui avait d'abord dirigé Raymond vers Amyot lors de l'incorporation du motel Universel avec Maurice Duchesneau. Environ un an plus tard, alors que Raymond faisait face à des difficultés à propos d'une réclamation d'assurance, Côté l'envoya encore voir Amyot qui, à son tour, remit l'affaire entre les mains de Truchon, alors au début de la trentaine.

« Un homme s'était endormi avec sa cigarette allumée, ce qui a déclenché un incendie ; il n'y avait pas eu beaucoup de flammes, mais il y avait eu beaucoup de fumée, dit Truchon, qui n'avait jamais rencontré Raymond auparavant. La fumée avait tout imprégné : les tapis, les meubles, les rideaux et même les murs, car le *permaglaze* [de Duchesneau] était poreux. Elle envahit même d'autres chambres par la ventilation et le corridor. Il avait fallu fermer plusieurs chambres, sans doute au moins une douzaine. C'était un véritable gâchis. »

Selon Truchon, Raymond avait rempli une réclamation – c'est le genre de règlement qu'il voulait – pour un gigantesque nettoyage de tout ce qui avait été endommagé par la fumée, en plus d'un remboursement des revenus perdus. Mais la compagnie d'assurances, représentée par son agent, Robert Lavoie, d'Eugène Lavoie Co., un ami de Raymond qui s'occupait de toutes ses assurances, voulait seulement remplacer ce qui avait été endommagé.

« La compagnie pensait que Raymond n'avait pas les ressources nécessaires pour remplacer toutes les choses qui avaient été détruites, dit Truchon. Elle pensait pouvoir le cerner dans un coin, le forcer à accepter un règlement selon ses termes. Mais Raymond était très avisé. Il leur disait : "Vous ne voulez pas régler le coût que ça va coûter pour nettoyer les chaises, les murs et le reste ? Parfait." Alors Maurice et lui ont appliqué une autre couche de *permaglaze*, et ils ont tout changé dans les chambres et les corridors affectés. Finalement, un cas qui aurait pu être réglé pour cent mille dollars a fini par en coûter trois cent mille à la compagnie d'assurances. L'affaire a été réglée hors cour deux jours avant la comparution. Mais Raymond a toujours été très économe. Il a même trouvé le moyen de faire un petit extra là-dessus. Dans chaque pièce, il y avait des tapis, mais les lits étaient fixés par terre : il n'y avait donc pas de tapis en dessous.

Les assureurs ont payé pour du tapis à la pleine grandeur de la pièce. Raymond a toujours été astucieux comme ça.»

Quand il s'agissait de faire de l'argent, Raymond n'hésitait pas à être dur même avec les gens qu'il connaissait. En 1969, Paul Laberge et ses deux meilleurs amis, Jules Dallaire et Jean-Yves Dupont, s'unirent pour bâtir un complexe de trois cents appartements luxueux appelé Place-Versailles. Les deux hommes pensaient diviser le complexe de trois immeubles de trois millions et demi de dollars en parts égales entre eux, chacun apportant sa compétence dans l'entreprise.

Laberge, le fournisseur, fournirait les matériaux. Dallaire, l'entrepreneur affairé, s'occuperait de la construction. Dupont, un représentant Electrolux qui a fait fortune en vendant des aspirateurs de porte en porte et qui avait fait ses débuts dans l'immobilier seulement un an plus tôt, alors qu'il avait acheté un complexe de cent vingt appartements de Médéric Michaud, le roi des entrepreneurs de Québec et l'échevin qui avait aidé Raymond durant sa dispute avec la Ville au sujet des appartements du sous-sol. Dupont devait voir à la promotion, aux ventes et aux locations. Les trois hommes, que leurs amis appelaient «les trois mousquetaires», choisirent un grand terrain rectangulaire directement à l'est du motel Universel pour ériger leur complexe.

Alors que la construction débutait, le trio réalisa soudain qu'il leur fallait acheter un petit terrain faisant saillie au milieu du leur. «On aurait pu quand même le faire sans ce terrain, mais il aurait fallu couper cinquante à soixante logements et ça nous faisait mal», explique Dupont. Les trois hommes furent à la fois étonnés et soulagés de constater que ce terrain appartenait à Raymond, puisqu'il avait récemment donné suite à une option d'achat qui datait de sa transaction originelle avec les Pères de Sainte-Croix pour un terrain adjacent à celui qu'il avait acheté des Frères des écoles chrétiennes.

Ce fut Dallaire qui alla d'abord trouver Raymond, qui le reçut de manière grandiose dans son bureau du troisième étage. Après les plaisanteries de circonstance, les deux hommes passèrent rapidement aux affaires. Selon Dallaire (Raymond refuse de discuter de cette affaire), ils ont convenu de la valeur du terrain, vingt mille dollars, ce qui était quelques milliers de dollars de plus que ce que venait de débourser Raymond pour l'acheter. Dallaire affirma que ses associés et lui étaient prêts à payer trente mille dollars. Raymond déclina l'offre, exigeant soixante mille dollars. Dallaire refusa poliment, sortit et appela Paul Laberge. Celui-ci, furieux, sauta dans sa voiture et se précipita de Beauport vers Sainte-Foy. Quand Raymond réitéra son exigence, Laberge explosa. Selon divers témoignages, l'échange qui s'ensuivit se déroula ainsi :

Laberge :

« Mon *tabarnak* ! Je t'ai donné un coup de main avec ton *hostie* d'hôtel et maintenant tu veux me *fourrer*, mon écœurant ?

– Combien veux-tu me donner pour mon terrain ?

– Trente mille piastres et pas une *cenne* de plus !

– D'accord. Mais on est quitte, Laberge. La prochaine fois, tu paieras comme les autres. »

« Dallaire et moi aurions pu acheter ce terrain sans Paul, dit Dupont, riant à ce souvenir. On connaissait Raymond, et Maurice aussi, parce qu'il a fait mon *permaglaze* dans mon complexe de cent vingt logements. Mais Raymond n'était pas un homme facile. Raymond, c'est un bon gars, mais il est aussi astucieux. La présence de Paul nous a certainement permis de l'avoir à meilleur marché. Quoi qu'il en soit, Raymond était content de le vendre, lui aussi. Il ne nous a pas fait la charité, parce qu'il ne faisait la charité à personne, y compris nous autres. C'étaient des affaires, c'était pas la charité. Il était content de vendre un terrain qu'il avait en surplus. » « Raymond était un phénomène unique dans sa manière de travailler, de vivre et de raisonner », ajoute Dallaire, qui vendit plus tard son immeuble Place-Versailles à ses amis et utilisa l'argent pour ériger le Louisbourg, un complexe de deux cents unités sur Grande-Allée, la première tour d'habitation en copropriété de Québec.

Laberge, dont la mine s'affaisse à la mention de l'incident, est plus direct : « C'était une petite passe que Raymond nous a faite. Il savait qu'on voulait agrandir. Cela a refroidi les relations entre nous pour un bon bout de temps. »

Raymond aimait aussi magasiner plus près de chez lui. En compagnie de Colette et des enfants, il passa de nombreux vendredis soir à écumer les allées des magasins à rayons locaux à la recherche de soldes annoncés ou non. Quand ce qu'il voulait n'était pas vendu au rabais, il n'hésitait pas à rencontrer le gérant pour marchander, surtout s'il avait l'intention d'acheter de grosses quantités.

Pour Raymond, de telles économies n'étaient que bon sens en affaires. « J'ai travaillé fort pour tout ce que j'avais et ce dont j'avais besoin, dit-il. J'ai appris à sauter sur chaque occasion, à faire de l'argent ou à en sauver. Je n'étais pas *cheap*, moi ; c'est juste que je sais la valeur des choses. Je me battrais jusqu'au bout pour cinquante piastres : pas parce que je veux sauver cinquante piastres, mais parce que je connais la valeur de l'affaire. Puis je suis toujours content quand je l'ai à mon prix. »

Raymond se rendait régulièrement aux ventes de douanes à Montréal et à Toronto, et s'y procurait à bon prix des objets d'art. Consacrant ses loisirs à magasiner, à marchander et à acheter, il disposait de peu de temps (ou d'intérêt) pour faire partie de groupes ou d'associations profession-nelles de la région. « À ma connaissance, il ne faisait partie d'aucune asso-ciation », dit Paul Baillargeon, membre de la célèbre famille de culturistes et propriétaire d'un petit hôtel qui portait son nom à Québec dans les années soixante, à l'époque où il était actif au sein des regroupements touristiques et hôteliers locaux. « Il était complètement à part, M. Malen-fant, complètement seul. On ne le voyait jamais nulle part. En tout cas, personne ne le connaissait. Il avait une réputation d'honnêteté, mais il n'était pas hôtelier. M. Malenfant, c'était un constructeur de bâtisses. »

Comme il ne fumait ni ne buvait, Raymond était également inconnu dans les bars et les clubs, où se retrouvaient ses pairs du fébrile monde de la construction, où pullulent les gros buveurs. Un de ces endroits était un club social privé qui s'appelait le P'tit Canot. Situé au-dessus d'une vieille banque de la rue des Oblats, dans la basse ville de Québec, le club fut fondé au début des années soixante par un des meilleurs amis de Raymond, le défunt Jean-Paul Saillant. En 1950, Saillant, aidé de deux de ses frères, avait transformé une petite entreprise familiale de recyclage de métal pour en faire le plus grand détaillant et grossiste de plomberie et chauffage de Québec, et plus tard de tout le Québec. Situés du côté nord du boulevard Saint-Cyrille, là où se dressent maintenant le Hilton et le Centre des congrès, le magasin et l'entrepôt de la Plomberie Saillant employaient plus de cent personnes. Jean-Paul Saillant, père de famille à l'air puissant mais aux manières douces, qui partageait le sens de l'hu-mour de Raymond et son goût pour les grosses voitures nord-américaines, était l'une des figures les plus populaires de la construction de Québec. Pendant des années, il fut l'un des réguliers du samedi matin au Château Frontenac, où, à partir de sept heures, une demi-douzaine de coiffeurs passaient la matinée à couper les cheveux de l'élite du monde des affaires de Québec. Dans ce qui devait avoir l'air d'une scène de film, les étroites rues entourant l'hôtel étaient engorgées de grosses Chrysler, Ford et Buick, dont les propriétaires élégants, tous des catholiques d'âge moyen, s'asseyaient dans le salon de coiffure, où ils riaient, criaient et, quand les choses se calmaient, faisaient des affaires « sur la gueule ».

La même ambiance régnait au P'tit Canot, qui comptait une centaine de membres à son apogée, au milieu des années soixante-dix. Parmi ces membres se trouvaient de gros fournisseurs de l'industrie de la cons-truction, ainsi que des gros entrepreneurs comme Jules Dallaire. Il y avait aussi des propriétaires de magasins bien connus, des hauts fonctionnaires, des banquiers, des financiers et des assureurs.

Tout comme aujourd'hui, chaque membre possédait une clé de la porte menant aux grandes salles d'en haut, où se trouvaient une table de billard et des tables de jeu. En plus des après-midi et des soirées où on jouait aux cartes, il y avait pour les membres deux ou trois gros événements chaque année. Notamment, on donnait un cocktail le 2 janvier, qui attirait tous les politiciens importants de la région, y compris les maires de Québec, tels que Gilles Lamontagne et Jean Pelletier.

« C'était un club social privé pour notre *gang*, comme le Club de garnison l'était pour les professionnels et le Cercle de l'université Laval pour les universitaires, dit Jules Dallaire. C'était un excellent endroit pour jaser et pour établir des contacts fort utiles. Mais je n'ai jamais vu Raymond Malenfant là. Ce n'est pas surprenant. C'était un *loner*, Raymond. On ne le voyait que de passage, comme ca. »

Pour sa part, Raymond confirme qu'il n'a jamais mis les pieds dans ce club, dont il semblait même ignorer l'existence. « En tout cas, dit-il, je n'avais pas de temps à perdre dans ces places-là. J'étais déjà assez occupé avec mes propres affaires. »

De son côté, Colette semblait heureuse de passer ses moments de loisirs à la maison, où elle s'adonnait à plusieurs passe-temps. Ainsi, elle aimait lire, surtout des biographies et sur des sujets ésotériques liés au yoga et à la pensée positive. Elle tricotait aussi : elle faisait des mitaines, des chaussettes et des chandails pour les enfants. Elle faisait des rideaux pour les deux maisons de Sainte-Foy et elle finit ceux que Raymond avait achetés aux enchères pour le motel et qui étaient beaucoup trop longs.

Il y avait aussi les enfants. À tout point de vue, ils ont bénéficié d'une enfance heureuse et normale, en grande partie sous la garde de leur cousine Danielle. « Danielle était comme une grande sœur pour nous, on était toujours avec elle, dit Lynn. On l'aimait beaucoup, beaucoup, comme un membre de la famille. » Ces sentiments étaient réciproques, même si Danielle admet avoir eu une place spéciale dans son cœur pour Alain. « C'était un garçon exceptionnellement bon, même s'il était très gêné et introverti, tout comme sa mère, dit Danielle. Il ne parlait pas beaucoup ; en fait, le faire parler, c'était comme lui arracher une dent. Si vous confiiez un secret à Alain, vous étiez sûr que ça n'irait pas plus loin. »

Stérile de naissance – une condition corrigée chirurgicalement à l'âge de quatre ans –, Alain était un garçon gêné mais intelligent qui, dès son jeune âge, démontra le même esprit d'entreprise que Raymond. Son jouet favori était un marteau. Il s'en servait du matin jusqu'au soir durant les mois d'été au chalet. Il bâtissait à peu près n'importe quoi : des cabanes artisanales aux petites voitures. Impressionné par l'enthousiasme de son fils pour la construction, Colette aimait dire à la blague qu'Alain était destiné à devenir un entrepreneur comme son père.

Comme tous les enfants, Alain était curieux et désireux d'apprendre et d'essayer de nouvelles choses : plus c'était audacieux, mieux c'était. Un jour, alors qu'il avait huit ans, il dit à Estelle, qui en avait six, de placer un pétard allumé dans sa bouche pour voir ce qui allait arriver. Estelle, un garçon manqué en herbe, qui préférait déjà jouer au baseball et à d'autres sports avec les garçons plutôt que de jouer à la poupée et d'essayer des robes avec les filles, s'exécuta. Heureusement, elle ne fut pas blessée lors de l'explosion qui suivit, même si elle eut beaucoup peur.

À la même époque, Estelle avait une dent qui s'apprêtait à tomber. Dans le but de faciliter ce processus, Alain l'attacha avec de la soie dentaire à la poignée d'une porte ouverte qu'il referma brusquement. Cela fonctionna ; trop bien, en fait, car Alain avait attaché la soie autour de deux dents, arrachant à la fois la dent branlante et sa voisine.

Tout comme son père quand il était garçon, Alain était aussi un farceur qui aimait taquiner les filles, souvent jusqu'à ce qu'elles crient ou pleurent. Il aimait aussi donner un coup de main au motel, où il était toujours empressé d'accueillir les clients avec un large sourire et un salut amical.

De leur côté, les filles possédaient des personnalités et des caractéristiques aussi différentes qu'il est possible de l'imaginer. Ainsi, Estelle hérita de l'apparence modeste de sa mère et du caractère enjoué, irritable et hautement indépendant de son père. Enfant populaire dans le quartier, où, comme Alain, elle avait de nombreux amis, Estelle était facilement distraite et s'avéra être une étudiante médiocre à Saint-Michel, l'école publique où étudièrent les quatre enfants des Malenfant.

France, une enfant morose et solitaire à qui Alain donna le surnom de «Noirot» à cause de ses cheveux noirs, arborait un mélange des meilleures et, d'un certain point de vue, des pires qualités de ses deux parents. «France était beaucoup comme Raymond en ce qu'elle était de loin la plus déterminée et la plus entêtée des quatre enfants, dit Danielle. Elle était aussi vengeresse et vindicative que Colette. Tout comme sa mère, elle jouissait aussi d'une excellente mémoire.

«Lynn aussi portait un mélange de ses deux parents, mais elle était plus douce et plus gentille à tous égards. Elle était le bébé de tout le monde. Elle souriait toujours et était d'un abord facile. C'était agréable d'être en sa compagnie et elle était belle.»

Même si ses enfants grandissaient heureux, Colette, qui les adorait et s'inquiétait sans cesse de leur bien-être et de leurs performances sco-laires, semble avoir instinctivement réalisé qu'elle passait peu de temps avec eux en dehors du motel, où ils venaient souvent pour aider à net-toyer les chambres et accomplir d'autre menus travaux. Elle en était frustrée. Une partie de cette anxiété venait de ce que Danielle était celle qui s'occupait des enfants le plus et qui était la mère de facto. Cette réalité devint évidente par une chaude journée d'été lors d'une visite à Saint-Hubert. La famille était à la plage publique du lac de la Grande Fourche, auparavant domaine privé d'un club de pêche. Lynn, qui avait trois ou quatre ans à l'époque, tomba et se blessa en jouant sur la berge. Colette tenta de réconforter l'enfant qui pleurait et qui n'en réclamait que plus fortement Danielle, qui était en canot au milieu du lac. Au grand désespoir de Colette, Lynn n'arrêta de pleurer que lorsque Danielle fut revenue. Après cet incident, Colette se mit à passer plus de temps avec tous ses enfants.

Tout comme Raymond, Colette n'entretenait aucun lien profession-nel. Elle n'avait pas non plus beaucoup de contacts sociaux en dehors du motel. « Elle avait ses copines au yoga et à la piscine, mais elle ne les voyait pas socialement, dit Danielle. Elle n'avait pas vraiment d'amis. Quand elle ne travaillait pas, elle préférait faire ses affaires à la maison. Puis Raymond était toujours sur la *go*, toujours en train de partir quelque part à la recherche de quelque chose pour le motel, ou pour voir des ter-rains ou des matériaux à vendre. On ne le voyait pas beaucoup à la mai-son, même le dimanche. »

Raymond et Colette ne sortaient donc pas non plus très souvent avec le petit cercle d'amis qu'ils fréquentaient jadis, incluant les Duchesneau. « Ils n'avaient vraiment pas de vie sociale, mais ils n'essayaient pas d'en avoir une non plus », dit Danielle. Quand Raymond et Colette sortaient, c'était habituellement avec leurs enfants et Danielle pour assister à la messe à l'église Saint-Thomas-d'Aquin, rue Myrand. Ils allaient quel-quefois à la messe du dimanche, mais le plus souvent ils optaient pour celle du samedi soir. « Nous nous asseyions habituellement à l'arrière de l'église, de façon à pouvoir partir avant la fin, se rappelle Lynn. Dès que les annonces commençaient, mon père nous poussait habituellement vers la sortie. Il n'avait pas de temps pour cela. Il était toujours à la course. » Après la messe, la famille allait soit au restaurant *Saint-Germain* pour une grosse pizza au fromage, soit au restaurant *Le Fiacre*, le premier *steakhouse* de Québec.

Durant l'été, la famille vivait presque à plein temps au chalet de Cap-Rouge et retournait en ville durant le week-end de la fête du Travail, juste avant la rentrée des classes. L'une des principales activités des enfants au cottage consistait à sillonner le fleuve dans un hors-bord de cinq mètres que Raymond avait acheté pour la famille. Raymond et Colette ne s'aventuraient que rarement à bord. Par contre, Alain devint un passionné de la navigation et un adepte accompli du ski nautique. «C'était mon sport préféré», dit Alain. Quand il ne donnait pas un coup de main au motel, les jours d'été, il skiait souvent vingt à trente kilomètres dans n'importe quelle direction sur le fleuve, aussi loin que Montmagny à l'est et le majestueux cap Charles à l'ouest, soit en compagnie d'amis de l'école, soit avec ses deux sœurs aînées. «Nous avions des étés bien occupés, dit-il. C'était bien plaisant.»

À Noël et à Pâques, Raymond emmenait habituellement Colette, Danielle et les enfants à Saint-Hubert pour des réunions de famille. Mais, à partir du début des années soixante, la famille, y compris Danielle, alla dans le Sud chaque année durant la période des fêtes. Cette tradition a commencé en janvier 1968 par un voyage d'un mois à Mexico et à Acapulco. Avec sept personnes entassées dans la nouvelle voiture de Raymond, une grosse Cadillac Eldorado, le voyage fut des plus joyeux.

Mais il s'agissait le plus souvent d'un voyage pénible et monotone au cœur des plaines arides du Texas et du nord du Mexique. Pour Raymond, le point saillant du voyage était une visite au Hyatt Regency, en plein cœur d'Atlanta. Ouvert depuis à peine quelques mois, le nouvel hôtel jouissait d'une conception révolutionnaire qui en fit du jour au lendemain une attraction, ce qui contribua, d'après de nombreux experts en tourisme, à mettre Atlanta «sur la carte» en tant qu'une des villes de congrès les plus affairées des États-Unis. L'élément le plus spectaculaire de l'hôtel était un atrium digne de l'ère spatiale. Il s'élevait le long de vingt-deux étages, du hall jusqu'à un restaurant tournant situé sur le toit, ce qui créait un énorme vide qu'on pouvait admirer tant des chambres que des ascenseurs vitrés qui s'élevaient le long des murs intérieurs de l'édifice.

Lors d'une entrevue, le concepteur de l'édifice, John C. Portman, un architecte local dont l'âge, l'enthousiasme et le sens des affaires étaient remarquablement similaires à ceux de Raymond, dit que l'idée lui était venue après avoir visité une douzaine d'hôtels dans des villes importantes des États-Unis. Portman découvrit que la plupart des hôtels étaient de petits édifices établis près des trottoirs. Ils arboraient aussi tous des halls exigus, des restaurants et des bars cachés, ainsi que des ascenseurs inspirant la claustrophobie et circulant dans des cages sombres. «Ce qu'il nous fallait, c'était un antidote à la congestion urbaine», dit-il.

En conséquence, Portman installa l'entrée du nouveau Hyatt Regency loin de la rue. « Cela procurait aux clients le sentiment d'arriver dans un endroit de villégiature », expliquait-il. Dans la même veine, il installa un bar au rez-de-chaussée en plein milieu du hall, ce qui permettait aux clients de voir et d'être vus de tous les coins de l'immense atrium ouvert.

Portman, qui construisit aussi le Peachtree Center, un complexe à bureaux et à magasins, et, non loin de là, l'Atlanta Market Center, un des grands centres de congrès de la ville, dit, plusieurs années plus tard, que ce qui l'avait guidé dans la construction d'édifices comme le Hyatt Regency c'était que les architectes et les hôteliers « ne devaient pas s'occuper d'édifices mais de gens. Nous avons créé des environnements qui mettaient l'humain en valeur ». À en juger par le succès commercial de l'hôtel et par l'impact qu'il a eu sur la plupart – sinon la totalité – des millions de personnes qui y ont séjourné ou l'ont visité depuis son ouverture, l'idée de Portman était fort à propos.

« Quand je suis entré au Regency pour la première fois, j'étais très impressionné par ce que je voyais », dit Donald J. Keough, ancien président de Coca-Cola, lors de l'intronisation de Portman aux Temple du Convention & Visitors Bureau's Hospitality Hall of Fame d'Atlanta en 1999. « Il y avait là des gens de tous genres. C'était le début d'Atlanta sur l'autoroute internationale. »

Raymond, quant à lui, eut une réaction un peu moins sophistiquée la première fois qu'il se tint au milieu du spectaculaire atrium. « Hé ! *calvinisse* ! C'était quelque chose à voir. Je n'en revenais pas ! » Aucun doute que la visite de Raymond à la création visionnaire de Portman lui ouvrit les yeux sur les infinies possibilités de la conception hôtelière, de même que sur la contiguïté entre les hôtels, les galeries commerciales et les centres de congrès.

Il est fort probable que cela ait déposé une semence dans l'esprit de Raymond, semence qui, après des années de germination et d'exposition à d'autres idées neuves, devait fleurir sous forme de projets concrets au Québec, faisant passer Raymond du statut de petit propriétaire d'hôtel à celui d'intervenant majeur dans l'industrie touristique québécoise, et de créateur et d'innovateur dans le monde du tourisme, du loisir, des congrès et des foires commerciales au Canada.

Après le voyage au Mexique, Raymond et Colette se mirent d'accord sur une destination plus accessible et de plus en plus populaire parmi les gens d'affaires et les professionnels du Québec : la Floride. Pendant des années, d'un couple de personnes âgées qui louaient seulement quelques petits appartements à des touristes, ils louèrent une maison sur la plage juste au nord de Miami. Pour loger cette famille de harfangs des neiges qu'étaient les Malenfant, les propriétaires leur laissèrent leur maison et demeurèrent dans l'un des appartements.

Ensemble, Raymond, Colette, Danielle et les enfants faisaient route de Québec vers Miami, habituellement sans s'arrêter ; Raymond et Colette se partageaient le volant. Comme tout périple de trente heures en voiture avec de jeunes enfants, les voyages étaient ponctués de bavardage, de silence, de rires et de hurlements, ces derniers se terminant souvent en explosions de colère de la part d'un Raymond apoplectique, dont le visage rouge faisait sourire et ricaner Colette et les enfants. « Raymond pouvait piquer de saintes colères, dit Danielle. Mais il ressemblait plutôt à un chien qui aboyait. Il ne mordait pas. »

Les Malenfant visitèrent toutes les attractions importantes de Floride, incluant Disney World, Cap Canaveral et les Everglades. Dans la région de Miami, ils allaient parfois en excursion, en autobus ou en bateau, voir les dauphins. Ils passèrent aussi beaucoup de temps à jouer et à se relaxer sur la plage ; tous, sauf Raymond. « Il était en mouvement incessant, se rappelle Danielle. Il ne se relaxait jamais. Bien sûr, il pouvait passer quelques heures sur une plage, mais il ne pouvait s'étendre tranquillement sur une serviette et prendre le soleil ou s'asseoir à l'ombre avec un livre plus de quelques minutes. Il se levait bientôt et jouait avec les enfants. Il courait sur la plage avec eux, jouait dans l'eau ou glissait et faisait des vagues sur un pneumatique qu'il ruina en un temps record. »

Raymond finissait par se lasser et annonçait qu'il partait faire un tour en voiture. Avec Colette et Alain (Danielle demeurait derrière pour prendre soin des jeunes), il passait le reste de la journée à visiter les magasins d'aubaines, en quête d'une bonne affaire. Il lui arrivait aussi de visiter des hôtels, petits et grands, pour étudier leur construction et leur style architectural, de même que la disposition de leur hall et de leurs chambres. Il s'aventurait souvent dans les salles, soit seul, soit avec le gérant ou avec un employé qu'il bombardait de questions, depuis le genre et le coût des services de l'hôtel jusqu'à l'identité des fournisseurs, du mobilier aux accessoires des salles de bains. « Raymond était des plus heureux quand il bougeait – le plus vite, le mieux c'était –, dit Danielle. Ça peut sembler étrange mais c'était sa manière de se relaxer. »

Comme les affaires continuaient de s'améliorer au motel Universel, le nombre d'employés permanents grimpa à près de deux douzaines à la fin des années soixante. Les opérations quotidiennes étant dévolues aux mains expertes de Roger Dion, Colette pouvait passer la plus grande partie de son temps dans son bureau du troisième étage, où elle se penchait sur les livres, la comptabilité et la facturation. « J'appelais le motel "mon cinquième bébé", dit Colette. Je ne voulais rien faire de plus que de m'occuper des affaires et prendre soin de mes enfants. J'aurais été bien pour le reste de mes jours comme ça. Je ne voulais rien d'autre dans ma vie. J'ai été comblée. »

Mais Raymond commençait à nouveau à s'agiter. Il était fier du succès du motel, et de sa capacité à s'en tirer avec ce que d'autres qualifiaient de pari insensé, mais le plaisir et l'adrénaline avaient disparu. Il envisagea donc un nouveau défi, qui allait le propulser à un niveau encore plus grisant de prospérité et de succès.

7

Les Galeries Henri-IV

Le tourisme n'est pas le seul secteur de l'économie du Québec qui ait connu une croissance fulgurante durant les années soixante. L'industrie de la construction était aussi en ébullition, en grande partie grâce aux énormes investissements publics dans la construction d'édifices gouvernementaux, d'écoles, de routes et d'infrastructures telles que le métro de Montréal, Expo 67 et, quand elle se mit à produire de l'énergie l'année suivante, la centrale Manic 5, qui comprenait alors le plus gros barrage hydroélectrique du monde. La vigoureuse économie québécoise stimulait autant l'imagination du public que la fierté nationaliste.

Les investissements privés déferlèrent aussi dans les secteurs de la construction résidentielle et commerciale. Mais, vers la fin de cette décennie, les mises en chantier de projets domiciliaires commencèrent à diminuer, alors que les taux d'intérêt grimpaient. L'activité dans ce secteur cessa presque complètement, ce qui entraîna la faillite de centaines d'entrepreneurs (ce qui démontre encore une fois le grand sens des affaires de Raymond Malenfant, lui qui avait délaissé le marché en dents de scie de la construction de maisons au moment opportun). En remplacement, la construction d'immeubles à appartements devint la nouvelle mode dans le secteur résidentiel.

C'est néanmoins dans le bouillonnant secteur commercial qu'on gagnait le plus d'argent dans les années soixante. Les projets commerciaux (édifices à bureaux, manufactures, galeries commerciales, arénas de hockey, hôtels, restaurants, magasins) pullulaient partout au Québec.

Bien sûr, la nature, la taille et l'emplacement de ces projets variaient énormément, au gré d'un grand nombre de facteurs économiques (locaux et régionaux), sociaux et culturels. À Québec, où des vents glacials balaient les rues la majeure partie de l'année, les galeries commerciales devinrent l'une des formes les plus populaires d'investissement commercial, et même une caractéristique de la ville.

Dans la banlieue de Limoilou, on bâtit, dans les années soixante, une galerie commerciale appelée Place-Fleur-de-Lys, à l'intersection de deux artères principales (le boulevard Laurentien et le boulevard Hamel) et près de la nouvelle autoroute métropolitaine, plus tard rebaptisée autoroute de la Capitale. Le complexe de cinq millions de dollars, qui abritait deux grands magasins de vente au détail (le Syndicat de Québec et K-Mart), doubla de taille grâce à des rénovations de dix millions de dollars et à l'ajout d'au moins trente magasins et cinémas.

Au même moment, l'un des plus gros promoteurs commerciaux du Canada, la compagnie Trizec, annonçait ses plans pour la construction d'une autre galerie commerciale au centre-ville. Appelé Place-Québec, ce projet de soixante millions de dollars était acclamé comme la Place-Ville-Marie de Québec.

Mais c'est cependant la municipalité de Sainte-Foy qui s'empara de la part du lion des centres commerciaux de la région, principalement en raison de sa situation géographique enviable et de la croissance rapide de sa population. Mais la présence du pont de Québec et, en 1970, du pont Frontenac (plus tard renommé en l'honneur du ministre du Travail Pierre Laporte, assassiné), le plus long pont suspendu du Canada, signifiait que Sainte-Foy devenait la porte d'entrée de la région de la capitale nationale du Québec pour toute la rive gauche.

Il n'est donc pas surprenant de constater que le premier centre commercial à ouvrir à l'est de Montréal le fit sur l'artère commerciale naissante de Sainte-Foy, le boulevard Laurier, en 1957. Construite par la compagnie Ivanhoe, la division immobilière de l'empire du supermarché de Sam Steinberg, la Place-Sainte-Foy abritait le siège social des épiceries Steinberg de la région, le géant des magasins à rayons Woolworth, la Banque Royale et, fait à remarquer, la première succursale de Simons, le magasin de vêtements le plus prestigieux de Québec durant plus d'un siècle.

L'année suivante, un consortium de trois promoteurs locaux (Amédée Demers, François Nolin et Paul Racine) ouvrit une galerie encore plus grande juste à côté, sur une bande de terrain achetée du séminaire de Québec. Appelé Place-Laurier, le nouveau centre commercial a continué de grandir et est devenu l'un des plus gros centres commerciaux du monde – si ce n'est le plus gros – à la fin des années soixante.

Afin de ne pas s'en laisser imposer, Ivanhoe, qui possédait aussi les Galeries Charlesbourg, entreprit une expansion de cinq millions de dollars à la Place-Sainte-Foy en 1969. En même temps, quelque deux dou-zaines de petits centres commerciaux (appelés *strip-mall*), dont la valeur variait entre un et cinq millions de dollars, virent le jour à Sainte-Foy.

L'un de ces projets fut lancé par une firme de Montréal, Belcourt Construction, qui bâtit un centre commercial de cinq millions sur un ter-rain de quatre-vingt mille mètres carrés du côté nord du boulevard des Quatre-Bourgeois, juste à côté de l'autoroute Henri-IV, à un jet de pierre de l'hôtel de ville de Sainte-Foy. «L'urbanisation intense du Québec métropolitain, disait le président lors du dévoilement du projet au printemps 1970, a été un facteur dominant dans notre décision d'investir dans Sainte-Foy.»

Un an plus tôt, Raymond avait commencé à s'intéresser à un terrain encore plus grand, du côté ouest de l'autoroute Henri-IV, directement en face du site de Belcourt. Constitué de quatre lots municipaux, le terrain rectangulaire couvrait une superficie de cent soixante mille mètres carrés. Il était si vaste qu'il s'étirait vers le nord à partir du boulevard des Quatre-Bourgeois jusqu'au boulevard Hochelaga, sur une distance de près de un kilomètre.

Ce terrain avait longtemps appartenu aux frères des Écoles chré-tiennes, de qui Raymond avait acheté le terrain pour le motel Universel en 1964. Mais en 1968 la communauté avait vendu le grand terrain pour un dollar le pied carré à Villeneuve Construction ltée, une compagnie appartenant à un promoteur de Beauport du nom de Guy Dumas. Selon Raymond, Dumas espérait transformer le site en un quartier résidentiel, mais il fut incapable de persuader les frères ou la Ville de bâtir les infra-structures (routes, égouts, etc.) nécessaires à la viabilité du projet. Le pro-moteur remit donc le terrain sur le marché pour à peu près le même prix qu'il avait payé : un million quatre cent mille dollars, incluant un premier paiement de cent mille dollars.

Selon Raymond, il envisageait lui-même un centre commercial dès l'instant où il avait levé les yeux sur ce terrain. «C'était un bon empla-cement pour un centre d'achats, c'est clair comme de l'eau de roche, dit-il. C'était juste à côté de l'autoroute, puis c'était proche de tous les gros développements résidentiels dans le coin. C'était sûr que ça marche-rait.»

Après une première rencontre avec Dumas, Raymond alla voir les frères des Écoles chrétiennes, qui détenaient une hypothèque de un mil-lion trois cent mille dollars sur le terrain. Compte tenu du succès obtenu par Raymond avec l'ancien terrain du chemin Sainte-Foy, il n'est pas sur-prenant que les frères l'assurèrent d'entrée de jeu qu'advenant qu'il achète le terrain il bénéficierait des mêmes conditions généreuses que celles offertes à Dumas : une hypothèque sans intérêt aux paiements étalés sur cinq ans.

Les engrenages avaient déjà commencé à fonctionner dans la tête de Raymond. Il voulait bâtir un centre commercial exactement comme ceux qu'il venait de voir. Raymond était loin de disposer d'une telle somme, pas plus qu'il n'avait quelque espoir de trouver le financement nécessaire. Il mit donc au point une stratégie simple qui, se souvient-il, était populaire auprès des promoteurs commerciaux de l'époque. S'il pouvait faire signer des baux à long terme à un ou deux gros bonnets du domaine du commerce de détail, il assurerait les assises du centre, attirant ainsi des nuées de commerçant locaux de moindre envergure. Avec plusieurs baux en main, il irait voir la banque avec ce qu'il appelait une chance raisonnable d'obtenir le financement pour la construction. « Ce n'était pas compliqué du tout, dit Raymond. Tout le monde faisait la même affaire dans le temps. »

Comme pour le motel, Raymond avait un plan B. S'il ne pouvait dénicher assez de locataires pour le centre commercial, il pourrait toujours réaliser un rapide profit en vendant ce terrain magnifiquement situé. Ou encore il pourrait essayer d'y bâtir quelques immeubles à appartements. Qui sait ?

Quoi qu'il en soit, il voyait là un risque qu'il valait la peine de courir. Il acheta donc de Dumas à la fois le terrain et Villeneuve Construction ltée pour la somme de un million trois cent quatre-vingt-cinq mille six cent cinquante dollars. L'entente fut officialisée lors du premier paiement de cent mille dollars, le 20 mars 1969.

Avant de remettre son chèque, Raymond, dans un souci de prudence, chercha à s'assurer qu'on pourrait modifier le zonage du terrain de résidentiel à commercial. Il alla trouver son conseiller municipal, Bernardin (Ben) Morin, qui représentait le quartier Saint-Thomas-d'Aquin. « J'ai parlé de mon projet à Ben, se rappelle Raymond. Il m'avait dit que, avec les trois routes commerciales qu'il y avait autour du terrain, il n'y aurait aucun problème pour modifier le zonage. Tu sais, quand t'apportes un gros projet sur la table, c'est rare qu'une Ville ne change pas un zonage, afin de ne pas bloquer l'affaire. »

Mais une surprise brutale attendait Raymond, de même qu'un défi. Ce défi allait mettre en valeur son formidable pouvoir de persuasion et ses impressionnants talents pour négocier avec les politiciens.

Le zonage ne faisait alors que commencer à devenir un élément important de la politique municipale au Québec. Cela avait débuté dans les années quarante, alors qu'on avait établi les grandes lignes d'un développement résidentiel, commercial et industriel ordonné, dans la plupart des agglomérations urbaines. Depuis lors, les règlements de zonage avaient été raffinés au point qu'ils spécifiaient à peu près tous les éléments, à savoir la taille, l'emplacement et le style des maisons et des commerces, y compris le style et la couleur des cabanons, des toits et des clôtures.

À bien des égards, Sainte-Foy était à l'avant-garde du mouvement d'urbanisme au Québec, certainement plusieurs années avant sa voisine Québec. Mais l'urbanisme était encore loin de constituer une science dans cette banlieue en expansion, où l'application des lois allait se faire de façon approximative jusqu'à la fin de la décennie.

Les choses changèrent rapidement en 1969, avec l'embauche par la Ville de son premier urbaniste à plein temps, Richard Morency. Ingénieur civil détenant une maîtrise de planification urbaine et régionale de l'université de Toronto, il ne mit pas longtemps à comprendre que les principes modernes de développement urbain ne faisaient pas partie du paysage à Sainte-Foy.

« À vrai dire, ce sont les promoteurs qui faisaient la loi, comme dans probablement 95 % des municipalités du Québec », se rappelle Morency, qui quitta la Ville quelques années plus tard pour devenir un associé chez Roche, une des plus grandes firmes d'ingénierie du Québec. « Il y avait des problèmes partout. Ainsi, les arrêtés municipaux étaient dépassés, complètement inappropriés pour une ville en pleine croissance comme Sainte-Foy. Il n'y avait aucun planificateur professionnel, aucun système cohérent pour analyser les projets ou voir aux demandes de permis de construction. Le département d'ingénierie se contentait d'émettre des permis et quelques techniciens du département des permis étaient beaucoup trop familiers avec les promoteurs. C'était vraiment un panier de crabes. »

Tel un nouveau shérif dans une ville sans loi du Far West, Morency, avec l'appui des conseillers les plus progressistes de la Ville, se mit rapidement à changer la manière de traiter les demandes de permis. Un des changements importants consistait en la création d'un département de planification urbaine, qui prit le contrôle, entre autres, de l'émission des permis. On insuffla une nouvelle vie à la commission d'urbanisme, qui se réunissait toutes les semaines. Cette commission, qui comprenait quelques conseillers municipaux et émettait des recommandations au conseil, discutait des demandes de changement de zonage et d'autres éléments liés aux projets de développement.

On modernisa aussi les codes de zonage, on renforça les arrêtés municipaux liés aux bâtiments et on les appliqua de manière plus rigoureuse. Afin de mieux gérer le développement à l'intérieur de certains quartiers existants de la ville et pour servir de guide au développement dans les nouveaux quartiers, Morency s'attaqua aussi à une tâche de plus longue haleine et politiquement plus ardue : mettre au point un nouveau plan officiel pour la Ville.

Déjà en 1970, quand Sainte-Foy avait embauché deux urbanistes, les entrepreneurs avaient besoin d'un permis pour à peu près tout, depuis la rénovation d'édifices existants à la construction de nouveaux projets. Malgré les nouveaux règlements plus stricts, Morency affirme que les urbanistes se percevaient comme des professionnels qui, si on leur en donnait la chance, « travailleraient avec les promoteurs pour les aider à réaliser leurs projets. On n'était pas contre le développement, au contraire, dit-il. On imposait des règles assez dures, mais on cherchait toujours des solutions. On allait sur les sites pour regarder la situation avec les promoteurs. On suggérait des améliorations pour régler leurs problèmes et il y en avait toujours, parce que c'est presque impossible de ne pas en avoir en ce qui concerne les règlements de zonage. »

Selon Morency, la plupart des constructeurs professionnels avaient compris le rôle des urbanistes et travaillaient en étroite collaboration avec eux pour trouver des compromis raisonnables. Un exemple, dit-il, était Jules Dallaire, qui accepta volontiers des changements à Place-Versailles, le complexe de trois immeubles à appartements qu'il construisait en partenariat avec Paul Laberge et Jean-Yves Dupont, à côté du motel Universel.

Mais c'était une tout autre histoire avec les promoteurs que Morency appelle « les vieux de la vieille de la construction, les gars des années cinquante ». Frustrés par ce qu'il voyaient comme des ingérences bureaucratiques dans leurs affaires, il leur fallut des années, si jamais, dit Morency, pour changer leur mentalité et voir les urbanistes comme des partenaires et non comme des obstacles à la réalisation de leurs projets. Un des traits communs de ces promoteurs, dit-il, était de se présenter à l'hôtel de ville avec leurs plans de construction à une étape avancée (dans certains cas, ils avaient déjà entrepris l'excavation du site) et de demander un permis. « On était comme une formalité pour eux, une dernière et désagréable étape dans un projet, dit Morency. Ils ne nous donnaient pas la chance de travailler avec eux ou de leur offrir des conseils ou des idées pour améliorer leurs projets. Et si on disait qu'ils ne pouvaient pas faire telle ou telle chose sur ou avec leur terrain, ils disaient tout de suite :

"Change le zonage !" »

Si les urbanistes refusaient, ces promoteurs appelaient immédiatement leurs contacts à l'hôtel de ville pour essayer de régler cela. Cette voie avait toujours bien fonctionné dans le passé, car le conseil municipal, l'autorité ultime en matière de zonage, était constitué d'un groupe homogène d'hommes blancs, catholiques, d'âge moyen ou plus, qui avaient longtemps défendu les intérêts des hommes d'affaires de leur quartier.

Même s'ils ne partageaient pas le même point de vue sur nombre de sujets, les conseillers serraient habituellement les rangs en matière de développement. « Comme dans les autres villes de la région, ils étaient tous "pro-progrès", dans le sens où ils partageaient le désir de construire une ville moderne, dit Jean-Marie Lebel, coauteur de *Sainte-Foy : l'art de vivre en banlieue au Québec. Du temps des seigneuries à l'aurore du XXIe* siècle. Ils essayaient toujours de faire sauter les obstacles s'opposant aux promoteurs. Après tout, ce sont les promoteurs qui ont construit la ville et qui ont ouvert de nouveaux quartiers, ce qui a fait grossir la base de la taxe foncière de la Ville. Les conseillers se fiaient beaucoup sur les promoteurs et ils voulaient satisfaire leurs exigences. C'était l'esprit du temps. »

À partir de 1970, cette mentalité changeait cependant rapidement. En plus du nouveau système de gestion et de contrôle du développement urbain, l'inclusion de la ville dans la nouvelle communauté urbaine de Québec (dont le maire de Sainte-Foy, Roland Beaudin, fut le premier président), qui comportait douze membres, mit les décisions en matière de développement sous les projecteurs. L'arrivée, quelques années plus tard, des partis politiques et de femmes conseillères comme Andrée Boucher devait contribuer à changer à jamais la face et le rôle de l'administration municipale de Sainte-Foy. « Les conseillers commençaient à avoir une vision d'un développement beaucoup plus régionale, plus globale, dit Lebel. Ce n'étaient plus juste des idées du bonhomme de quartier qui passaient. »

De plus en plus, les promoteurs frustrés se virent dans l'obligation de traiter avec les urbanistes s'ils voulaient voir leurs projets se réaliser. À cette fin, Richard Morency eut plusieurs discussions viriles avec quelques-uns des constructeurs les plus importants – et les plus agressifs – de l'histoire de Sainte-Foy.

L'un d'entre eux était le désagréable Paul Racine, célèbre pour la Place-Laurier. Un autre était Roland Couillard, sans doute le constructeur le plus prolifique de l'histoire de la ville. Commerçant professionnel et bourreau de travail dont la carrière avait débuté en 1942, à l'âge de dix-sept ans, et qui se termina trente-cinq ans plus tard quand il mourut d'un cancer, le dur Couillard, avec l'aide d'un frère, Fernand, et de deux neveux plutôt caustiques, Claude et Jean-Pierre Ruel, bâtit quelque mille cinq cents maisons et une douzaine d'immeubles à appartements (des « édifices résidentiels à haute densité » dans le jargon des urbanistes) dans et autour de Sainte-Foy.

Morency ne mit pas longtemps à découvrir que Raymond appartenait à ce groupe de promoteurs. « Il y avait des gars beaucoup plus durs et déplaisants à côtoyer que M. Malenfant. C'était quelqu'un qui exprimait ses idées d'une manière très plaisante, même si on n'était pas d'accord avec ses arguments, dit Morency. Mais ils fonctionnaient tous de la même façon : ils fonçaient tout droit avec leurs projets, en passant par-dessus ou à travers tous les obstacles qu'ils rencontraient sur leur chemin. Des vrais *bulldozers* humains. »

Contrairement à ce qu'il avait fait pour le motel Universel, Raymond demanda à un architecte de dresser des plans rudimentaires pour la galerie commerciale qu'il entendait construire. Il donna aussi à un artiste de Québec l'une des photos qu'il avait prises d'un centre commercial aux États-Unis. L'artiste graphique se servit de cette photo pour concevoir un dessin très complet de la galerie, avec des arbres, des montagnes et un immense terrain de stationnement qui, étrangement, était vide de voitures et de gens. Au centre du dessin, juste au-dessus de l'entrée principale de l'énorme édifice rectangulaire, était écrit en lettres majuscules le nom donné par Raymond à son nouveau projet : « LES GALERIES HENRI-IV ».

Le dessin se trouvait sur la couverture du document « technique » de cinq pages que Raymond soumit à la Ville le 19 novembre 1969, pour étayer sa requête d'un nouveau zonage de son terrain le long de l'autoroute Henri-IV. Le zonage devait passer de RA-53 (résidentiel, uniformisation, isolé) à CC-15 (une catégorie complètement commerciale qui permet tout, des petits centres commerciaux aux cinémas, des tours à bureaux aux grandes galeries commerciales).

Deux semaines plus tard, le 2 décembre, la commission d'urbanisme discuta des propositions de Raymond de construire sur ses lots les équipements suivants : a) un centre commercial d'une superficie de trois cent mille mètres carrés de plancher ; b) un édifice à bureaux de soixante mille mètres carrés et c) un hôtel de deux cent cinquante chambres. Lors de cette rencontre, Richard Morency présenta un rapport qui faisait état de deux préoccupations auxquelles, à son avis, il fallait réfléchir avant que le projet – et donc le changement de zonage – aille de l'avant.

L'une de ces préoccupations était la proximité de l'édifice proposé par rapport aux habitations unifamiliales qui foisonnaient le long des tranquilles rues résidentielles du voisinage, derrière et à l'ouest du lieu choisi. Pour résoudre cette difficulté, l'urbaniste suggéra qu'on laisse, derrière la galerie, une bande publique de trente mètres de largeur – en fait, une aire aménagée, avec du gazon, des arbres et des arbustes.

Mais la principale préoccupation de l'urbaniste était l'accès routier. Plus particulièrement, il souligna le manque d'entrées et de sorties pour le volume de circulation engendré par une galerie commerciale telle que celle proposée par Raymond. Morency proposa une solution : que la Ville demande au ministère des Transports de construire une sortie de l'autoroute Henri-IV en direction nord vers le site, et une entrée sur l'autoroute en direction sud. « Ma recommandation à la Ville, dit Morency, était à l'effet de ne pas approuver le projet si on ne pouvait obtenir l'approbation du ministère des Transports. »

Une semaine plus tard, le comité rendit sa décision : « rejeter la demande de monsieur R. Malenfant et la soumettre à deux conditions préalables, soulevées par Richard Morency ». Quelque temps après cette décision, Ben Morin se rendit au bureau de Morency.

Morin, un homme gros, affable, au nez aquilin, et qui était représentant de carrière chez Canadian Gypsum, avait grandi dans le quartier Limoilou, mais il était déménagé à Sainte-Foy durant les années d'après-guerre. Il était rapidement devenu populaire dans sa communauté et servit comme conseiller municipal du début des années soixante jusqu'à la fin de 1973, alors qu'il défit le maire sortant Roland Beaudin. Il conserva cette position pendant deux mandats, jusqu'en 1981.

Selon Morency, le vétéran conseiller présenta une requête très inhabituelle : il demanda à l'urbaniste de l'accompagner à la résidence de Raymond, disant que le promoteur de quarante ans avait quelque chose qu'il voulait que Morency voie. Morency accepta d'y aller, uniquement par respect pour Ben Morin. Plus de trente ans plus tard, Morency se rappelle très clairement la scène dans la résidence de Malenfant rue Pierre-Maufay. « M. Malenfant nous a accueillis à la porte et nous l'avons suivi dans le salon, je crois. Là, sur une table en plein milieu de la pièce, se tenait un gros modèle de son centre commercial qu'il avait fait lui-même. Il s'agissait principalement d'une feuille de contreplaqué avec, dessus, le modèle de cinq à sept centimètres de haut. Le carton autour du modèle était peint en gris, pour suggérer le terrain de stationnement, je crois. M, Malenfant était visiblement très fier de nous montrer sa création, mais c'était en fait très ridicule. Il ne s'y trouvait aucun détail architectural digne de ce nom, aucune forme de l'édifice qu'il voulait construire.

Le modèle ne révélait rien, il ne permettait en rien d'avoir un aperçu de ce qu'aurait l'air le centre commercial. J'ai réagi poliment, mais je pensais : "Ça n'augure pas bien." M. Morin semblait également mal à l'aise. »

Il n'est donc pas surprenant qu'en avril 1970 le département d'urbanisme rejeta la requête de Raymond d'ériger deux pancartes de promotion sur son terrain, étant donné que le terrain était – et allait probablement demeurer – situé dans un secteur résidentiel.

Mais, quelques mois plus tard, en juillet, le conseil adopta une motion surprise, mise de l'avant par le conseiller Charles-Édouard Malte, un ami et un allié de Ben Morin, dans le but « d'accorder à monsieur R. Malenfant (Villeneuve Construction ltée) un permis d'afficher deux panneaux-réclames du projet Les Galeries Henri-IV pour une période n'excédant pas six mois ». En quelques jours, Raymond avait fait installer deux pancartes sur le site, une à chaque extrémité du centre proposé, là où il espérait voir venir s'installer ses « vaisseaux amiraux », les gros magasins ancrés dans son mail. Les mots sur les pancartes se lisaient, en lettres criardes « FUTUR CENTRE D'ACHATS GALERIES HENRI-IV ».

La même semaine, Raymond reçut des nouvelles tragiques de son frère cadet Marcel. Fraîchement diplômé de l'université de Montréal, où il venait de décrocher une maîtrise de sociologie, Marcel était parti se balader sur le lac avec l'un de ses amis, grimpé sur un matelas soufflé. Alors qu'il se trouvait à peu près à une centaine de pieds du rivage, il décida de regagner la rive à la nage tandis que son ami demeurerait sur le matelas.

Celui-ci ne revit jamais Marcel vivant. Arrivé à terre, il fixa le lac à la recherche du nageur... En vain. Il saurait plus tard que Marcel avait succombé à une crise cardiaque. Il fallut attendre quelques heures avant qu'on ne retire finalement du lac son corps sans vie. Ce triste jour marqua profondément l'esprit de son frère Raymond.

Malgré le fait que son terrain était toujours dans une zone résidentielle, Raymond, sans plan d'affaires ni avis d'aucun professionnel, armé de son seul instinct et de son énergie, alla de l'avant avec son projet de trouver des locataires prestigieux pour son centre commercial. Il concentra son énergie et fonda ses espoirs sur des géants nationaux et régionaux du commerce de détail, particulièrement sur les magasins à rayons et les épiceries.

Il commença par des envois postaux à ces entreprises. Pour ce faire, il choisit un papier à en-tête arborant une conception artistique du centre proposé et inscrivit le numéro de téléphone du motel Universel comme étant celui du bureau du projet, pressant les récipiendaires de

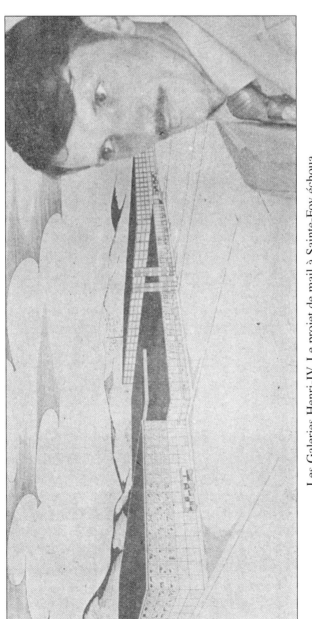

Les Galeries Henri-IV. Le projet de mail à Sainte-Foy échoua, mais fit tout de même de Raymond un millionnaire en 1972.

Raymond séjournant en Gaspésie au début des années soixante-dix pour visiter un site de développement potentiel. Il était en compagnie de Maurice Duchesneau, qui a pris cette photo.

Les travaux sur le point de commencer à Drummondville en avril 1974.

Le motel Universel à Drummondville.

Le souvenir que Raymond a laissé aux « niaiseux » du quartier Saint-Yves
de Sainte-Foy, qui ont rejeté son projet de développement
lors d'un référendum qui eut lieu les 24-25 octobre 1975.

L'*Elizabeth V* et son capitaine.

La première pelletée de terre officielle pour la construction du motel de
Chicoutimi, à l'automne 1980. On voit Raymond et le maire, Henri Girard,
avec la pelle. On voit aussi deux conseillers qui étaient en faveur du projet :
Serge-Jean Fillion, à droite du maire, et David Boucher, troisième à l'extrême
droite. À la gauche de Boucher se trouvent deux des conseillers qui
s'opposaient férocement au projet : Claude Gaudreault et, au bout,
Réjean Godin. À l'extrême gauche, on en voit un autre : Jean-Paul Régis.

Sept mois plus tard, voici le résultat : le quatrième motel de la chaîne Universel, une bâtisse identique à celles de Rivière-du-Loup et de Drummondville.

« louer maintenant ! ». Il assura le suivi de son envoi postal par des appels téléphoniques et, dans certains cas, par des visites. Au dire de Raymond, il reçut, de la part de cadres supérieurs de plusieurs des plus grands détaillants du Québec, des demandes d'explications supplémentaires. Il prétend que ce sont trois d'entre eux – les magasins à rayons Zellers et Woolco, et le géant de l'épicerie Steinberg – qui ont montré le plus d'intérêt. « Woolco voulait un magasin de cent huit mille pieds carrés, dit Raymond, puis Steinberg voulait plus que la moitié de ça. »

C'est avec Steinberg, ou plus précisément avec Ivanhoe Corporation, la division immobilière de la chaîne d'alimentation, que Raymond prétend avoir eu les discussions les plus intenses. Heureuse coïncidence, il connaissait Roger Laberge, un évaluateur foncier d'expérience travaillant pour le département immobilier d'Ivanhoe.

Un habitué du motel Universel, où il demeurait chaque fois qu'il était de passage dans la région de Québec, Laberge travaillait directement sous les ordres de Ralph Ordower, le vice-président d'Ivanhoe. « Laberge trouvait mon idée vraiment bien », dit Raymond, qui avait approché l'aiguilleur de la compagnie au sujet de son projet de galerie commerciale. « Il était réellement intéressé. Et pourquoi pas ? C'était un bel emplacement. » Raymond dit que Laberge l'a assuré qu'il tenterait d'arranger une rencontre avec le tout-puissant Ordower pour discuter d'un bail à long terme et peut-être même d'une participation dans le développement du site, quand Raymond aurait réussi à faire modifier le zonage de son terrain. Revigoré au point d'éclater, Raymond y consacra toute son énergie.

Malgré le déni de Raymond, le moment choisi pour faire paraître un article dans *Le Soleil*, à l'automne 1970, semble vraiment avoir fait partie d'un effort pour tenir sur le gril le conseil municipal de Sainte-Foy. « Un nouveau complexe commercial sera mis en chantier en février prochain au coût de quinze millions de dollars à l'angle des boulevards Henri-IV et des Quatre-Bourgeois à Sainte-Foy », disait la longue légende sous la photo du jeune entrepreneur aux cheveux bien taillés et à la mince moustache, qui regardait attentivement au loin par-dessus la conception artistique du centre commercial projeté, le coin des lèvres légèrement relevé non en un sourire mais en une attitude de confiance.

« Terminées au début de 1972, les Galeries Henri-IV réuniront deux grands magasins, une centaine de boutiques, des restaurants, des bureaux et un hôtel-motel de deux cents chambres et suites, ainsi qu'une salle pouvant contenir mille personnes. Les chambres auront leur balcon sur une cour intérieure dotée d'une piscine.

« Le promoteur, M. Raymond Malenfant, sur la photo, président du motel Universel inc., a déclaré : "Nous sommes conscients du nombre de places commerciales dans la région de Québec. Mais nous faisons aussi confiance à l'avenir de la région." M. Malenfant a souligné que le complexe est situé très près de deux autoroutes, à la sortie nord du pont Frontenac, et non loin d'un projet d'habitations devant réunir trente-six mille personnes à l'ouest des Quatre-Bourgeois.

« Les Galeries sont situées sur un terrain d'un million sept cent mille pieds carrés. Le bâtiment central comporte un terrain de stationnement souterrain et une centaine de boutiques. Aux extrémités, on trouve deux grands magasins à rayons occupant deux étages. Aux trois autres étages seront aménagés des bureaux et un hôtel-motel de deux cents chambres ainsi qu'une salle pour mille personnes. Les chambres auront leur balcon sur une cour intérieur dotée d'une piscine.

« M. Malenfant dit avoir puisé cette idée dans une construction semblable en Floride. Le gérant du motel Universel, M. Roger Dion, a pour sa part dit que le complexe hôtel-motel, bureaux, magasins s'appuient sur le principe qui veut : plus il y a de services, plus il y a d'achalandage. "Les Galeries Henri-IV ont une vocation de prestige, de distinction et d'élégance", a-t-il dit. Il y aura autour des Galeries du stationnement pour trois mille six cents voitures. »

À peine quelques jours avant la parution de l'article, Raymond fit placer deux mots, en grosses lettres, en travers des pancartes sur son terrain : « OUVERTURE BIENTÔT ».

C'est certainement cette pression, en plus de l'intérêt réel ou imaginaire de gros joueurs comme Steinberg, K-Mart et Zellers envers les Galeries Henri-IV (un enthousiasme que Raymond s'empressait certainement de claironner et d'embellir) et du zèle de conseillers rapides à protéger et à défendre la réputation de Sainte-Foy en tant que ville « progressiste », qui décida le conseil à accepter de manière inattendue et discrète la requête déposée un an plus tôt par Raymond pour un changement de zonage.

À cause de l'absence de débats enregistrés et parce que les membres du conseil de 1970 sont ou bien décédés ou bien introuvables, il est impossible de savoir qui a concocté cette soudaine volte-face et pour quelle raison. Ce qui est sûr, c'est qu'un consensus se fit sur ce sujet dans les coulisses et que cet accord fut ratifié le 21 décembre 1970 à la réunion finale du conseil avant les vacances de Noël, alors que le conseiller Charles-E. Matte présenta une résolution qui annonçait le rezonage des lots 207, 208 et 209 de résidentiel à CC-15 et qui permettait « la construction d'un centre d'achats régional ».

Trois semaines plus tard, le 11 janvier 1971, lors la première réunion du

conseil de la nouvelle année, l'entente fut officialisée, par la résolution passée « en sandwich » parmi plus de trois douzaines de résolutions mineures,
et reçut une approbation unanime. On plaça ensuite un avis public invitant
les habitants du quartier où se trouvait le terrain à une lecture publique de la
résolution le 28 janvier, entre dix-neuf heures et vingt heures. Personne ne
s'y présenta ; le changement de zonage fut donc automatiquement ratifié.

Richard Morency se souvient du choc et de la colère qui résonnèrent
au sein de la Commission urbaine et le Département de planification
quand la nouvelle du changement de zonage se répandit à travers l'hôtel
de ville. « Tout le monde était surpris et fâché, dit-il. C'était là une décision soudaine passée à toute vapeur et en douce.

« Ce qui rendit le vote encore plus surprenant, c'est que le conseil
était clairement divisé là-dessus. Alors que certains conseillers
appuyaient ouvertement le projet de Raymond, d'autres, selon ce qu'ils
prétendaient, comprenaient et étaient sensibles aux préoccupations techniques soulevées par les planificateurs. Je peux seulement conclure qu'ils
ont succombé à la pression et que les partisans du projet ont réussi à obtenir une majorité, et qu'ils ont gagné en fin de compte. »

« C'était une petite passe rapide, un retour aux anciennes mœurs de
Sainte-Foy. C'était aussi la dernière grosse passe. Les choses ne se
seraient pas passées ainsi seulement un an plus tard. La vérité, ajoute
Morency, c'est qu'il s'agissait d'une très mauvaise décision du conseil.
La preuve en est qu'un an plus tard la Ville a dû changer à nouveau le
zonage du site parce qu'on ne pouvait tout simplement pas le développer
de la manière dont le voulait M. Malenfant. Il a été très chanceux. Le
moment était bien choisi pour lui. »

Bien que la décision du conseil eût été prise avec les meilleures
intentions pour la ville, il reste qu'elle ajoutait une valeur colossale au
terrain de Raymond et lui pavait la voie vers la richesse. Mais cela ne
semblait pas évident pour Raymond dans les semaines et les mois qui
suivirent le changement de zonage. Il découvrit avec peine que l'intérêt
d'Ivanhoe dans son projet, s'il existait réellement, tout comme celui des
magasins à rayons avec lesquels il avait pris contact, n'était pas si profond.

Février – la date qu'il avait annoncée pour la construction – passa,
puis le printemps, l'automne et l'hiver. Incapable de faire signer un seul
locataire d'importance, ce qui assurerait le financement bancaire dont il
avait besoin pour démarrer son projet, Raymond tenta de faire financer
son projet par l'entreprise privée. Il appela Paul Laberge, alors en vacances à Miami, pour sonder son intérêt en tant que partenaire possible

dans ce projet. « Il était découragé, Raymond, se souvient Laberge. Il disait que, s'il pouvait juste bâtir son affaire, ça courrait pour louer les espaces. Mais les banques ne voulaient rien savoir de lui. »

Mais le riche fournisseur de matériaux de construction déclina l'offre, prétextant qu'il était déjà impliqué dans plusieurs autres projets de développement. De plus, il était demeuré amer à propos de la petite passe de Raymond concernant le terrain que les trois mousquetaires avaient été obligés d'acheter de lui pour ériger leur complexe d'appartements à Sainte-Foy.

En 1972, les espoirs de Raymond semblent avoir touché le fond du baril. Malgré le fait qu'il le nie, c'est probablement à cette époque qu'il mit au point un plan rusé et audacieux visant soit à développer le site, soit à empocher un beau profit en le vendant.

Pendant des années, les géants Steinberg et Dominion Stores ltée furent engagés dans une sale guerre de territoire dans tout le Québec, où ils jouissaient de la vaste majorité du chiffre d'affaires dans le secteur de l'épicerie. C'est Steinberg qui contrôlait la plus grosse part du marché de la région de Québec, en partie grâce à la popularité de son « navire-amiral » de la Place-Sainte-Foy qu'il possédait par l'entremise d'Ivanhoe Corporation. De son côté, Dominion Stores ltée ne disposait d'aucune division immobilière. La compagnie préférait engager des entrepreneurs professionnels et bâtir des magasins sur mesure dans des quartiers prometteurs. Parfois, mais rarement, la compagnie louait un espace dans de nouveaux centres commerciaux ou dans des centres déjà existants.

Raymond prétend être entré en communication avec l'épicier, dont le siège social est à Toronto, au moment où il commençait à promouvoir son projet, mais on l'éconduisit poliment. Il dit que la compagnie l'a cependant soudain appelé, au printemps 1972, et lui a offert deux millions huit cent mille dollars pour le terrain. « J'étais aux oiseaux, dit Raymond. Hé ! Deux millions huit cent mille dollars. C'était le double de ce que j'avais payé ! »

Raymond dit aussi que, quelques jours plus tard, un lundi midi, la compagnie lui envoya une offre officielle accompagnée d'un chèque certifié de cent mille dollars à titre de premier paiement et promit de régler le solde en trois mois. Il disposait de trois jours – jusqu'au jeudi – pour accepter. Il dit avoir alors appelé Roger Laberge pour partager avec lui la nouvelle. « Je faisais ça par respect pour eux autres et aussi pour voir si je pourrais avoir une meilleure offre. Je ne risquais rien. J'avais déjà une offre dans le sac. » Il appert que Laberge a rappelé Raymond pour lui dire qu'Ivanhoe n'était pas intéressé. Raymond dit qu'il avait alors accepté l'offre de Dominion et, tard mercredi après-midi, il se mit à rouler vers l'est afin d'être à Toronto de bonne heure jeudi matin pour conclure la vente.

Selon la version colorée des événements maintes fois répétée par Raymond au cours des ans, il prétend s'être arrêté aux environs de Montréal et avoir passé un coup de fil à nul autre que le légendaire Sam Steinberg, fondateur de la chaîne d'épiceries portant son nom, à son bureau du centre-ville. « Je lui disais ce que je faisais et que je voulais lui donner une dernière chance, dit Raymond. M. Steinberg m'a dit de venir le voir tout de suite. Je suis descendu en ville, puis on a conclu l'entente dans son bureau. » Selon Raymond, l'entente était que Steinberg achèterait son terrain pour à peu près le même prix que Dominion. « *Mister* Sam », dit Raymond, aurait aussi promis d'examiner la possibilité de développer le site conjointement avec lui. Pour conclure définitivement l'entente, ce qui semble avoir été fait tard en soirée, Raymond dit que Steinberg a téléphoné au gérant de la banque située sous son bureau et lui a demandé de venir pour préparer un chèque de cent mille dollars. « J'ai été gêné, dit Raymond, mais il a insisté. Puis, après, je suis retourné à Québec. Le lendemain, j'ai appelé Dominion pour dire que mon terrain était vendu. C'est sûr que c'était un risque que je prenais en laissant tomber une entente certaine avec une compagnie pour une autre entente qui était loin d'être réglée avec une autre partie. Mais j'avais confiance dans les Steinberg et je n'avais pas tort. »

Selon le magnat montréalais Irving Ludmer, ancien directeur d'Ivanhoe et de Steinberg, la convocation alléguée d'un banquier par Sam Steinberg pour préparer un chèque après les heures de bureau « ne correspond pas du tout au caractère de celui-ci ». Il dit, par contre, qu'il serait logique que quelqu'un possédant un bon site commercial à vendre à Québec durant ces années-là « joue » les deux géants de l'épicerie l'un contre l'autre dans une escalade des enchères. « La guerre faisait certainement rage à cette époque, dit Ludmer, qu'on a décrit comme l'héritier spirituel de Sam Steinberg. La règle d'or dans le commerce de détail est : l'emplacement, l'emplacement, l'emplacement ; quiconque disposait d'un site merveilleux ne pouvait que gagner. Nous aurions certainement acheté un site de choix pour empêcher Dominion de s'y bâtir ou pour le développer nous-mêmes, faire d'une pierre deux coups, pour ainsi dire. »

Cette vente était encore à finaliser. Les négociations qui se déroulèrent quelques semaines plus tard à Sainte-Foy furent un haut fait dans la carrière de Raymond en affaires. L'entente survint dans l'une des petites salles de rencontre au quatrième étage du motel Universel.

Ivanhoe était représenté par une équipe de négociateurs composée d'une demi-douzaine d'avocats et de comptables. La plupart des hommes d'Ivanhoe, sinon tous, étaient juifs et le négociateur en chef était sûrement Avrum Rubinger, un avocat qui devint plus tard vice-président de la compagnie. De son côté, Raymond était en compagnie de son avocat, Robert Truchon, et de son notaire de confiance, Pierre-Paul Côté.

Les négociations commencèrent vers huit heures du matin. Après quelques heures d'un intense marchandage, entièrement mené en français, Côté suggéra aux hommes d'arrêter pour le lunch. Mais le dirigeant de l'équipe d'Ivanhoe rejeta l'idée. « Il a dit : "Pas question, on continue, on n'a pas de temps à perdre. On a une autre transaction à faire dans la Beauce après", se rappelle Côté. Quand j'ai vu ça, j'ai dit à Raymond : "Écoute, c'est une politique d'usure. Ils veulent nous épuiser pour que tu baisses tes conditions par la fatigue. Ils sont habitués à de longues négociations, pas nous. Ce que tu vas faire, tu vas te reposer quelques minutes. Pendant ce temps-là, c'est Truchon et moi qui serons au bâton. Et, suite à ça, ce sera moi et Truchon qui irons à notre tour, pour qu'il y ait toujours quelqu'un avec la tête reposée. » Les négociations se prolongèrent jusqu'à tard dans l'après-midi.

Finalement, vers dix-sept heures, après neuf heures consécutives de négociations, les deux parties n'étaient séparées que par quatre-vingt mille dollars. Ils ne faisaient plus de progrès et Raymond refusait de modifier son prix de deux millions huit cent mille dollars. « Ils voulaient absolument que Raymond baisse son prix, se souvient Côté, mais Raymond tenait bon, en leur disant que c'étaient eux qui l'avaient approché, pas lui. » L'un des membres de l'équipe d'Ivanhoe sortit finalement de la salle, disant qu'il devait appeler Sam Steinberg lui-même pour obtenir l'approbation et accorder une concession finale qui réglerait l'affaire. En partant, il donna la très nette impression que « *Mister* Sam » n'approuverait pas. Il semblait que les négociations avorteraient.

Raymond arpentait le corridor, anxieux, en attendant le retour de l'homme. « Il criait : "Ça marche pas ! Tout s'écroule ! J'aurais dû baisser mon prix !" dit Côté. Finalement, après ce qui sembla une éternité, le négociateur revint. "Monsieur Malenfant, dit-il, nous avons un accord." L'entente a été signée vers dix-sept heures trente, se souvient Côté. C'était une négociation très, très dure. Mais Raymond a fini par avoir le prix qu'il demandait. Je pense même qu'il n'a pas baissé d'un cent, tout en étant très gentil, poli et respectueux. Il a réussi à faire un million cette journée-là avec un terrain qu'il ne pouvait pas mettre en valeur lui-même. »

« C'était très astucieux de sa part, ajoute Truchon, pas de les avoir bernés mais d'avoir pu négocier avec des gens dont on disait dans le temps qu'il n'était pas facile de négocier avec eux, les juifs. On entendait beaucoup plus souvent dire que des Canadiens français se faisaient avoir ; là, c'était l'inverse. Raymond a réussi en faisant miroiter son projet devant eux et en les mettant contre Dominion. »

« Franchement, Raymond est un as d'avoir réussi à convaincre Steinberg d'acheter ce terrain-là, ajoute Côté. À mes yeux, il n'aurait jamais été capable de l'exploiter comme il prétendait le faire. Il y avait des clients, c'est sûr. Mais ça prend du jus pour construire une chose comme il voulait faire. Raymond était tout petit dans le temps. Il avait son motel et ça valait de l'argent parce que cela allait vraiment bien. Mais il parlait fort et il a réussi à leur vendre son projet. C'était un vrai coup de maître de Raymond. C'était la première fois que je voyais un Canadien français capable de passer, peut-être pas un sapin, mais un éléphant blanc. Et les gens de Steinberg étaient loin d'être faciles à tromper ou à attirer dans une affaire. Mais ils ont vu le potentiel du terrain, parce que le développement de Sainte-Foy était important. Si ce n'était pas un investissement immédiat, c'était un terrain qui pouvait présenter un potentiel futur. Quand Truchon et moi sommes partis du motel cette soirée-là, on s'est dit : "Il est fort, Malenfant, d'avoir convaincu Steinberg d'acheter ça, là." Réellement, on n'en revenait pas. »

L'entente fut finalisée une semaine plus tard au siège social de Steinberg à Montréal. Il y avait peu de gens présents à cette rencontre, qui regroupa Raymond et Côté, Ralph Ordower et « *Mister* Sam » lui-même, qui entrait occasionnellement pour aider à régler quelques éléments juridiques pendants, dont un seul aurait pu faire chavirer l'entente. Mais après quelques heures de discussion, on signa l'acte de vente. « Ils jouaient très dur, mais c'étaient des gens honnêtes », se rappelle Raymond. Cette honnêteté devint évidente quelques mois plus tard lorsque Côté réalisa qu'il avait mal lu une section du contrat, une erreur qui aurait pu coûter à Raymond trente-cinq mille dollars. « On a appelé Steinberg, puis ils nous a dit : "S'il y a un problème, on va t'envoyer ton argent. On a donné notre parole, alors il n'y a pas de problème." Puis, quelques semaines plus tard, j'ai eu mon chèque, dit Raymond. C'était de loin la plus agréable et la plus honnête transaction que j'aie faite dans ma vie, ajoute-t-il. Si ça avait été des Québécois, penses-tu que j'aurais eu mon argent comme ça ? Jamais de la vie ! »

Raymond eut l'occasion de renvoyer l'ascenseur un an plus tard lorsque Ivanhoe lui envoya un chèque de cent quatre-vingt-cinq mille dollars en remboursement de la taxe de vente. Après avoir relu le contrat avec Côté, Raymond retourna le chèque accompagné d'une lettre informant les avocats d'Ivanhoe que cette fois c'étaient eux qui s'étaient fourvoyés : c'était à lui de payer les taxes sur la transaction. En retour, ils lui ont fait parvenir une simple note de remerciement.

On annonça la vente du terrain à Steinberg et les plans de la compagnie pour y bâtir un centre commercial de quinze millions lors d'une conférence de presse au motel Universel, le 22 août 1972. Sam Steinberg lui-même était présent, de même que de nombreux politiciens fédéraux, provinciaux et municipaux, dont le sénateur libéral Jacques Flynn et le maire de Sainte-Foy, Roland Beaudin.

Un communiqué de presse lu à haute voix lors de l'événement disait que Steinberg ltée avait acheté « un terrain immense à Sainte-Foy afin d'y ériger un nouveau centre commercial de plusieurs millions de dollars. Les travaux devraient commencer au printemps de l'année 1973. Ivanhoe, une filiale de Steinberg ltée, assumerait l'administration de ce complexe commercial qui, une fois terminé, aura coûté près de quinze millions de dollars. Le nouveau centre sera le trente et unième créé par Ivanhoé, qui possède déjà deux grands centres dans la région : les Galeries Charlesbourg, qui comptent quarante-six magasins et boutiques, et Place-Sainte-Foy, qui en a soixante-seize. D'après les plans actuels du nouveau site, on prévoit que trois grands magasins s'y installeront aux endroits stratégiques ainsi que l'un des plus modernes et des plus grands marchés d'aliments Steinberg, le onzième dans la région de Québec. Enfin, cent autres boutiques et magasins compléteront l'ensemble et l'on se réjouit déjà des mille nouveaux emplois qui seront alors rendus possibles.

« De plus, ces paroles de M. Steinberg sont très prometteuses : "Il est fortement question de partager l'emplacement avec un autre promoteur industriel et nous envisageons sérieusement l'érection d'édifices qui répondraient à d'autres besoins que ceux de la place marchande elle-même. Par exemple, il pourrait y avoir un hôtel et des maisons de rapport. Des pourparlers sont présentement en cours avec le directeur d'une importante entreprise, M. Raymond Malenfant, homme d'affaires de Sainte-Foy et hôtelier de grande expérience." »

C'est un Raymond rayonnant qui monta sur le podium et livra son premier discours public, écrit par Pierre-Paul Côté. « Comme vient de vous l'annoncer M. Steinberg, leur maison construira tout prochainement un centre d'achats sur le terrain que vous connaissez sous le nom de place Henri-IV. Jusqu'à tout dernièrement, comme première phase de développement de ce magnifique site, j'avais pensé construire moi-même le centre commercial que réalisera maintenant la maison Steinberg. Avec l'entente avec la maison Steinberg, avec qui je suis fier de coopérer, je profite de l'occasion pour annoncer que d'ici peu j'érigerai sur la partie sud du terrain formant place Henri-IV, au coin des rues Hochelaga, Henri-IV et Long-Sault, un hôtel de dix étages qui comprendra deux cent soixante chambres, des salles de réception, des salles à manger, des salles de congrès, un bar panoramique, une piscine, etc. En un mot, un hôtel de grand luxe.

« Après l'analyse sérieuse du secteur par des experts de même qu'avec l'expérience que j'ai déjà de l'hôtellerie dans la ville de Sainte-Foy, pour y avoir construit moi-même le motel Universel où nous nous trouvons présentement, j'en suis venu à l'opinion que ce site, avec ses voies d'accès très faciles, à l'entrée de l'une des artères les plus achalandées de Sainte-Foy, se prêtait merveilleusement bien à l'érection d'un tel hôtel.

« Je remercie la maison Steinberg de l'occasion qu'elle m'a donnée de pouvoir annoncer aujourd'hui le lancement de ce projet, qui m'est très cher au cœur, vu que j'y travaille depuis de nombreuses années. Je félicite la maison Steinberg de leur initiative de construire sur la place Henri-IV un centre d'achats d'une telle importance, qui fera rayonner encore davantage l'attrait économique de notre ville. Je les félicite et je leur souhaite le plus grand succès. »

Cet événement fortement médiatisé consacra Raymond au sein de la communauté d'affaires de Sainte-Foy. La légendaire cerise sur le gâteau se présenta quelques mois plus tard quand il apprit qu'il n'aurait à payer aucun impôt sur le gain en capital de un million quatre cent mille dollars qu'il avait fait lors de la vente. Cette économie, qui représentait 40 % ou plus de ses profits, découla d'une faveur que Raymond dit avoir faite à Ivanhoe. Selon Raymond, Ralph Ordower – qui devait mourir poignardé une dizaine d'années plus tard dans un terrain de stationnement de Montréal, victime, selon les conjectures de la police, d'un vol à main armée bâclé – lui demanda d'acheter le terrain situé sous les câbles à haute tension d'Électricité Shawinigan qui traversent encore aujourd'hui le terrain qu'Ivanhoe a acheté de Raymond. « M. Ordower m'a dit que si Shawinigan apprenait que c'était Ivanhoe qui voulait leur terrain, ils chargeraient beaucoup plus cher », dit Raymond. Le 8 mai 1973, après quelques mois de négociations avec Shawinigan, Raymond conclut finalement l'entente. Le jour même, il vendit à Ivanhoe le terrain et Villeneuve Construction. Ainsi, la vente était considérée comme faite par une compagnie et non comme une transaction personnelle, d'où l'absence d'impôt à payer.

Il semble que Ralph Ordower fut vivement impressionné par les talents de négociateur de Raymond et par sa capacité à réaliser de grosses transactions. Selon Maurice Duchesneau, qui était au motel quand le cadre d'Ivanhoe vint remercier Raymond d'avoir fait affaire avec Shawinigan, Ordower lui dit : « Monsieur Malenfant, vous êtes un maître-marchandeur, le parfait négociateur. Nous vous embauchons à n'importe quel prix. Venez travailler avec nous. Nous allons vous loger à Montréal, nous allons prendre soin de vous et de votre famille. » Raymond était certainement flatté par ces compliments élogieux et par cette offre généreuse. Mais il n'était pas disponible. Il travaillait à son compte et son histoire était celle du succès d'un homme solitaire qui, à seulement quarante-deux ans, avait déjà réalisé un rêve qui avait inspiré beaucoup d'hommes de sa génération : il était millionnaire.

Mais Raymond ne désirait pas s'arrêter là. En fait, avant même que l'encre ne soit sèche sur le contrat de vente de Villeneuve Construction, il songeait déjà à une autre grosse affaire.

***

De toutes les histoires que racontent les gens pour illustrer la détermination et l'entêtement de Raymond à faire les choses à sa manière, nulle n'est plus révélatrice que l'histoire de son port privé.

Après avoir « joué » pendant des années dans le petit hors-bord au cottage, Raymond décida de naviguer de manière plus grandiose et acheta, en 1970, un bateau de dix mètres. À cause des marées du fleuve, on ne pouvait amarrer ce bateau au cottage de Cap-Rouge. Il était plutôt ancré dans une marina de Sillery, où Raymond, Colette et Alain suivirent des cours de navigation durant l'hiver.

Il vint un moment où Raymond s'enquit de la possibilité d'amarrer le bateau au cottage. Il apprit que, pour ce faire, il devrait ériger un mur brise-lames et un quai de terre avec des murs de béton coulé, et creuser le fond de l'espace protégé afin qu'il y reste assez d'eau à marée basse pour que le bateau flotte. En plus des exorbitants coûts de construction, de tels équipements nécessiteraient un entretien régulier. Simplement envisager un tel projet serait pure folie, lui disaient des amis.

« Tout le monde me disait que c'était impossible, dit Raymond. Mais je voyais ça un peu comme la construction d'une maison : tu creuses, puis tu fais tes murs, puis bonjour la visite. »

Muni de l'argent qui lui sortait littéralement par les oreilles à la suite de la transaction avec Steinberg, Raymond décida d'aller de l'avant avec ce projet. Mais les problèmes se manifestèrent dès qu'on eut commencé à faire les murs. D'abord, les hommes ne pouvaient travailler que pendant la marée basse, soit quatre heures. Cela leur laissait à peine le temps de monter les formes pour couler le ciment, de couler le ciment, d'enlever les formes une fois le ciment sec, et de fixer le ciment au roc solide du lit du fleuve. Le travail avançait à une allure d'escargot. Raymond refusait d'abandonner le projet, ce que Colette et d'autres lui enjoignaient de faire. Finalement, après plus d'un mois, on compléta le long brise-lames, un mur de soixante-quinze mètres de longueur, ainsi que le quai, qui était littéralement un énorme carré de terre. Le trou creusé au fond du havre a aussi été rempli de sable. Pour finir, Émile Jobidon, le maître des travaux, et Léopold Malenfant ont construit un quai flottant fait de trosses et de barils où le bateau accosterait. Une fois le havre complété, Raymond se rendit à Sillery et, à la barre de son bateau, navigua fièrement vers sa nouvelle installation. Comme la saison était avancée, on amarra le bateau à Cap-Rouge seulement quelques semaines avant de le retirer des eaux et de le remiser.

D'après plusieurs, l'incessant frottement et les collisions répétées des énormes blocs de glace firent craquer plusieurs sections du brise-lames dès le premier hiver. Au printemps, quand les marées furent à leur plus haut niveau, certaines de ces sections basculèrent et dérivèrent au large. Furieux, Raymond aurait ordonné qu'on répare le mur et qu'on ajoute du ciment pour le renforcer. Ces travaux auraient mis le port hors d'usage la majeure partie de la saison. Pour sa part, Raymond dit que ces problèmes ne sont pas survenus avant quinze ans et que son havre a très bien fonctionné jusque-là – même si son bateau de vingt-trois mètres ne pouvait se rendre au chalet qu'à marée haute.

Raymond dit qu'en tout cette aventure ne lui a pas coûté plus de dix mille dollars. Mais son frère Léopold dit en riant que ça lui en a coûté dix fois plus. «La marina à Raymond», s'esclaffe-t-il quand on l'interroge sur le tristement célèbre brise-lames dont certaines sections demeurent encore en place tels ces monuments du jour J sur les plages de Normandie, «c'était une affaire de fou.»

Malgré tout le battage médiatique lors de la conférence de presse du mois d'août, l'enthousiasme qu'entretenait Steinberg pour le développement du nouveau site s'évanouit bientôt. Les prévisions économiques au pays étaient plutôt mauvaises : l'inflation augmentait, les taux d'intérêt aussi. De plus, le projet rencontrait une opposition croissante de la part des habitants voisins du site. Ceux-ci étaient particulièrement inquiets au sujet des points soulevés par Richard Morency : la circulation engendrée par un centre commercial aurait un impact négatif sur leur quartier.

La Ville fut donc bientôt forcée de tenir une assemblée publique pour fournir davantage de détails sur le projet. La salle était bondée. Ivanhoe décida finalement d'abandonner le projet. Le 2 août 1977, la compagnie envoya une lettre à la Ville de Sainte-Foy dans laquelle elle annonçait qu'«il est irréaliste, à ce stade-ci, de soumettre un échéancier de développement, à cause des conditions économiques du marché commercial et résidentiel». Aujourd'hui, le site n'est toujours pas développé.

Quant à Raymond, il n'avait aucunement l'intention d'attendre qu'Ivanhoe se décide au sujet du développement du projet. En effet, dès la vente du terrain, il se mit à rechercher fiévreusement d'autres occasions d'affaires. «Quel que soit l'endroit où il se trouvait et ce qu'il faisait, Raymond était toujours en train de penser et de parler de nouveaux projets, dit Maurice Duchesneau. S'il entendait parler d'un terrain prometteur qu'il pouvait développer, peu importe que ce soit à Québec ou à Chicoutimi, il fallait qu'il aille voir. Évidemment, avec Raymond, les choses ne pouvaient jamais attendre au lendemain. C'était toujours tout de suite, tout de suite. Il n'y avait jamais de temps à perdre. Raymond, c'est un matinal. Il arrivait parfois chez moi à quatre heures trente du matin. Je lui criais par la fenêtre : "Es-tu fou ? Ça n'a aucun sens ! Il est trop tôt !" Mais il était prêt et il ne s'en allait pas, alors je devais me lever, m'habiller et aller avec lui. Il bougeait, pensait et parlait à la vitesse grand V toute la journée. Il ne ralentissait que pour manger et même alors ce n'était que pour quelques minutes. Il continuait comme ça jusqu'à minuit. L'énergie de Raymond était incroyable. C'était épuisant d'être autour de lui.»

De tous les projets qui traversaient l'esprit furtif de Raymond, dit Duchesneau, les plus importants étaient ceux qui impliquaient la construction de nouveaux motels. «Il semblait être obsédé par cette idée. Parce que le motel Universel de Sainte-Foy était rentable, il s'était convaincu que plus il posséderait de motels plus il ferait d'argent. Il parlait beaucoup de construire des motels dans des localités près de Québec, particulièrement Rivière-du-Loup, Drummondville et Chicoutimi. Nous sommes allés, lui et moi, à Rivière-du-Loup des douzaines de fois pour voir des sites. Mais c'est Raymond qui a fini par en trouver un tout seul.»

C'était en avril 1973, un mois avant que Raymond complète la vente de Villeneuve Construction, la dernière formalité juridique de sa transaction avec Steinberg. Il était allé visiter sa mère à Saint-Hubert et retournait à Québec quand soudain il aperçut des travailleurs nettoyant les buissons le long de la route transcanadienne juste à l'ouest de Rivière-du-Loup. Raymond se gara le long de la route et observa les hommes au travail.

Puis il s'avança et parla à l'un d'entre eux. Il apprit qu'ils travaillaient à un prolongement de la route. La nouvelle route mènerait vers le nord, vers le Saint-Laurent, passerait sous l'ancienne route 132 et mènerait vers l'est jusqu'à Rimouski. Raymond fit demi-tour au volant de sa grosse Cadillac et retourna à Rivière-du-Loup. Une fois rendu, il tourna vers l'ouest sur la rue principale, la rue Hôtel-de-Ville, et se rendit à l'intersection de la route 132, en périphérie de la ville, juste à l'intérieur de la petite paroisse voisine de Saint-Patrice.

Il se gara à nouveau et sortit de sa voiture pour examiner les champs à travers lesquels la nouvelle route allait passer. « Ça serait un endroit merveilleux pour un motel », se dit-il. Il affirme qu'il a alors conduit jusqu'à une ferme du voisinage pour s'enquérir de l'identité du propriétaire du terrain. On lui dit que ce terrain, ainsi que les deux autres à côté, appartenaient à deux frères, Edgar et Robert Carrier. Jadis des fermiers très en vue, les frères, maintenant âgés, désiraient vendre leur terrain. Avec son enthousiasme et son excitation habituels, Raymond se rua vers la maison d'un des frères, qui annonça à un Raymond pétrifié qu'il venait de vendre son terrain de deux acres de large à un propriétaire de station-service de Rimouski, quelques jours auparavant. Mais il ajouta que son frère, qui possédait un terrain d'égale superficie directement à l'est du sien, était également intéressé à vendre. Raymond se précipita à la maison du deuxième frère et, en moins d'une heure, il prétend en être arrivé à une entente verbale concernant l'achat du terrain, et ce, au même prix que l'autre, soit vingt-huit mille dollars.

Quelques jours plus tard, Raymond était de retour à Saint-Patrice avec Pierre-Paul Côté pour conclure la transaction. Auparavant, il avait passé quelques coups de téléphone à des amis de la région afin d'en savoir plus sur les Carrier. « Il était très rusé, Raymond, dit Côté. Il faisait toujours ses petites enquêtes pour savoir d'avance l'atmosphère qu'il allait y avoir quand il approchait quelqu'un. »

L'affaire fut débattue dans le salon de la vieille maison rurale de l'un des frères Carrier. Les discussions, se rappelle Côté, se déroulèrent de manière aussi douce et charmante que d'habitude. « Raymond discutait en faisant des blagues. Il était jovial. Il n'était pas du genre snob ; c'était un genre que les gens aimaient. C'est un genre que, comme les gens de la campagne disaient autrefois, on trouvait "d'adon". Raymond se mettait à la portée des gens. Pour eux autres, c'était un bonhomme comme eux autres. D'ailleurs, il venait du coin, c'était son patelin ; alors il connaissait les familles ainsi que la mentalité de Rivière-du-Loup. Il parlait tellement vite que les gens avaient la misère à le suivre, ajoute Côté. Il n'endormait pas les gens, il s'exprimait très vite. Il était très rapide en affaires et il y a des gens qui l'ont même trouvé trop rapide. Mais c'était sa façon de procéder. Il ne faisait pas ça pour être malhonnête. La plupart du temps, il payait le prix que ça valait. Il n'a pas fait un achat à rabais à Rivière-du-Loup, il n'a pas fait un superbon marché. Quand il a acheté, c'était une ferme, une grande terre inoccupée. À part d'une station-service, il n'y avait rien dans ce coin-là.»

Il faut reconnaître aussi que Rivière-du-Loup ne constituait pas un marché facile pour un nouveau motel. En fait, d'une certaine manière, c'était peut-être le marché le plus difficile du Québec.

Au printemps 1973, Rivière-du-Loup étouffait sous les motels. Aussi incroyable que cela puisse paraître, il y avait mille chambres à louer dans cette ville de dix mille habitants, ce qui en faisait la ville québécoise avec le plus haut rapport de chambres à louer par habitant, un record que la ville détient encore de nos jours. Mais la surabondance de chambres dans la région n'inquiétait ni n'énervait Raymond. «C'est sûr qu'il y avait déjà beaucoup de motels là-bas, dit-il. Mais la plupart fermaient l'hiver et ils étaient presque tous situés sur le vieux chemin, à l'intérieur de la ville. J'ai compris tout de suite en voyant l'endroit où je voulais construire que j'aurais un meilleur emplacement et que j'aurais une bâtisse neuve qui ferait partie d'une chaîne. Plus tu as de maillons dans une chaîne, plus le client va venir dans tes hôtels.»

Côté croit aussi que Raymond avait une motivation supplémentaire pour bâtir un deuxième motel à Rivière-du-Loup. «Je crois que, parce que c'était dans son coin du monde, Raymond voulait faire ce projet pour montrer aux gens de là-bas qu'il avait réussi dans la vie. Il est quelqu'un de très fier, Raymond.»

Avec sa détermination et son culot habituels, Raymond alla directement de la maison des Carrier au bureau municipal de Saint-Patrice et demanda un permis de construction. Il avait déjà fait faire les plans d'un motel complet de quatre étages, avec cent vingt chambres, un restaurant, quatre salles de réception et une piscine extérieure. Il proposait de construire son projet de un million de dollars sur un terrain à l'extrémité nord de sa propriété. Ce terrain longeait une vieille route de service juste à côté de la rue Hôtel-de-Ville, à peine à deux cents mètres à l'est de là où le prolongement de la transcanadienne devait passer. Raymond pensait garder le reste du terrain, dont la partie sud recouvrait la transcanadienne près de la jonction de la route 185, en réserve pour un développement futur, et à cause des taxes beaucoup plus basses attribuables aux terres agricoles.

Bien que le rezonage du lot proposé nécessitât une approbation au niveau provincial, Raymond considérait encore cela comme une simple formalité. Cette fois-ci, il aurait raison. Sans hésiter, il organisa dès le lendemain une conférence de presse à Rivière-du-Loup, au cours de laquelle il annonça son projet de construire un deuxième motel Universel. Cette action précipitée de sa part eut deux conséquences immédiates. L'une fut la brusque réaction de Lucien Lévesque, le propriétaire du plus gros motel et bar-restaurant de la région, le motel Lévesque. Populaire homme d'affaires de la région, le bouillant Lévesque était le coq de la basse-cour de Rivière-du-Loup depuis le début des années soixante, alors qu'il avait ouvert son motel de quatre-vingts chambres, le seul de la ville ouvert à l'année.

Irrité par l'arrivée soudaine d'un opportuniste de Québec, et probablement à la fois jaloux et nerveux après avoir réalisé combien l'endroit choisi par le nouveau venu était superbe, Lévesque tint sa propre conférence de presse à peine quelques jours après celle de Raymond pour annoncer que lui aussi projetait de construire un nouveau motel de deux cent trente chambres directement en face du motel Universel projeté. C'était là une menace extravagante de la part d'un futur concurrent, mais ce n'était toutefois rien comparé à la tempête que Raymond dut essuyer de retour à la maison.

Colette ne voulait en effet plus entendre parler de nouvelle construction, ni à Rivière du Loup, ni ailleurs, car elle estimait qu'à présent le couple avait tout ce qu'il lui fallait pour vivre à l'abri du besoin.

« Pourquoi as-tu besoin d'un autre motel ? » Colette dit avoir demandé à Raymond en pleurant. « On en a déjà un qui marche très bien, qui est très prospère. On a de l'argent. On a une belle famille. Pourquoi risquer tout ca ? Explique-moi ca ! » Colette dit que Raymond pleurait et qu'il la prit dans ses bras. « Ça va marcher, ce motel-là, je te le jure. Mais c'est plus que ça. C'est un défi pour moi. Pour la première fois, je peux payer un projet de ma propre poche. Je n'ai pas besoin de courir pour trouver du financement. Et je sais maintenant que c'est ça ma mission dans la vie : construire, développer, créer des emplois, aider à faire une économie plus forte. C'est ça que je veux faire. »

Ses mots ne furent pas d'un grand réconfort pour Colette. « Je m'en fiche du monde, lui dit-elle. Ce qui est important pour moi, c'est nous autres, notre famille, pas Pierre, Jean, Jacques. Vivons avec ce qu'on a, c'est déjà beaucoup ! » Mais Raymond demeurait inflexible, dit-elle. « Je ne peux pas ! Je ne veux pas ! Je vais faire ce motel ! Et je vais en faire d'autres à part de ça ! »

Fatiguée des arguments futiles, Colette fit ce qu'elle faisait toujours quand Raymond refusait de changer d'idée : elle abdiqua. « Va faire ton *câline* de motel. Mais si ça marche pas, viens pas me voir en pleurant sur ton sort ! »

Les travaux du nouveau motel commencèrent quelques jours plus tard, en fait moins d'un mois après que Raymond eut aperçu le terrain pour la première fois. Il embaucha surtout des entrepreneurs de Québec, les moins-disants, dont le plombier Laurent Gagnon. Les entrepreneurs embauchaient à leur tour des sous-traitants qui accomplissaient le plus gros du travail.

L'exception à cette règle fut Camillien Charron, un important contracteur électricien de la région. Originaire de Saint-Jean-de-Dieu, où il était propriétaire d'un grand magasin de meubles, Charron travaillait souvent pour les plus gros entrepreneurs du Québec. En particulier, il travaillait avec Paul Martin, entrepreneur très connu de La Pocatière qui avait construit de nombreux arénas, des centres commerciaux et des HLM partout au Québec.

Décrit par Raymond comme « un grand bonhomme bien portant », Camillien Charron avait une personnalité différente de Raymond en ce qu'il était un homme plus sérieux et moins rieur. Mais il était un fonceur en affaires tout comme Raymond, dont il partageait l'entêtement et le tempérament impulsif.

Bien que les deux hommes se soient querellés souvent, se livrant à quelques luttes verbales mémorables, Raymond et Charron sont rapidement devenus de bons amis. L'électricien ferait éventuellement partie de la poignée d'entrepreneurs du monde de la construction et des affaires au Québec à qui Raymond se fierait jusqu'au sommet et au-delà.

Raymond embaucha aussi Émile Jobidon en tant que contremaître du projet. Pendant les six mois qui suivirent – le temps qu'il fallut pour construire le motel –, les deux hommes vécurent littéralement sur le chantier. Leur semaine de travail commençait le lundi matin à cinq heures, quand Raymond prenait Émile chez lui, à Saint-Pascal, pour se rendre à Rivière-du-Loup. Durant les cinq jours suivants, ils dormaient dans une petite maison mobile que Raymond avait achetée et installée dans le fond du lot. Le vendredi, à la fin de la journée de travail, ils retournaient ensemble à Québec et arrivaient rarement avant vingt-trois heures.

Comme le chantier n'était qu'à une demi-heure de Saint-Hubert, Raymond embaucha encore plus de ses frères et de ses cousins que d'habitude. Une recrue parmi les visages familiers de l'équipe de travail familiale de Raymond : son jeune frère Florent. À bien des égards, les deux frères étaient des étrangers. Né moins d'un mois avant que Raymond ne quitte la maison pour aller à l'école à Rimouski, Florent ne connaissait son frère qu'à travers les histoires de famille et les brefs aperçus qu'il avait de lui lors de ses visites peu fréquentes et en coup de vent à Saint-Hubert.

Au milieu des années soixante, Florent, un gars musclé de plus d'un mètre quatre-vingt-cinq, s'engagea comme bûcheron pour J. D. Irving. Pendant quelques années, il travailla du lundi au vendredi dans les forêts près de Saint-Quentin, un village du Nouveau-Brunswick juste de l'autre côté de la frontière. Tout comme Raymond, Florent investit son argent durement gagné dans des maisons. Mais la grande différence était que Florent avait un don pour la construction. Il achetait des vieilles maisons et les rénovait durant les fins de semaine et durant le mois de février, alors que le camp de bûcherons était fermé.

En 1973, Florent possédait et louait quelque deux douzaines de maisons et d'appartements. Il venait aussi de se marier. Il se mit à la recherche d'un emploi plus près de la maison. Il sauta donc sur l'offre de Raymond de l'aider à bâtir le nouveau motel dont il deviendrait gérant de l'entretien.

Florent se rappelle son premier jour sur le chantier. C'était à la fin d'avril et l'arpenteur était là la veille pour planter les poteaux dans la neige qui recouvrait encore le sol. Le travail sur les fondations commença quelques jours plus tard, presque le même jour que celui où les ouvriers commencèrent à installer les aqueducs pour le prolongement de la route, juste à côté du site du motel. « Le *timing* était parfait », dit Florent.

La construction du motel n'était pas une mince affaire, loin de là. Cela commença par le creusage du site et l'établissement des fondations, une tâche ardue accomplie par Raymond et son équipe. Les fondations incluaient non seulement le périmètre de l'édifice, mais aussi les murs intérieurs de chacune des soixante chambres du rez-de-chaussée, dont trente de chaque côté. Pendant plus d'un mois, la routine consista à bâtir des formes le matin, à couler la base tard en après-midi, à laisser sécher toute la nuit, à défaire les formes le lendemain matin et à recommencer.

L'étape suivante consistait à ériger les murs de béton préfabriqués, qui étaient installés par le manufacturier Vibrek. Transportées par camion de Québec, les sections étaient soulevées et maintenues en place par une grue, tandis qu'on soudait des plaques d'acier pour les maintenir ensemble. Jusqu'à douze hommes aidaient à l'assemblage de la structure préfabriquée, qui n'était pas sans rappeler un château de cartes une fois dans les airs.

Raymond se tenait constamment au cœur de l'action. Vêtu d'habits de travail et portant des bottes en caoutchouc noir, le genre que portent les fermiers, avec de minces bordures rouges dans le haut, il arpentait le chantier sans arrêt, aboyant des ordres ou menant à bien de petites tâches, particulièrement celles que personne n'était pressé d'accomplir.

« Je me rappelle une fois, dit Florent, quand il fallait nettoyer le trou en dessous de la cage d'ascenseur. Ces trous-là sont plus profonds que le reste des fondations, alors ils se remplissent de sable et d'eau pendant les travaux, puis ça finit par faire de la boue jusqu'aux genoux. Raymond est descendu là-dedans un matin, puis il a commencé à le vider, me passant un seau à la fois. Il aurait pu laisser ça à un travailleur. Mais ce n'était pas son style. »

Une fois les murs et les planchers installés, le site a pris vie avec la présence de travailleurs de tous les métiers mécaniques et techniques, principalement des électriciens, des plombiers, et des ferblantiers.

Raymond engagea Laurent Gagnon pour qu'il installe les tuyaux et les robinets de la plus haute qualité – et les plus chers, naturellement. Il avait lésiné sur les matériaux de plomberie lors de la construction du motel de Sainte-Foy, installant ce qu'il y avait de meilleur marché. Mais il avait bientôt été forcé d'effectuer des réparations coûteuses, une erreur qu'il entendait ne pas répéter. « Au bout du compte, c'est moins cher d'avoir le meilleur, parce que ça brise moins et c'est plus beau. »

Quand ces travaux furent terminés, environ deux mois plus tard, les murs intérieurs furent isolées et finis avec du *drywall*. À l'extérieur, les murs près de l'entrée ont été recouverts par une magnifique façade de granit que Raymond avait apportée à grands frais de la région du Lac-Saint-Jean.

Pour donner une apparence de fraîcheur et de propreté qui rendraient le motel visible à des kilomètres à la ronde, Raymond finit le reste des murs extérieurs en ciment gris. Il décida aussi d'utiliser du blanc sur tous les murs intérieurs, après qu'ils furent isolées et finis avec du *drywall*.

Tout comme à Sainte-Foy, Raymond voulait aussi du *permaglaze* sur tous les murs du motel. Au début, il engagea un sous-traitant local pour faire ce travail. Mais celui-ci avançait trop lentement et l'homme inexpérimenté faisait trop d'erreurs au goût de Raymond. Il le congédia et appela Maurice Duchesneau pour terminer le travail.

Raymond fut son propre concepteur et décorateur. C'est lui qui choisit les couleurs, les styles et l'ameublement pour toutes les chambres. Pour s'harmoniser avec les murs blancs, il fit installer des tapis en nylon gris sur les planchers de tout le motel. Quant aux chambres, il décida de les décorer dans le même style espagnol aux couleurs vives qu'il avait utilisé dans le premier motel. Il acheta cent vingt mobiliers complets pour les chambres, incluant deux fauteuils, deux tabourets, deux lits doubles et deux têtes de lit. Il acheta aussi plusieurs autres fauteuils et des sofas pour le hall.

Ce n'est pas tout le monde qui aime le style espagnol et c'est le cas d'Yvon Béchard, l'homme embauché plus tard par Raymond à titre de gérant du motel. « C'était pompeux, du grand style, dit Béchard, qui devait diriger le motel pour les vingt-cinq années à venir. À l'époque, c'était plus comme si tu t'étais trouvé dans une maison plutôt que dans un motel. Je n'ai jamais adoré ça, mais beaucoup de gens aimaient ça, surtout les Américains. Ils adoraient ça. »

En plus du décor espagnol, les chambres offraient aussi des bureaux en bois avec des lampes de lecture et des lampes sur pied entre les fauteuils. Entre les lits, il avait installé des tables de chevet à deux tablettes sur lesquelles se trouvait une Bible. Sur chaque table se trouvaient deux lampes en cuivre en forme de tulipe. Raymond les avait achetées chez Stokes, un manufacturier haut de gamme de Montréal. À cent dollars pièce et à deux lampes par table, les lampes coûtaient à elles seules vingt-quatre mille dollars.

Dans le milieu de chaque chambre, le long du mur opposé aux lits, il y avait une grosse télé couleur. Installée sur des pivots en acier, pour pouvoir être tournée vers n'importe quel lit, elle comportait une innovation : une radio intégrée.

Comme dans tous les motels de qualité à l'époque, Raymond installa aussi l'air climatisé sous les baies vitrées de chaque chambre. C'est l'électricien Camillien Charron qui fournit et installa les climatiseurs, au coût de cinq cents dollars chacun, soit le double du coût des télévisions.

Une des innovations de Raymond fut d'installer des panneaux utilitaires sur le mur du corridor à l'extérieur de chaque chambre. Il s'agissait là d'une amélioration pratique par rapport au motel de Sainte-Foy, car cela permettait un accès non intrusif pour l'entretien. Pour dissimuler les cent vingt panneaux, Raymond importa d'Angleterre des tapis pure laine de couleur rouge vif. « C'était un édifice très beau et fonctionnel, facile à entretenir et à nettoyer, dit Florent. Mon frère était un très bon constructeur. Il a toujours construit des choses très bien, très solides. »

Pierre-Paul Côté dit qu'il n'oubliera jamais la grande ouverture du motel, qui eut lieu en fin d'après-midi, le samedi 15 décembre. « Il y avait un tempête épouvantable ce jour-là, dit le notaire. Pour me rendre là, de Québec, j'ai dû suivre un autobus pour pouvoir voir la route. Il y avait des autos dans le fossé à gauche puis à droite. C'était quelque chose de terrible. Ma femme demandait : "Pourquoi on n'arrête pas pour coucher quelque part ?" Je ne pouvais pas. J'étais le maître de cérémonie. Raymond m'avait demandé d'être là. »

Côté réussit à se rendre. Quelque deux cents autres personnes firent de même, dont Rosanna, les frères de Raymond, les sœurs, la belle-famille, Colette et les enfants, sans compter plusieurs représentants locaux et régionaux du monde des affaires, du monde religieux et du monde politique. Une légion d'amis de Raymond, des fournisseurs et des entrepreneurs, accompagnés de leurs épouses, étaient aussi de la partie. Plusieurs d'entre eux – dont Maurice Duchesneau, le courtier d'assurances de Raymond, Robert Lavoie, de même que Georges Vézina et Gilles Auclair, les propriétaires des restaurants *Jac et Gil*, qui avaient loué le bar et le restaurant du motel – venaient de Québec et, comme Côté, ils avaient affronté les éléments pour être présents, par respect pour Raymond.

De son côté, Raymond fit tout pour s'assurer que personne ne repartirait déçu. Bien que lui et plusieurs autres eussent travaillé jour et nuit pendant des semaines afin de terminer à temps (les lampes et les tapis du hall furent installés le matin même de l'ouverture et plusieurs chambres n'étaient pas terminées), Raymond supervisa toute la décoration et le service de traiteur pour la fête. Par exemple, on avait placé des bouquets de fleurs dans tous les corridors et dans les trois salles de réception, où les invités se virent offrir des hors-d'œuvre et des boissons. Mais le plus impressionnant, c'était l'immense arbre de Noël dans le hall. Il touchait presque le plafond, à plus de six mètres.

Après le souper – et la bénédiction du nouveau commerce par le curé – vinrent les discours. Pierre-Paul Côté fit quelques remarques et présenta divers dignitaires politiques qui vantèrent tous l'édifice. Côté présenta ensuite Raymond qui tint un discours de deux pages préparé par le notaire, discours du genre « merci à tous d'être venus ». Plus nerveux qu'à son habitude, Raymond lut le texte à la vitesse de la lumière. « Je pense qu'il n'a même pas eu le temps d'y jeter un coup d'œil avant de le lire en public, dit Côté, qui rigole en se rappelant l'événement. Il lisait le texte en s'accrochant sur des mots, il les mâchait. C'était très monotone. Raymond n'était pas un orateur que j'aurais choisi pour donner une conférence. Mais il était fidèle à lui-même. »

***

Selon Raymond, quelques personnes qui avaient bravé la tempête de neige pour être de la fête – et qui, semble-t-il, n'étaient pas non plus découragées par ses lacunes en tant qu'orateur – étaient des hauts fonctionnaires de Drummondville. Durant la soirée, ils lui demandèrent de bâtir un motel semblable à Drummondville. « Je leur ai dit que j'irais voir la situation, dit Raymond. Puis j'ai trouvé ça bien, et j'ai construit mon troisième motel. »

La vérité, c'est que c'est Raymond qui a approché les fonctionnaires de Drummondville avec l'idée d'y ériger un motel. En fait, il travaillait au projet de Drummondville depuis l'automne 1972, soit avant même de trouver le terrain de Rivière-du-Loup. Et, comme d'habitude, le moment choisi par Raymond était parfait.

Plus tôt cette année-là, à peu près au moment où le chef libéral Robert Bourassa remportait sa première élection générale avec le slogan « Bourassa construit », un autre jeune promoteur se présenta à l'hôtel de ville de Drummondville avec un plan impressionnant pour y attirer un Holiday Inn.

Pour soutenir ce projet, on mena, avec le soutien technique et financier du ministère de l'Industrie et du Commerce, une étude de faisabilité d'un mois. Cette étude concluait que la ville avait besoin d'un hôtel ou d'un motel de cent vingt chambres avec tout le matériel nécessaire à la tenue de banquets.

Mais le jeune promoteur de la Ville, dans l'embarras, s'était évanoui dans la nature, laissant les planificateurs en plan. Imaginez leur réaction lorsque soudain un autre jeune hôtelier à la feuille de route bien établie se présenta en disant qu'il voulait construire un motel de cent vingt chambres dans cette petite ville située à l'est de Montréal. Pour les fonctionnaires municipaux, Raymond était un envoyé du ciel.

Durant l'année et demie qui suivit, alors que prenait forme le motel de Rivière-du-Loup, Raymond mit lentement en place les pièces du casse-tête de Drummondville. Avec l'aide confidentielle et le soutien des planificateurs de la Ville, il examina plusieurs sites potentiels et arrêta finalement son choix sur un secteur au sud de l'autoroute transcanadienne.

Le site de trente mille mètres carrés était situé juste à côté de la principale artère commerciale de la ville, le boulevard Saint-Joseph, sur une route de service non pavée se terminant en cul-de-sac, la rue Hains. Mais le site n'était pas constitué en un tout intégral : il comprenait plutôt seize lots privés de formats variés appartenant à des particuliers. La plupart étaient vacants, mais une demi-douzaine arboraient des maisons. Les deux plus grands lots appartenaient à des compagnies de camionnage locales, Transport Dumont et Drummond Express, et ils abritaient des garages et des cours d'entretien.

Faisant promettre le secret aux planificateurs de la Ville, sous la menace qu'il retirerait le projet si son intérêt était rendu public, Raymond se mit immédiatement à acheter tous les terrains du site, un par un.

Selon Jean-Guy Moreau, à l'époque commissaire industriel de Drummondville, et futur président du Regroupement des chefs d'entreprises québécoises, qui réunit les dirigeants de plus de mille entreprises du Québec, les promoteurs utilisent habituellement de discrètes tierces parties pour faire l'acquisition de terrains pour des projets (comme l'a fait Ivanhoe avec Raymond à Sainte-Foy) afin d'éviter de faire flamber les prix. Mais Moreau, alors un jeune homme impressionnable de vingt-sept ans, eut tôt fait d'apprendre que Raymond avait sa méthode personnelle d'acquisition de terrains.

« Le moins que je puisse dire, c'est que la stratégie de M. Malenfant n'était pas très orthodoxe, dit Moreau, maintenant conseiller aux ressources humaines à Drummondville. Il a acheté ces terrains lui-même. Mais il était tellement décidé à les acheter pour le plus bas prix qu'il se présentait aux propriétaires en prenant la personnalité la plus simple, la moins frappante, la plus pauvre imaginable. C'était la première fois que je voyais quelque chose de semblable ; j'en ai vu d'autres le faire, mais dans les années suivantes. Nous, à part ses manœuvres pour acheter les terrains, on ne savait absolument rien de ses plans. Il entrait dans nos bureaux de temps en temps pour poser des questions, ou pour nous dire, tout excité, qu'il venait d'acquérir un autre terrain, puis il repartait. Et là, un beau jour, j'ai su qu'il avait fait une demande pour un permis de construction. Il avait réussi à tout ramasser. »

Pour simplifier la construction du nouveau motel (et pour renforcer l'image de la chaîne qu'il disait maintenant ouvertement vouloir mettre sur pied), Raymond soumit exactement les mêmes plans à Drummondville qu'à Rivière-du-Loup. La seule différence majeure consistait dans le fait qu'il avait tourné l'édifice de manière à ce que la façade donne sur la rue Hains. Il estimait que le projet coûterait entre un et deux millions de dollars. Il alla donc trouver un directeur régional de la Banque nationale, qui facilita l'obtention d'une hypothèque de un million et demi de dollars sur l'édifice de Rivière-du-Loup.

« Il avait du talent pour savoir quand et comment briser la tension lors de rencontres d'affaires difficiles. Quand une affaire rencontrait une aspérité ou que la tension s'accumulait, ou que les gens avaient tout simplement besoin d'une pause, il racontait une histoire folle ou une blague. Même si ça n'était pas drôle, il se tapait les cuisses plusieurs fois et riait comme un débile, jusqu'à en pleurer. Certains trouvaient cela étrange, mais je pensais que c'était un bon truc pour ramener les choses sur un plan humain... et là où Raymond les voulait.»

La nouvelle du projet de construction de deux millions de dollars ne mit pas longtemps à se répandre dans la ville. « De source habituellement digne de foi », annonçait le journal local *La Tribune*, le 11 avril 1974, « on apprenait que la construction d'un complexe hôtelier de cent quarante chambres devrait être annoncée sous peu à Drummondville. Le complexe s'établirait à l'intersection du boulevard Saint-Joseph et de l'autoroute transcanadienne, dans les limites de Drummondville, plus précisément dans le prolongement de la rue Hans (*sic*), presque en face du motel Albatros. Les édifices actuels sur le site, notamment les édifices de Dumont et de Drummond Express, seront déplacés pour faire place à un immeuble en béton précontraint. L'un des attraits de ce complexe, ont souligné le maire Philippe Bernier ainsi que le commissaire industriel régional, M. Jean-Guy Moreau, est que ce site rehaussera la qualité et l'esthétique de l'entrée de la ville près de l'autoroute transcanadienne. »

Le travail démarra presque immédiatement. Sur le chantier, on retrouvait les suspects habituels : des entrepreneurs venus d'ailleurs, les frères et les cousins de Raymond, et Émile Jobidon. Tout ce beau monde était appuyé par des sous-traitants locaux et quelques ouvriers non spécialisés, qui gagnaient les salaires les moins élevés.

Pendant les huit mois qui suivirent, Raymond et Émile vécurent à nouveau sur le site, dans une petite roulotte, du lundi au vendredi, tandis que les autres demeuraient à l'Albatros, en face. Le travail progressait selon les plans. Une fois les murs préfabriqués montés et le toit terminé, on se concentra sur l'intérieur de l'édifice.

Raymond a de nouveau engagé Laurent Gagnon en tant que sous-traitant pour la plomberie. Mais, vers la fin des travaux, il reçut des nouvelles alarmantes de Rivière-du-Loup. «Si vous pouvez le croire, se rappelle le gérant Yvon Béchard, certains robinets d'eau chaude ont littéralement explosé à la figure des clients. » Béchard a appelé le manufacturier Crane, et un représentant est allé constater le problème. Béchard se souvient que le représentant lui a dit que les robinets qui avaient été installés l'année précédente « étaient de la cochonnerie, ce qu'on pouvait trouver de moins cher sur le marché. Ils ne pouvaient tout simplement pas soutenir la pression d'eau et après seulement quelques mois d'utilisation ils étaient finis. La situation était dangereuse, car quelqu'un aurait pu être sérieusement brûlé. Heureusement, personne ne le fut. »

Béchard appela Raymond, qui se rendit à Rivière-du-Loup pour constater lui-même. D'après Raymond, il découvrit rapidement que ni les robinets Crane ni les tuyaux des salles de bains du motel étaient de première qualité, comme il dit avoir commandé de Gagnon. Avec le matériel défectueux en main, Raymond retourna rapidement à Québec ou à Drummondville et confronta Gagnon. Sur le point de devenir l'un des plus gros entrepreneurs du Québec, Gagnon nia avec véhémence les accusations de Raymond, disant qu'il avait fait exactement ce que Raymond lui avait demandé de faire, verbalement et contractuellement.

Selon des amis et des collègues des deux hommes, qu'on décrivait tous les deux comme des «p'tits coqs», la situation s'envenima rapidement. On porta des accusations, on échangea des mots durs et des menaces. Quand Raymond dit à Gagnon qu'il pouvait oublier les cent mille dollars qu'il lui devait pour le travail presque terminé à Drummondville, le plombier à la poitrine en tonneau perdit son sang-froid.

Sans avertissement, il saisit Raymond par le collet et le plaqua contre un mur en disant : « Je vais te casser la gueule, mon *tabarnak* ! » tout en levant le bras et en fermant le poing, prêt à frapper. Pressé contre le mur, les yeux fermés dans l'attente du coup, Raymond cria : « *Enwoye, fesse*, mon homme, mais t'auras pas une maudite *cenne* de moi ! » Peut-être traversé par la pensée qu'un seul coup pourrait lui coûter gros, Gagnon relâcha soudain sa proie et s'en alla en tempêtant et en invectivant Raymond.

Une rencontre plus calme quelques jours plus tard ne régla rien. Après quelques mois, quand Gagnon vit que Raymond ne le payait pas, il le poursuivit en justice. Raymond a immédiatement répondu par sa propre poursuite, alléguant le non-respect du contrat. La bataille juridique risquant de s'éterniser, Gagnon décida, après réflexion, d'accepter l'offre que l'avocat de Raymond lui proposait pour un règlement hors cours. Gagnon accepta alors de subir une pénalité de vingt-cinq mille dollars, le prix estimé par Raymond pour le remplacement des robinets et tuyaux à Rivière-du-Loup et à Drummondville, où les mêmes matériaux avaient été installés.

Au dire de Raymond, le plombier l'a appelé pour lui annoncer la nouvelle en disant : « Malenfant, t'es plus tête de cochon que moi ! Garde-le ! » Gagnon, pour sa part, dit qu'il l'a appelé pour lui demander de ne plus l'appeler. « J'étais tanné de lui. Il ne respectait jamais sa parole, il refusait toujours de payer », dit Gagnon, qui est accusé des mêmes comportements par beaucoup de sous-traitants de la région de Québec. « Je lui ai dit : "Raymond, reste de ton bord, fait tes affaires, puis moi, je ferais pareil." »

Fait à remarquer, Raymond n'a jamais fait les changements requis aux robinets des deux motels. Seuls les matériaux qui étaient visiblement défectueux ont été remplacés. Après, on changea ces vieux robinets au fur et mesure qu'ils devenaient visiblement défectueux ou quand ils explosaient lors de l'usage, un phénomène qui s'est produit au fils des ans, selon Yvon Béchard, « de temps en temps ».

Bien sûr, la dispute laissa des traces amères des deux côtés. Les deux hommes se calomnièrent pendant des années dans les milieux de la construction, au grand délice des hommes d'affaires riches et des soi-disant « barons du béton̸ qui étaient membres du P'tit Canot, le club social privé de Québec.

Malenfant avait aussi, assez souvent, des démêlés avec ses sous-traitants : « C'est jamais quelqu'un qui allait signer avec un entrepreneur toutes les pages d'un contrat, puis les parapher. Il commençait avec un bout de plan et, au fur et à mesure, il fournissait des feuilles additionnel-les. Puis, à la fin des travaux, le gars lui disait : "Écoute, ça coûte plus cher que ce que j'avais prévu." Puis [Malenfant] lui disait : "Mais non, ce n'est pas ce dont on avait convenu." Puis là, il y avait des difficultés. Le gars l'actionnait. Nous, on arrivait après que l'action eut été prise. Dans beaucoup de cas, il y avait des règlements hors cour. [Dans] certains cas, il maintenait sa position et il avait raison. Normalement, quand il n'avait pas raison, à la fin, il réglait à l'amiable. Je pense qu'il profitait aussi de l'occasion pour laisser traîner certaines créances qu'il devait, puis pour se financer partiellement avec ses matériaux et ses sous-contractants. »

Ces querelles, de même que son légendaire entêtement et ses efforts pour économiser de l'argent, valurent à Raymond, dans certains cercles de la construction au Québec, la réputation d'un homme dur avec qui il était difficile de faire affaire. Il s'est aussi fait toutefois quelques amis inconditionnels.

Une autre dispute qui laissa des sentiments amers survint avec Gaston Boivin, l'entrepreneur embauché par Raymond pour appliquer le *perma-glaze* à Drummondville. Ancien contremaître de Maurice Duchesneau, Boivin avait commencé à voler de ses propres ailes en 1971, lorsque Maurice avait vendu la compagnie. Boivin était le moins-disant de trois soumissionnaires pour le travail à Drummondville. Il fonda sa soumission sur un plan du motel de Rivière-du-Loup que lui avait montré Raymond, et qui, selon ce que celui-ci lui avait dit, était identique à celui du nouveau motel, avec exactement les mêmes dimensions. Boivin dit aussi que Raymond a accepté l'estimation écrite qu'il avait faite et qu'ils ont signé un contrat. Mais, se souvient Boivin, il a ajouté une clause en bas de la page qui disait que le contrat était pour la bâtisse au complet, sinon il ne paierait pas. « Il disait qu'il faisait ça sur tous ses contrats, pour se protéger. »

Boivin visitait rarement le chantier de Drummondville, passant vers la fin de la semaine pour distribuer les chèques de paie à ses travailleurs. C'est seulement une fois le travail presque terminé qu'il découvrit une différence significative entre l'ancien et le nouveau motel : le nouveau comportait un sous-sol fini pleine grandeur, alors que celui de Rivière-du-Loup n'était fini qu'à moitié.

« Ça représentait beaucoup plus de mur, à peu près onze mille piastres de plus en matériel et en temps, dit Boivin. Quand je lui ai parlé, Malenfant m'a dit de me pas m'inquiéter, qu'on allait régler ça comme il faut à la fin du contrat. Mais une fois que c'était fini, il m'a dit que notre contrat était clair, que je devais faire la bâtisse au complet. Je lui ai dit que ce n'était pas correct. »

Le propre contremaître de Boivin sur le chantier de Drummondville prétend cependant que la réclamation de son ancien patron – comme celles de nombreux autres qui se plaignent d'avoir été floués par Raymond – était exagérée. « Raymond Malenfant m'a toujours payé et il a toujours payé tout le monde dans mon temps, dit le plâtrier Jean-Guy Landry, qui fut l'entrepreneur de tous les projets de construction de Raymond après Drummondville. Je dis pas que c'était un facile, Malenfant, et c'est vrai qu'il payait très lentement des fois. Mais il fallait savoir comment faire affaire avec lui. S'il te faisait confiance à toi, t'avais jamais de problème. Moi, j'avais toujours un contrat écrit à la main avec lui. Mettons que c'était pour deux cent mille dollars. Il prenait toujours mon papier, puis il barrait les deux cent mille dollars. "Landry, disait-il, tu charges bien trop cher", puis là il marquait cent quatre-vingt-dix mille à la place, avec ses initiales à côté. Puis là, moi, je disais : "O.K., si tu veux qu'on fasse une baisse de dix mille, on va faire une entente ensemble : à tous les quinze jours, je te fais une facture, tu sors ton chèque, puis tu me paies sur-le-champ." Puis c'est exactement comme ça que les choses se sont passées. »

En plus de toujours avoir été payé, Landry affirme que travailler pour et avec Raymond était un changement exaltant par rapport aux autres chantiers. « C'était réellement le *fun* de travailler avec lui, parce que ça grouillait, dit Landry. Raymond, c'est un gars qui disait : "Je commence à bâtir le premier de tel mois, puis on rentre le 30 de l'autre mois." Les gens disaient : "il est fou". Mais il n'était pas fou, parce que le 30, ça rentrait dedans, même si l'asphalte se faisait l'après-midi du 30, puis le gazon aussi. Le 30 au soir, l'ouverture se faisait. Ce que j'ai aimé en travaillant avec Raymond Malenfant, c'est que t'avais pas d'architecte là, pas d'ingénieur là, t'avais personne qui nuisait. Si t'avais un problème, t'appelais Raymond, puis tu disais : "Regarde, cette partie-là, ça marche pas, ça n'ouvre pas du bon bord." Il répondait : "O.K., fais ça, puis ça", et ça se réglait tout de suite. C'est lui qui menait sa *job*. Il était tout le temps là, tout le temps.

« Il était sur le chantier à six heures trente, dans ses bottes, à tous les jours, à partir du moment où on creusait le trou dans la terre jusqu'à l'ouverture. Il était le *boss* et le surintendant. Il faisait marcher tous les entrepreneurs – le plombier, l'électricien, le poseur de *gyprock*, les tireurs de joints, les gars de tapis, les livreurs de meubles –, une dizaine en tout, comme s'il était leur contremaître. Puis il criait souvent pour que le travail avance. Ça peut bloquer vite, un chantier, s'il faut que tu attendes après un autre pour faire ta *job*. Il faut que ça grouille, en avant. Avec Malenfant, ça grouillait joliment. Il sautait souvent dans le travail pour que ça roule. Je l'ai vu tout faire : couler le ciment, cogner des clous, porter des matériaux, tout. C'était un gars comme nous autres, ce n'était pas une tête enflée. Jamais il bavait ou provoquait le monde. C'était un travaillant. Il était un bon menuisier aussi, il pouvait bien évaluer les *jobs*. Des fois, il trouvait des problèmes avec mes *jobs* et il avait habituellement raison.

« Quand il y avait un problème, il trouvait une solution sur place. Ça prenait deux minutes. Avec un ingénieur, ça aurait pris les plans, puis les changements aux plans, puis… ah ! ça finissait pas. Avec Raymond, c'était : "Arrête de taponner, *toé* ! Ça reste pas là, le bois ! Il va partir de là, après ça je me coule !" C'était toujours : "Go ! Il faut que ça roule !" »

Jean-Guy Moreau, de la commission industrielle, qui visita le chantier, était également impressionné par l'énergie de Raymond et sa débrouillardise au travail, sans parler de son flair sans pareil. « C'était quelque chose de voir aller M. Malenfant. Il surveillait tellement son affaire, il connaissait tellement la construction. Puis c'était un personnage haut en couleur, un vrai entrepreneur. Je trouvais qu'il y avait quelque chose de très typiquement québécois dans son approche des affaires. »

Béchard fut l'un des premiers invités de l'extérieur à arriver pour la grande ouverture du nouveau motel, le 30 novembre 1974. « Je me suis rendu à Drummondville de bonne heure afin d'aider aux préparatifs de dernière minute, dit-il. J'y suis arrivé autour de midi et je ne pouvais en croire mes yeux. Raymond était là dans ses salopettes avec un groupe de travailleurs, dont Alain, Florent et Marius Paré. On posait les tuiles dans le hall, mais elles n'étaient pas lavées, alors je les ai lavées avec une *mop*. On en était encore à poser les tapis, les tableaux, les rideaux, tout, on aurait dit. On installait même encore des fenêtres et il fallait laver toutes les autres.

« Je me rappelle avoir pensé qu'il était absolument impensable que tout soit prêt pour dix-huit heures. Mais ça l'a été. Quand tout a été terminé, Raymond s'est éclipsé rapidement. Une heure plus tard, il arrivait dans un habit splendide, avec sa femme qui portait un collier de diamants et une magnifique robe de soirée. Tout le monde a applaudi quand ils ont fait leur apparition dans la salle à dîner. Raymond était si heureux, on aurait dit qu'il allait éclater. Il était toujours aux oiseaux pour les ouvertures et il était bien reçu par son monde. »

Environ cent cinquante personnes assistèrent à l'ouverture, qui fut encore plus somptueuse que celle qui avait eu lieu onze mois plus tôt à Rivière-du-Loup. On traita les invités au champagne, avec des buffets chaud et froid, se composant de fruits de mer, dont du homard, du crabe et des crevettes, ce qui laissa tout le monde béat d'admiration.

En plus du gratin local de dignitaires, il y avait aussi les enfants des Malenfant, plusieurs des frères, des sœurs et des beaux-parents de Raymond, quelques amis de la famille et, les derniers mais non les moindres, les entrepreneurs et les fournisseurs (et leurs épouses) qui avaient contribué à rendre possible ce projet. Pierre-Paul Côté fut à nouveau le maître de cérémonie. Tout comme à Rivière-du-Loup, il souhaita d'abord la bienvenue aux invités et présenta les personnalités, qui en profitèrent pour s'adresser à l'auditoire. Côté laissa ensuite le podium à Raymond. Celui-ci lut à nouveau un discours préparé par le notaire. Mais, cette fois, il le lut plus lentement et laissa le temps à l'auditoire de jouir des pointes politiques et de l'humour osé dont son texte était parsemé.

« Monsieur le maire, Philippe Bernier, messieurs les députés du comté de Drummond, mes partenaires, mesdames, mesdemoiselles et messieurs, entonna Raymond. C'est avec beaucoup d'optimisme que nous procédons à l'inauguration officielle du motel Universel de Drummondville, qui représente notre troisième établissement hôtelier dans la province de Québec. Déjà, nous comptons un motel à Sainte-Foy, Québec, et un autre à Rivière-du-Loup. En tant que président du Motel Universel inc., je suis confiant que notre nouvel établissement obtiendra le succès que nous anticipons. La situation géographique par excellence de Drummondville, au centre du Québec, ainsi que le réseau routier incomparable ont certainement contribué à la décision de bâtir le motel près de l'autoroute transcanadienne, où circulent quotidiennement, en moyenne, de quinze à vingt mille véhicules.

« Le commissaire industriel et les membres du conseil ont participé à la réussite de notre projet en facilitant notre tâche. D'abord le site que nous avons acquis est maintenant desservi par les infrastructures municipales, et une partie de la rue Hains a maintenant l'allure d'un boulevard. C'est magnifique et je remercie les autorités municipales pour leur étroite collaboration qui, j'espère, continuera, car la rue Hains a besoin d'être pavée et mieux éclairée. C'est seulement une fois ces travaux terminés que je serai d'accord avec le maire Philippe Bernier, qui ne cesse de me répéter que Drummondville est la plus belle ville du Canada avec le meilleur maire et la meilleure administration municipale.

« Les gouvernements fédéral et provincial n'ont pas contribué financièrement à la réalisation du motel, mais je reste convaincu que les députés de Drummond sauront vanter les avantages de cet établissement hôtelier de façon à augmenter notre clientèle. Je compte sur vous, messieurs les députés, car il ne faut pas oublier que nous avons investi près de trois millions dans votre comté et créé soixante nouveaux emplois.

« L'établissement de Drummondville comprend cent vingt unités, une piscine, un bar, une salle à manger, un restaurant et des salles de conférences pouvant accommoder plus de cinq cents personnes. Avec mes confrères hôteliers, nous pourrons attirer beaucoup de congrès à Drummondville.

« La décoration du motel est de style espagnol, parce que j'aime bien la chaleur qui se dégage de ce style et je crois qu'il n'y a certainement pas de meilleur endroit qu'un motel pour la chaleur, n'est-ce pas, mesdames et messieurs ?

« Je remercie ma femme, qui a bien voulu se priver de ma présence durant des mois et qui m'a toujours secondé dans tous mes projets, dont le prochain sera érigé dans la région de Québec. »

Plus tard durant la soirée, Raymond et Colette bavardèrent avec Émile Jobidon et son épouse, Laurette. Les deux couples étaient passablement proches l'un de l'autre, car ils étaient sortis ensemble à quelques reprises à la fin des années cinquante et au début des années soixante, habituellement pour aller jouer aux quilles. Laurette confia à Raymond qu'elle avait trouvé particulièrement difficile l'absence d'Émile – absence de plusieurs mois – pour la seconde fois en deux ans. Émile ajouta que lui aussi avait trouvé le temps long. Il avait détesté appeler Laurette un vendredi après-midi, quelques semaines plus tôt, pour lui dire qu'il ne pouvait rentrer à la maison avant le lendemain, étant donné qu'il devait travailler tard avec Raymond.

À cette occasion, pour s'amender, Raymond donna à Émile deux grosses sections du tapis rouge et noir qu'il avait acheté pour le motel.

Ce cadeau, soit dit en passant, recouvre encore le corridor et l'entrée en bois franc de la modeste maison où demeure toujours Laurette, veuve depuis 1999, année où Émile, atteint de la maladie d'Alzheimer, est décédé. Mais Laurette n'était pas intéressée par les cadeaux, elle voulait son mari. Lors de l'ouverture, elle a demandé à Raymond, en blaguant à moitié, confie-t-elle, « de ne plus construire de motels, parce que je ne laisserais pas Émile partir encore ». Laurette se rappelle que Raymond a ri et lui a dit de ne pas s'inquiéter, car il avait déclaré dans son discours qu'il allait construire son prochain motel beaucoup plus près de la maison.

Mais le projet suivant de Raymond n'allait pas fonctionner comme il l'avait prévu. Dans ce qui semble aujourd'hui avoir été la répétition générale avant un conflit futur qui allait faire sa célébrité, Raymond subit son premier revers majeur en tant que promoteur.

Laurette Jobidon n'était pas la seule épouse qui râlait au sujet des longues absences de son mari durant la construction du motel de Drummondville. Colette aussi se sentit abandonnée, en partie à cause du départ inattendu et précipité de Danielle Gagnon. Aboutissement d'une suite d'événements dont l'ironie n'échappa pas à Colette, le départ de Danielle fut le résultat direct de deux semaines de vacances fabuleuses qu'elle et Raymond prirent aux îles Canaries en décembre 1972. Durant leur séjour – leur premier voyage outre-mer depuis l'aventure de l'École de médecine en France –, ils rencontrèrent un couple de Belges plus vieux qu'eux qui passait l'hiver dans cette colonie espagnole et se lièrent d'amitié avec eux. Le petit-fils du couple demeurait aussi avec eux à ce moment-là. Son nom était Gilbert Delveau, un conscrit militaire de dix-neuf ans qui était en permission pour un mois. Comme tout adolescent hédoniste en vacances, Gilbert se trouvait aux Canaries pour avoir du plaisir. L'ennui, c'est qu'il n'avait pas d'argent et qu'il pourchassait sans cesse son grand-père pour en avoir. « Un jour, raconte Gilbert, je suis venu à la plage pour taper de l'argent à mon grand-père et aller danser. Il était assis là avec ce jeune Canadien qui parlait à deux cents kilomètres à l'heure. Mon grand-père était mesquin et avare ; il répondit non immédiatement. Mais alors ce type s'est joint à l'échange. "Allez, donnez-lui de l'argent. Il a l'air d'un bon garçon." C'est ce qu'a fait mon grand-père. Je ne pouvais pas le croire. Je suis parti, mais je me suis souvenu de ce gars qui parlait tant. »

Gilbert apprit plus tard que ses grands-parents avaient invité le parleur pressé et sa femme à souper. Il avait projeté de sortir, mais son grand-père insista pour qu'il reste. Gilbert bouda pendant tout le repas. À la fin, son grand-père, peut-être afin de changer l'humeur du jeune renfrogné, demanda à son invité s'il pouvait offrir un travail à Gilbert. « N'importe quand, répliqua Raymond immédiatement, appelle-moi quand tu voudras, mon gars. »

Selon Gilbert, l'idée a commencé à luire une fois de retour en Belgique. Un an plus tard, son service militaire terminé, il appela Raymond pour lui demander si son offre d'emploi tenait toujours. Raymond répondit que oui. Quelques semaines plus tard, le jeune Européen aux yeux gris et qui parlait bien prit un vol pour le Canada et atterrit à Québec durant une tempête de neige, le 14 janvier 1974. Tel que promis, Raymond offrit au jeune homme un travail et une chambre au motel de Sainte-Foy. Gilbert y demeura deux mois et travailla surtout comme assistant pour Roger Dion.

Bien que Danielle fût de dix ans son aînée, Gilbert et elle se plurent presque immédiatement. Ils étaient bientôt engagés dans une relation amoureuse, ce qui incita probablement Raymond (et, de surcroît, Colette) à envoyer Gilbert à Rivière-du-Loup pour y travailler au nouveau motel. Gilbert y demeura six mois, le temps qu'il lui fallut pour apprendre trois choses : il était amoureux de Danielle, il voulait vivre avec elle au Canada, et il n'avait pas d'avenir au service de Raymond. Au cours de l'été, Gilbert persuada finalement Danielle de s'enfuir avec lui à Montréal, où ils pourraient bâtir leur vie. Ils allèrent trouver Raymond et Colette pour leur annoncer leur décision.

Après avoir vécu treize ans sous leur toit, entretenu leur maison et pris soin de leurs enfants, Danielle aurait été en droit de s'attendre à un accueil chaleureux à l'annonce de cette belle nouvelle. Mais elle dit connaître Raymond et Colette beaucoup trop bien pour avoir ne serait-ce qu'espéré une réaction autre que celle qu'elle dut essuyer. « Ils n'étaient pas contents. Et en fait, avaient beaucoup de peine, dit Danielle. Mais ils finirent par s'y faire. Quand Gilbert et moi nous sommes mariés, quelques années plus tard, nous avons donné la réception de mariage au motel de Rivière-du-Loup, et Raymond et Colette y étaient. Ils nous ont grâcieusement offert la salle de réception, une chambre et cinq cents dollars. »

Il semble que Raymond avait jonglé quelque temps avec l'idée d'ouvrir un deuxième hôtel dans la région de Québec. À preuve, juste avant la grande ouverture du motel de Rivière-du-Loup, il acheta un terrain à Sainte-Foy. Ce terrain, qui comprenait la plus grande partie du lot municipal 384, était situé sur le côté sud du boulevard Laurier, entre les studios de Radio-Canada (à l'est) et le quartier général régional des Services de santé du Québec (SSQ). Ce terrain avait brièvement appartenu à Ivanhoe Corporation dans les années soixante. Incapable de faire modifier le zonage de ce terrain classé résidentiel, le conglomérat le vendit en 1965 à un autre promoteur, Philippe Amyot, qui projetait d'y construire soit un motel, soit un édifice à bureaux. Mais il échoua lui aussi à infléchir les nouveaux tsars du zonage de Sainte-Foy. Amyot revendit le terrain à la SSQ en 1969.

Un an plus tard, à l'occasion d'une manigance qui ressemblait étrangement aux magouilles secrètes qui avaient permis le rezonage du terrain de Raymond le long de l'autoroute Henri-IV, l'organisme de santé réussit à faire classer le lot 384 comme C-6. Cette nouvelle classification commerciale permettait la construction de certains types d'édifices comme des tours à bureaux. Mais elle excluait notamment la construction d'hôtels et de motels. Le changement de zonage prit les habitants de Saint-Yves, un quartier de la classe moyenne supérieure, complètement par surprise. Incapables de changer ce qu'ils dénonçaient publiquement comme un fait accompli, les membres les plus bruyants et les plus militants de la communauté jurèrent de garder le lot bien à l'œil et de combattre férocement tout développement futur de ce site.

La colère des citoyens ne réussit pas à intimider la SSQ, qui érigea ses bâtiments sur la partie ouest du lot et vendit le reste à la Fédération régionale des Caisses populaires pour quatre cent cinquante mille dollars en 1972. La Fédération avait l'intention d'y construire son nouveau quartier général. Mais, à un moment donné, elle décida de construire dans le cadre du complexe aux allures d'université du Mouvement Desjardins à Lévis. Elle vendit donc le lot en surplus à Raymond pour quatre cent soixante-cinq mille dollars, une transaction qui fut scellée par un paiement de deux cent cinquante mille dollars, le 4 décembre 1973.

Bordée au sud par une tranquille rue résidentielle, l'avenue Sauvé, la propriété consistait en un terrain plat et vacant de dix mille mètres carrés. C'était beaucoup plus modeste que l'énorme terrain sur lequel Raymond envisageait de construire les Galeries Henri-IV. Par contre, son emplacement sur l'artère commerciale de Sainte-Foy le rendait beaucoup plus précieux : en fait, sa valeur au mètre carré était quatre fois plus élevée que celle de l'autre terrain le long de l'autoroute Henri-IV. Une autre différence entre les deux terrains consistait en ce que le lot 384 était déjà classé commercial, bien que comportant une restriction qui bannissait les hôtels et les motels.

Pourquoi Raymond acheta-t-il encore un terrain qui n'était pas classé pour l'usage qu'il entendait en faire ? Quand on lui pose la question, il hausse les épaules et dit qu'il n'y avait pas d'autre terrain de libre sur le boulevard Laurier et que c'était un bon emplacement pour un motel. « *Anyway*, ajoute-il, c'était zoné pour un motel juste en face, de l'autre côté du boulevard Laurier. Il n'y avait aucune raison valide pour que la Ville ne change pas le zonage de mon terrain. » Raymond ajoute qu'avant d'acheter il avait demandé et reçu l'assurance de son vieil ami (alors maire de la ville) Ben Morin qu'on pourrait modifier le zonage en conséquence. Mais même Ben Morin ne pouvait prévoir le « nid de guêpes » que Raymond s'apprêtait à piétiner avec son nouveau développement.

Il semble que tout le monde aimait Ben Morin, ce qui n'est jamais un exploit facile pour un politicien. La raison tenait probablement à la simplicité de ses manières et à son approche de la vie et des gens. De plus, il était toujours disponible pour ses électeurs. Élu pour un premier mandant de quatre ans à la mairie de Sainte-Foy à la mi-novembre 1973, quelques semaines seulement avant l'achat du lot 384 par Raymond, Morin a passé presque tout son temps à son bureau de l'hôtel de ville. Il passait la première demi-heure du matin au téléphone, prenant les commandes de feuilles de placoplâtre de ses clients réguliers, qui comprenaient la plupart, sinon la totalité, des plus grands promoteurs de la ville. Puis, hormis la période entre midi trente et treize heures (qu'il réservait à sa sieste quotidienne sur un petit sofa dans son bureau), la porte de Morin était toujours ouverte et les citoyens entraient de manière décontractée avec un chaleureux « Salut Ben ! ».

À bien des égards, ses manières faciles et ses rapports chaleureux avec les hommes d'affaires du coin firent de Morin le politicien municipal typique de son époque, en plus d'un modèle rassurant au sein d'un quartier sûr, tranquille et « tricoté serré » comme Saint-Thomas-d'Aquin, qui, durant les années soixante-dix, était presque entièrement constitué de familles de classe moyenne. Comme la plupart de ses collègues en politique, Morin était étroitement associé à l'Église, qui, dans cette paroisse, comme dans d'autres communautés du Québec, demeurait encore le pivot autour duquel s'articulait la vie sociale, éducative et même récréative. Membre éminent de la communauté paroissiale, Morin recevait souvent des demandes d'aide pour des nobles causes. Quand il fut élu maire, il venait tout juste, en tant que conseiller municipal, de contribuer à amasser des fonds pour terminer le sous-sol de l'église.

« L'idée était d'en faire une salle de réception pour des banquets et autres rencontres et activités paroissiales », dit le père Roger Boisvert, curé de Saint-Thomas-d'Aquin de 1970 à 1982, date à laquelle il partit pour aller servir pendant plus d'une décennie comme vicaire général du diocèse de Québec sous le cardinal Maurice Vachon et, plus tard, sous l'archevêque Maurice Couture. « C'était une stratégie pour aider à bâtir un plus grand sentiment d'appartenance à la communauté. »

Il ne s'agissait pas d'une mince tâche. Le sous-sol s'étirait sur toute la longueur de l'édifice. En fait, il était si grand qu'il servait de gymnase pour les scouts. En plus de convertir les lieux en une salle de réception, on prévoyait de créer deux grandes salles de jeux pour les enfants à l'arrière. Le comité de volontaires de la campagne organisa une levée de fonds lancée officiellement par le curé Boisvert en chaire le dimanche matin. Le comité dressa ensuite la liste de paroissiens fortunés qu'on devait approcher en privé dans l'espoir de leur soutirer de substantielles contributions.

Morin accepta de voir Raymond, qu'il connaissait très bien, se rappelle le père Boisvert, qui décrit Raymond comme un bon catholique qui participait à la vie paroissiale « à sa façon ».

« Ben m'a raconté sa rencontre avec Raymond de la façon suivante :
– On refait le sous-sol de l'église.
– Ah oui ?
– Et je ne sors pas d'ici avant que tu m'aies donné mille dollars.
– C'est ça ! dit Raymond en feignant la colère. Vous venez me voir quand vous avez besoin d'argent ! Alors, c'est moi qui décide combien je vous donne !

« Raymond fit un chèque de deux mille dollars, dit le père Boisvert en riant. Il était très généreux, Raymond. Et très simple aussi. Devant les gens, il était très nerveux, mais il était très pratique. »

De leur côté, les gens qui travaillent au département de l'urbanisme de Sainte-Foy ont une tout autre opinion du promoteur. « Pour M. Malenfant, les urbanistes étaient des moins que rien », dit Gilles Delisle, le deuxième urbaniste embauché par la Ville et le successeur de Richard Morency, qui était parti peu de temps après que Raymond eut investi l'hôtel de ville, au début de 1974, pour demander un changement de zonage sur le lot 384.

« C'était évident qu'il avait une très mauvaise opinion de nous, ainsi que de tous les fonctionnaires, dit Delisle, qui dirigea le département d'urbanisme de la Ville pendant vingt-deux ans. Pour lui, on était des bureaucrates. Pourtant, les grosses corporations utilisaient nos services constamment, parce qu'elles voulaient éviter des problèmes coûteux une fois le travail commencé. M. Malenfant, lui, se fichait de nous. Il arrivait dans notre bureau en coup de vent. Il faisait toujours des blagues comme : "Ah ! pas encore vous autres avec qui je dois travailler !" On était jamais sûr s'il agissait d'une blague ; en tout cas, on ne riait jamais. »

Raymond présenta une demande formelle en mai 1974 pour qu'on classe son terrain CC-16, afin de permettre la construction d'un hôtel ou d'un motel à cet endroit.

Tout d'abord, les urbanistes visitèrent plusieurs habitants du quartier pour voir leur réaction à la proposition. Ils ont découvert une animosité persistante à propos du changement abrupt survenu en 1970. Ils recommandèrent donc à la Commission d'urbanisme de rejeter la demande de Raymond parce que « les résidants de la zone sont opposés à toute autre utilisation (du terrain) qu'un édifice à bureaux ». C'est la recommandation que fit la Commission au conseil municipal.

Raymond laissa l'affaire en suspens durant l'année qui suivit. Il était occupé à construire les motels à Rivière-du-Loup et à Drummondville. Mais il était peut-être devenu plus sage en matière de politique municipale, sachant, après son expérience avec les Galeries Henri-IV, qu'il fallait du temps et un amalgame de soutien et de bonnes occasions pour obtenir les résultats désirés.

Tandis que le maire Morin travaillait en coulisses pour réunir le soutien nécessaire, Raymond préparait les arguments techniques pour démontrer les mérites et les bienfaits du projet. Les principaux arguments étaient contenus dans un rapport de trois pages préparé par une firme d'ingénieurs-conseils embauchée par Raymond pour évaluer et comparer les effets sur l'environnement d'une tour à bureaux et d'un hôtel de deux cent trente chambres.

Selon les auteurs du rapport, les conclusions étaient fondées sur des statistiques de circulation locale, sur les chiffres du Conseil de recherches en transport « et sur l'expérience que nous avons pour d'autres édifices semblables au Canada et aux États-Unis ». Dire que le rapport fut en faveur de l'hôtel serait un euphémisme. Il s'en fallut de peu pour qu'il qualifie le projet de Raymond de bénédiction sociale pour la communauté.

En ce qui concerne la circulation, le rapport affirmait qu'un édifice de huit mille deux cents mètres carrés ayant deux mille huit cents mètres carrés d'espace commercial au rez-de-chaussée « génère environ 1 948 déplacements d'automobiles privées et 332 déplacements de taxis pour un total de 2 280 déplacements par jour. Un hôtel de 230 chambres ayant la même superficie génère 955 déplacements d'automobiles privées et 658 déplacements de taxis pour un total de 1 613 mouvements de véhicules par jour. » Le rapport brossait un tableau alarmant des employés travaillant dans une tour à bureaux, pressés de se rendre au travail et d'en revenir, lançant leur véhicule à fond dans les rues adjacentes qu'ils utiliseraient invariablement comme raccourcis. À l'inverse, les clients d'un hôtel utiliseraient principalement (et calmement) les artères principales «puisqu'ils proviennent en grande partie de l'extérieur de la ville». Le rapport affirmait aussi que les 40 % ou 50 % des travailleurs qui utiliseraient leur véhicule pour aller travailler, en plus de conduire comme des cow-boys, seraient des pingres qui préféreraient stationner dans la rue par mesure d'économie, ce qui encombrerait les rues environnantes. Pour un hôtel, les clients et les visiteurs utilisent habituellement le terrain de stationnement de l'hôtel, «car il est généralement facile d'accès, accueillant et gratuit».

Raymond montrait ce rapport partout à la ronde avec le zèle d'un missionnaire quand il revint à la charge avec sa demande de rezonage au printemps 1975. Cette fois-ci, il ne perdit pas de temps à discuter avec de simples bureaucrates inférieurs; il alla directement au sommet. C'est probablement Ben Morin qui organisa une rencontre entre Raymond et deux joueurs clés dont il fallait s'assurer la collaboration pour faire avancer le projet: Anatole Robichaud, le conseiller municipal de Saint-Yves, le district dans lequel était situé le terrain de Raymond, et le président du comité d'urbanisme, André Legendre.

Cette rencontre semble avoir porté ses fruits, car à peine quelques semaines plus tard, le 4 août plus précisément, le conseiller Robichaud présenta une résolution devant le conseil pour modifier le zonage du terrain de Raymond dans le but de : 1) créer un nouveau secteur de zone CC-16; 2) créer des dispositions particulières (sur le terrain de Raymond) de zone CC-16. Ces dispositions particulières, qui étaient sans aucun doute conçues pour à la fois calmer les inquiétudes des urbanistes et dorer la pilule pour les habitants, ainsi que pour s'harmoniser avec les plans de Raymond, spécifiaient une hauteur maximale de sept étages, «une marge de recul de trente mètres par rapport à la rue Sauvé et un écran d'arbres» tout le long du coin sud-ouest du terrain, de toute évidence afin de voiler l'hôtel aux yeux des habitants du quartier.

Le mot avait dû se passer rapidement à Saint-Yves au sujet de la résolution et certains habitants inquiets avaient dû faire savoir leur façon de penser au conseiller Robichaud, car on organisa une réunion extraordinaire des propriétaires à l'hôtel de ville, le 28 août à vingt heures. Plus de cent propriétaires se présentèrent à cette rencontre durant laquelle Raymond et ses supporteurs espéraient calmer les inquiétudes au sujet du projet hôtelier. Ces derniers ne mirent pas longtemps à réaliser que leur stratégie s'était retournée contre eux.

Les parrains de la résolution, avec à leur tête le maire Morin, commencèrent par fournir des détails sur le projet. Un de leurs arguments clés était le modèle de l'édifice de Raymond (cette fois-ci confectionné par un professionnel). Il montrait une structure en béton blanc en *U* avec une aile de réception de deux étages reliée à une tour de sept étages en *L* comportant deux cent trente et une chambres. En plus de la conception esthétique de l'édifice, les promoteurs firent miroiter les habituels bienfaits pour la communauté découlant d'un projet évalué à cinq millions de dollars. Ils révélèrent un autre élément excitant du projet : un plan pour construire une passerelle qui enjamberait le boulevard Laurier et relierait l'hôtel à la Place-Sainte-Foy d'Ivanhoe. Ils se sont rendu compte tout de suite que c'était un erreur monumentale. Non seulement l'emplacement et la conception de la passerelle faisaient bondir plusieurs habitants du quartier, mais ils étaient très anxieux au sujet du vaste plan de développement urbain dont elle était censée faire partie.

Connu sous le nom de « projet centre-ville pour Sainte-Foy », le plan non encore dévoilé visait le développement du quadrilatère formé par la route du Vallon, le boulevard Laurier, le boulevard Henri-IV et le boulevard des Quatre-Bourgeois. Les plans, mis au point en quatre ans par une firme d'ingénieurs de Montréal, avaient fait l'objet de nombreuses spéculations.

Le public put jeter un premier coup d'œil à ce projet à peu près à l'époque de la réunion du 28 août, alors que le maire avait invité les journalistes à admirer une maquette faite par un architecte de ce que le quartier aurait l'air une fois développé. Cette maquette montrait trois tours à bureaux du côté sud du boulevard Laurier, près du terrain de Raymond, dans un secteur résidentiel. Les réactions furent vives. En fait, il y avait tellement de fureur que Ben Morin fut forcé de décrire ces édifices virtuels comme « une erreur » qu'il promettait de rectifier. Mais les dommages étaient déjà faits et les habitants montèrent aux barricades pour défendre leur quartier. Parce que la passerelle reliait son projet au plan de développement controversé, Raymond se retrouva tout d'un coup au milieu d'un champ de tirs croisés.

Mais on souleva d'autres inquiétudes légitimes sur le projet lors de la réunion du 28 août. Ainsi, il y avait des questions sur les contradictions concernant le stationnement. Les plans de Raymond prévoyaient deux cent cinquante-neuf places de stationnement, mais le nouvel amendement spécifiait qu'il devait y en avoir deux cent quatre-vingt-neuf. Il semble que quelqu'un s'était fourvoyé quelque part. On s'inquiétait aussi de ce qu'il allait falloir modifier le boulevard Laurier pour garantir un accès adéquat au site, ce qui ne manquerait pas de d'engendrer du bruit, de la poussière, des détours et de la congestion.

Raymond n'assista pas à la réunion d'information et délégua à ses alliés la tâche de parler. Mais après coup, lorsque les journalistes lui demandèrent ses réactions aux objections soulevées lors de la rencontre, Raymond, en colère, brandit un bâton pour accompagner la « carotte » devant le projet. Si on rejetait son plan, disait-il, il construirait une tour à bureaux de douze étages, qui était permise par le zonage en vigueur, et il louerait le rez-de-chaussée à des commerces de détail, dont une grosse brasserie. Une telle menace, à peine voilée, ne fit que renforcer la résolution des propriétaires locaux de lutter contre le plan de Raymond sur tous les fronts. Mais leur résolution n'empêcha pas le conseil municipal d'aller de l'avant avec un vote sur la résolution du conseiller Robichaud. Deux semaines après la rencontre d'information, soit le 10 septembre, la résolution fut adoptée par un vote de cinq contre deux.

L'émotion soulevée par le sujet dans Saint-Yves fut telle que le conseiller Robichaud, dont Raymond dit qu'il était une « mitaine notoire » qui changeait sa position fréquemment, vota contre la proposition.

« [Robichaud], conseiller du quartier, a expliqué sa dissidence par le fait que quelque cent vingt-cinq citoyens de son quartier se sont prononcés contre la construction d'un hôtel à cet endroit, disait un article du *Soleil* qui parut après le vote. Pour sa part, le maire Ben Morin a déclaré qu'il approuvait le projet. »

Il restait un dernier obstacle avant que Raymond ne puisse crier victoire : une lecture publique des nouveaux règlements de zonage contenus dans l'amendement 1 932. Deux jours plus tard, un avis public parut dans *Le Soleil*, annonçant que « les personnes majeures et possédant la citoyenneté canadienne qui sont inscrites comme propriétaires sur le rôle d'évaluation en vigueur, à l'égard d'un immeuble compris dans le territoire visé par le règlement, sont convoquées en la salle du conseil de l'édifice Place-de-Ville, 1000, route de l'Église, Sainte-Foy, à sept heures du soir, jeudi, le 25 septembre 1975. Si dans l'heure qui suit la fin de la lecture du règlement, six de ces personnes, ou la majorité d'entres elles si leur nombre est inférieur à douze, se présentent et demandent que le règlement soit soumis pour approbation par voie de scrutin à l'ensemble des personnes habiles à voter, le greffier doit fixer sur-le-champ le jour du vote à une date appropriée dans les quarante jours suivants ; dans le cas contraire, le règlement est réputé avoir été approuvé par les intéressés. »

Trente-neuf propriétaires se présentèrent ce soir-là pour protester contre l'amendement. Le conseil municipal passa donc une autre résolution le jour suivant et on fixa aux 24 et 25 octobre la date du référendum sur ce sujet.

Selon les statuts municipaux, trois conditions devaient être réunies pour qu'un changement de zonage soit accepté lors d'un tel référendum : un tiers des propriétaires résidants du secteur devaient voter, une majorité de ceux-ci devait voter en faveur du changement et une majorité d'électeurs représentant la majorité des détenteurs de valeurs foncières devait aussi être en faveur du nouveau zonage proposé.

Un total de deux cent soixante-dix-neuf propriétaires apparaissaient sur la liste électorale établie par l'hôtel de ville. Parmi eux se trouvaient un certain nombre de personnes morales commerciales non résidantes, qui avaient droit de vote dans un référendum municipal québécois à l'époque. Parce que la Place-Sainte-Foy se trouvait dans le secteur touché, l'un de ces électeurs était Ivanhoe Corporation.

« Rien, plaisantait un jour l'ancien Premier ministre Mulroney, ne concentre davantage l'attention d'une personne qu'une élection. » À en juger par les efforts de Raymond durant le mois qui précéda le référendum, cette observation fait figure de truisme.

Dans un ultime effort pour gagner, Raymond mena en solo une campagne destinée non seulement à vanter les mérites d'un hôtel, mais aussi à avertir les électeurs des terribles conséquences d'un rejet du projet. Une de ses premières démarches fut de recueillir le soutien de la Chambre de commerce de Sainte-Foy. Solitaire invétéré, Raymond dit s'être joint en bougonnant à l'association qui était le plus important organisme de promotion de la ville à la fin des années soixante. « Tu étais pratiquement obligé de devenir membre dans le temps », dit Raymond sombrement, ajoutant qu'il ne participa jamais à aucune des activités de la Chambre non plus qu'il n'éprouvait de l'intérêt envers elle, du moins jusqu'à ce moment.

Dans un communiqué de presse émis au début d'octobre, la Chambre, affirmant avoir décidé d'étudier le dossier « considérant l'importance de ce référendum pour le développement futur du centre-ville de Sainte-Foy et l'envergure du projet Malenfant », se prononçait résolument « en faveur du projet de l'hôtel Universel sur le petit boulevard Laurier ».

La Chambre disait que les habitants devraient donner le feu vert au projet pour cinq raisons :

1 – Le terrain est présentement commercial et ce n'est pas le changement proposé qui y changera grand-chose pour les propriétaires de Saint-Yves.

2 – M. Raymond Malenfant est un hôtelier qui a fait ses preuves. Il n'est pas un bâtisseur d'édifice à bureaux.

3 – Le développement du centre-ville de Sainte-Foy ne peut être arrêté à cause d'un règlement de zonage.

4 – La Chambre de commerce pense que la question de la circulation ne se pose pas puisqu'un hôtel amènera sa circulation par le boulevard Laurier exclusivement.

5 – Le projet est trop important pour que Sainte-Foy le laisse filer au profit d'une autre ville de la région.

La Chambre recommandait aussi trois ajouts après l'adoption de l'amendement qui répondaient à quelques-uns des principaux arguments avancés par les opposants au projet :

1 – L'hôtel devra avoir le stationnement nécessaire.

2 – Nous pensons que le projet de passerelle devrait se faire souterrain.

3 – Le boulevard Laurier ne doit pas être modifié à cause de la construction de l'hôtel.

Armé de copies de ce document et de son rapport d'ingénieurs, Raymond arpenta les rues de Saint-Yves les soirs et les fins de semaine pendant un mois, frappant à la porte de chaque électeur éligible.

« Le promoteur Robert (*sic*) Malenfant, affirmait un article du *Soleil* dix jours avant le vote, a entrepris de persuader un par un les 270 propriétaires du quartier, qui s'opposent actuellement à un changement de zonage (pour son projet d'hôtel).

« M. Malenfant exerce certaines pressions en faisant valoir le fait que le secteur est actuellement zoné de telle façon qu'il pourrait, dès demain matin, construire un édifice à bureaux d'une douzaine d'étages. D'une façon ou d'une autre, affirme-t-il, il veut rentabiliser son terrain. »

« Tout le monde était très gentil avec moi, se rappelle Raymond au sujet de sa campagne porte-à-porte. Il y a juste un couple qui m'a fermé la porte au nez – des gens qui étaient contre moi et contre tous les projets dans le coin. Ils passaient la journée longue à chialer contre mon projet. Ils ont fait bien plus de porte-à-porte que moi ! »

« Raymond est venu chez nous, se rappelle Gaétan Drolet, un habitant de Saint-Yves, brillant avocat et fiscaliste qui allait bientôt aider Raymond sur des sujets bien plus graves. Il était très amical et direct. "Bonjour, je m'appelle Raymond Malenfant ; je veux construire un motel pas loin, bla bla bla." Il ne tentait pas d'induire en erreur ni de mentir à qui que ce soit. Il n'essayait pas de masquer quoi que ce soit. C'était un homme très affirmatif et assuré. Il faisait très bien la promotion de son projet. »

Raymond reçut aussi l'appui des deux hebdomadaires de Sainte-Foy, *Le Rond-Point* et *L'Appel*, qui se jetèrent dans la mêlée durant la dernière semaine de la campagne. *L'Appel*, en particulier, se déclara en faveur du projet dans un article qui occupait toute la première page de son édition du 22 octobre.

Intitulé « Le projet Malenfant : doit-on pénaliser un promoteur pour se venger de certaines décisions municipales ? », l'article non signé louangeait tous les aspects du projet et peignait Raymond comme un créateur bienveillant et un pauvre martyr.

L'article s'insurgeait aussi contre le « comité de vigilance » auto-proclamé, une coalition hétéroclite composée d'une poignée des plus agités parmi les électeurs de Saint-Yves. Selon *L'Appel*, un bulletin d'information envoyé aux habitants du quartier par ce groupe contenait « tellement d'informations contradictoires sur le sujet qu'il est de notre devoir de tenter de faire la lumière ».

Un des points que l'article tentait d'éclaircir était la querelle au sujet du stationnement. Citant un arrangement jusque-là inconnu et qui semblait vouloir sauver les meubles, on reconnaissait que « le projet en prévoit 259 au lieu des 289 exigés par le règlement. Toutefois, on a omis de dire que le promoteur a une entente avec l'édifice de la SSQ (à côté) pour l'utilisation de 41 places ».

L'Appel attaquait aussi l'insinuation du comité selon laquelle l'amendement ouvrirait la porte à d'autres changements sauvages de zonage dans le secteur. « Sur ce point, le comité semble prêter à la Ville de Sainte-Foy des intentions passablement machiavéliques. Si vraiment [ils offrent] comme seul motif valable le fait que la construction d'un hôtel nuira au cachet résidentiel du quartier et qu'on ne veut plus se laisser passer de sapins par la Ville, la défense est bien mince en regard de la construction d'un édifice plutôt décoratif de plus de cinq millions de dollars. Il ne faut pas non plus oublier la création de plusieurs dizaines d'emplois en cette grande période de chômage. On peut toujours reprocher à la Ville d'avoir amendé le zonage du terrain sans référendum, en 1970. Mais puisque cela est fait, doit-on pénaliser un promoteur pour se venger des décisions municipales ? »

Finalement, l'article soulevait le spectre (comme le firent d'autres médias locaux) que Raymond « pourrait toujours élever une tour à bureaux avec des commerces au rez-de-chaussée ».

Pour enfoncer le clou, Raymond fit construire une maquette de tour à bureaux de douze étages. C'était une création hideuse qui manquait délibérément de couleur, d'arbres et des autres embellissements miniatures qui rendaient la maquette de l'hôtel si attrayante, bref, le parfait support pour la conférence de presse que tint Raymond deux jours avant le référendum.

« Il y aura référendum demain et dimanche pour les contribuables du quartier Saint-Yves à Sainte-Foy », disait un éditorial de CJRP à ses auditeurs, éditorial répété quatre fois le vendredi précédant le vote et une demi-douzaine de fois durant la fin de semaine. « Ce référendum devient cependant un ultimatum, puisque même en disant non à l'amendement proposé, ils risquent de voir un immeuble à bureaux de douze étages s'élever au même endroit que l'hôtel, car, sans amendement, on peut y ériger dès maintenant un édifice du genre. Le promoteur de l'hôtel a présenté les deux maquettes à la presse hier et il est bien évident qu'un édifice à bureaux de douze étages dans ce secteur serait néfaste au point de vue esthétique. L'hôtel projeté n'aurait que sept étages et s'adapterait beaucoup mieux aux constructions du quartier. Le contribuable a donc un choix à faire. En disant oui au référendum, il voit s'élever un hôtel de sept étages. S'il dit non, il voit s'ériger un édifice à bureaux de douze étages très laid qui occasionnera beaucoup plus de va-et-vient et de problèmes de stationnement. »

Comme prévu, il y eut beaucoup de monde aux urnes. En tout, deux cent cinquante-quatre des deux cent soixante-dix-neuf propriétaires éligibles se prévalurent de leur droit de vote, soit un taux monstre de participation de 91 %. De ce nombre, quatre-vingt-quatorze électeurs représentant une valeur foncière combinée de quarante millions de dollars votèrent en faveur de l'amendement. D'un autre côté, cent cinquante-sept électeurs représentant seulement quatre millions de dollars en valeurs foncières combinées votèrent contre.

« Étant donné, écrivit dans un mémo au conseil le président du référendum nommé par la Ville, que l'une des trois conditions essentielles n'a pas été remplie, soit la majorité en nombre, je déclare que le règlement 1 932 est rejeté. »

Raymond prit très mal la nouvelle. Dans un geste de dépit et de vengeance, il envoya des béliers mécaniques excaver le terrain. Quand des journalistes inquisiteurs lui demandèrent où il voulait en venir, Raymond répliqua sèchement qu'il se préparait à mettre à exécution sa menace de bâtir une disgracieuse tour à bureaux.

Mais il s'avéra que l'excavation était une simple tempête dans un verre d'eau, un truc publicitaire destiné à intimider les citoyens qui, aux yeux de Raymond, avaient été trop stupides pour reconnaître les mérites de son projet. Il n'est jamais allé à l'hôtel de ville de Sainte-Foy demander un permis pour construire une tour à bureaux. En lieu et place, il laissa aux habitants de Saint-Yves un souvenir quotidien de leur folie et de sa colère : un hideux trou de plus d'un mètre de profondeur sur une surface de dix mille mètres carrés. « Ils voulaient leur trou, dit Raymond. Ils l'ont eu. »

Le terrain demeura dans cet état durant quatre ans, jusqu'à ce que Raymond le vende à un consortium local mené par le groupe Roche, duquel Richard Morency, l'ancien urbaniste de Sainte-Foy, était un associé. Le groupe procéda immédiatement à la construction d'une tour à bureaux de douze étages au 2535, boulevard Laurier, un édifice qui abrite aujourd'hui, entre autres, le quartier général régional de Héma-Québec.

Les trois cent mille dollars de profit que fit Raymond sur la vente aidèrent certainement à panser sa plaie. Les accolades réconfortantes qu'il reçut de sa famille et de ses amis, de même que des dirigeants politiques et du monde des affaires, mirent aussi un baume sur sa blessure. De son point de vue, tout le monde (sauf les « capotés » opposés à son projet) était sympathique à sa cause.

Raymond était également content de la couverture médiatique engendrée par le référendum (il appelle cela « de la publicité gratuite ») et de son image publique en tant que vaillant promoteur qui a bravement mené une croisade solitaire au nom du progrès.

Revigoré par ce qu'il voyait comme un soutien et un encouragement généralisés pour son action, il n'est pas surprenant que Raymond, après sa défaite au référendum, ne se soit pas arrêté pour réfléchir à sa manière de faire des affaires. Il continua plutôt de foncer avec des plans de développement, et ce, à une vitesse insensée. Et, comme les gens de Chicoutimi allaient bientôt le découvrir, il avait hâte d'avoir la chance de faire de nouveau ses preuves.

8

La réussite

Les années soixante-dix furent vertigineuses pour l'industrie touristique en Amérique du Nord, surtout à cause de la croissance des déplacements en automobile. Des millions de *baby-boomers* en vacances, dont plusieurs étaient de jeunes parents, empruntaient régulièrement les routes pour explorer les villes, les régions et les parcs nationaux du continent.

Les voyages par avion ont aussi amené un nombre record de voyageurs venus d'Asie, des États-Unis et du Canada. Fait révélateur, au milieu de la décennie, alors que le Canada était la cinquième destination touristique la plus populaire du monde, Boeing construisit en moyenne deux avions de passagers par semaine.

À la source de cette croissance, il y avait une économie en expansion et un taux d'inflation relativement stable. Mais l'augmentation rapide de la popularité des cartes de crédit a aussi joué un rôle important. « L'arrivée de la génération des *baby-boomers* sur le marché du tourisme modifierait du tout au tout la vision du voyage, écrivait Henri-Paul Garceau dans son excellent ouvrage *Chronique de l'hospitalité hôtelière du Québec, 1940-1980*. Ils étaient habitués à l'aisance et à la dépense, on savait donc qu'ils ne modifieraient pas leur comportement en voyage. "Voyager aujourd'hui, payer demain", telle serait leur devise ! »

À Québec, où le tourisme devint officiellement une industrie d'un milliard de dollars en février 1974 (sur le même pied que l'industrie des pâtes et papiers), le nombre de visiteurs s'accroissait de 20 % par année. L'été précédent, le taux d'occupation des hôtels de Montréal et de Québec était de 97 %, un chiffre époustouflant. Afin de soutenir et d'alimenter cette croissance, le gouvernement libéral du Québec, conjointement avec le gouvernement fédéral et avec l'apport des associations québécoises d'agents de voyages, de transporteurs, d'hôteliers et de restaurateurs, s'est mis à faire pleuvoir des millions de dollars dans la recherche, la mise en marché et la publicité, surtout en fonction des États-Unis, où vingt-cinq millions d'Américains vivent à moins d'une journée de voiture du Québec. Le Parti québécois a poursuivi dans la même veine, en créant des commissions régionales de tourisme, en abolissant la taxe de vente si haïe de 8 % sur les chambres, en appuyant la construction du Palais des congrès de Montréal et, entre autres, en offrant des crédits d'impôt et de l'aide financière aux hôteliers et aux restaurateurs qui, après 1979, étaient admissibles aux prêts et bourses de la Société de développement industriel. Le tourisme était devenu une grosse affaire.

Pour les quelque deux mille motels en opération le long des routes du Québec, cet effort gouvernemental signifiait un succès ininterrompu. Cela incluait les trois maillons de la chaîne Motel Universel. Le plus rentable des trois était le premier, sur le chemin Sainte-Foy ; il continuait d'afficher un impressionnant taux d'occupation de plus de 80 %. D'après Raymond et Colette, la popularité du motel était attribuable à une combinaison de facteurs. Il y avait son emplacement, le confort et la grande dimension des chambres, le service de haute qualité, ainsi que l'hospitalité du personnel réputé courtois. « Ce n'était plus du tout l'atmosphère de petite auberge qu'on avait avant, quand je travaillais à la réception, se rappelle Colette. C'était devenu beaucoup plus commercial. Mais on avait de bons gérants et de bons employés, et l'atmosphère était très courtoise, très professionnelle. On prêtait beaucoup attention aux désirs des gens. »

Ce sont probablement ces facteurs, de même que les sympathies libérales bien connues de Raymond, qui poussèrent l'ancien Premier ministre du Québec Robert Bourassa, un nageur invétéré qui s'adonnait à son sport deux fois par jour, à choisir le motel Universel comme résidence à Québec durant son purgatoire politique de dix ans ; cette période a commencé tout de suite après son humiliante défaite aux mains de René Lévesque, en 1976. On lui réservait l'accès privé à la piscine durant les premières heures du matin et le soir.

Raymond est discret sur ses rapports avec le défunt Premier ministre. On réservait cinq chambres pour celui-ci et son entourage, qui comprenait son secrétaire et des policiers. L'une de ces chambres avait été réaménagée aux frais des contribuables. On y avait incorporé des portes, des murs et des fenêtres à l'épreuve des balles. « Je ne l'ai vu qu'à quelques reprises au cours des années, dit Raymond. Pour moi, M. Bourassa était un client comme les autres. » D'anciens employés se rappellent cependant avoir vu Raymond se porter rapidement au-devant du Premier ministre avec des serviettes et des verres de lait chaque fois que ce dernier demeurait au motel. Quelle que fût l'étendue de leurs relations, Bourassa n'était qu'une des nombreuses célébrités politiques, culturelles, sportives et du monde des affaires qui séjournaient régulièrement au motel, ce qui ajoutait au prestige du commerce et à son remarquable succès.

Le tableau était moins rose au motel de Drummondville, qui devait toujours demeurer le parent pauvre de la chaîne Universel. Comme Raymond le découvrit peu de temps après l'ouverture, il y avait deux problèmes : la petite ville n'était pas une destination populaire et son emplacement à mi-chemin entre Montréal et Québec la mettait trop près de deux villes pour en faire un point d'arrêt pratique. Si le motel marchait bien durant les mois de grande affluence que sont juillet et août, les affaires chutaient rapidement après la fête du Travail et demeuraient à leur plus bas niveau jusqu'à l'été suivant. Le taux moyen d'occupation oscillait autour de 35 %, bien en deçà du seuil de rentabilité acceptable de l'industrie hôtelière canadienne, qui, au gré de divers facteurs, devrait se situer entre 55 % et 75 %. Mais Raymond réussit à tenir bon, un exploit que furent incapables de reproduire les locataires successifs des services de restauration du motel. Son succès reposait sur le coût relativement bas de la construction, sur un strict minimum de services offerts et sur des salaires maintenus au plus bas pour la douzaine d'employés à temps plein.

À bien des égards, la piètre performance économique du motel se reflétait dans les problèmes de personnel. La rotation du personnel était rapide à tous les niveaux, mais le problème était particulièrement aigu au sommet. Le gérant originel, un Canadien d'origine libanaise d'âge moyen, partit après quelques saisons. Après cela, ce fut la chaise musicale.

Le motel de Rivière-du-Loup connut un départ également difficile. Le premier gérant du motel se nommait Thibault, un voyageur de commerce du Bas-du-Fleuve que Raymond avait rencontré et avec qui il s'était lié d'amitié. Mais quelques semaines après l'ouverture du motel, Raymond se rendit compte que cet homme ne connaissait pas grand-chose à l'industrie hôtelière et s'en fichait pas mal. Il se mit rapidement à chercher un remplaçant. Raymond ne se souvient plus de l'identité de la personne qui suggéra Yvon Béchard. On le décrivait (à juste titre) comme un gros homme amical et sincère, en présence duquel les gens devenaient rapidement chaleureux ; toutefois il demeurait assez sérieux et direct pour imposer le respect. Béchard avait aussi de l'expérience comme gérant d'hôtel et il était natif de Rivière-du-Loup. Raymond estima qu'il réunissait parfaitement les qualités nécessaires pour la gérance du motel.

Le problème ? Béchard travaillait déjà à Lévis, où il gérait le motel Rond-Point, un édifice de cent trente et une chambres appartenant à Roland Tanguay, le frère du magnat du meuble, Maurice. Raymond mit au point un stratagème pour l'inciter à partir de là. Béchard explique : « Raymond a envoyé Gilles Auclair de *Jac & Gil* pour me voir en février ou mars 1974. Gilles s'est présenté et m'a dit que lui et son beau-frère possédaient le restaurant du nouveau motel Universel de Rivière-du-Loup, dont j'avais entendu parler et que j'avais déjà vu. Il me dit que le propriétaire, Raymond Malenfant, avait entendu parler de moi et voulait savoir si j'étais intéressé par le poste de gérant. J'ai répondu que j'aimerais au moins en savoir plus et j'ai accepté de rencontrer Raymond.

« Ce que je ne savais pas, c'est qu'en même temps qu'Auclair entrait en contact avec moi, Raymond appelait mon épouse (Denise) et lui disait avoir un poste qui m'attendait à Rivière-du-Loup. Il ne connaissait pas du tout ma femme, mais ils se sont mis à parler et elle lui a raconté qu'elle détestait Lévis et s'ennuyait de Rivière-du-Loup. Quand je suis rentré à la maison, Denise m'a révélé qu'elle avait organisé pour moi une rencontre avec Raymond à dix heures le lendemain matin. Je n'étais pas fâché qu'il ait appelé ma femme. Pour être honnête, je trouvais cela habile de sa part. De toute façon, je partageais l'envie de ma femme de retourner à Rivière-du-Loup. Raymond arriva parfaitement à l'heure ; il était toujours ponctuel, cet homme-là. On a bavardé du travail et de ce que seraient mes responsabilités. J'ai dit que ça semblait intéressant. Je lui ai alors demandé combien il me paierait. "Deux cents piastres par semaine." J'ai ri et je lui ai dit que je gagnais déjà vingt dollars de plus à Lévis. Nous avons marchandé un peu. Il m'a sorti tous les arguments pour me convaincre : ma femme voulait retourner là-bas, c'était un nouveau motel, il me donnerait beaucoup de liberté au travail, etc. ; mais je n'ai pas bougé. Il a finalement bonifié son offre à deux cent vingt dollars et a promis de m'en offrir vingt de plus chaque année. J'ai accepté.

« Pendant longtemps après cela, j'ai pensé que j'aurais dû tenir bon et demander encore plus d'argent, peut-être vingt ou quarante dollars supplémentaires par semaine ; cela s'additionne avec les années, vous savez. Mais j'avais travaillé jusqu'à quatre heures ce matin-là et je m'endormais. J'étais également désireux de voir mon épouse heureuse et de revenir dans la région. L'industrie hôtelière ne paie pas bien de toute façon. Comme dans les banques et les caisses populaires, les salaires sont très bas. Les propriétaires pressent leurs employés jusqu'à la dernière cent. »

Béchard est tout de même le seul gérant que Raymond ait jamais autorisé à signer des chèques. « Lors de mon embauche, Raymond m'a dit que je devais venir à Québec chaque semaine pour prendre tous les chèques pour la paie, les fournisseurs, la mise en marché, etc. J'ai dit : "Pas question. Si tu n'as pas confiance en moi pour cela, je ne vais pas travailler pour toi. Raymond a accepté." » C'est une décision que Raymond n'a jamais regrettée. En fait, tout comme avec Roger Dionne au motel de Québec, l'embauche de Béchard fut un autre exemple du talent de Raymond à trouver la bonne personne pour le bon poste. Même si Raymond déteste l'admettre, c'est Béchard qui aida à transformer le motel de Rivière-du-Loup en mine d'or.

Natif de la région, où il comptait de nombreux parents et amis, Béchard contribua à dissiper les résistances locales vis-à-vis du motel. Les gens disaient : « Il vient de Saint-Hubert, Malenfant. C'est pas un gars de chez nous, ça. » « Ils nous ont boudés un peu au début pour ça, mais ils n'ont pas tardé à venir utiliser notre belle salle. Nous avions beaucoup de mariages et la Commission scolaire tenait toutes ses grandes réunions chez nous. »

C'est aussi Béchard qui a mis au point une stratégie pour entretenir les relations à long terme avec les représentants commerciaux. L'idée lui en est venue, dit-il, du fait que le principal concurrent de Raymond, l'hôtel Lévesque, ciblait surtout les touristes, qui paient habituellement davantage pour leur chambre que les clients corporatifs. « À cause de cela, dit Béchard, l'hôtel Lévesque disait aux voyageurs de commerce qu'il était complet durant les mois d'été. Mais nous gardions toujours la moitié de nos chambres pour eux. Notre idée – Raymond pense la même chose que moi sur ce point – était que nous ferions moins d'argent durant les mois d'été, mais que nous allions acquérir un marché pour les mois plus difficiles, en automne et en hiver. » Selon Béchard, ce nouveau marché était lucratif dans une région où toutes les compagnies de vente au détail avaient des représentants sur la route. Par exemple, parce que le Bas-du-Fleuve est une région agricole, les compétiteurs dans le domaine de l'équipement de ferme, John Deere et Massey-Ferguson, avaient chacun une équipe d'une douzaine de représentants, chacun mettant de l'avant un produit différent, des tracteurs aux tondeuses.

Les compagnies d'alimentation aussi étaient bien représentées dans la région. Les fabricants de biscuits David et Leclerc avaient chacun une demi-douzaine de représentants, tout comme les chocolatiers Hershey, Nestlé et Cadbury. Les géants de l'alimentation comme Heinz et Campbell faisaient aussi partie des grands noms sur la liste des clients corporatifs réguliers, liste qui comptait une centaine de noms. « Mais le plus gros secteur demeurait l'industrie pharmaceutique, dit Béchard. Fraserville avait un magasin en gros à Rivière-du-Loup, d'où il vendait dans les Maritimes. Quatre-vingt-cinq représentants commerciaux venaient donc en ville chaque mois pour vendre leurs produits à Fraserville ; la plupart, si ce n'est la totalité, séjournaient chez nous. Ils arrivaient presque toujours le lundi et devaient souvent rester deux ou trois jours en attendant de voir Alain Bernier, l'acheteur du magasin. »

Ce qui ajoutait à la popularité du motel auprès des représentants, un groupe qualifié de « clients fidèles » par Béchard, c'est qu'il faisait partie d'une chaîne. « Souvent quelqu'un disait avoir joui d'un bon service à un autre de nos hôtels, alors il venait ici, et vice-versa, dit-il. Nous prenions beaucoup de réservations par téléphone en provenance du motel de Québec. Chaque après-midi, vers quatorze heures trente, ils nous appelaient pour des réservations. Il y avait souvent dix ou douze clients qui venaient ainsi cette nuit-là ou la suivante. »

Tout comme pour le motel de Sainte-Foy, le gouvernement aussi fournissait son quota régulier de clients, qui passaient devant le motel par hasard où à qui on l'avait recommandé, ce qui arrivait souvent, étant donné les nombreux contacts de Raymond dans les ministères provinciaux et fédéraux. Le motel accueillait aussi des clients grâce à une tactique utilisée par Raymond à Sainte-Foy, où la compétition était rude. « Raymond m'enjoignait d'aller voir en voiture quel genre de clients demeuraient chez nos plus gros concurrents, explique Béchard. Nous avions l'habitude de compter le nombre de voitures : en calculant environ quatre personnes par voiture et deux personnes par chambre, nous estimions le nombre de chambres qu'ils avaient louées. Je crois que c'était utile, car ça nous permettait de prendre le pouls de la compétition.

« Je pense aussi que Raymond faisait cela pour stimuler la compétitivité de notre personnel. Et pour l'esprit de corps, je vous avoue, je pense que ça marchait. Cela nous aidait aussi à voir si certains de nos clients nous faisaient faux bond, à identifier ceux que nous voulions voir demeurer à notre motel ou ceux qui auraient dû le faire, d'après nous. Par exemple, si nous voyions quinze camions d'entretien de Bell stationnés quelques matins chez la compétition, je le mentionnais au représentant régional quand il venait : "Hé ! Qu'est-ce qui se passe ? Notre hôtel n'est pas assez bon pour vous autres ou quoi ? Nous vous apportons des milliers de dollars de plus de chiffre d'affaires que cet autre hôtel. Seriez-vous assez bon pour voir à cela, s'il vous plaît ?" Parfois ça fonctionnait, d'autres fois non. »

Grâce à ces efforts, Béchard dit que le motel Universel de Rivière-du-Loup devint la « base régionale » des représentants commerciaux et des bureaucrates de passage. « Cela a eu pour conséquence, dit-il, de faire prospérer les affaires même durant les mois d'hiver. Dans l'industrie hôtelière, l'hiver est la saison morte. Mais je me souviens de certains hivers durant les années soixante-dix, jusqu'au milieu ou à la fin des années quatre-vingt : nous étions absolument complets. Il nous est arrivé d'avoir à refuser du monde. Je n'ai jamais entendu parler de quelque chose du genre dans cette région, pas même dans les grandes villes. »

Les touristes étaient aussi une source importante de bénéfices. C'était vrai depuis le premier été d'exploitation, quand le motel flambant neuf, avec ses grandes chambres propres et confortables, de même que sa piscine extérieure, attirait plus que sa part de vacanciers. Mais Béchard rit en racontant une anecdote à propos du premier été d'activité. Parce qu'il était érigé le long d'une vieille voie de service qui venait de la route 132 et menait vers un vieux ciné-parc, la municipalité de Saint-Patrice, à cours de liquidités, avait accepté de raccorder le motel au système d'égouts mais pas à l'aqueduc. Raymond avait été tenu de payer pour ce travail, qui exigeait l'excavation d'une partie de la voie de service, au coût de trente mille dollars.

La municipalité avait aussi accepté de paver la voie de service, mais seulement l'année suivante ; pendant tout ce temps, elle demeura en gravier. Parce que la voie n'était pas pavée, le ministère des Transports refusa d'installer un panneau métallique officiel annonçant le motel sur la route principale, ce qui aurait dirigé une partie de la circulation vers la voie de service. « Nous étions visibles de la route et nous avions une grosse enseigne lumineuse et tout le reste, mais nous étions plutôt seuls dans le champ, alors il n'était pas facile pour les touristes, s'ils ne connaissaient pas la région, d'imaginer que cette route de gravier menait en fait à un motel, dit Béchard. Nous voyions beaucoup de voitures ralentir et les gens regardaient le motel, mais ils n'étaient pas sûrs de la manière de s'y rendre. Ils continuaient donc et allaient chez nos compétiteurs.

« Il nous fallait faire quelque chose à ce sujet. Nous avons donc bâti un panneau de deux mètres de long en bois, avec les mots « Motel Universel » peints dessus. Parce que le bureau des Transports était tout près, nous attendions jusqu'à seize heures trente, au moment où ils rentraient à la maison, et nous courrions dehors et plantions le panneau dans le sol pour la soirée, moment où la plupart des touristes arrivaient. Nous avons fait cela pendant presque tout l'été, dit Béchard en riant. Finalement, Lévesque a porté plainte et les gars du ministère sont restés plus tard un soir et ils nous ont pris. Ils nous ont envoyé une note, alors nous avons cessé pendant un certain temps. Mais je crois que nous avons ressorti notre panneau quelques autres soirs, probablement le vendredi et le samedi, alors que les affaires étaient à leur maximum. »

Yvon Béchard a aussi contribué à accroître la clientèle grâce à sa grande expérience professionnelle et à ses nombreux contacts dans l'industrie du voyage. Par exemple, il avait fait dessiner un grand nombre de dépliants en couleurs. Tout comme il l'avait fait avec succès à Lévis, il faisait deux envois postaux par année (l'un avant Noël, l'autre avant le début de la saison d'été) à des concepteurs de voyages organisés, à des agences de voyages et à des compagnies privées du Québec et de l'Ontario.

Certaines compagnies, comme Travelways, emmenaient un nombre de plus en plus important de groupes organisés à des endroits populaires le long de la panoramique route de la rive sud. C'était le cas de Kamouraska, où les voyageurs jouissaient tant des beautés naturelles que de la pêche à l'anguille le long du fleuve, de Saint-Jean-Port-Joli, célèbre pour ses sculptures sur bois et son musée, de Notre-Dame-du-Portage (à seulement quelques kilomètres du motel), l'endroit de villégiature estivale de deux Premiers ministres canadiens – Sir John A. Macdonald et Louis Saint-Laurent – et en dernier lieu, mais non le moindre, de Rivière-du-Loup, lieu de naissance de deux Québécois célèbres : le Premier ministre Alexandre Taschereau et Antoine Rivard.

« Je relançais aussi par téléphone les compagnies de voyages organisés auxquelles j'avais envoyé des dépliants, dit Béchard. J'ai eu l'occasion d'en connaître un bon nombre durant mes années à Lévis. J'ai fait beaucoup de relations publiques au téléphone. »

En même temps, Béchard était partout au motel, un zèle que nourrissait et encourageait Raymond. « Quand il m'a engagé, Malenfant m'a demandé de ne pas engager un commis de jour : cela me permettrait de connaître les gens qui venaient chez nous. C'était une idée géniale et elle a porté ses fruits. J'ai pu faire la connaissance de tous ceux qui venaient. Presque tout le monde me saluait comme un ami en rentrant. J'ai entretenu certaines amitiés pendant des très longues années. Mais ce n'était pas à mon avantage de faire ça, crois-moi. J'avais toutes mes autres fonctions de gérant à accomplir. À part moi, il n'y avait que deux commis : un de seize heures trente à minuit et l'autre de minuit à huit heures.

« Parce que je n'avais pas le temps d'accomplir des tâches administratives, de m'occuper des relations publiques ou de rédiger des rapports durant le jour, je restais habituellement tard le soir pour tout terminer. Malenfant me disait de rentrer à neuf heures le matin pour compenser, mais je voulais rentrer à huit heures pour voir le commis de nuit avant qu'il parte, pour voir s'il y avait eu des problèmes. Alors, je travaillais habituellement quatorze heures par jour, de huit heures à vingt-deux heures. »

Béchard était également responsable de la douzaine d'employés à temps plein du motel, à l'exception de Florent, qui s'occupait de l'entretien durant le jour, et d'un autre homme d'entretien qui travaillait les nuits et les fins de semaine. En plus des deux commis de jour, il y avait une dirigeante pour les femmes de chambre sur chacun des quatre planchers du motel, et deux chasseurs durant les mois d'été.

Les employés du motel gagnaient « juste un peu plus que le salaire minimum, dit Béchard. Raymond, ajoute-t-il, n'était pas si mesquin et il n'était certainement pas pire que la plupart des autres hôteliers. » Mais Béchard dit n'en avoir pas moins accordé lui-même de petites augmentations, sans qu'on le lui demande, de vingt ou vingt-cinq cents. « Raymond n'aimait vraiment pas ça, dit Béchard. Mais je trouvais que ça gardait tout le monde heureux, alors l'hôtel fonctionnait mieux. »

Le motel n'avait pas de personnel pour la lessive, car il n'y avait pas l'équipement nécessaire, bien qu'un tel équipement ait d'abord été prévu dans les plans. Le grand espace réservé à cette fin par Raymond demeura vacant, ce qui forçait Béchard à envoyer les draps et les serviettes à une compagnie de nettoyage locale. « Du point de vue du fonctionnement de l'hôtel, ce n'était pas une bonne idée d'envoyer faire le lavage ailleurs, dit Béchard. Entre autres, cela nous forçait à garder quatre ensembles de draps et quatre ensembles de serviettes et de débarbouillettes pour les salles de bains : les sales à envoyer, les propres pour utiliser ce jour-là et des réserves pour la fin de semaine. Si nous avions fait notre propre lessive, nous aurions eu besoin de seulement deux ensembles en circulation et il y aurait eu moins de "bois mort". En faisant notre propre lessive, nous aurions été en mesure de mieux contrôler notre inventaire. C'était un problème particulièrement important durant l'été, quand les grandes serviettes blanches pour la piscine circulaient. Les pertes de serviettes étaient un gros problème pour tous les hôtels. Nous en avons certainement perdu beaucoup et les factures de remplacement étaient salées – dans les centaines de dollars, même les milliers, chaque fois. Ni Raymond ni moi n'aimions cela. Mais c'est encore un signe de l'achalandage du motel. »

Il semble juste d'affirmer qu'au milieu des années soixante-dix Raymond et Colette étaient plus riches que tout ce qu'ils avaient pu imaginer dans leurs rêves les plus fous. En plus de l'argent que Raymond avait gagné en vendant des terrains commerciaux, l'évaluation municipale de leurs actifs (les motels, les maisons et le chalet) frisait les cinq millions; la valeur réelle sur le marché était encore plus élevée. Même si ces propriétés étaient grevées d'hypothèques, les taux d'intérêt bas et les revenus réguliers facilitaient les paiements; la dette s'amenuisait peu à peu. La constante augmentation de la valeur des propriétés signifiait aussi que près de la moitié de la valeur des biens immobiliers de Raymond et de Colette était libre de toute hypothèque. Les motels et les appartements généraient presque trois millions de dollars de revenus par année. Après les dépenses et les impôts (et la part de profit de Maurice Duchesneau dans le motel de Sainte-Foy), Raymond et Colette empochaient des profits de près de un million de dollars par année.

À bien des égards, l'abondance n'avait pas modifié leur style de vie simple. Ils n'avaient jamais pensé quitter leur résidence relativement modeste située dans un quartier de classe moyenne. Ils continuaient de vivre frugalement, recherchant les spéciaux de fin de semaine pour des produits courants comme les aliments et l'essence. Raymond et Colette ne sortaient jamais, ou très peu, en couple ou avec des amis pour aller au cinéma, assister à des spectacles ou souper. Quand ils le faisaient, c'était généralement chez *Marie-Antoinette*, pour le déjeuner, ou au *Fiacre*, pour une pizza au fromage avec les enfants.

«Raymond ne buvait pas, alors il n'aimait pas le vin; il a toujours mangé juste pour se nourrir», dit Colette qui ne prenait que très rarement un verre de vin. «Il n'a jamais apprécié les repas de luxe dans les places chics. Moi non plus, d'ailleurs. En fait, j'aime mieux faire à manger à la maison que d'aller flamber de l'argent dans un restaurant.» Raymond était également réticent à dépenser de l'argent sur la nourriture et la boisson sur les chantiers. «Il prenait rarement un café sur un site de construction, se rappelle le plâtrier Jean-Guy Landry. Il disait toujours: "J'ai pas de temps pour ça, moi!" Puis il mangeait toujours dans les petits restaurants et les brasseries, où la bouffe est vite faite et pas chère. Je ne dirais pas qu'il était radin, mais il était assez frugal. En tout cas, je ne l'ai jamais vu à la cantine. D'un autre côté, il se penchait vite pour ramasser la monnaie à terre.»

Pour sa part, Colette minimisait l'importance de l'argent à la maison. «Ma mère était tellement terre à terre, dit Lynn. Elle parlait constamment des pays d'Afrique, où la nourriture était rare. Elle disait toujours: "N'épouse jamais quelqu'un pour son argent. Trouve quelqu'un avec un bon cœur et qui va t'aimer." On ne mettait jamais l'accent sur l'argent chez nous; on regardait même cela comme une mauvaise chose. On n'en parlait jamais. Nos amis nous disaient souvent à nous, les enfants:

"Vous êtes riches chez vous !" Mais nous répondions : "Non, pas tant que ça." Le seul argent que nous ayons jamais eu était celui que nous gagnions en travaillant au motel. On magasinait beaucoup, tout de même, ajoute Lynn. Nous étions très gâtés avec des cadeaux et toutes sortes de choses à Noël et à notre anniversaire, ou lorsque nos parents revenaient de voyage. »

Les voyages étaient une des choses sur lesquelles Raymond et Colette aimaient vraiment dépenser leur argent. Après leur voyage aux Canaries, ils ont fait des voyages outre-mer une ou deux fois par année. Ils allaient surtout en Europe pour une semaine ou dix jours, visitant, entre autres, l'Espagne, la France et l'Angleterre. Les affaires n'étaient jamais loin dans l'esprit de Raymond durant ces voyages. Il écumait les édifices et les boutiques, toujours à la recherche de choses pratiques et de nouvelles idées. Il ne pouvait laisser passer des aubaines, quelle que fût la distance.

Malgré le sentiment d'être toujours bousculée pour arriver quelque part, ou pour faire ou pour voir quelque chose lié aux affaires, Colette dit qu'il y avait beaucoup de moments exempts de préoccupation lors de ces voyages. Raymond et elle étaient alors simplement un couple heureux visitant des sites et déambulant dans les rues de villes européennes légen-daires. «En voyage, je l'accompagnais dans tous les magasins et il m'emmenait à tous les endroits où je voulais aller, comme Catherine Labouré et la médaille miraculeuse à Paris, et la Bastille, dit-elle. Il y avait des affaires qui n'avaient pas d'importance pour l'autre, mais on était dans le même bateau, alors on se respectait. Toute notre vie, comme couple, on s'est respectés. Lui aimait les affaires et je le laissais faire. Moi, le yoga, les groupes de prière ; Raymond n'a jamais dit un mot. Il aurait pu dire : "Elle est énervante." Mais il a toujours su me respecter. »

Une fois, Raymond accompagna Maurice Duchesneau à un Salon de la construction, à Londres, et ensuite dans une joyeuse escapade à Stockholm et à Paris. Maurice dit avoir pris quelques verres de trop lors du vol transatlantique. Il dit que quand ils furent arrivés à Heathrow, Raymond lui a crié, en colère : « Maurice, tu as trop bu ; porte tes propres bagages ! »

« Raymond détestait se trouver en compagnie de gens qui buvaient trop, dit Duchesneau. Il sentait le changement en eux quand ils étaient un peu bourrés : ils n'étaient plus eux-mêmes. Cela le rendait mal à l'aise. »

Raymond et Colette continuèrent à se rendre en voiture en Floride avec les enfants pour deux semaines pendant les vacances de Noël. Ils continuèrent de louer la maison du vieux couple à Miami jusqu'en 1976, quand Raymond acheta un appartement en copropriété de trois chambres à coucher à Fort Lauderdale, l'unité 311 d'un complexe appelé Gable Arms. Après cela, la famille, souvent accompagnée d'amis des enfants, alla en Floride plus souvent, particulièrement en mars : ils prenaient l'avion pour une semaine ou dix jours.

Comme la plupart des parents, Raymond et Colette utilisaient aussi leur argent pour procurer à leurs enfants ce qu'ils estimaient être les meilleures choses de la vie. En tête de liste venait l'instruction dans une institution privée. Même après l'adoption de la loi 101, les enfants auraient pu aller dans une école anglophone, car Colette y était allée. Cependant, Colette et Raymond voulaient qu'ils fassent leurs études en français, estimant qu'ils apprenaient assez d'anglais au motel et en Floride. C'est Raymond qui a insisté pour qu'Alain fasse son cours classique (avec latin) à son alma mater, le séminaire des pères maristes à Sillery. Alain a passé quatre ans au collège pour garçons avant de fréquenter le cégep des maristes au campus Notre-Dame-de-Foi, à Cap-Rouge. Bien que les deux écoles aient été près de la demeure familiale, Alain fut pensionnaire pendant sept ans, parce que « j'avais été tannant à la maison ». Bon étudiant et ayant de nombreux amis, Alain demeura quand même l'introverti gêné qu'il était déjà enfant. N'éprouvant aucun intérêt pour les sports, il était davantage fasciné par tout ce qui était mécanique et technologie, dans ses propres termes « tout ce qui est gadget », incluant les stéréos, les ordinateurs et, par-dessus tout, les motocyclettes.

Il eut sa première moto à l'âge de dix ans. C'était un petit engin pour enfants acheté par son père (malgré les objections de Colette) pour qu'Alain s'en serve au chalet de Cap-Rouge. Il pouvait à peine atteindre trente kilomètres à l'heure, vitesse de pointe qu'atteignait souvent Alain quand il s'élançait le long de l'étroit chemin de la Plage-Saint-Laurent.

Avec l'argent gagné au motel, où il travaillait comme portier et homme à tout faire de Colette les fins de semaine pendant l'année scolaire et à temps plein durant l'été, Alain acheta sa première véritable moto à l'âge de seize ans. C'était une BMW de 650 cc, la première d'une série de motos de plus en plus puissantes qu'il devait acheter au cours des ans.

L'été, durant ses jours de congé, quand il n'était pas en train de faire du ski nautique au cottage, Alain aimait écumer les autoroutes du Québec mais surtout celles de la Nouvelle-Angleterre, dans le style *Easy Rider*. « J'ai souvent roulé là-bas, des fois avec des amis d'ici, des fois avec des gens que je rencontrais en route, des fois tout seul », dit-il. Parfois Alain faisait la fête avec des compagnons de voyage, buvant de la bière et du vin à l'occasion. »

De leur côté, les sœurs d'Alain ont passé leur adolescence à la maison familiale. Toutes trois ont fréquenté Bellevue, une école privée pour filles maintenant disparue et qui se trouvait à deux minutes de voiture à l'est de la rue Pierre-Maufay. Estelle fut la première à essayer d'y entrer. Mais sa candidature fut rejetée parce qu'elle avait échoué à l'examen d'entrée et elle dut se contenter de l'école secondaire locale.

L'année suivante, France passa haut la main l'examen d'entrée et fut acceptée. En apprenant la nouvelle, Raymond se rendit à l'école et rencontra la mère supérieure. Après une longue conversation, il la persuada d'admettre aussi Estelle. Quelques années plus tard, quand Lynn les rejoignit, les trois sœurs étaient des « externes ».

Selon Estelle et Lynn (France a refusé d'être interviewée dans le cadre de ce livre), leur adolescence fut occupée mais agréable. Tout comme Alain, les trois filles commencèrent à travailler régulièrement au motel familial à l'âge de dix ans. Durant les mois d'été, elles travaillaient presque tous les jours de huit heures à midi, aidant les femmes de chambre. Une tâche beaucoup moins plaisante consistait à ramasser les draps sales et à les porter à la salle de lavage au sous-sol, où on les lavait et les séchait. « C'était un travail horrible, dit Lynn, la pire chose que j'aie jamais faite dans ma vie. On voyait toutes sortes d'affaires dégueulasses. » Estelle aussi détestait le lavage des draps ; elle préférait nettoyer les chambres ou accomplir d'autres tâches. Un été, elle a peint les barreaux d'acier des balcons du motel. Elle aimait surtout aider Colette à gérer le petit dépanneur du motel. « Ma mère n'avait aucune patience pour dresser les inventaires ou pour vérifier les prix, se rappelle-t-elle. J'aimais cela, placer les commandes et toutes ces choses. » Férocement indépendante, Estelle refusait de travailler au motel durant l'année scolaire. Elle passait plutôt son temps à pratiquer des sports et à sortir avec des amis.

De leur côté, France et Lynn se partageaient les quarts de travail durant les années au secondaire, au collégial et, en ce qui concerne France, à l'université. Chacune travaillait en moyenne trois heures par jour. France travaillait le dimanche et les soirs du lundi au mercredi. Lynn travaillait les jeudis et vendredis soir, en plus du samedi après-midi.

Parce que le nettoyage des chambres se faisait le matin, leur principale tâche durant l'année scolaire consistait à s'occuper du standard téléphonique, situé derrière la réception. Comme France, Lynn a commencé à prendre des appels dès l'âge de onze ans. « Mais je mesurais déjà cinq pieds et quatre à l'âge de onze ans, dit-elle, alors j'avais l'air beaucoup plus vieille. »

Lynn dit aussi qu'elle et ses frères et sœurs gagnaient à peu près la même somme que la douzaine d'employés à temps plein du motel, dont plusieurs, tels MM. Dionne et Roy, ainsi que Diane Yockell (pendant longtemps la gouvernante), ont été des figures familières de leur enfance.

« C'est là que nous avons gagné tout notre argent de poche, dit Lynn. Nous ne recevions aucune allocation de nos parents. Mon père a même refusé de m'aider à acheter ma première voiture, une Renault-Alliance, quand j'avais seize ans. Il a dit : "Tu dois apprendre à payer toi-même pour tes choses." Mais ma mère a payé le reste du prêt pour moi après une couple d'années. »

Les filles menaient aussi une vie active à l'extérieur du motel. Pendant des années, France et Estelle ont appartenu au Club Sélect, l'équipe de natation de Sainte-Foy, qui tenait des séances d'entraînement deux fois par jour (de six heures trente à sept heures trente le matin et de dix-sept heures à dix-neuf heures le soir) à la piscine olympique du PEPS. Quand elle ne faisait pas quelque chose avec une de ses nombreuses amies, Lynn, la plus jolie et la plus facile d'accès des filles, allait aux entraînements de ses sœurs et jouait aux cartes avec sa mère dans les gradins.

La vie de famille heureuse et pleine d'amour que les filles se rappellent fut en grande partie le résultat des efforts de Colette. Après l'été 1974, quand Danielle s'enfuit avec Gilbert Delveau, elle adopta le rôle de mère dans tous les sens du mot. « Ma mère travaillait au motel le matin et passait les après-midi à la maison, explique Lynn. Elle était toujours là quand nous revenions à la maison, habituellement cousant ou cuisinant. Elle était toujours aux alentours. Elle a bien pris soin de nous. »

Colette était pourtant à cheval sur la discipline et elle avait tout à l'œil. Elle ne laissait jamais les filles sortir après vingt-trois heures. Cela n'a jamais dérangé France, une fille sérieuse qui n'avait que quelques amies et préférait demeurer à la maison avec sa mère, à qui elle était dévouée. Mais Estelle a souvent contrevenu au couvre-feu, ce qui a engendré de fréquentes querelles avec ses parents. « Son esprit rebelle, dit Lynn, m'a aidée à jouir de plus de latitude quand j'ai vieilli. » Quand elles rentraient tard, les filles enlevaient leurs souliers et marchaient sur la pointe des pieds. Mais quelles que fussent leurs précautions, Colette les attendait toujours. « Elle disait : "Viens ici, je veux sentir ton haleine", se rappelle Lynn en riant. Estelle et moi avions l'habitude de blaguer à ce sujet, mais ma mère était sérieuse. Je ne pense pas avoir bu ma première bière avant l'âge de dix-neuf ans. Ni l'un ni l'autre ne fumait ni ne buvait et ils ne voulaient pas que nous nous mettions en mauvaise posture. Bien qu'il ne fût pas là souvent, mon père était pire que ma mère. »

À dire vrai, Raymond passait peu de temps avec sa famille dans le monde qu'il avait largement créé pour elle. Quand il travaillait à un projet de construction, il n'était à peu près jamais à la maison. À n'importe quel moment, il pouvait disparaître pour une journée ou deux, apparemment pour voir aux motels, conclure des affaires ou aller magasiner, soit à Montréal, à Toronto ou à New York.

Et quand il était là, Raymond ne restait jamais dans la maison très longtemps. Il sortait du lit habituellement à cinq heures et commençait sa journée avec du café instantané et *Le Soleil*. Parfois, si le journal n'avait pas encore été livré, il marchait jusqu'à la maison du camelot endormi et prenait lui-même son journal. La lecture de son journal terminée, il allumait la radio ou la télé pour entendre le premier des nombreux bulletins de nouvelles qu'il écoutait durant la journée. « Il aime beaucoup les nouvelles, Raymond, dit Colette. Il les *checke* vingt fois par jour. S'il se lève à deux heures de la nuit pour aller aux toilettes, il prend les nouvelles. N'importe quel poste. Les Malenfant sont tous pareils. Ils *checkent* constamment les nouvelles pour voir ce qui se passe. »

Après le déjeuner, Raymond s'habillait et sortait de la maison à six heures. Souvent il laissait Estelle et France au PEPS pour leur cours de natation du matin. Il traversait alors la rue et allait au motel, où il parcourait rapidement les corridors et les salles pour avoir un aperçu de ce qui se passait. Tout le reste de la journée, il bougeait et revenait à la maison rarement avant dix-neuf heures. Une fois à la maison, s'il n'avait pas déjà mangé, Raymond prenait un repas rapide, qu'il consommait une fois sur deux en compagnie de Colette. Il passait ensuite un ou deux appels liés aux affaires, parcourait les chaînes de la télé et parfois relisait *Le Soleil* avant de se retirer, habituellement entre vingt et une heures et vingt-deux heures.

C'était au motel que Raymond passait la plus grande partie du peu de temps véritable qu'il consacrait à sa famille. Tout comme sur la ferme de sa jeunesse, c'est par l'entremise du travail que la famille forgeait ses liens les plus solides.

Un de ces liens était la messe. Même si le jour et l'heure de la messe à laquelle ils assistaient variaient, les Malenfant étaient ensemble presque toutes les fins de semaine à l'église Saint-Thomas-d'Aquin. « Parfois Raymond était au loin, mais Colette était toujours là avec les enfants, se souvient le curé de la paroisse, Roger Boisvert. Elle était plutôt timide et retirée, un peu mal à l'aise d'être le centre d'attention peut-être, parce que Raymond était bien connu dans la paroisse. Elle ne parlait pas beaucoup, Mme Malenfant. Elle participait à quelques activités. Elle rendait des services quand on le lui demandait. La veille de Pâques, par exemple, nous faisions toujours un réveillon dans la salle de réception, dans le sous-sol, après la messe. On demandait à plusieurs gens de fournir une assiette pour le repas et Mme Malenfant ne refusait jamais. Elle ne faisait pas le premier pas, mais elle ne refusait jamais. »

Quand on l'interroge sur le soutien de Raymond pour la paroisse, le père Boisvert raconte l'anecdote suivante, tirée du milieu des années soixante-dix, alors qu'il fallait que l'église remplace ses deux vieilles fournaises à l'huile. « C'était une grosse affaire, estimée à douze mille dollars. Après avoir annoncé une levée de fonds, j'ai installé un gros thermomètre en carton juste à l'intérieur de la porte principale de l'église, dans le portique, avec en haut un objectif de douze mille dollars. Nous comptions les dons chaque semaine et utilisions du papier rouge pour marquer la progression vers l'objectif. Après environ un mois, j'ai reçu un appel de Raymond.

– Comme ça, monsieur le curé, vous faites une souscription.

– Oui.

– Vous voulez atteindre combien ?

– Douze mille dollars.

– Où en êtes-vous présentement ?

– À peu près dix mille.

– Monsieur le curé, je vais vous dire quelque chose. Les deux mille *piasses* qui vous manquent, je vous les donne. Mais ne dites rien à personne. Vous m'appelez quand vous avez atteint les douze mille et je vous les donne.

« Et c'est exactement ce qui s'est passé, dit le curé Boisvert. C'était bien là l'homme que je connaissais. Il était très généreux. Bien sûr, il avait de l'argent : on le savait millionnaire dans la paroisse. Mais il n'en faisait pas étalage. Il était toujours poli, toujours souriant, toujours blaguant. Et c'était quelqu'un de très simple, pas snob du tout. Tout le monde pouvait l'approcher à l'église pour lui parler : riches, pauvres, banquiers, ouvriers, il parlait à tout le monde sans distinction.

« Il adorait taquiner les gens, Raymond, et il aimait ça quand les gens le taquinaient aussi. En tant que prêtre, je faisais quinze mille dollars par année. Je lui disais parfois, avant la messe : "Raymond, je viens d'avoir ma paie. Je peux t'en passer si t'en as besoin." "Arrête de rire de moi, toi !" était sa réponse et il riait.

« Il était très nerveux en présence des gens ; il parlait à deux cents kilomètres à l'heure. Vous deviez vraiment être attentif quand il parlait, car il mangeait un peu ses mots. Il s'exprimait bien, mais vous n'aviez pas l'impression qu'il avait beaucoup d'instruction. Mais ça faisait partie de son caractère.

« On le respectait beaucoup dans la paroisse, Raymond ; tout le monde l'aimait beaucoup. Il avait aussi l'air d'un homme d'affaires très prospère. Il était toujours habillé très chic, avec un complet foncé et une chemise blanche. »

Une autre activité qui liait la famille Malenfant était le magasinage. Ainsi, Colette a toujours aimé magasiner pour des vêtements et des souliers, une passion que France et Lynn partageaient depuis leur plus jeune âge. Ensemble, les trois femmes faisaient régulièrement la tournée des boutiques de vêtements les plus raffinées de Québec, où elles passaient des heures. Elles allaient aussi dans les magasins de Montréal, de Miami et de New York, particulièrement lors du voyage pascal annuel à Manhattan.

Colette et France adoraient dénicher les spéciaux et les aubaines. Elles achetaient rarement des morceaux qui n'étaient pas en solde et, comme Raymond, elles étaient tout excitées par les aubaines qu'elles avaient réalisées. Bien sûr, aucune des femmes n'avait le charme ou le culot du maître-marchandeur qu'était Raymond. Cela devenait très clair quand il les accompagnait lors de leurs expéditions de chasse aux vêtements.

« Mon père était comme une femme, en ce sens qu'il adorait magasiner, dit Lynn. Il venait même dans les magasins pour femmes nous aider à acheter des robes. Il vérifiait les prix et s'il voyait une robe de mille dollars pour trois cents dollars, il voulait qu'on la prenne parce que c'était une si bonne affaire ! Il était obsédé par les aubaines. »

En plus des vêtements, les Malenfant magasinaient aussi dans les magasins à grande surface, où Raymond ne mettait pas grand temps à repérer les aubaines, annoncées ou en magasin, et ce, que ce soit pour la maison ou pour le travail. « Disons qu'il y avait une vente d'oreillers, explique Lynn, et qu'il en voulait pour un de ses hôtels. Il demandait au commis :

– Combien en avez-vous en arrière ?

– J'en ai vingt-cinq.

– Emmène-moi-les tous, s'il vous plaît.

C'était son gros *fun* de faire ça. C'est un ricaneux, mon père, ajoute Lynn. Il aimait ça agacer les gens à la caisse ; il riait avec eux autres. »

Ce n'était pas toujours plaisant de se trouver avec Raymond dans un magasin, surtout quand il avait décidé de marchander. Il poussait parfois le marchandage à la limite. Alain et lui étaient allés en Europe pour deux semaines de vacances durant l'été 1976, apparemment pour célébrer la fin des études d'Alain au cégep et son acceptation au programme d'actuariat de l'université Laval. Colette et Maurice Duchesneau ont conduit le père et le fils à l'aéroport LaGuardia de New York, où ils devaient s'embarquer à bord d'un vol transatlantique bon marché de Freddy Laker.

À l'approche de l'aéroport, Raymond se rappela soudain avoir besoin d'une pellicule pour sa caméra huit millimètres. Ils quittèrent l'autoroute près de New York et trouvèrent une boutique de photographie. Et Raymond réussit là ou beaucoup, sinon tous, auraient échoué. Il parvint à obtenir à très bon prix une pellicule dont le prix avait été démesurément été augmenté par le magasin. Après cet arrêt, Colette et Maurice les déposèrent à l'aéroport et entreprirent le long voyage de retour à la maison. Au bout de vingt minutes, ils furent pris dans un embouteillage sur l'autoroute. Tandis qu'ils progressaient péniblement, Maurice vit soudain dans son rétroviseur une voiture venant vers eux, slalomant et klaxonnant. « C'était Raymond et Alain dans une voiture louée, dit-il. Alain avait laissé son passeport dans le coffre de la voiture. »

Une fois à leur hauteur, Raymond freina brusquement, sauta hors de la voiture et cria à Duchesneau d'ouvrir le coffre. Il saisit le passeport et sauta à nouveau dans sa voiture, invectivant Alain pendant tout ce temps. Il vira alors à travers les voies de l'autoroute. Il parvint au terre-plein au milieu de l'autoroute, qu'il laboura bruyamment avant de repartir vers l'aéroport. « Quand Raymond était décidé, rien ne pouvait l'arrêter. »

C'était aux ventes aux enchères et non dans les magasins que Raymond achetait le plus. De loin, ses ventes aux enchères favorites étaient les encans des douanes à Montréal maintenant révolus. Ils se tenaient six fois l'an à l'énorme entrepôt des douanes à Montréal, rue McGill. On y proposait aux acheteurs des biens saisis à la frontière canadienne, soit parce qu'on avait tenté de les introduire frauduleusement au pays, soit parce que l'importateur refusait d'acquitter les droits de douane, droits qui étaient particulièrement élevés sur les bijoux, les œuvres d'art, les tapis, les fourrures, les meubles et la mode parisienne.

Raymond commença à assister régulièrement à ces ventes au début des années soixante-dix. Il s'imposa rapidement comme l'un des cinquante acheteurs sérieux parmi les six ou sept cents clients aisés qui assistaient habituellement à ces événements. Raymond dit qu'il était en contact avec une employée de Douanes Canada, « une femme » qui l'appelait avant chaque vente et lui décrivait les biens disponibles. Quand il était intéressé par certaines choses – ce qui était presque toujours le cas –, Raymond, habituellement accompagné de Colette, d'un des enfants ou d'un ami, arrivait tôt le matin de la vente pour examiner les marchandises qu'on vendait. Quand il avait repéré un article qu'il voulait (« Mon père n'avait jamais de liste, se rappelle Lynn ; tous ses besoins, il les avait en tête »), Raymond s'enregistrait et prenait un siège dans la première rangée de l'immense salle du deuxième étage, où se déroulait la vente.

Normalement, la vente commençait à midi. Pendant les trois ou quatre heures suivantes, Raymond en surveillait attentivement le déroulement, annonçant une offre sur des articles qu'il désirait, d'un rapide mouvement de la tête ou d'un signe de la main. Souvent, il faisait asseoir Colette, ou la personne qui l'accompagnait, dans une autre partie de la salle, d'où elle faisait des offres ou arrêtait d'en faire au signal de Raymond. « Il faisait ça pour décourager les autres, dit Alain. Ça marchait souvent. »

« M. Malenfant était un excellent acheteur, très alerte, se rappelle Alex Davis, natif de la Beauce et encanteur depuis quarante ans, dont quatre, à la fin des années soixante-dix et au début des années quatre-vingt, comme "Encanteur officiel de la Reine" lors des encans des douanes à Montréal. Il avait une mentalité de marchand, car il jouissait d'un sens très riche et très aiguisé des valeurs. Disons par exemple qu'il y avait une douzaine de tables magnifiquement faites à la main, d'un genre jamais vu auparavant. M. Malenfant pouvait les ramasser toutes pour, disons, quatre cents dollars pièce, et nous découvrions plus tard qu'elles valaient peut-être quatre fois plus. En plus d'être intelligent, c'était quelqu'un de très gentil et plaisant, très charmant, ajoute Davis ; son épouse aussi l'était et elle l'accompagnait souvent. Elle s'occupait habituellement des paiements et de la cueillette des articles, car il disparaissait souvent avant la fin de la vente.

« Tout était toujours très aisé et exact avec M. Malenfant. Je me rappelle qu'une fois il avait acheté un vieux camion vers la fin d'une vente, car on vendait parfois des voitures saisies. Il avait acheté beaucoup de choses cette journée-là et il s'est servi du camion pour rentrer... »

La plus grande partie de ces articles était destinée aux halls, aux chambres et aux bureaux des motels Universel. Mais certains, comme des tapis, des tableaux et de petites statues de bronze pour lesquels Raymond avait un curieux faible, aboutissaient dans la maison de la rue Pierre-Maufay.

Raymond achetait aussi plusieurs choses en cadeaux pour la famille ou pour les revendre à des amis et à des connaissances. Il lui est arrivé d'acheter une multitude de casseroles de qualité, qu'il offrit ensuite en cadeau à sa mère et à ses frères et sœurs. Une autre fois, il acheta trois cents paires de jeans et de chemises. Après avoir laissé les enfants se servir dans le lot et prendre quelques paires chacun, Raymond vendit le reste à un ami de Rivière-du-Loup qui possédait un magasin de vêtements.

Le goût de Raymond pour les choses luxueuses augmentait en même temps que sa fortune et son pouvoir d'achat. Il développa ainsi une passion pour la mode. Il acheta plus d'une douzaine d'habits italiens de grande qualité lors d'une vente de faillite d'un magasin haut de gamme de Montréal. À une autre occasion, il acquit des manteaux de vison pleine longueur et des chapeaux assortis pour lui-même et pour Colette. Colette portait le sien seulement lors d'événements spéciaux, mais Raymond portait le sien tout l'hiver. «Raymond aimait ces choses-là, dit son avocat Robert Truchon, un autre qui aimait s'habiller chic. C'était un type assez frugal qui ne mettait pas beaucoup d'argent sur les vêtements. Mais il aimait les belles choses, Raymond. Il était capable de les apprécier. »

Raymond a aussi développé un intérêt pour les bijoux, au point que Colette se plaignait à des amis que les coffres à bijoux de sa chambre débordaient de colliers, de boucles d'oreilles, de broches, de bracelets, d'anneaux et de montres. Tout comme pour le vison, elle avait très peu d'occasions de porter toute cette quincaillerie. Craignant que cela puisse attirer les voleurs, elle décida de les placer dans un coffret de sûreté à la banque. «C'était un *kick* qu'il avait d'acheter des bijoux, dit Dorothée Croteau, la femme pour qui Raymond avait construit le balcon en forme de bateau, à Saint-Pascal en 1963, et qui, avec son mari, Jean-Claude Gagnon, se lia d'amitié avec Raymond et Colette. Il était très adepte des encans aux douanes, Raymond. Il disait qu'il avait des *lucks* épouvantables. »

Ce fut probablement Gagnon, travailleur chez Anglo Pulp et bijoutier reconnu qui possédait une bijouterie dans le sous-sol de sa demeure (qu'il exploite encore avec deux de ses enfants), qui procura à Raymond la loupe de bijoutier qu'il portait parfois dans la poche de sa veste. Raymond dit qu'il utilisait cette loupe uniquement pour lire les petites inscriptions gravées sur les anneaux et les bijoux qu'il achetait «de temps en temps». Cependant, plusieurs personnes se rappellent que Raymond leur avait dit étudier la gemmologie et utiliser la loupe pour évaluer les pierres précieuses avant de les acheter.

Raymond était aussi reconnu pour être fasciné par l'or, un métal décrit par l'auteur Peter L. Bernstein comme «un icone pour l'avidité, un véhicule de la vanité». On racontait que Raymond en thésaurisait de grosses quantités, comme les frères Hunt le faisaient avec l'argent aux États-Unis à l'époque. Mais les achats de Raymond du précieux métal étaient sûrement beaucoup plus artisanaux. Par exemple, Croteau se souvient que Raymond lui avait dit avoir apporté avec lui une petite balance lors d'un récent voyage à Paris. «Il disait la garder dans sa chambre et l'utiliser pour vérifier le poids de l'or des bracelets et des anneaux qu'il achetait.

Je ne crois pas qu'il achetait des lingots ou des choses comme ça.»

De son côté, Yvon Béchard se rappelle plusieurs occasions où Raymond fit étalage de ses coûteuses babioles à Rivière-du-Loup. «Vous voyiez Raymond une semaine avec une montre en or avec des diamants incrustés, une autre semaine avec des pierres précieuses, la semaine d'après avec autre chose de complètement différent, dit Béchard. Il était toujours en train de mijoter quelque chose. Il voyait les choses comme des morceaux d'un casse-tête.»

Comme il le faisait avec les articles moins précieux, Raymond vendait aussi des bijoux à des connaissances.

Il s'amusait souvent à montrer ses achats à son ami Jean-Paul Saillant, qui avait transformé avec ses deux frères une petite entreprise familiale de recyclage de métal en un commerce très florissant de plomberie et chauffage à Québec. Il pouvait s'agir d'articles aussi futiles que des montres, mais les deux hommes riaient de bon cœur de la passion compulsive de Raymond. Selon Pierre-Paul Côté, qui connaissait son client mieux que la plupart des gens, l'achat et la vente de tels articles n'était rien de plus qu'un passe-temps pour Raymond. «Son plus grand plaisir dans la vie était de réaliser de bonnes affaires», dit Côté, qui acheta un jour une mallette en cuir que Raymond avait dénichée à une vente aux enchères. «Il se vantait toujours de ses petites réussites, ça faisait partie de son caractère. Mais les gens les amplifiaient en les racontant, et c'est devenu plus gros que c'était en réalité, ce qui lui a causé des ennuis plus tard. Raymond n'a jamais fait d'argent avec toutes ces petites transactions-là, ajoute Côté. Il vendait ces affaires pour à peu près le même prix qu'il les payait.»

Bien qu'il fût toujours à l'affût des aubaines, Raymond n'hésitait pas à dépenser beaucoup d'argent sur des articles de luxe qu'il était déterminé à acquérir.

Il aimait réellement naviguer. Il pilotait souvent son bateau de douze mètres, écumant les eaux du Saint-Laurent pendant quelques heures, les après-midi ensoleillés d'été. Il pilotait le bateau comme il conduisait sa voiture: de manière lente et mesurée. «Il était toujours si vite dans tout ce qu'il faisait, sauf conduire, dit Lynn. Il conduisait comme un pépère. Comme il ne nageait pas, il portait toujours une veste de sauvetage.»

Lynn se rappelle aussi l'obsession de son père, un hiver, pour un yacht de vingt-quatre mètres qu'il avait vu annoncé dans un magazine nautique américain. Ce bateau avait été construit par un ingénieur et maître artisan hollandais spécialisé dans les remorqueurs. Selon Raymond, l'homme avait fait de son bateau son enfant chéri pendant les dix ans que durèrent sa confection : le résultat était une œuvre flottante qui, malgré ses allures de bateau-remorque, avait une beauté étincelante qui méritait, aux yeux de marchand aguerri de Raymond, plus que le prix plutôt corsé demandé : trois cent cinquante mille dollars canadiens.

Nul doute que c'était un vaisseau impressionnant. Fait entièrement d'acier et peint en blanc, il était conçu et meublé de manière luxueuse sur ses trois ponts pleine grandeur. Sur le pont principal, il y avait une spacieuse cabine de pilotage, regorgeant des instruments les plus modernes en matière de navigation. Le pont comprenait aussi un immense salon tapissé, une cuisine et une salle à manger pleine grandeur, ainsi qu'une salle de bains et une petite chambre à coucher.

Un escalier à l'arrière descendait au deuxième pont, où étaient situées les chambres : la chambre des maîtres et trois petites chambres avec des lits superposés. À la proue, un petit escalier en colimaçon descendait vers une chambre additionnelle. Mis à part quelques espaces de rangement, le troisième pont était complètement occupé par les moteurs et la mécanique du vaisseau. En fait, l'aire de la mécanique (comme le reste du vaisseau) avait l'air si propre sur les photos qu'aux yeux de Raymond on aurait pu manger sur le plancher. « Son nom était *Elizabeth V*, se rappelle Raymond. Ce fut le coup de foudre. »

Raymond se rendit en Hollande trois fois pour voir le bateau. La première fois, ce fut lors de son voyage en Europe avec Alain en 1975, celui qui avait commencé par la course folle pour récupérer le passeport d'Alain. Ils atterrirent d'abord en Angleterre, où le père et le fils visitèrent la fameuse manufacture Rolls-Royce à Crewe. En déambulant dans la salle d'exposition, Raymond eut un autre coup de foudre quand il jeta les yeux sur une Silver Shadow I blanche. C'était le modèle à long empattement de cette ligne exquise, qui était de construction individuelle et équipée de suspensions indépendantes avec des contrôles de niveau automatiques et des freins à disques partout. « Travail parfait des composantes et un intérieur équipé de manière luxueuse sans complexe sont les caractéristiques de cette voiture raffinée », disait la description de la compagnie de ce modèle assemblé manuellement. On arrêta de produire ce modèle en 1977, après huit ans. On construisit seulement deux mille sept cent soixante-dix-sept voitures.

Raymond dit ne pas avoir marchandé une seconde sur le prix de trente-trois mille dollars canadiens qu'il accepta de payer sur-le-champ. L'affaire fut finalisée quelque heures plus tard quand sa banque télégraphia l'argent de Québec.

Dans ce qui fut sans doute une première dans l'histoire centenaire de la compagnie, Raymond persuada le personnel de lui laisser conduire la voiture en sortant de la salle d'exposition, afin qu'il puisse l'utiliser pendant tout son voyage avec Alain. Il devait la retourner plus tard, afin qu'on installe le volant à gauche avant de l'expédier au Canada. Pendant les dix jours qui suivirent, Raymond et Alain se baladèrent sur le continent dans la nouvelle voiture ; ils se rendirent aussi loin qu'à Rome et à Innsbruck, en Autriche, où ils observèrent la construction des infrastructures nécessaires à la tenue des Jeux olympiques d'hiver de 1976. Raymond se rappelle aussi avoir dépensé trois mille dollars pour une nouvelle caméra Hasselblad en Allemagne.

Ils se rendirent ensuite en Hollande, où Raymond jeta un premier coup d'œil au yacht. Cela dut être un moment magique pour lui qui avait regardé les photos pendant des mois qu'on lui avait envoyées. Parfois Raymond dormait même avec elles. « Ce n'est pas une blague, dit Lynn. C'est comme ça qu'était mon père. Quand il voulait acheter quelque chose, il en devenait obsédé. C'était peut-être une façon de se convaincre. En regardant les photos, peut-être pouvait-il continuer à justifier sa décision. »

C'est Colette qui annonça la nouvelle aux enfants quand Raymond acheta finalement le bateau pour trois cent vingt-cinq mille dollars. « Ma mère dit : "Oh ! mon Dieu, ton père a acheté un gros bateau. Qu'est-ce qu'on va faire avec ça ?" Elle s'inquiétait toujours quand il faisait des choses comme ça. Mon père blaguait et tentait de tout apaiser. Mais ma mère était toujours inquiète. »

Au début de juillet 1976, Raymond et Alain s'envolèrent pour la Hollande pour prendre possession du bateau. (On l'avait rebaptisé *Elizabeth V*, car il y avait déjà quatre autres bateaux enregistrés sous le même nom au Canada.) Un capitaine et un matelot britanniques les rejoignirent : Raymond les avait engagés pour piloter le bateau lors de la traversée de l'Atlantique. Le voyage dura presque un mois. Au moment où les Olympiques de Montréal étaient déjà à moitié terminés, le bateau fit son entrée dans la marina de Sillery. L'arrivée engendra une commotion sur le quai, car des foules de marins curieux et de passants se rassemblèrent pour regarder l'énorme vaisseau. « C'était un gros événement », se rappelle Lynn, qui demeura à bord avec la famille durant l'arrêt de trois jours à Québec. Il navigua ensuite vers son port d'attache, une marina sur le canal de Fort Lauderdale, près du nouvel appartement en copropriété de la famille.

« Je me souviens qu'il y avait un autre gros bateau de soixante pieds qui appartenait à une famille Racine. Les gens disaient, en regardant le nôtre :

"Regarde ça : c'est plus gros que celui des Racine." L'autre gros bateau, un colosse de dix-huit mètres, était bel et bien la propriété du promoteur immobilier malaimé Paul Racine. Quand on demande à Raymond la sensation qu'il a eue en accostant le quai, jetant ainsi de l'ombre sur un bateau qui avait été, depuis de nombreuses années, le plus impressionnant d'une marina dont bon nombre de membres hautains voulaient justement impressionner, il arbore un large sourire. « Ce n'était pas très gros, le bateau de Racine, dit-il à la blague. Seulement soixante pieds. »

L'inconvénient, dit Lynn, c'est que des douzaines d'étrangers non invités et non bienvenus grimpaient à bord et s'y promenaient. Nous étions assis dans le salon, quand soudain il y avait des gens qui regardaient par les fenêtres ou qui tout simplement ouvraient la porte et entraient. Mon père était toujours gracieux et il fit souvent visiter le bateau à ces gens. Mais ma mère et nous autres, les enfants, nous n'aimions pas cela du tout. Nous n'avons eu aucune intimité pendant trois jours. »

Comme c'est souvent le cas en ce qui concerne les excès des nouveaux riches, l'intérêt de Raymond pour l'*Elizabeth V* s'étiola rapidement après son départ pour la Floride avec le capitaine anglais, son matelot et Alain à bord. Pendant les dix-huit mois qui suivirent, le bateau demeura dans les eaux de Fort Lauderdale, inutilisé et invisible, sauf en ce qui concerne les six jours que Raymond et Alain mirent pour vernir le pont en acajou et pour détacher les bernicles de la coque. De leur côté, les femmes du clan Malenfant démontraient un manque d'intérêt complet envers le vaisseau. Les filles préféraient se relaxer sur la plage, tandis que Colette ne s'aventurait jamais loin de l'appartement, où elle cuisinait, lisait et pratiquait son yoga deux fois par jour.

Frustré par la coûteuse inactivité du bateau, Raymond décida subitement, durant les vacances de Noël 1978, d'emmener la famille en croisière sur l'océan. « Allons à Cuba demain », dit-il tout excité le soir du 26 décembre. « Ce n'est pas loin, à peine à une journée de navigation. Nous allons y rester un jour ou deux et revenir. » Tout le monde accepta.

Le matin suivant, la famille et Claude Robitaille, un ami d'Alain qui sortait avec Estelle et qui, plus tard, devait sortir avec France, appareillèrent sur une mer calme et sous un ciel parfait. Personne ne se souciait de ne pas avoir de passeport, pas plus que du fait qu'ils n'avaient averti personne de leur voyage ou de ce que Raymond n'avait demandé à personne comment se rendre à Cuba. « Mon père n'a jamais demandé son chemin, dit Lynn. Il voulait trouver le chemin lui-même à l'aide de la carte. Cela faisait partie de l'aventure. »

Après une journée tranquille en mer, le bateau arriva dans les eaux cubaines après la tombée de la nuit. Soudain, il fut baigné par les reflets d'un projecteur de la marine cubaine qui naviguait à côté. Une douzaine de soldats armés abordèrent le bateau des Malenfant. On leur ordonna de se tenir dans le salon, tandis que Raymond essayait d'expliquer la situation au commandant cubain sur le pont. Finalement, Raymond revint et dit qu'il fallait suivre le navire de la marine jusqu'au port de Varadero.

Arrivée là, la famille dut demeurer à bord plus de vingt-quatre heures sous la garde de quatre soldats armés. On leur permit de débarquer une fois, sous escorte, pour recueillir de l'eau potable d'un robinet. On finit par accorder un visa de touriste à la famille et une invitation à demeurer et à visiter. Les gardes disparurent et Raymond loua une voiture et conduisit tout le monde à La Havane, où il loua les services d'un guide local. Selon des membres de la famille, Raymond détesta tout du pays communiste, depuis la nourriture servie dans les restaurants à la pénurie d'articles à acheter dans les petits magasins décrépits.

La goutte qui fit déborder le vase survint le lendemain matin, lorsqu'ils visitèrent une épicerie infestée de mouches. Raymond voulut retourner en Floride immédiatement. Tout le monde acheta de la nourriture pour le voyage de retour et s'en revint au bateau. Mais, une fois en mer, le temps changea de façon dramatique. Les nuages roulèrent, le vent se leva et en peu de temps la mer devint agitée. Les grosses vagues empêchaient Raymond de lire les cartes et de faire le point. La radio marine était plongée dans le chaos à cause des nombreux propriétaires de bateau qui appelaient frénétiquement à l'aide en anglais ou en espagnol.

Toute la journée et toute la nuit, les vagues battirent le bateau, arrosant les fenêtres et lessivant le pont. Les trois filles eurent le mal de mer et demeurèrent étendues sur le plancher du salon. Colette, convaincue qu'ils allaient tous périr, demeurait à genoux à leur côté et priait tout ce temps avec son chapelet.

Raymond et les deux garçons demeurèrent dans la timonerie, où ils essayèrent en vain de naviguer correctement et de déterminer leur position. Mais la tempête refusait de se calmer et ils demeurèrent perdus pour une deuxième journée, puis une troisième, le jour de l'an 1979. Le quatrième jour, le carburant et l'eau potable commencèrent à manquer. Raymond décida de jeter les deux ancres du bateau et d'attendre que la tempête passe. Mais il s'avéra que le fond était trop loin et on perdit les deux ancres. La tempête cessa finalement cette nuit-là et on poussa des acclamations quand quelqu'un aperçut le reflet des lumières de la ville à l'horizon. Raymond tourna rapidement le bateau vers ce phare brillant et mit les gaz. Mais peu après l'*Élizabeth V* s'échoua sur un banc de sable et s'enlisa.

Le bateau demeura là jusqu'au lendemain matin, lorsque l'équipage d'un bateau qui passait le remorqua et le sortit du banc de sable. La quille était légèrement endommagée, mais Raymond put conduire le bateau à Key West, la source de la lumière qu'ils avaient aperçue. On laissa le bateau là pour faire effectuer les réparations, tandis que la famille revint à l'appartement dans une voiture louée.

Une fois à terre, Colette tomba à genoux et embrassa le sol. Elle jura de ne plus jamais mettre les pieds à bord du bateau. Mais elle récidiva un an plus tard, après que Raymond eut promis d'engager un capitaine expérimenté. Celui-ci, un Montréalais nommé Russell, pilota la famille pendant un voyage d'une semaine rempli d'agrément à Freeport, aux Bahamas. Après cela, l'*Elizabeth V* retourna à sa vie sédentaire à la marina.

Raymond eut beaucoup plus de plaisir avec la Rolls-Royce. Il l'utilisait surtout lors d'événements spéciaux, comme conduire la famille à l'église le dimanche, se rendre à des réunions d'affaires importantes, ou encore offrir une balade ou la prêter à des gens à qui il voulait faire plaisir ou qu'il voulait impressionner. Il était très rare qu'on vît de ces magnifiques machines dans les rues de Québec ; Raymond ne passait donc pas inaperçu quand il se déplaçait à son volant. « Quand il débarquait de cette voiture, tout chic comme il était, dit Pierre-Paul Côté, Raymond était l'image même du succès. »

Parfois, l'été, Raymond utilisait cette berline de luxe comme voiture de tous les jours pour une semaine ou deux, avant de revenir à sa Cadillac.

9

Chicoutimi

Au printemps 1973, à peu près au même moment où il trouvait le terrain où construire le motel de Rivière-du-Loup, Raymond se rendit à Chicoutimi avec Maurice Duchesneau, à la recherche de sites possibles pour implanter un motel. Grâce à son flair pour dénicher de bons emplacements, Raymond en vint rapidement à concentrer ses recherches sur le voisinage du boulevard Talbot.

Tout comme aujourd'hui, ce boulevard constituait alors la principale voie d'entrée dans Chicoutimi depuis le sud. Il s'agit, en fait, du prolongement de la route 175, cette route centenaire et accidentée qui relie Chicoutimi à la Vieille Capitale, deux cents kilomètres plus au sud. Le boulevard commence aux limites du village historique de Laterrière et court sur plus de treize kilomètres pour se terminer à l'intersection de la rue Jacques-Cartier, l'une des deux rues principales de Chicoutimi. De là, on ne met que deux minutes en voiture vers l'ouest, par la rue Jacques-Cartier, pour descendre au centre de la ville, sur la rive droite de la rivière Saguenay.

C'est là que s'était massée la vaste majorité des bureaux, des magasins, des restaurants et des hôtels pendant la plus grande partie du XXe siècle. Il y en avait notamment une gamme impressionnante le long de la rue Racine, l'autre rue principale de la ville. Il n'y avait donc pas de développement commercial dans les secteurs périphériques comme le boulevard Talbot, qui était surtout bordé de terres agricoles. Les affaires y commencèrent timidement entre la fin des années quarante et le milieu des années soixante, surtout au nord, près de l'Hôpital général et du vieux séminaire, plus tard transformé en cégep. L'édifice le plus important était un petit centre commercial de six magasins. C'était le premier du genre dans la ville et il hébergeait un supermarché Steinberg et un magasin de chaussures Bata. Le Montagnais, un autre commerce digne de mention, était un motel érigé du côté ouest du boulevard Talbot, près de l'intersection de la rue des Saguenéens, à près de trois kilomètres de la rue Jacques-Cartier.

À la fin des années soixante, la situation changea du tout au tout, alors que le boulevard Talbot bénéficia de l'une des plus grosses vagues de développement commercial de l'histoire de la ville. Cela a commencé par la construction de Place-Saguenay, le premier centre commercial moderne de Chicoutimi. Érigé sur un terrain inexploité que le promoteur montréalais Henry Segal avait acheté d'un ordre religieux, il était situé à côté du motel Le Montagnais. À l'ouverture des portes, en octobre 1968, ce centre commercial de dix mille mètres carrés était le troisième en importance au Québec.

Ce secteur reçut un autre coup de fouet l'année suivante quand on transforma le vieil orphelinat des petites franciscaines de Marie, qui faisait face au boulevard Jacques-Cartier, près du boulevard Talbot, pour en faire le pavillon Sagamie, le premier des sept édifices qui devaient bientôt embellir le tout nouveau campus de l'université du Québec à Chicoutimi.

Un autre projet important était Place-du-Royaume, le deuxième centre commercial de Chicoutimi. Construit directement en face de Place-Saguenay par un autre promoteur juif de Toronto, Norman Zavikov, et son associé local, le comptable Gaston Tremblay, le nouveau centre comptait, lors de l'ouverture en 1973, soixante et un magasins, soit près de deux fois plus que son vieux rival d'en face.

Il n'est pas étonnant que ces centres commerciaux et le campus universitaire favorisèrent la construction de plusieurs grands projets domiciliaires. Des quartiers aux noms fantaisistes comme «des Musiciens» et «des Oiseaux» se firent jour, ce qui entraîna la construction d'un nombre toujours croissant de projets commerciaux et résidentiels. Le résultat? En seulement quelques années, le secteur du boulevard Talbot était devenu le cœur commercial de Chicoutimi.

Personne ne connaît la petite histoire de cette ascension mieux qu'Henri Girard. Ingénieur civil né et élevé à Normandin, un petit village près du lac Saint-Jean, Girard n'avait que vingt-sept ans quand on l'embaucha comme gérant de la ville, en 1965.

En sa qualité de plus haut fonctionnaire (et en l'absence d'un département d'urbanisme, qui ne vit pas le jour avant les années quatre-vingt), pendant cinq ans, il s'occupa notamment des discrètes enquêtes qu'effectuent souvent les promoteurs dans le but de colliger des données techniques leur permettant d'évaluer l'opportunité et de déterminer l'emplacement d'un projet.

« Tous les promoteurs sont semblables : "Ne dites rien aux politiciens, donnez-nous seulement les informations car nous sommes encore en période de réflexion", dit Girard. C'est normal, mais c'est difficile pour les représentants supérieurs de la ville, surtout le maire, le gérant et les ingénieurs, parce qu'ils doivent travailler en secret dans le but de favoriser le développement de projets qui peuvent avoir un fort impact sur leur ville. »

Selon Girard, qui a travaillé en étroite collaboration tant avec Segal qu'avec Zavikov, les promoteurs ont rapidement éliminé le centre-ville de Chicoutimi comme site possible pour leurs centres commerciaux. Il y avait de nombreuses raisons à cela, dont le coût et la disponibilité des terrains et du stationnement, de même que la pression et le débit limités des systèmes d'aqueduc et d'égouts existants. Comme d'autres promoteurs en Amérique du Nord à cette époque (y compris ceux qui ont mis en valeur les terrains le long du boulevard Laurier à Sainte-Foy), ils étaient beaucoup plus intéressés à des secteurs périphériques facilement accessibles, où il y avait abondance de terrains relativement bon marché, pour construire et prendre de l'expansion.

Le défi était cependant de convaincre les responsables municipaux de la nécessité de dépenser les deniers publics pour construire les nécessaires et coûteuses infrastructures dans des secteurs non développés. L'une des façons d'y arriver consistait à offrir de partager les coûts. Girard se rappelle que Zavikov, par exemple, a offert (et a mis son offre à exécution) de payer près d'un quart de million de dollars pour des conduites souterraines près de Place-du-Royaume. Convaincu (à juste titre, semble-t-il) que le centre commercial assurerait le développement de ce secteur, attirerait davantage de capitaux, générerait davantage de revenus, créerait des emplois et rapporterait plus de taxes à la Ville, Girard dit avoir travaillé fort à la fin des années soixante afin d'obtenir le soutien pour une modernisation et une amélioration en plusieurs étapes – ce qui coûterait plusieurs millions de dollars – du tronçon de 2,7 kilomètres du boulevard Talbot entre les rues Jacques-Cartier et des Saguenéens. Il a notamment organisé des rencontres d'information privées entre des membres du conseil municipal et des promoteurs qui préféraient demeurer anonymes.

« J'ai avancé l'argument que l'argent investi dans ce secteur rapporterait gros, se rappelle Girard. Le maire et la plupart des membres du conseil acceptèrent et ils votèrent pour qu'on aille de l'avant avec ces projets. Mais ce n'était pas facile pour eux, car il se tramait beaucoup de choses en coulisses. Il y avait de gros intérêts en jeu. »

Bien sûr, ce sont les marchands du centre-ville de Chicoutimi qui firent le plus pression contre le développement des commerces de détail en périphérie de la ville. Ce groupe tricoté serré, regroupant des noms comme Tremblay, Brassard et Brisson, possédait, rue Racine, des entreprises familiales établies depuis plusieurs générations. Ils devinrent en colère et se sentirent trahis quand les commerces commencèrent à pousser comme des champignons sur le boulevard Talbot et tout autour, car cela « siphonnait » l'argent loin du centre-ville.

Ils déchargèrent une partie de leur frustration sur Gilles Tremblay, le maire à temps partiel de la ville, qui soutenait ces projets de développement. Tremblay, un entrepreneur en feuilles de placoplâtre et en peinture, fut défait aux élections municipales du 1er novembre 1970, une défaite qu'on imputa au moins partiellement à des vengeances pour l'apparition des mails.

Le nouveau maire de la ville se décrivait comme « progressiste ». En particulier, il promit de continuer d'encourager le développement du boulevard Talbot. De leur côté, les marchands du centre-ville jurèrent de s'y opposer à chaque étape.

Malgré la popularité des centres commerciaux, le noyau du centre-ville constituait encore le centre des affaires et du divertissement en ce jour du printemps 1973 où Raymond pénétra pour la première fois dans le bureau du maire. Girard se rappelle que Raymond lui a dit qu'après avoir visité tous les centres urbains de la région du Saguenay il avait décidé de construire un motel de un million de dollars à Chicoutimi. « Il m'a montré quelques plans de motels qu'il portait sous le bras, dit Girard. Il disait aussi savoir où il voulait construire. Je lui ai demandé à quel endroit et il a répondu : "Bien, j'ai des plans ici : je peux vous les montrer." Il a alors sorti un plan de la ville – j'ignore où il se l'était procuré – et il m'a montré le *spot*. »

Le *spot* était une vieille maison de ferme sur un terrain de mille cinq cents mètres carrés, du côté nord de la rue des Saguenéens, à un jet de pierre à l'ouest du boulevard Talbot. Raymond a informé le maire qu'il était déjà propriétaire du terrain, car il venait de l'acheter, avec Maurice Duchesneau, d'un fermier pour un montant d'environ soixante-dix mille dollars. Ce qu'il désirait maintenant, c'était acheter le terrain de deux mille cinq cents mètres carrés qui entourait le sien. Raymond avait appris que ce terrain appartenait à la Ville. Si on le lui vendait, il y construirait son motel.

Les deux hommes se rendirent au site en voiture et le parcoururent à pied. Bien qu'il ne fût que de l'autre côté de la rue des Saguenéens du parc de stationnement de Place-Saguenay, le terrain était boisé et non développé, tout comme la plupart des terrains de cette rue et plus au sud, le long du boulevard Talbot. Girard savait par contre que le terrain était merveilleusement bien situé en prévision de la prochaine vague de développement dans ce secteur. Dans le cadre de travaux publics pour améliorer l'accès et les services sur le boulevard Talbot et aux alentours, on prévoyait de prolonger la rue des Saguenéens vers l'ouest jusqu'à la rue Bégin, qui débouchait sur le cœur des plus importants quartiers résidentiels de la ville. Mais ces plans étaient encore secrets et connus de très peu de gens. Girard dit qu'il demeura donc discret lors de la visite.

« J'ai dit à Malenfant : "Ça peut être bon, mais il y a un profond ravin en plein milieu du terrain et un ruisseau y coule. Je ne sais pas si c'est un si bon emplacement pour un motel." Mais il n'en démordait pas. Je suis convaincu qu'il savait ce qui s'en venait en matière de développement de ce secteur. Son terrain était en plein milieu de l'action.

« Il savait tout cela, d'après moi, parce qu'il était en contact avec le maire de Saint-Félicien, M. Hamel, qui avait beaucoup d'argent et qui possédait des terrains plus au sud. Je pense que Malenfant et lui travaillaient ensemble. Un jour, M. Hamel m'a dit connaître Malenfant très bien, mais il n'en a pas dit plus que cela et je ne l'ai pas interrogé davantage. »

Girard dit aussi avoir fait remarquer à Raymond que la compétition entre les hôtels était déjà féroce dans la région. Il y en avait une demi-douzaine au centre-ville, dont le vénérable hôtel Chicoutimi, classé meilleur hôtel du Québec en 1967, une première pour un établissement en dehors de Montréal et de Québec. Il y avait aussi deux autres hôtels tout près du terrain de Raymond : Le Montagnais et une nouvelle Auberge des gouverneurs avec cent vingt-quatre chambres.

Construit en face du Montagnais et adjacent au site de Place-du-Royaume, c'était le premier de deux hôtels qui ouvraient leurs portes en 1971 (l'autre était à Sept-Îles), propriétés de la société Delta, le nouveau nom corporatif du jeune consortium d'ingénieurs et d'architectes de Québec qui avait bâti son premier hôtel sur le boulevard Laurier à Sainte-Foy en 1964.

Cet hôtel de Chicoutimi, d'une valeur de deux millions de dollars, était le troisième du consortium, ce qui en faisait la plus grande chaîne détenue par des Québécois au Québec, après Hôte, une association de quelque trente hôtels régionaux de qualité appartenant à des propriétaires indépendants. « Malenfant n'avait pas peur de la compétition, dit Girard. Il m'a dit que la construction dans le secteur serait en effervescence et que son motel obtiendrait sa juste part des affaires. »

Le terrain était aussi zoné à des fins agricoles, mais Girard était d'avis que la présence des centres commerciaux et le fait que le secteur possédait toutes les qualités requises pour le développement faisaient du changement de zonage une simple formalité. Bien que le projet de Raymond exigeât une pression d'eau plus élevée que n'en pouvait supporter le système alors en place, Girard savait aussi qu'on préparait des plans pour installer de plus grosses conduites afin de satisfaire à la demande engendrée par le développement du secteur.

Convaincu du sérieux de Raymond et de ce que son projet s'insérerait harmonieusement dans la région, Girard fit donc ce qu'il faisait pour tous les promoteurs : il promit de fournir à Raymond toutes les informations techniques dont il avait besoin. « À la fin de notre première rencontre, je lui ai dit : "Monsieur Malenfant, accordez-moi un mois et je vous fournirai une réponse quant à la faisabilité de votre projet. Établissez-moi une liste, signée ou non, de ce dont vous avez besoin et je verrai ce que je peux faire." »

Un mois plus tard, tel que convenu, Girard remit à Raymond les données qu'il avait demandées. Raymond partit avec ces données, mais, à la surprise de Girard, il réapparut un jour ou deux plus tard. « Ses plans étaient déjà prêts : la disposition et l'apparence du motel, tout, dit Girard. Il voulait son permis tout de suite, mais je lui ai dit : "Arrête. Tu vas trop vite. Donne-moi une chance. Il nous faut encore changer le zonage du terrain et tout le reste." »

Surtout, Girard devait faire face à une autre difficile ronde de discussions publiques au sujet du plan non encore dévoilé concernant le développement à venir du secteur. « Il nous fallait démontrer pourquoi nous avions besoin de dépenser beaucoup d'argent pour étendre les services jusque-là, dit-il. Sinon, les gens auraient eu l'impression que les travaux étaient exécutés simplement pour accommoder le projet de Malenfant. » Il s'inquiétait aussi de ce qu'il ne s'était pas assuré du soutien du gouvernement pour le prêt de quelques millions de dollars dont la Ville aurait besoin pour développer les infrastructures sous la route et pour ériger un château d'eau de quatre millions de litres dans le secteur, qui assurerait une pression d'eau suffisante en cas d'incendie.

Il y avait aussi les problèmes inhérents au terrain choisi par Raymond. Bien que la parcelle de terrain sur laquelle il se proposait d'ériger l'hôtel ait été relativement plane, le terrain s'abaissait abruptement pour former un ravin de huit mètres de profondeur et de vingt-cinq mètres de largeur. Comme Raymond proposait d'y construire son terrain de stationnement, il faudrait remplir le ravin. Cela nécessiterait un coûteux système de drainage, ce qui pourrait être délicat par rapport à l'environnement : on en estimait le coût à cent mille dollars.

« Il fallait penser à tout cela, dit Girard. Malenfant dut attendre. » Mais pour faire savoir à Raymond son intérêt dans le projet et maintenir le sien, la Ville lui lança un os. Le 27 juin 1973, elle lui vendit, à lui et à Maurice Duchesneau, le grand terrain qu'ils convoitaient pour vingt-sept mille dollars. En retour, les deux associés acceptèrent de bâtir un motel de un million de dollars sur ce site, une fois, bien sûr, les infrastructures nécessaires construites et le changement de zonage adopté. Les deux associés consentirent à payer, lorsque le permis de construction serait délivré, la juste valeur au marché du terrain acheté de la Ville.

Les raisons ne sont pas claires mais il a fallu attendre jusqu'en 1976 pour que la Ville honore ses engagements dans cette entente. C'est probablement à ce moment qu'elle avisa Raymond qu'il pouvait demander un permis de construction et régler le faramineux montant résiduel du terrain, dont la valeur sur le marché était désormais estimée à cent quarante-cinq mille dollars.

Pour une raison quelconque, Raymond ne donna pas suite à l'affaire. Il est possible (et même probable, considérant l'incapacité de Raymond à payer plus que ce qu'il croit être la valeur d'un bien) qu'il ait contesté l'évaluation du terrain et qu'il ait refusé de le mettre en valeur tant qu'on n'aurait pas diminué le prix. De plus, on n'avait toujours pas décidé qui allait payer pour le remplissage du ravin.

Quelle que soit la raison pour laquelle Raymond ne donna pas suite à ses plans à Chicoutimi, la Ville n'était pas disposée à attendre indéfiniment. Au printemps 1977, elle demanda à la Cour une injonction pour résilier le contrat de vente de 1973 et pour récupérer le grand terrain de la rue des Saguenéens. On fixa la date de l'audience au 12 octobre.

C'est peut-être la perspective du procès, ou le fait qu'un autre prétendant s'était présenté à l'hôtel de ville avec une proposition de construire un magasin d'ameublement de un demi-million de dollars sur le gros terrain que la Ville voulait reprendre, qui mit Raymond sur le gril.

Le 19 août, en guise de règlement hors cour, il soumit une nouvelle proposition à la Ville pour un projet encore plus ambitieux. Au lieu d'un motel, il promettait maintenant de bâtir un centre commercial et une tour à bureaux d'une valeur de deux millions de dollars sur son terrain, soit le double de la valeur du projet initial. Il proposait en même temps d'acheter un autre gros terrain adjacent aux siens, appartenant à la Ville, et d'y bâtir un immeuble de quatre-vingt-seize appartements au coût de un million et demi de dollars. Il promettait de terminer les deux projets en moins de deux ans. Raymond offrait aussi de payer cent quatre-vingt-dix mille dollars pour les deux terrains, montant qui comprenait les vingt-sept mille dollars déboursés en 1973.

Quelle était la raison de ce changement soudain? Raymond prétend ne pas s'en souvenir (en fait, il nie avoir jamais voulu construire autre chose qu'un motel à Chicoutimi). La raison probable est qu'en promettant la lune à la Ville, il noyait le poisson et augmentait ses chances de garder le terrain et de mettre la main sur le précieux terrain d'à côté.

Afin d'éclaircir la situation, la Ville confia un double mandat à, un spécialiste immobilier, Jean-Paul Laberge : évaluer la juste valeur du terrain acheté par Raymond et Maurice en 1973, et comparer les deux projets de développement mis de l'avant. Henri Girard affirme avoir tenu en même temps d'intenses discussions avec les représentants de la Ville au sujet de la proposition de Raymond, de loin la plus prometteuse des deux sur le plan financier. Selon lui, deux points ressortaient : le défi technique posé par le site lui-même, particulièrement en raison du remplissage du ravin, et le sérieux de la proposition.

Avec l'ingénieur de la Ville et quelques conseillers, Girard mit au point une solution à la Salomon en ce qui concerne le premier point. La Ville accepterait de payer pour canaliser le ruisseau dans le ravin, à la condition que Raymond accepte de le remplir. Quant au second point, on décida de demander à Raymond un important dépôt non remboursable. Girard dit avoir appelé Raymond l'après-midi du vendredi 26 août pour lui expliquer la situation et lui demander le montant du dépôt qu'il accepterait de verser. Raymond offrit immédiatement cent soixante-trois mille dollars, soit le même montant qu'il devrait débourser si son offre sur les deux terrains était acceptée.

« Je l'ai rappelé un peu plus tard, se rappelle Girard, et lui ai dit : "O.K. Une majorité de conseillers accepte." Il a dit : "Je serai dans votre bureau lundi matin." Il était donc dans mon bureau dès le lundi matin, de même qu'un fonctionnaire, qui lui lut la résolution. Malenfant m'a alors demandé : "Êtes-vous d'accord avec cela, monsieur Girard ?" J'ai répondu : "S'il n'en tenait qu'à moi, je ne vous demanderais pas de dépôt. Mais vous le récupérerez, à la condition d'aller de l'avant avec le projet." Il a dit : "O.K. Je serai de retour dans cinq minutes." Il revint avec un chèque certifié de cent soixante-trois mille dollars. J'ai appelé tous les conseillers, je leur ai dit avoir le chèque et je leur en ai envoyé une copie. C'est ainsi que l'affaire fut conclue. » (Fait intéressant, Raymond bonifia son offre dans la résolution avec la promesse d'une expansion d'un million de dollars du centre commercial non construit, et celle de doubler le coût projeté de l'immeuble à appartements, qui contiendrait cent soixante appartements, ce qui était énorme. Il promit à nouveau de terminer les deux projets en moins de deux ans. Si ce délai devait être dépassé, il acceptait de perdre son dépôt et de remettre les deux terrains à la Ville.)

Le rapport de Laberge au conseil (et aux médias), le 2 septembre, ne laissait place à aucun suspens. En plus de la supériorité évidente de la proposition de Raymond, le consultant calculait que sa réalisation permettrait à la Ville de récolter deux millions neuf cent mille dollars en taxes sur une période de vingt ans. C'est donc sans surprise que le conseil vota pour accepter la proposition du promoteur de Québec au débit verbal rapide, lors d'une réunion tenue à la fin de septembre. Malgré cela, la dissension des conseillers « pro-centre-ville » rendit très serré le vote des sept membres présents. C'était un présage de ce qui devait arriver par la suite.

Le vote était survenu quelques jours après le quarante-septième anniversaire de naissance de Raymond. Même si son exubérance d'adolescent le faisait paraître plus jeune, Raymond montrait des signes définitifs de l'âge moyen. Les rides sur son front et les pattes d'oie autour de ses yeux s'étaient creusées. Il teignait désormais ses cheveux en brun, laissant seulement les favoris et la moustache avec du gris. La calvitie progressait aussi de façon notable. Dans l'espoir de la masquer, il laissait pousser ses cheveux et les coiffait d'un côté sur le dessus de sa tête, exactement comme René Lévesque, le Premier ministre du Québec. Mais Raymond demeurait mince et fort. Ce n'était pas surprenant pour quelqu'un qui mangeait de façon aussi frugale et qui bougeait toute la journée à la vitesse d'un instructeur de gymnastique aérobique. Le fait qu'il n'avait jamais fumé ni bu d'alcool explique probablement pourquoi il était rarement malade et réussissait à éviter le rhume ou la grippe alors que tout le monde était infecté autour de lui. « Raymond n'était jamais malade, dit Colette. Il avait une santé de fer. »

Au travail aussi Raymond faisait preuve de l'ardeur et de la vigueur matinales qu'il avait en tant qu'entrepreneur, vingt-cinq ans plus tôt. » Bertrand Lemieux, le vieux camarade d'école de Raymond et lanceur de l'équipe de baseball chez les maristes à la fin des années quarante, qui devint dentiste, dit avoir été surpris par l'énergie et l'enthousiasme vibrants de Raymond lorsqu'ils se sont rencontrés de nouveau durant les années soixante-dix. « Il disait qu'il gagnait son argent avant sept heures du matin et que les gens donnaient leur meilleur rendement le matin, pas l'après-midi », se rappelle Lemieux, qui, à l'époque des négociations de Chicoutimi, installa un nouveau partiel dans la bouche de Raymond en utilisant une nouvelle méthode « de précision ». « C'était un fonceur, Raymond. Il voyait loin. »

Maurice Duchesneau aussi voyait loin. Mais son regard ne se portait pas sur l'horizon et sur d'autres occasions d'affaires, mais plutôt sur lui-même et sur l'au-delà. Réservé et introspectif, Duchesneau dit qu'après avoir atteint l'âge de quarante ans il était de plus en plus désenchanté par la poursuite frénétique de l'argent et du profit. Il dit aussi s'être lassé de toutes les affaires que Raymond manigançait sans arrêt. « Notre amitié remontait à très longtemps, mais avec le succès Raymond ne voulait plus parler que d'affaires. Nous en sommes arrivés au point où il ne parlait de rien d'autre. »

En même temps, la relation d'affaires entre Duchesneau et les Malenfant, comme tout ménage à trois, donnait lieu à des tensions. Il dit s'être senti frustré d'avoir été laissé en dehors des projets de construction de Raymond, auxquels il estimait devoir participer. Il croyait, par exemple, que le terrain destiné aux Galeries Henri-IV était un actif du motel Universel. Il découvrit qu'il en était autrement seulement après que Raymond eut vendu le terrain et empoché le profit de un million de dollars. « Nous devions aussi bâtir ensemble les motels de Rivière-du-Loup et de Drummondville, ajoute Duchesneau, mais Raymond les voulait pour lui seul. » Parce que ses responsabilités au motel se limitaient à quelques tâches administratives mineures et à remplacer Raymond et Colette lorsqu'ils étaient partis en voyage, Duchesneau dit avoir senti que ses efforts n'étaient pas appréciés.

Il avait vu juste. Colette ne cessait de râler auprès de Raymond au sujet de Maurice, qui ne travaillait jamais mais récoltait les fruits du succès du motel. « Quand il venait chez nous, il ne faisait rien sauf placoter avec les femmes de chambre, dit Colette. Nous, on travaillait comme des fous, puis lui, il profitait de nos efforts. »

Cette situation connut un dénouement subit en 1976, après une profonde réflexion à laquelle Duchesneau s'était livré et qui l'avait amené à développer ce qu'il décrit comme une « conscience sociale ». « Je n'avais jamais arrêté de penser à ce que j'étais en tant qu'homme, en tant qu'homme d'affaires et en tant qu'époux et père de famille. J'ai réalisé que j'avais cessé de grandir et que j'avais oublié l'essentiel de la vie. Mes valeurs ont changé. Je n'étais plus intéressé à faire de l'argent. J'en avais déjà bien plus qu'il m'en fallait. »

Par conséquent, en 1976, juste comme le projet de Chicoutimi arrivait à maturité, Duchesneau vendit les actions qu'il détenait dans plusieurs compagnies et se mit à rechercher, dit-il, «une réalité plus vraie». Un ami cynique résume les changements profonds et soudains qui bouleversèrent la vie de Duchesneau et son caractère en ces mots : «Maurice a trouvé Dieu.»

Au grand désespoir des Malenfant, la seule compagnie dont il décida de conserver les actions était le Motel Universel inc., un investissement qui lui rapportait des dividendes de soixante mille dollars par année. Il accepta cependant de vendre à Raymond sa moitié du terrain de Chicoutimi pour un montant non dévoilé en liquide.

Les rapports entre Duchesneau et les Malenfant demeurèrent cordiaux, mais ils se refroidirent considérablement. Après cela, Duchesneau ne se montra que rarement au motel, préférant plutôt téléphoner. Colette en particulier était outrée qu'un homme au début de la quarantaine «ait l'impudence de prendre sa retraite». Raymond, à sa manière macho typique, dit qu'il fut heureux d'être libéré de son vieil ami et associé. «Après m'être aperçu qu'il ne travaillait pas du tout, que c'était moi qui faisais tout, je ne l'ai pas traîné.»

C'est à Colette que Duchesneau vendit officiellement son terrain de Chicoutimi, le 18 février 1978. Trois jours plus tard, la Ville vendit à Raymond les deux emplacements «d'une certaine superficie de terrain de figure irrégulière le long de la rue des Saguenéens», ce qui concluait l'affaire décidée en septembre.

Mais, quelques mois plus tard, Raymond était à nouveau dans le bureau de Girard pour demander un changement majeur à l'entente. Il raconta au maire qu'il avait été approché par la Corporation Patinodrome inc., une compagnie de Sainte-Foy qui voulait acheter douze mille mètres carrés de son nouveau terrain. Coïncidence, l'un des deux propriétaires de la compagnie était un autre camarade de classe de Raymond, cette fois-ci du séminaire de Rimouski. William Belzile était un entrepreneur en isolation et pare-feu qui avait connu Raymond grâce à Duchesneau. Un an plus tôt, Belzile et un associé avaient bâti et ouvert un aréna de patins à roulettes de deux mille mètres carrés à Sainte-Foy. La popularité de ce commerce porta les deux hommes à croire qu'ils pourraient reproduire ce succès à Chicoutimi.

Plus précisément, les deux hommes voulaient acheter la partie est du terrain de Raymond, celle qui longeait le boulevard Talbot, à l'emplacement précis où Raymond avait projeté et promis de construire un centre commercial et une tour à bureaux. Pour leur rendre service, Raymond proposa d'ériger son centre un peu plus à l'ouest. Après avoir étudié la proposition, la Ville conclut que c'était faisable, à la condition que

Raymond verse un autre dépôt de cent mille dollars comme garantie que l'enceinte verrait bien le jour. Raymond accepta et la Ville modifia l'entente en juillet. Raymond vendit ensuite le terrain à Belzile pour approximativement deux cents dollars le mètre carré (la plus grande partie réglée en liquide) et celui-ci commença les travaux sur le nouveau « patinodrome » de huit cent mille dollars à l'automne. Raymond en fit autant le printemps suivant, alors qu'il entreprit la construction d'un centre commercial de deux étages de cinq mille mètres carrés, un édifice qui devait porter un nom qui lui allait très bien : le Petit Mail.

Parce qu'il avait vendu à Belzile la meilleure (et plus dispendieuse) partie de son terrain, Raymond dut d'abord remplir plusieurs trous sur le site avant de pouvoir construire. Selon Belzile, Raymond utilisa toutes sortes de matériaux pour remplir les trous : restes d'aménagements paysagers, matériaux de construction, briques, boue, asphalte et morceaux de trottoir. « Il a tout simplement rempli les trous jusqu'au bord, mais il ne les a pas compactés, non plus qu'il a attendu que ça se tasse, dit Belzile. Il a tout simplement entrepris la construction du centre par-dessus tout cela, juste à côté du patinodrome. »

Raymond acheta la plus grande partie de ses matériaux de construction de ses fournisseurs habituels à Québec, dont Vibrek (Ciment Saint-Laurent) et les Industries Gamma, un manufacturier de portes et fenêtres appartenant à la famille Lefrançois. Il a aussi embauché Camillien Charron, l'entrepreneur au tempérament vif du Bas-du-Fleuve. C'est aussi Charron qui présenta à Raymond deux hommes qui allaient devenir des figures familières sur la route de Raymond vers le sommet de sa carrière et au-delà.

L'un des deux était Vital Larouche, un entrepreneur-plombier de Québec à moitié aveugle, bien baraqué et aux mains calleuses. Né et élevé à Princeville, dans les Cantons-de-l'Est, Larouche a grandi en aidant son père, un entrepreneur en plomberie et en chauffage, avant de se lancer lui-même en affaires, à l'âge de dix-huit ans, au milieu des années soixante, avec dix-huit employés. Après avoir passé presque une décennie à travailler sur des immeubles à appartements à Québec, où il habitait en compagnie d'une demi-douzaine d'hommes dans une roulotte de six mètres sur les chantiers (« On se levait le matin des fois en hiver avec les cheveux pris dans la glace sur nos oreillers », dit-il), Larouche ouvrit un bureau et un entrepôt à L'Ancienne-Lorette au début des années soixante-dix. En quelques années, il devint l'un des plus importants entrepreneurs en plomberie et en chauffage au Québec, avec des succursales à Montréal, à Sept-Îles et au Lac-Saint-Jean.

En 1973, année au cours de laquelle il perdit plus d'un quart de million de dollars dans la faillite de deux grands promoteurs de la région de Québec, Larouche commença à travailler pour Paul Martin (pas le politicien), qui, avec Hervé Pomerleau, était un des deux plus grands entrepreneurs du Québec. Il travailla sur des projets commerciaux partout au Québec, souvent en compagnie de Camillien Charron. Larouche a essayé d'avoir Raymond comme client après sa querelle avec Laurent Gagnon. «Il a fallu quelques années avant que je puisse mettre la patte dessus, dit-il, mais j'ai fini par l'avoir.»

Selon Larouche, le contrat qu'il a signé avec Raymond pour le Petit Mail – le premier d'une longue série – ne ressemblait pas à ceux qui allaient suivre.

«Il était plus sévère. Raymond a bien établi tout ce qu'il voulait avoir. Il a dit : "Regarde, c'est ça que je veux", puis il m'a donné des plans bien structurés. Le contrat était plein d'annotations, alors il fallait que je respecte ce qu'il avait écrit. Avec Raymond, il y avait des affaires que je n'ai vues ni avant ni après. Par exemple, en ce concerne le creusage – creuser les canaux pour être capable de mettre la tuyauterie sous terre –, Raymond disait :

– Non, je n'accepte pas le creusage. Barre ça du contrat, c'est toi qui le fais.

– Mais voyons, on n'a jamais fait ça.

– *Icite*, avec moi, c'est toi qui le fais.

«J'ai vite dit O.K., puis mes employés ont fait l'ouvrage. Je voyais dès la première *job* que Raymond n'était pas un bourreau, dans le sens où il nous a laissés travailler. Ce n'était pas le gars qui nous *achalait* pour quelque chose qui n'était pas important ; il nous *achalait* pour les choses que lui pensait importantes. Par exemple, si tu ne poses pas le bon tuyau, il va te dire : "Démanche-moi-le, puis pose-moi-le comme du monde !" ou : "C'est pas ça que je t'ai demandé ! Je t'ai demandé du tuyau de cuivre ! Pose-moi du tuyau de cuivre !" Par contre, si le plan de l'architecte exige un tuyau de huit pouces, pis t'es capable de mettre deux quatre pouces qui coûtent meilleur marché, lui, ça ne le dérange pas. "Mets-en tant que tu voudras ; fais ce que tu voudras, c'est ton problème !"

«Ce n'était pas bâclé du tout. C'était pratique ; c'était même mieux, parce qu'il rendait ses installations plus indépendantes. En plus, on respectait toujours le code de plomberie. Dans le temps, c'était beaucoup plus inspecté qu'aujourd'hui. Il y avait trente inspecteurs juste pour l'est du Québec, puis ça n'a pas coûté un cent pour les avoir. Aujourd'hui, il y en a qu'un, puis ça coûte cinq cents piasses pour une inspection.»

Mais si Raymond était bon et s'il était facile de travailler pour lui, Larouche a rapidement découvert qu'en fait il était un mauvais entrepreneur. «Je n'étais pas trop impressionné par la manière dont il travaillait, dit Larouche. Quand tu connaissais un gars comme Paul Martin ou Hervé Pomerleau, puis tu arrivais avec un gars comme Raymond, c'était le jour et la nuit. C'était *broche à foin*, son affaire. Il était toujours en chicane avec tout le monde, puis il avait toujours des problèmes avec la Ville, avec des entrepreneurs, etc. Il était toujours *pogné*, puis nous autres on était toujours *pognés*. Les premières *jobs* étaient bien dures pour nous autres, ajoute Larouche. On a eu beaucoup de misère à avoir de l'information. Il n'y avait personne sur le chantier qui nous disait: "C'est ça qu'il faut faire." Il y avait juste Raymond qui venait de temps en temps en coup de vent. Il restait peut-être deux heures, puis hop! il partait comme il était arrivé. Il n'engageait personne pour faire la surveillance et la gérance de ses chantiers, comme [le Groupe] Roche. Selon moi, il perdait beaucoup de temps et d'argent à cause de ça. Après quelques *jobs*, on voyait comment ça marchait, alors on travaillait comme on pouvait, on continuait. Mais ce n'était pas tout le monde qui était capable ou prêt à faire ça.»

Un autre jeune entrepreneur qui, comme Larouche, a appris à travailler selon les conditions spéciales qui prévalaient sur les chantiers de Raymond fut Hervé Ouellet. Propriétaire d'un commerce de ferblanterie qu'il avait ouvert en 1973, à l'âge de vingt-huit ans, Ouellet se spécialisait dans l'installation de systèmes de ventilation, tant en ce qui avait trait au chauffage qu'à l'air climatisé. Lui aussi avait connu Camillien Charron en travaillant pour Paul Martin. C'est Charron qui avait suggéré à Raymond de faire appel à Ouellet pour ses besoins en ferblanterie au Petit Mail. C'est ce que fit Raymond. Ouellet se rendit en voiture à Québec pour le rencontrer à la résidence de la rue Pierre-Maufay. Ils n'ont discuté que quinze minutes avant que Raymond lui accorde un contrat de cent cinquante mille dollars.

Ouellet affirme qu'il a été étonné la première fois qu'il a vu Raymond dans ses bottes de caoutchouc, sur le chantier du Petit Mail, en train de couler du béton. «C'était un gars qui mettait toujours la main à la pâte, dit Ouellet. C'est là que Raymond semblait être le plus heureux et le plus détendu. Il était rare de le voir furieux sur un chantier. Il blaguait tout le temps et racontait des histoires. Il était facile de travailler avec lui.»

Quand des problèmes surgissaient, Ouellet dit que Raymond les réglait avec les gens concernés dans la petite roulotte qui lui servait de bureau sur le chantier. «Ces rencontres se terminaient presque toujours bien, parce qu'il en sortait habituellement en serrant la main des autres.»

Bien que Raymond fût un négociateur coriace, Ouellet dit qu'une fois qu'il avait accepté un prix, il tenait toujours parole. «S'il disait qu'il allait vous payer cinq cent mille dollars, il vous payait cinq cent mille dollars. C'était un gars dont la parole valait son pesant d'or. La parole de Malenfant était comme un contrat signé.»

Ouellet ajoute que pendant des années Raymond régla des factures en signant des chèques personnels sur place. «Je n'ai jamais vu d'autres entrepreneurs travailler comme cela. Raymond pouvait émettre un chèque de quatre cent mille dollars comme s'il faisait son épicerie.»

Quand l'édifice a été construit, Raymond a engagé des ouvriers, surtout chez des firmes locales, pour peinturer, décorer, meubler et faire le terrassement du Petit Mail. Lors de l'ouverture, à l'automne 1979, le centre commercial de deux étages se remplit rapidement d'une douzaine de commerces de détail et de bureaux. Le plus important locataire était une mercerie, Bouclair, qui occupait la moitié est du rez-de-chaussée. Les autres locaux étaient occupés par une banque, un bureau des permis de conduire de la Régie de l'assurance automobile du Québec, une bijouterie et une chapellerie.

Selon un des locataires, le Petit Mail était un édifice plaisant et fonctionnel, sauf en ce qui concerne le plancher. En l'espace de quelques années, il s'est mis à gondoler en plusieurs endroits. Encore aujourd'hui, le plancher descend d'est en ouest à partir de l'entrée de Bouclair. Cela est certainement causé par le fait que Raymond n'a pas compacté les matériaux de remplissage ni ne leur a donné la chance de se tasser avant d'entreprendre la construction. Le résultat est que certains propriétaires de magasin étaient incapables de fermer les portes coulissantes de leur commerce. D'autres le pouvaient, mais se trouvaient aux prises avec des interstices importants.

Les onze années d'Henri Girard à la mairie de Chicoutimi ont été des années de croissance et de développement sans précédent. Bien qu'il ne puisse s'arroger seul le crédit (ou le blâme, d'après certaines personnes) pour des projets comme l'implantation du campus de l'université du Québec, le développement des alentours du boulevard Talbot ou le rôle d'hôte de la ville lors de plusieurs événements très en vue, tels les Jeux du Canada et les Jeux du Québec, son zèle et les relations cordiales qu'il a maintenues avec un nombre impressionnant de leaders politiques et de ministres aux niveaux fédéral, provincial et municipal ont certainement aidé.

Il a fréquemment rencontré et négocié avec les plus grandes étoiles de la politique québécoise et canadienne durant les années soixante-dix : Robert Bourassa, René Lévesque, Jean Drapeau («que j'appelais souvent», dit-il), Jean Chrétien, Brian Mulroney et bien d'autres. Il a aussi travaillé de concert avec plusieurs des promoteurs les plus dynamiques des années soixante-dix : le tsar maintenant discrédité du hockey, Allan Eagleson, Henry Segal (SP) et Gaston Tremblay, des deux centres commerciaux.

La bataille a débuté au cours de l'été 1979, peu de temps après que Raymond soit à nouveau entré en coup de vent à l'hôtel de ville avec une autre requête pour modifier son entente de développement avec la Ville. Au lieu d'un immeuble de cent soixante appartements, Raymond disait désormais vouloir construire un motel de cent vingt-cinq chambres sur la rue des Saguenéens. Il en évaluait le coût de construction à environ quatre millions de dollars (un million de plus que son estimation pour l'immeuble à appartements). Il affirmait aussi que l'arrivée d'un nouvel hôtel de qualité créerait de l'emploi pour soixante-quinze personnes (dix fois plus que pour un immeuble à appartements) et allait «contribuer à un meilleur service hôtelier dans la région».

Raymond disait aussi vouloir entreprendre la construction du nouveau motel le plus tôt possible, pas plus tard que la fin d'octobre, de façon à être prêt au printemps 1980. De cette manière, expliquait-il, il éviterait de répéter l'erreur commise précédemment d'ouvrir ses autres motels en plein milieu ou à la fin de la saison touristique plutôt qu'au début.

La ville nomma un des ses planificateurs, Benoît Simard, pour étudier la proposition. Celui-ci découvrit que de récents changements dans le quartier avaient donné naissance à un confus mélange de zones résidentielles et commerciales sur le terrain de Raymond, mélange qui empêchait tant la construction d'un immeuble à appartements que celle d'un motel.

Simard découvrit également que plusieurs commerçants du quartier étaient fermement opposés «à toute modification au zonage en vue de la construction d'un complexe domiciliaire». Il semble que leur opposition était fondée sur le fait que le projet de motel de Raymond exigerait qu'on déplace la voie de desserte déjà tracée vers l'ouest, où se trouvait le ravin. Cela signifiait qu'on allait devoir remplir le ravin, une situation fréquente dans une ville où la topographie est connue pour son inégalité. Simard prit note que, comme les autres promoteurs (et en accord avec leur entente de l'année précédente), Raymond était prêt à payer pour le remplissage une fois que la Ville aurait installé les drains et les tuyaux. Simard estimait le coût du seul remplissage à plus de cent mille dollars.

Le nouvel emplacement de la voie de service, faisait remarquer

Simard dans un résumé-synthèse de la situation qu'il présenta au conseil, le 1er octobre, serait bien accueilli par les marchands du voisinage, «y compris le Racket Ball, Liqueurs Simard, et Wells et Fils limitée».

En libérant le terrain qui était jusqu'alors réservé à la voie publique (un terrain plat pouvant accueillir un édifice, alors qu'on ne pouvait légalement utiliser le ravin rempli que comme route ou terrain de stationnement), Simard ajoutait que «nous libérerions du terrain pour recevoir de futurs investissements».

Simard faisait aussi remarquer que Raymond avait respecté ses engagements de développer le côté est de son terrain. Simard accordait tout le crédit au promoteur pour la construction du «patinodrome» (un million de dollars), cinq mille mètres carrés de surface de commerces de détail (un million six cent mille dollars) et trois mille mètres carrés d'espace à bureaux (neuf cent mille dollars) dans le Petit Mail à moitié terminé : un investissement total de trois millions et demi de dollars.

«À la lumière de [ces] estimations, notait-il, il appert que M. Raymond Malenfant a respecté les engagements contractés en rapport avec les investissements sur cette partie de terrain.» Les changements à l'entente et au zonage qui permettraient à Raymond de construire un motel semblaient devoir passer comme une lettre à la poste. C'était du moins la conclusion d'un journaliste «devant le silence général» du conseil municipal, le 24 septembre, quand on adopta une motion pour entendre le rapport de Simard et voter sur le sujet la semaine suivante.

Il semble cependant qu'un vif débat ait éclaté à huis clos. Dans un article publié dans *Le Quotidien* le 26 septembre, on citait un conseiller municipal anonyme, apparemment l'un des trois qui s'opposaient à ce que le journal qualifiait de «projet Malenfant», qui disait que la proposition de Raymond n'était «pas sûre de passer. On sait par ailleurs, disait l'article, que l'Association des hôteliers et restaurateurs de Chicoutimi s'oppose catégoriquement à l'implantation d'un nouvel hôtel».

Comme prévu, le débat public sur ce sujet à l'assemblée du conseil du 1er octobre fut animé. Le conseiller Roger Corneau, décrit par les journalistes comme le porte-parole des opposants au motel, argumentait que la ville était saturée de chambres à louer et qu'un motel «perturberait la tranquillité du secteur». Ce dernier point semblait incongru, compte tenu que deux motels opéraient déjà tout près de l'intersection déjà très commerciale formée par le boulevard Talbot et la rue des Saguenéens. De leur côté, les protagonistes du projet, dont le maire Girard, citaient le rapport Simard (et sa recommandation d'approbation) comme preuve que le projet était profitable à la ville et s'insérait bien dans le secteur.

Raymond et un comptable local, Roland Gauthier, firent aussi un petit discours devant le conseil. Ils affirmèrent que le coût de construction du motel serait d'environ trois millions sept cent mille dollars et que le motel Universel, « en raison de son prestige et de sa qualité », n'entrerait en compétition qu'avec les plus chics hôtels, « dont les chambres sont la plupart du temps occupées ».

Le débat déborda sur une réunion extraordinaire l'après-midi suivant. Après plusieurs minutes de discussion, on tint un vote pour approuver le changement à l'entente entre la Ville et Raymond pour permettre la construction du motel au lieu de l'immeuble à appartements. Le résultat du vote fut : « nul ». Trois conseillers – Claudine B. Hudon, Réjean Gaudin et David Boucher – votèrent en faveur ; Roger Corneau, Benoît Gagné et Claude Gaudreault votèrent contre. Pour dénouer l'impasse, le maire Girard soumit son vote. Bien sûr, il vota en faveur et l'amendement fut adopté.

Après le vote, Girard et Gaudin quittèrent la salle. C'est en leur absence qu'on mit aux voix le second élément à l'ordre du jour : le changement de zonage du terrain de Raymond pour permettre la construction du motel. Girard était revenu, mais, pour une quelconque raison, Gaudin avait quitté l'édifice. Incapable de retarder le vote jusqu'à son retour, Girard assista impuissant à la défaite de la résolution concernant le changement de zonage par le compte de trois voix contre deux. Ce résultat provoqua un échange houleux entre Girard et les conseillers dissidents. Entre-temps, Raymond mit quelques minutes pour comprendre que son projet venait d'être bloqué. Quand il eut compris, il quitta l'édifice en furie, menaçant la Ville de poursuite.

La presse locale ridiculisa la situation et la qualifia de rocambolesque. Il y eut une autre réunion à huis clos le 9 octobre. Girard dit que les dissidents, qu'il décrivit plus tard dans une lettre publique comme un ambitieux « groupe des jeunes » qui s'opposaient systématiquement au « groupe des vieux », refusèrent de reprendre le vote sur le zonage. Au contraire, une majorité de membres passa une résolution invalidant le vote d'approbation au changement à l'entente avec Raymond. « La tension s'accumulait depuis longtemps », se rappelle Girard, qui dit que les dissidents étaient proches des marchands du centre-ville. « Malheureusement pour Malenfant, c'est à l'occasion de son projet qu'ils avaient décidé de tracer une ligne de démarcation. »

Raymond, qui n'était pas homme à refuser un combat, soumit une requête devant la Cour supérieure du Québec le lendemain. Préparée par l'avocat Robert Truchon, natif de Chicoutimi, cette requête demandait deux choses à la Cour : invalider la résolution du 9 octobre et « statuer quant au droit du requérant de procéder à la construction de son motel, de même qu'en ce qui a trait à l'obligation de la Ville de poser les actes réglementaires permettant une telle construction ».

Grâce à ses contacts à l'hôtel de ville, Raymond fit également savoir que si la Cour tranchait en sa faveur, il poursuivrait la Ville pour le temps et l'argent perdus à cause des délais infligés à la construction de son motel. Qualifiant la situation de délicate, un fonctionnaire supérieur de la Ville déclara au conseil le 15 octobre que dans l'éventualité d'une poursuite « la réclamation dépasserait le million ».

Cette réunion engendra davantage de prises de bec entre le maire et ses opposants. « Rapidement, rapporte *Le Quotidien*, les échanges sur le projet Malenfant se sont durcis, au point qu'à un certain moment le maire Girard et les conseillers Gaudin, Gaudreault, Corneau et Gagné en sont venus aux attaques personnelles. » La réunion mit aussi en vedette de nouveaux éléments dans le débat : une lettre de Pierre et Marc Desbiens, les propriétaires de l'hôtel Chicoutimi et promoteurs d'un projet de centre commercial au centre-ville, place de l'Hôtel-de-Ville, qui comprendrait un nouvel hôtel, l'Auberge Centre-ville. Ils avertirent que « la construction de ce nouvel hôtel [Universel] mettrait sérieusement en danger notre intention d'opérer ». Une majorité de conseillers refusa de reprendre le débat. Ils mandatèrent plutôt la firme juridique habituelle de la Ville pour défendre la Ville contre la requête en jugement de Raymond.

Raymond devait sentir le litige partout autour de lui cet automne-là, car la bataille de Chicoutimi n'était pas sa seule guérilla judiciaire dans la région du Saguenay. En novembre, il soumit une autre requête auprès de la Cour supérieure contre la Banque canadienne nationale, qui devait laisser tomber le mot « canadienne » de son nom quelques jours plus tard, dans un effort pour se fondre comme un caméléon dans le paysage changeant de la période précédant le référendum sur la souveraineté du Québec, un point tournant de l'histoire qui devait avoir lieu quelques mois plus tard. La banque cherchait un preneur pour un centre commercial dont elle avait repris possession à Jonquière. L'édifice, le Mail 170, devait héberger un Holiday Inn. Mais quand cette entente tomba à l'eau, la banque intervint et saisit l'édifice non terminé. Le 18 octobre, il semble que la banque offrit de vendre le Mail à Raymond pour un dollar, à la condition qu'il en termine la construction, un travail estimé à plusieurs milliers de dollars. Quelques jours plus tard, selon Raymond, la banque rappela et retira son offre, prétendant avoir trouvé un meilleur arrangement avec un consortium local. Un mois plus tard, Raymond logea une poursuite.

Les deux affaires traînèrent devant les tribunaux durant l'hiver et le printemps 1980 (bien que Raymond ait finalement abandonné l'affaire de Jonquière). Pendant ce temps, il se produisit deux événements anecdotiques dignes de mention. L'un des deux avait trait au référendum. Bien qu'il entretînt des rapports avec de nombreux politiciens et qu'il aimait parler politique (il adorait particulièrement lancer des plaisanteries aux péquistes), Raymond ne s'intéressait jamais vraiment à la politique. Mais, comme la plupart des Québécois, il fut pris dans le tourbillon émotionnel qui déferla sur la province durant la campagne référendaire.

Yvon Béchard, le gérant du motel de Rivière-du-Loup, affirme que Raymond et lui discutaient souvent de politique « dans le temps que ça chauffait, en 1976 et en 1980 ». Fervent partisan de la souveraineté du Québec, Béchard se rappelle une vive discussion qu'ils eurent quelques jours avant le référendum. « On était dans le bureau et on parlait fort – pas fâchés, là, mais on défendait nos opinions tous les deux. Colette est entrée : "Hé ! Baissez le ton, il y a des gens qui entrent !" » Lynn Malenfant se rappelle aussi l'anxiété de son père vers la fin de la campagne et le jour du vote, alors que la famille assista ensemble au dépouillement du scrutin à la maison. « Il ne s'occupait habituellement pas de politique, mais il était très excité, dit-elle. Il a téléphoné à sa mère, à ses frères et à ses sœurs, pour tenter de convaincre les tenants du "oui" de voter "non". » Il est facile alors d'imaginer la réaction de Raymond quand il apprit plus tard que son fils unique, la chair de sa chair, avait voté "oui". »

L'autre anecdote de ce printemps-là implique un souverainiste convaincu, Marius Diament, l'évaluateur désigné. Néanmoins, le sujet n'était pas la politique mais plutôt les voitures. Un géant dans le domaine et le fondateur de Sonarex, la plus grande firme d'évaluation reconnue au Québec (la compagnie se vantait d'avoir deux cents employés et deux douzaines de succursales à travers le Québec en 1970), Diament avait déjà témoigné comme expert dans des milliers de procès au moment où Raymond l'engagea pour diverses tâches à Chicoutimi. Malgré le climat politique au Québec (et sa passion pour le sujet), Diament ne se rappelle pas avoir jamais parlé politique avec Raymond, qu'il croit avoir été un sympathisant libéral. « Il s'intéressait peu à ça, Malenfant ; du moins, il en parlait pas. C'était probablement mieux de même parce qu'il faisait affaire avec beaucoup de monde. *Anyway*, il critiquait toujours les administrations. Pour lui, ils géraient tous mal l'argent qu'ils venaient lui chercher sous forme de taxes. Il était furieux de ça. Il trouvait que les gouvernements gaspillaient de l'argent continuellement. Pour lui, les fonctionnaires étaient des bons à rien. »

Parce que le travail d'un évaluateur est de juger de la valeur de tout, des tableaux et des antiquités aux terrains et aux édifices (des informations sur lesquelles se basent les banques et les compagnies d'assurances pour décider d'accorder ou non des prêts, tandis que les municipalités y ont recours pour ajuster les valeurs foncières), Raymond appelait souvent Diament et se rendait avec lui à Chicoutimi pour voir des terrains, pour évaluer des édifices comme le Petit Mail, qu'il voulait financer, et pour rencontrer le maire Girard afin de discuter du ravin et d'autres affaires.

« On montait le matin à Chicoutimi puis on redescendait la journée même. Il ne voulait même pas coucher sur place, pour se donner du temps. Il allait vite tout le temps. C'était tout un phénomène, Malenfant. Un vrai *bulldozer*. »

Un jour, ils se rendirent à Chicoutimi dans la Rolls-Royce de Raymond. Ils n'étaient pas bien loin quand Diament, un mordu de l'automobile et un fin connaisseur en mécanique, réalisa que Raymond ne pouvait pousser la Rolls plus haut que soixante. « Les roues avant n'étaient pas équilibrées, ça n'allait pas du tout, son auto, dit-il en riant. Au voyage suivant, je lui ai dit : "Ton *bazou*, là, ça ne m'intéresse pas. On va monter avec ma voiture. J'ai une Mercedes (une quatre portes 180E). Tu vas voir c'est quoi, une vraie voiture." Malenfant n'avait jamais mis les pieds dans une Mercedes auparavant. Il était comme un enfant d'école, tout excité. Il regardait partout, il touchait à tout. "Ça va donc bien, ça porte donc bien." Je lui ai dit : "Toi, tu ne connais rien là-dedans. Toi, c'est rien que du *flash*. Ça *flash* beaucoup, une Rolls-Royce, mais ça tient même pas la route. Une Mercedes, ça vous manque, monsieur." Il m'a dit qu'il allait en acheter une. Je lui ai dit : "Ça va être un gros pas en avant pour toi." »

Quelques semaines plus tard, Raymond arriva au bureau de Diament dans une Mercedes neuve. Depuis ce jour, Raymond (et, plus tard, Colette) ne devait plus conduire que des gros modèles de la luxueuse allemande, abandonnant pour de bon les grosses nord-américaines qu'il avait conduites pendant plus de vingt ans.

À l'automne 1980, la situation s'était suffisamment calmée à Chicoutimi pour qu'on présente devant le conseil, le 8 septembre, une nouvelle résolution pour modifier l'entente entre la Ville et Raymond (incluant le changement de zonage de son terrain.

Les supporteurs argumentaient que l'acceptation du projet mettrait fin à une embarrassante impasse qui donnait une mauvaise image à la Ville. Vu la menace maintes fois répétée par Raymond d'une poursuite de un million pour dommages, menace qui pendait comme une épée de

Damoclès au-dessus de la tête du conseil, les partisans du projet, dans le but de s'assurer une majorité de voix, ajoutèrent une clause stipulant que le changement d'attitude de la Ville ne constituait en aucun cas une admission de sa responsabilité dans cette affaire. La résolution passa alors par un vote de quatre voix contre trois, ce qui mit fin à l'impasse qui perdurait depuis un an.

Parce qu'elle impliquait le transfert d'un bien de la Ville, l'entente devait recevoir l'approbation finale de la Commission municipale du Québec. Durant le mois suivant, on tint trois audiences devant un juge administratif, Richard Beaulieu. Raymond était présent, en compagnie du comptable Gauthier et d'un avocat, Roger Pothier. De son côté, la Ville de Chicoutimi était représentée par le maire Girard, deux fonctionnaires supérieurs et Raynald Brassard, un avocat d'une firme juridique de la rue Racine, dont l'un des principaux associés était un avocat du monde des assurances et un futur politicien nommé Lucien Bouchard.

La discussion porta rapidement non pas sur le transfert du terrain mais sur les dommages dont Raymond prétendait avoir été victime à cause du délai imposé à son projet. Pour être plus précis, il calcula que le coût plus élevé de la construction et du financement, de même que la perte de profit du motel, lui coûtait un million et demi de dollars, réclamation qu'il rendit formelle dans une mise en demeure envoyée à la Ville le 20 septembre.

Six jours plus tard, après beaucoup de discussions, les deux parties en vinrent à une entente par laquelle la Ville acceptait de payer quatre cent vingt-cinq mille dollars en dommages. Cette entente, de même que le projet, fut acceptée par une majorité de conseillers municipaux lors d'une séance extraordinaire le 29 septembre.

Après quelques jours, Raymond, Henri Girard, les conseillers qui avaient soutenu le projet et les représentants des médias locaux se réunirent sur le site pour la cérémonie officielle de la première pelletée de terre. À la grande surprise de Girard, trois des conseillers qui avaient combattu le projet si farouchement – Corneau, Gaudreault et Jean-Paul Régis – firent acte de présence. « J'étais tellement fâché et dégoûté que je voulais partir », se rappelle Girard, qui ajoute que Raymond et un ami le convainquirent de rester pour la photo de groupe prise près d'un bélier mécanique qui avait déjà commencé à dégager le site. « Après tout ce qu'ils avaient fait, ils voulaient se faire voir dans les journaux avec ce projet-là. C'était terrible. »

Mais Raymond n'était pas au bout de ses peines avec ce projet. Une semaine plus tard, après un autre débat extraordinaire, qui débuta le 6 octobre et qui se poursuivit jusqu'au lendemain matin, le conseil changea à nouveau d'idée en votant la suspension du paiement du règlement hors cours de quatre cent vingt-cinq mille dollars jusqu'à ce que l'avocat de la Ville réexamine la situation. Raymond assista aux débats, qui débutèrent le jour de son cinquantième anniversaire, une étape que ni lui ni Colette ne se souviennent d'avoir célébrée de quelque manière que ce soit.

Le jour suivant, quand le conseil vota la suspension du paiement, il logea immédiatement une poursuite de un million cent mille dollars auprès de la Cour supérieure. Cette action et la décision subséquente de la Ville de se défendre résultèrent en des procédures qui traînèrent et qui firent à l'occasion la manchette des journaux locaux de Chicoutimi.

À peu près au même moment, Henri Girard demanda au gouvernement du Québec de tenir une enquête publique sur toute l'affaire afin de faire taire les rumeurs malicieuses répandues autour de lui au centre-ville. « Certaines personnes étaient très méchantes et prétendaient que j'avais profité de toute cette affaire, que c'était une magouille », dit Girard, qui a finalement été blanchi par une enquête informelle sur le « dossier Malenfant » tenue par la commission municipale.

C'est sous ces nuages de controverse que débutèrent les travaux, en octobre 1980. Durant les six mois qui suivirent, on retrouva sur le site beaucoup des hommes et le même genre de matériaux que Raymond avait utilisés lors de la construction du Petit Mail et des deux motels qu'il avait bâtis dans les années soixante-dix. Comme d'habitude, Raymond était omniprésent durant les moments les plus intenses de la construction. À cause de la fureur soulevée, il refusa de demeurer dans les hôtels du centre-ville ou chez ses futurs compétiteurs le long du boulevard Talbot, où logeaient ses entrepreneurs de l'extérieur de la ville.

L'ouverture officielle, le 19 avril, fut modeste comparativement aux réceptions organisées par Raymond aux autres motels. « C'était rien d'extraordinaire, une réception comme bien d'autres », se rappelle Girard, qui n'était plus qu'à quelques mois d'une défaite électorale qui devait mettre fin à sa carrière en politique municipale et lui permettre de se concentrer pleinement sur son poste de jour en tant qu'administrateur et enseignant au cégep de la ville. « Je me souviens d'avoir rencontré l'épouse et le fils de Raymond à cette occasion. Ils étaient très gentils, tout comme Raymond. » Après coup, lors du retour en voiture vers Québec, Raymond devait penser qu'il venait encore de triompher contre toute attente. Il avait de plus fait mentir la vieille maxime qui dit qu'on ne peut se battre contre l'Hôtel de Ville.

Cela avait dû lui donner confiance en ses talents pour affronter la tempête de la récession qui semait la pagaille dans le monde depuis un an. Tout comme en 1974, alors que l'économie effectua un repli, à la suite de la crise pétrolière, la récession de 1980 se doublait de taux d'inflation et d'intérêt variant entre 18 % et 22 %. La crise avait déjà ruiné des centaines de compagnies québécoises. Des milliers d'autres vacillaient au bord de la faillite. Notamment, la chaîne Auberge des gouverneurs, après une expansion fulgurante au bout de laquelle elle avait plus d'une douzaine d'hôtels sous sa bannière à la fin des années soixante-dix, se plaça sous la protection de la loi de la faillite et fut gérée par ses bailleurs de fonds : la Caisse de dépôt du Québec et le Mouvement Desjardins.

Sur les cendres de la dernière année, les économistes émettaient de sombres pronostics pour la décennie à venir. Certains prédisaient des événements cataclysmiques dans le domaine de la finance, qui produiraient une dépression mondiale sur la même échelle que celle des années trente, alors que Raymond était enfant. Les événements mondiaux de l'année écoulée semblaient aussi s'orienter vers un désastre : l'éclatement d'une guerre meurtrière entre l'Iran et l'Irak, la poursuite de l'occupation de l'Afghanistan par l'Union soviétique, ce qui avait poussé les États-Unis à boycotter les Jeux olympiques de l'année précédente à Moscou, les menaces d'invasion soviétique en Pologne pour étouffer un mouvement civil mené par un électricien du nom de Walesa, des guerres civiles en Amérique centrale, en Afrique et en Asie, le meurtre d'un des Beatles et l'éruption du mont Helena dans l'État de Washington.

Malgré l'atmosphère sinistre, quelques voix, surtout celle du nouveau président américain Ronald Reagan, prédisaient un retour à une prospérité durable dans un proche avenir. Bien qu'il ne comprît pas grand-chose aux mécanismes et aux forces complexes à l'œuvre dans les économies mondiale et régionales, Raymond aussi était confiant en son avenir, spécialement en ses succès ininterrompus.